신일본어학총서 82

大韓帝國官報의
日本語語彙 受容研究

저자 김지연

제이앤씨
Publishing Company

　본서는 개화기 한국어에 수용된 일본어 어휘 연구의 일환으로 대한제국官報에 수용된 근대 일본어 어휘에 대하여 고찰한 것으로, 필자의 박사논문에 약간의 수정과 보완을 거쳐 출판 한 것이다.

　官報에는 국가의 각종 법령이나 예산, 새로운 정부 조치의 발표, 관리의 서임 및 사령, 외국과의 조약 사항, 각종 관청의 조치를 고시하므로 당시 중앙 관청이 하급 관청과 일반인들에게 하달하던 어휘가 총 망라되어 있다. 실제로 대한제국 시기 발행된 官報에는 갑오개혁이후부터 한·일 합방까지 16년 2개월에 걸쳐 우리나라 개화기의 법령류가 거의 실려 있을 뿐만 아니라 정부의 움직임이 공식적으로 기록되어 있다. 그러므로 당시의 시대 상황을 이해하는데 있어 중요한 기록이며, 당시 조선 정부의 정치, 행정, 인사, 군사, 외교, 학사, 사법, 경찰, 산업, 재정, 교통, 위생, 기상, 외국 소식 등 각 분야를 골고루 수록하고 있어 공문서에서의 다양한 어휘의 출현과 수용 과정을 살피는데 중요한 자료로 생각된다. 공문서인 官報에 고시된 어휘는 중앙 정부는 물론 지방 관청까지 하달되므로 그 파급 효과가 상당하며, 官報에 고시된 내용은 한시적인 유행어가 아닌 법률적인 효력을 가진다. 필자는 이들 官報에 사용된 각종 용어가 근대 한국어 어휘의 성립에 크게 관련되어 있을 것으로 생각한다. 본서를 통하여 밝히려 하는 것은 대한제국 官報에 어떠한 일본어가 수용되었는가와 그 수용 방법에 관한 것이다. 본서를 통한 필자의 연구 결과로 개화기 일본어의 유입 문제에 관심이 있는 분들에게 다소나마 도움이 될 수 있기를 바라마지 않는다. 본서는 개화기 한국어 어휘 성립에 있어서 일본어 어휘의 영향을 연구하려는 필자의 기초적인 연구의 일부이며, 아직 해결해야 할 과제가 많다. 그 중 에서도 대한제국 官報의 작성에 관여한 한국인의 성향과 일본인들의 역할을 자세히 규명하는 일이다. 특히 일본인들의 역할을 규명할 수 있다면 대한제국 官報에 수용된 일본어 어휘의 성격과 유입 경로를 정확히 파악할 수 있을 것이다. 19세기에 들어와 한・중・일 한자문화권 사이에서는 어휘의 교류에 있어서 서로 영향을 주고받았기 때문에 어느 나라에서 어느 단어가 기원했는지를 판단하는 것은 매우 어려운 문제이다. 앞으로 남은 과제를 보완하면서 대한제국 官報의 연구를 계속하여 대한제국 官報가 근대 한국어 어휘의 성립과 어떤 관련성이 있는지를 좀 더 깊이 있게 연구해가고자 한다. 본서를 낼 수 있기까지는 많은 분들의 도움이 있었다. 먼저 항상 충고와 지도를 해주신 이한섭 교수님, 힘들 때 감싸주신 한미경 교수님께 감사드린다. 그리고 못난 후배에게 격려를 아끼지 않은 사공 환 교수님께도 감사의 말씀을 전하고 싶다.

그리고 부모님과 가족들에게 감사할 따름이다. 끝으로 본서의 출판을
맡아주신 제이앤씨 출판사 여러분께 감사드린다.

- 김지연 -

도표 목차

부록 목차

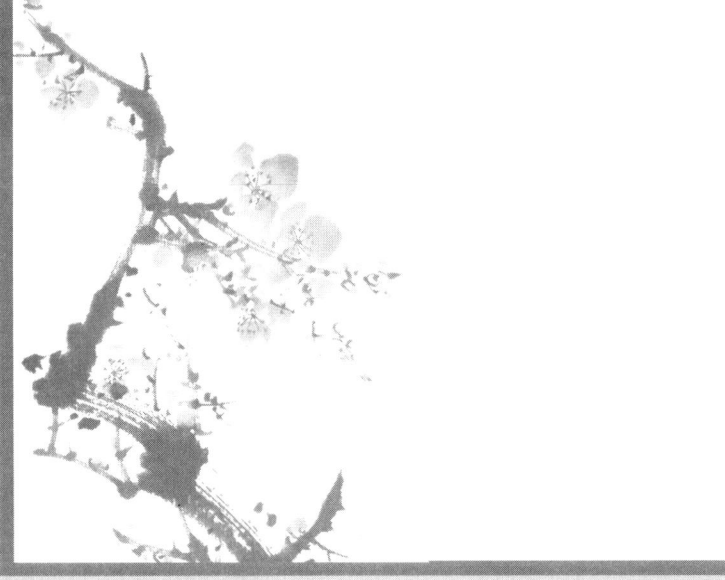

서론

Ⅰ. 서론

1. 연구 취지와 목표

본 연구는 개화기 한국어에 수용된 일본어 어휘 연구의 일환으로, 대한제국 『官報』[1]에 수용된 근대 일본어 어휘에 대하여 고찰한 것이다. 우리나라에서 「官報」가 발행되기 시작한 것은 1894년 6월부터인데, 그 시기와 발행 주체에 따라 셋으로 나누어 생각할 수 있다. 하나는 1894년 6월부터 1910년 일제에 국권을 상실할 때까지 구한국 정부가 발행한 『官報』이고, 또 하나는 일제 36년 동안 조선총독부가 발행한 조선총독부 「官報」이다. 그리고 8·15 광복 후 정부가 수립되면서 1948년 9월 1일자부터 대한민국 정부 공보처가 발행한 「官報」인데, 본고에서 다루는 것은 이들 중 첫 번째, 즉 대한제국 시기에 발

---

1) 이하 『官報』는 대한제국 『官報』를 칭하며, 「官報」는 일반적인 관보를 칭하기로 한다.

간된『官報』이다.

　본고에서 대한제국『官報』를 연구하는 목적은 다음과 같다. 첫째로『官報』의 자료성 때문이다.「官報」는 국가의 각종 법령이나 예산, 새로운 정부 조치의 발표, 관리의 서임(敍任) 및 사령(辭令), 외국과의 조약 사항, 각종 관청의 조치를 고시한다. 당시 중앙 관청이 하급 관청과 일반인들에게 하달하던 어휘가 총 망라되어 있다. 실제로 대한제국 시기 발행된『官報』에는 갑오개혁(甲午改革)이후부터 한·일 합방까지 16년 2개월에 걸쳐 우리나라 개화기의 법령류(法令類)가 거의 실려 있을 뿐만 아니라 정부의 움직임이 공식적으로 기록되어 있다. 그러므로 당시의 시대 상황을 이해하는데 있어『官報』는 중요한 기록이며,[2] 당시 조선 정부의 정치, 행정, 인사, 군사, 외교, 학사, 사법, 경찰, 산업, 재정, 교통, 위생, 기상, 외국 소식 등 각 분야를 골고루 수록하고 있어 공문서(公文書)에서의 다양한 어휘의 출현과 수용 과정을 살피는데 중요한 자료로 생각된다. 공문서인「官報」에 고시된 어휘는 중앙 정부는 물론 지방 관청까지 하달되므로 그 파급 효과가 상당하며, 또한「官報」에 고시된 내용은 한시적인 유행어가 아닌 법률적인 효력을 가진다. 또 한 가지 주목 할 점은 대한제국『官報』가 대부분 국한문혼용문으로 발행되었다는 점이다. 대한제국『官報』는 처음에는 순 한문체로 발행되다가 국한문혼용문로 작성되는데, 한글 문장에서는 한문 문장과 작성 방법이 다르고 사용 어휘도 달라져야 하였을 것이다. 즉 한문에서 사용하던 용어를 한글 문장에서 전부 그대로 사용할 수는 없었을 것이므로, 한글 문장에 어울리는 어휘나 단어 사용이 필요했을 것이라는 점을 주목할 수 있다. 필자는 이

---

2) 정진석(1983)『한국언론사연구』일조각

들『官報』에 사용된 각종 용어가 근대 한국어 어휘의 성립에 크게 관련되어 있을 것으로 생각 하였다.

　대한제국『官報』를 연구하는 두 번째 목적은 개화기 일본어 어휘의 수용 경로를 밝히기 위해서이다. 근대 한국어에는 많은 일본어 어휘가 수용되어 있는데 그 유입 경로는 다음과 같이 생각할 수 있다.

　　　○외교사절의 기록
　　　○일본에 망명했던 사람들의 기록
　　　○신문(官報), 잡지
　　　○일본 유학생
　　　○구한국 정부에 고빙된 일본인 고문관(顧問官)
　　　○한국 거주 일본인

　위와 같은 관점으로 일본어 어휘의 유입 문제를 생각할 때『官報』는 매우 주요한 경로일 것으로 생각된다. 본고에서는 이들 경로 중 신문, 즉 官報를 통하여 들어온 일본어 어휘를 조사하려 한다. 개화기의 신문으로는『漢城旬報』와『漢城周報』,『독립신문』, 대한제국『官報』,『皇城新聞』,『大韓每日申報』등을 들 수 있는데, 이중에서 대한제국『官報』는 그 기능과 역할 면에서 볼 때 관용(官用) 신문이라 할 수 있다. 이에 본고에서는 대한제국『官報』를 신문류로 간주하고,『官報』를 통하여 그 안에 수용된 일본어 어휘를 규명하고자 한다.

　본고를 통하여 밝히려 하는 것은 대한제국『官報』에 어떠한 일본어가 수용되었는가와 그 수용 방법에 관한 것이다. 본고를 통하여 필자의 연구가 성과를 얻을 수 있다면 개화기『官報』를 통한 일본어의 유입 문제를 밝히는데 다소나마 도움이 될 수 있을 것으로 생각된다.

2. 선행연구

개화기 한국어에의 일본어 유입 문제에 대해서는 지금까지 많은
연구자들의 연구가 있다. 이들 중 중요한 연구를 들어보면 이희승
(1947), 강신항(1976, 1983, 1985, 1995), 김형철(1999), 려증동(1984),
박갑수(1990), 송민(1979, 1985, 1986, 1987, 1988, 1989, 1991, 1992),
정재도(1984, 1995), 윤의순(1995), 이상오(1985, 1986, 1993), 이오덕
(1993), 이한섭(1985, 1987, 1990, 1993, 1995, 1997, 2003), 熊谷明泰
(1987, 1989, 1990, 1991), 장원재(2000, 2001, 2003) 등을 들 수 있
다.[3] 이들 연구는 개화기 및 일제 강점기를 통하여 한국어에 유입된
일본어 어휘에 관한 것으로, 개화기 이후 한국어에 유입된 일본어 어
휘의 실상을 이해하는데 있어서 매우 유익하다. 본고에서는 한국어
어휘에 유입된 일본어의 유입 경로를 밝히는 것은 당시 한국어 어휘
에 일본어를 유입시킨 사정을 밝히는데 중요한 과제라 생각하고 이
를 『官報』를 중심으로 살펴보려고 한다.

대한제국 『官報』에 대해서는 언론사와 한국사, 서지학 분야 학자
들에 의한 연구가 있으나 그 수는 많지 않다. 연구 내용 면에서는 「官
報」의 성격이나 성립, 내용 등에 대한 연구가 주된 내용이고, 본고에
서 다루려고 하는 어휘 자료로서의 연구는 거의 보이지 않았다. 여기

---

3) 이들 문헌에 대해서는 이한섭(1998) 『한국일본어학연구문헌서지』(고려대출
판부)를 참조할 것

서 잠시 「官報」에 대한 연구를 살펴보기로 한다. 「官報」에 대한 연구는 정진석(1982), 최정태(1989, 1991, 1993), 채백(1992), 권태억(1994), 김건우(2008)[4] 등 언론학이나 도서관학, 역사학자들에 의하여 실시되었다. 언론학자 정진석(1982)은 「官報에 관한 硏究」(上·下)에서 언론사의 입장에서 「官報」를 논하였고, 최정태(1989, 1991, 1993)에서는 「官報」의 변천 과정을 중점적으로 살펴보았으며, 채백(1992)은 대한제국『官報』의 신문적인 성격에 관하여 논하였다. 또한 권태억(1994)와 김건우(2008)의 연구는 「官報」를 근대 공문서의 성립 입장에서 연구한 것이다. 「官報」를 언어 자료 측면에서 연구한 것은 허재영(2002)과[5] 필자(2005a,b)[6]의 연구가 있는데 허재영의 연구는 「官報」에 나타난 개화기의 언어 정책에 관한 것이며 필자의 연구는 대한제국『官報』가 개화기의 국어 어휘 자료로서의 가치가 있는지 알아보기 위한 시험적인 연구였다. 이렇게 보면 언어 자료의 측면에서 대한제국『官報』를 다룬 연구는 아직 기초적인 단계에 있으며 앞으로의 연구가 이루어져야 할 부분이다 .

4) 김건우(2008)『근대 공문서의 탄생』소와당
5) 허재영(2002)「근대 계몽기의 어문 정책 -『구한국 관보』를 중심으로」『국어교육연구』10, 서울대국어교육연구소, pp.97-150
6) 김지연(2005a)「大韓帝國 官報에 나타나는 日本式 한자어에 대하여」,『日本文化學報』26 韓國日本文化學會, pp.129-140
   김지연(2005b)「大韓帝國 官報에 나타나는 日本 漢字語에 대하여」,『日語日文學研究』55-1 韓國日語日文學會, pp.139-152

3. 연구 방법

　본고의 연구 대상은 1894년 6월 21일부터 1910년 8월 29일까지 발행된 16년 2개월분의 대한제국『官報』이다. 이는 19,600페이지에 달하는 매우 방대한 양이다. 자료의 성격상, 본 연구는『官報』의 전문(全文)을 읽어가면서 해당 어휘를 추출하고 용례를 조사하는 방법이 필요하여, 시작 단계에는 그러한 방법을 사용하였다. 그러나 연구 진행 과정에서 해당 어휘의 추출과 용례의 입력 등에 여러 가지 문제점을 느끼게 되어 결국은『官報』전체를 입력한 후에 입력 자료를 바탕으로 각종 조사를 하는 방법을 택하기로 하였다. 이리하여『官報』첫 호부터 마지막 호까지의 본문을 입력하는 작업이 진행되었으며 이로서『官報』의 내용은 물론 구성이나 체제, 사용된 어휘 등에 대한 조사를 효율적으로 수행 할 수가 있었다.

　본고의 연구 목적은 대한제국『官報』에 수용된 일본어 어휘를 조사하는 것과 이들 일본어 어휘가 어떠한 형태로『官報』에 수용되었는가를 밝히는 것이다.『官報』에 유입된 일본어 어휘를 찾아내는 것은『官報』본문 전체를 처음부터 읽어서 찾아내는 방법을 생각할 수 있다. 이 방법의 경우 우선 어떤 단어가 일본어 단어인지 구별할 수 있어야 하는데, 한·중·일 한자문화권에서는 19세기말부터 어휘면에서 서로 영향을 주고받았기 때문에 어떤 단어가 일본어인지를 밝히는 일은 쉽지 않다. 그러므로 금번 연구에서는 한·중·일 연구자들이 그동안 밝힌 연구에서 일본어 어휘로 인정한 연구 성과를 조사, 수합하여 이들 연구를 활용하는 방법을 택하기로 하였다. 중국에서는 1950년대 이후부터 일본어에서 차용된 어휘의 연구가 활발히 연구되었고,[7] 지금까지 연구에서 최소한 1,300여 단어가 19세기말 이후 중국어에 유입된 것으로 보고 있다(이점에 관해서는 3.2에서 자세히 설명하기로 한다). 또한 일본에서도 明治 이후 일본에서 만들어진 어휘에 대한 연구가 상당히 진척되어 있으며, 이들 연구는 본고를 작성하는데 큰 도움이 되었다. 한국에서의 연구로는 앞에서 언급한 선행 연구 이외에 국립국어연구원에서 조사 발표한 「국어순화자료」 등이 있다. 이들 연구에는 4,000여개 이상의 일본어 단어가 조사되어 있어 본고에서는 이와 같은 선행 연구 자료를 사용하였다. 지금까지의 연구에서 한·중·일 학자들이 근대 이후 일본에서 만들었거나 중국어 및 한국어로 유입된 단어로 생각하는 단어는 총 10,953 단어인데, 본고에서는 이들 각각의 단어를 대상으로 대한제국『官報』에 출현하는지를 조사하기로 하였다.

두 번째 과제인 일본어 어휘의 수용 방법을 밝히는 문제에 있어서는 대한제국『官報』에 수용된 일본어 어휘를 어종과 표기 방법을 기준으로 분석하여 이들이 어떠한 형태로『官報』에 수록되었는지를 밝히려 한다. 대한제국『官報』에 일본어를 수용할 때에는 일본어 어휘를 번역하여 수용하거나 직접 차용하는 방법을 생각할 수 있으며, 형태면에 있어서는 일본어를 한자 표기 형태 그대로 수용하여 한국 한자음으로 읽거나 일본어 발음을 그대로 한글로 적는 방법 등이 있었을 것이다. 또 표기면에 있어서도 일본어 어휘를 한자로 표기하거나 한글로 표기하는 방법 등 여러 가지 방법이 사용되었을 것으로 생각된다. 이들 수용 방법에 대해서는 본론의 4장에서 상세하게 설명하기로 한다.

---

7) 王立達(1954) 「現代漢語從日語借來的詞彙」등

4. 본 논문의 구성 및 내용

본 논문은 서론과 본론, 결론 등 세 부분으로 구성되어 있다. 서론에는 본 연구의 취지 및 목표와 선행 연구, 연구 방법, 본 논문의 구성 및 내용 등으로 구성되어 있으며 본론 내용을 이해하는데 필요한 사항을 기술하였다. 본론은 모두 다음 5개의 장으로 구성되어 있다. 각 장에 기술한 내용을 간략히 설명하면 다음과 같다.

제1장 「개항 이후 한·일 어휘의 관련성」에서는 1876년 이후 한·일어가 어떻게 접촉, 교류하고 한국어 어휘에 어떻게 일본어 어휘가 유입되게 되었는지를 기술하였다.

제2장 「대한제국『官報』」에서는 다시 세 부분으로 나누어 『官報』의 발행 사정과, 『官報』의 내용 및 구성, 한·일어 어휘 자료로서의 자료성에 대하여 언급하였다.

제3장 「대한제국『官報』에 수용된 일본어 어휘」에서는 선행 연구에서 일본어 어휘로 연구된 것의 단어 목록을 작성하고 이들 목록에 나오는 단어가 『官報』에 나오는가 여부를 조사한 것을 기술하였다. 이러한 방법으로 추출된 일본어 어휘들을 어종과 표기면으로 나누어서, 어떤 어휘가 어떤 방법으로 『官報』에 수용되게 되었는지를 분석 기술하였다.

제4장 「일본어 어휘와 그 수용 방법」에서는 『官報』에 수용된 일본어 어휘가 어떠한 방법으로 수용되었는지를 표기면과 독법을 중심으로 고찰하였다.

제5장 「『官報』에 수록된 개별 단어에 대하여」에서는 「大統領」과 「曜日」「義務」「電話」「取扱」「硝子」「燐寸」 7개 단어의 실례를 들고

이들 단어가 일본에서 성립되는 과정과 대한제국『官報』로의 유입 과정에 대하여 기술하였다.

결론에서는 본 논문을 통하여 밝혀진 내용들을 정리 기술하고 앞으로의 과제 및 연구 전망에 대하여 기술하였다.

본 논문의 이해를 돕기 위하여 대한제국『官報』에 출현하는 일본어 단어의 초출 용례를 부록으로 달아서『官報』의 어느 부분에 해당 일본어가 나오는지를 알아보기 쉽도록 하였다.

본론

　　본 장에서는 개항 이후 한·일어 어휘의 접촉 및 관련 양상을 개관해 보고『官報』자료를 통하여 당시 한국어에 유입된 일본어 어휘를 밝히려고 한다. 아울러 본론에서는『官報』에서 어떠한 방법으로 일본어 어휘를 도입하였는지도 살펴 보겠다.

1. 개항 이후 한·일 관계와 한·일어 어휘의
   접촉 및 교류
2. 대한제국『官報』에 대하여
3. 대한제국『官報』에 수용된 일본어 어휘
4. 일본어 어휘와 그 수용 방법
5.『官報』에 수록된 개별 단어의 수용에 대하여

1. 개항 이후의 한·일 관계와
   한·일어 어휘의 접촉 및 교류

한국어와 일본어 어휘가 관련성이 있다는 주장은 일찍부터 있어왔
다. 예를 들면 金思燁(1974)는 일본 고기록인『古事記』와『万葉集』
등에 나오는 일본어 어휘를 조사한 결과 약 1,000개 이상의 단어가
한국어와 관련이 있다고 하였으며,[1] 李男德(1985, 1986)도 일련의 저
서에서 일본어의 어원을 한국어에서 찾는 연구 성과를 펴내었다. 또
한 宋敏(1999)은 일본어와 한국어가 계통적으로 연결되어 있어 공통
어휘를 가지고 있다고 하였다. 그밖에 강길운(1990, 1991, 1992), 김
동소(2007), 김방한(1985, 1986), 서정범(1994, 1996), 崔炳璉(1985),
최승렬(1982, 1997) 등도 계통론의 입장에서 한·일어 어휘의 관련성
을 언급하는 등 여러 학자들에 의하여 한·일 고대어의 관련성이 제
기되었다. 일본 학계에서도 오구라 신페이(小倉進平, 1934)와 오노

---

[1] 金思燁(1974)『古代朝鮮語と日本語』講談社, 東京, pp.484

스스무(大野晋, 1952, 1957), 오에 다카오(大江孝男, 1987)등의 학자들이 계통론의 입장에서 고대 일본어와 한국어의 관련성을 언급하는 가운데 양국 어휘의 관계를 논하고 있다. 또 일본의 주요 사전에서도 다수의 일본어 어휘의 어원을 고대 한국어에서 찾으려는 시도가 적지 않았다. 에도(江戶)시대 학자인 아라이 하쿠세키(新井白石)가 1717년에 펴낸 『東雅』에는 「바다」를 의미하는 일본어 「わた」가 한국어 「바다」에서 연유한 단어라 하였고 19세기말 일본인이 작성한 가장 최초의 대표적인 일본어 사전인 『言海』에는 어원 표시어 중 상당수의 단어가 고대 한국어와 관련이 있다고 적고 있다.[2] 이러한 연구 결과를 보면 고대 한·일어가 어떤 형태로든지 관련성이 있었던 것으로 생각된다. 그러나 이러한 고대 한·일어 어휘의 관련성은 동일 계통의 언어로 인한 것인지, 차용 관계에 의한 것인지는 아직 분명하지 않다. 이들 문제를 밝히기 위해서는 앞으로 더 많은 연구가 필요하다고 보며 또 본고에서 다룰 내용이 아니므로 여기서는 이 정도로 언급하겠다.

차용 관계 측면에서 한·일어 어휘의 관련성을 생각할 수 있는 것은 개항 이후부터라고 본다. 개항 이전의 외국과의 어휘 교류는 중국과의 교류가 주였고 일본이나 다른 나라와의 교류는 개항 전까지는 그다지 없었다고 생각되기 때문이다.

그러나 개항 이후 조선은 미국, 영국, 프랑스, 독일, 이탈리아, 러시아 등 서구 열강과 수교를 하였고 외국에 사절단 및 시찰단을 보내어 외국 사정을 파악하려 노력하였다. 특히 일본과는 외교 사절과 유학생을 파견하여 교류를 추진하였고 일부 정치가들은 일본의 도움으로

---

2) 大槻文彦 『言海』(1892) 등

서구식 개화를 추진하려 시도한 적도 있었다. 또한 1891년부터는 관립학교에서 일본어 교육이 시작되었고, 1905년 한국이 일본의 식민지로 전락한 뒤에는 모든 학교에서 일본어 교육이 필수 과목으로 되는 등 일어교육이 강화되었다.

〈표 1〉은 1876년부터 1910년 한일 합방까지의 한·일 관계를 이해하기 위하여 작성해 본 것이다. 〈표 1〉을 보면 이전의 시대보다 인적, 물적 교류가 활발해졌고 수많은 일본인이 주재원이나 고문관(顧問官) 또는 거류민, 군인 신분으로 한국에 와 있었던 것을 알 수 있다. 이로서 한·일 간에는 정치, 경제, 문화뿐만 아니라 언어 면에도 접촉과 교류가 이루어졌을 것으로 생각된다.

우선 1876년 개항 이후부터 1910년 한·일 합방까지를 역사적인 배경을 토대로 세 시기로 나누어 한·일어의 접촉과 교류 문제를 생각해보기로 하고 각 시기에 한국과 일본 사이에 어떠한 문제가 있었는지를 살펴보고겠다.

〈표1〉 근대 한·일 관계 연표

연대	한국	일본
1870 년대	1871년 「辛未洋擾」 1876년 강화도조약으로 일본에 개항 金綺秀가 수신사로 일보에 감 부산에 일본인 거류지 생김	1871년 藩을 철폐하고 縣을 설치함 1876년 江華島條約 1977년 동경대학 개교
1880 년대	1881년 중구에 「領選使」파견, 일본에 「朝 士遊覽団」파견. **兪吉濬등 일본 유학** 1882년 임오군란	1881년 자유민권운동 1883년 **官報 발행** 1888년 대일본헌법발포

	同文學(영어교육 기관) 설립 1882년 韓. 한미수호조약. 1883년 『漢城旬報』발간 1884년 甲申政変 1886년 한불수호조약『漢城周報』발행 育英公院 설립	
1890 년대	1891년 官立外國語學堂 설립 서울에 「日語學堂」설립 1894년 갑오경장. 『官報』 발행 공문서를 한글로 표기하도록 함 국비유학생 192명을 일본에 파견 1895년 을미 의병 거병 유길준이 동경에서 西遊見聞 발행 1896년2월 「俄館播遷」. 유길준 박영효 등 일본 망명. 독립신문 발간 1897년 국호를 大韓帝國으로 바꿈 1898년 매일신문 창간. 경부철도 부설 1899년 서울에 전차 다님	1894-1895년 청일전쟁 1894년 조선에 「20개조개혁안」을 요구 1895년 대만을 식민지화 1895년 민비 시해
1900 년대	한국에 일어학교가 여기저기 생김 1904년 한일 의정서 체결 황실유학생을 일본에 파견 1905년 을사보호조약. 통감부 설치 일본어를 소학교의 필수과목으로 함 1906년 일본이 한국의 사법·경찰권 장악	1902년 영일동맹조약 맺음 1904년 노일전쟁1906 노일 강화조약 한국 통감부보안규칙 공포, 1908년 동양척식회사 설립 1909년 일본 각의 한일합방 조치 의결

	1907년 제3차 한일협약. 　　한국군대해산 1909년 안중근이 이토히로부미 　　사살	
1910 년대	1910년 한·일합방 　　일본어가「國語」로 됨 1919년 3.1운동	1914년 대독참전. 靑島점령 1915년 중국에 21개조 요구

〈제1기 1876년-1894년〉

제1기는 1876년 이후 조선과 일본이 정부 차원에서 교류가 빈번했던 시기이다. 1876년 한국이 일본과 수호조약을 맺은 후 수차에 걸쳐 외교 사절을 파견하였고 일본은 서울에 공사관을 설치하였다. 1881년 조선 정부는 일본에 62명의 대규모 사절단(朝土視察團)을 파견하는데 이들은 약 3개월에 걸쳐 일본 전국의 주요 시설과 교육 기관 등을 시찰하고 귀국 후 방대한 분량의 보고서를 제출하였다.[3] 일본에 파견된 외교 사절과 조사시찰단의 보고서에는 당시 일본의 정치와 경제, 문화, 교육, 군사제도 등 문명 개화와 관련된 내용이 담겨져 있고 이들 기록에는 적지 않은 일본어 어휘가 소개되어 있다. 이 朝土視察團이 보고서에 소개된 일본어에 대해서는 송민(1986, 1987, 1988)과 이한섭(2004) 등의 연구가 있어 어느 정도 그 사정을 알 수 있다.

또한 이 시기는 근대적 신문이 발간되기 시작한 시기이기도 하다. 조선은 1880년대에 근대적 신문인『漢城旬報』(1883. 8. 17-1884. 12)와『漢城週報』(1886. 1. 25-1888 .7. 14)을 발간하게 된다. 위의 신문 발간에는 일본인 이노우에 가쿠고로(井上角五郎)가 번역원 신분으로

---

3) 이들 보고서는『朝土視察團關係資料集』(2000, 국학자료원) 참조

참여하게 되는데[4] 이는 일본인이 근대 일본어를 한국어에 직접 소개하는 계기가 되었다. 『漢城旬報』와 『漢城週報』는 오늘날 신문과 달리 신문의 취재와 편집진이 몇 명 되지 않았으므로, 외국 소식 등은 거의가 중국이나 일본 신문을 입수하여 번역, 게재하는 방법을 사용하였다. 이노우에 가쿠고로(井上角五郎)는 외국신문 번역원 신분으로 신문의 발행에 참여하여 『時事新報』와 『東京日日新聞』, 『郵便報知新聞』 등 일본 신문이나 서적 등을 번역하여 『漢城旬報』와 『漢城週報』의 기사를 다수 작성하였고 이 과정에서 자신이 번역한 기사에 일본어 어휘를 도입한 예가 적지 않다. 이에 대한 연구로는 이한섭(2008)[5]의 연구가 있다. 이한섭(2008)의 연구에 의하면 『漢城旬報』는 日本國 「官報」(32건)와 時事新報(15건), 鹿兒島新聞(8건), 東京日日新聞(6건), 郵便報知新聞(6건) 등 일본신문으로부터 156건의 기사를 한문으로 번역하여 게재하였고 이 과정에서 많은 수의 일본어 어휘를 도입하였다고 기술하고 있다. 이노우에 가쿠고로(井上角五郎)가 『漢城旬報』와 『漢城周報』에 유입시킨 어휘는 600단어를 넘으며 이들 중 중요한 것을 들면 다음과 같다.

> 開化, 警官, 警察, 警視廳, 高等學校, 公立學校, 工兵, 工業, 共和政
> 府, 共和政治, 官立學校, 群民同治, 軍艦, 貴族院, 女子師範學校,
> 農業, 農學, 代議士, 大統領, 大學校, 大藏省, 旅券, 陸軍, 陸軍省,
> 立法, 立法權, 立憲政体, 無機化學, 文部省, 物理學, 物品稅, 民選

---

4) 채백(1989) 「한성순보와 한성주보에서의 이노우에 가쿠고로오의 역할」『신문과방송』1989.1월호, 한국언론재단, pp.78-84
5) 이한섭(2008) 「『漢城旬報』にある日本語語彙と韓國語への影響」『第7回漢字文化圈近代語硏究會硏究發表集』(北京大學)

議院, 民主國, 博物館, 半島, 法律學, 兵隊, 普通學校

이를 보면 1880년대 중반에『漢城旬報』와『漢城周報』를 통하여 이미 많은 수의 일본어 어휘가 한국에 소개되었다는 것을 알 수 있다.

또한 이 시기는 일본에 유학생을 파견하였다. 최초의 일본 유학생은 1881년 조사시찰단원의 일원으로 도일했다가 일본에 남은 유학생들인 유길준(慶應義塾)과 유정수(慶應義塾), 윤치호(同人社)이다. 박기환6)에 의하면 1881년부터 1884년까지 일본에 유학한 조선 사람은 100여명에 달했으며 유길준과 윤치호, 서재필 등 많은 사람들이 귀국 후 정계 및 교육계에 진출하여 많은 활동을 하였다. 필자는 이들에 의하여 한국어에 유입된 일본어 어휘가 적지 않을 것으로 생각하고 있다. 실제로 일본 유학생 출신 유길준이 저술 편찬한『西遊見聞』에는 270여개의 일본어 단어를 사용하고 있어 개화기 한국어에 일본어를 유입시킨 경로 중 하나는 일본에 유학했던 사람들이었다는 생각을 뒷받침하고 있다.7)

〈제2기 1894년-1905년〉

한편 제2기는 청·일전쟁에서 승리한 일본이 본격적으로 조선에 세력을 확장하려 한 시기이다. 1894년 청·일 전쟁에서 승기를 잡아가던 일본은 조선에서 청국 세력을 몰아내고 친일 내각을 구성한 뒤 소위「20개조개혁안」을 강요하여 한국 국정을 간섭하기 시작했다.

---

6) 박기환(1998)『近代日韓文化交流史研究』(누리미디어) p.8
7) 이한섭(1985)「「西遊見聞」の漢字語について-日本から入った語を中心に」『國語學』154, 國語學會, pp.39-50

이에 따라 조선의 친일 내각은 1894년 7월부터 1896년 2월까지 각종 개혁안을 내놓고 이를 추진하였는데 이를 소위 「甲午更張(갑오경장)」 또는 「甲午改革(갑오개혁)」이라 한다. 갑오개혁은 조선의 개혁을 열망하는 젊은 관료들의 개혁 의지의 표상이기도 하였으나, 일본의 한국에 대한 지배권 확대 의도와 밀접히 관련된 것으로 볼 수 있다. 일본 정부는 한국의 각종 개혁 조치를 차질 없이 추진하기 위해서는 일본인 고문관(顧問官)을 초빙하는 것이 효과적일 것이라는 책략 하에 일본인 고문관 초빙을 조선에 강요하였다. 이리하여 1894년 말부터 1896년 2월까지 약 47명의 일본인 고문관이 초빙되었고 이들은 각 부처에 배치되어 활동을 개시하였다.[8] 각 부처에 배치된 일본인 고문관들은 조선의 각종 개혁을 일본식 법령과 제도를 따르게 하는데 크게 영향력을 행사하였다. 다음 자료를 살펴보면 당시 일본 고문관들의 역할이 어떠하였는가를 알 수 있다. 아래 자료는 한국 정부에서의 일본 고문관들의 역할을 규정한 각 대신간의 규약 내용이다.[9]

> 五十三 內閣 各部 其他 各廳에서 閣令 部令 廳令 訓令 등을 發ᄒ며
> 指令을 下홀 時ᄂᆫ 其辨理案을 協辦(內閣에서ᄂᆫ 其廳長官)에
> 提出 ᄒ기 前에 반다시 各其 顧問官의 査閱을 供 홀 事
> 五十四 前項外에 內閣 各部 其他各廳에서 接受 發送ᄒ는 公文書類ᄂᆫ
> 一 切各其 顧問官의 査閱을 供 홀 事
> 五十五 各顧問官은 內閣會議에서 各其主務에 屬ᄒᄂᆫ 案件의 會議에
> 當 ᄒ야 辨說 ᄒᄂᆫ 必要가 有ᄒᄂᆫ 時에ᄂᆫ 參席ᄒ야 意見을을
> 陳述 홀믈 得할 事

---

8) 김현석(2003)『한국 근대국가의 형성과 갑오개혁』역사비평사, pp.190-191
9) 대한민국국회도서관『한말근대법령자료집Ⅰ』(1971) pp.286-287

위의 규정을 살펴보면 일본인 고문관들은 정부 각 부처 간 및 지방 관청의 공문서를 발송 전 모두 열람, 지도할 수 있고 심지어는 내각 회의에까지 나가서 의견을 개진할 수 있게 되어 있다. 본고의 주제인 대한제국『官報』도 발행 초기부터 일본인 고문관의 관여 하에 발행된 것으로 대한제국『官報』에 일본어 어휘가 다수 출현하는 것도 이러한 사정과 관련이 있는 것으로 생각 된다. 대한제국『官報』의 발행과 일본인 고문관의 역할에 관해서는 다음 절에서 소상히 밝히기로 한다.

제2기에 언급할 또 다른 사항은 일어학교의 설립 및 증가 문제이다. 종래 조선 정부의 일본어 교육은 정부의 통역 및 번역 요원을 양성하는 것을 주목적으로 하였으며, 담당 기관은 사역원(司譯院)이었다. 사역원은 조선 개국 후 이듬해인 1392년 개설되어 漢語(중국어)와 淸語(만주어), 蒙語(몽고어), 倭語(일본어)를 가르쳤다.[10] 사역원은 원래 조정에서 필요로 하는 역관이나 번역관을 양성하는 기관이었으나 19세기말 본격적인 외국어 교육 필요성이 대두되자 1894년에 폐지되고 그 대신 관립외국어학교가 개설되었다. 최초로 생긴 관립외국어학교는「관립일어학당」이었으며 1891년에 서울에서 개교하였다.[11] 일본 세력의 한국 진출이 점차 늘고 일본어 수요자가 증가하자 우리나라에서는 일본어를 학교 교육에서 교육하는 소위「일어학교」가 우후죽순처럼 생겨났다. 개화기의 일어학교에 대한 연구는 이나바 쓰기오(稻場繼雄)의 일련의 연구에 자세한 언급이 있다.[12] 이나바 쓰기오

10) 강신항(1965)「이조시대의 역학정책에 관한 고찰 - 사역원, 승문원 설치를 중심으로 하여」『대동문화연구』2, 성균관대학교 대동문화연구원, pp.1-34
11) 이에 대해서는 이광린(1970)『韓國開化史硏究』일조각을 참조할 것

(稲場継雄)의 연구에 의하면 1891년부터 1905년까지 한국에 개설되었던 일어학교는 총 68개에 달했으며 1910년 한·일 합방 때까지는 총 131교가 개설되었다.[13] 이들 일어학교에서는 수업을 전부 일본어로 진행하거나 그렇지 않은 경우에는 교과 과목 속에 일본어 과목을 집어넣어 결과적으로 전교생에게 일어 수업을 하도록 하였다. 이로 인하여 한국 내에서는 일본어 학습자가 늘게 되고 또 일어 보급이 급속히 진행되었다. 이렇게 볼 때 제2기는 일본 당국이 고문관 파견 등을 통하여 일본식 개혁을 유도하고 일어학교 지원 정책 등을 통하여 한국에 일본어를 보급하는 시도를 한 시기로 볼 수 있다.

〈제3기 1905년-1910년〉

제3기는 일본이 한국을 식민지로 통치하던 시기로 일본어 어휘가 거의 무방비 상태로 한국어에 유입된 시기이다. 일본은 1905년 조선을 식민지화한 뒤 1906년 각 학교교육령과 시행규칙을 발표하여 식민교육학제로 전환하고 일본어 교육을 전 학교에 의무화시켰다. 학정 참여관 시데하라 와타루(幣原担)의 책임 하에 일본어 교과서인 『日語讀本』이 발간되어 전 학교에 배포되었고 일어교육이 강화되었다. 또 차관정치라는 명목 하에 일본인 관리가 모든 정부 부서의 차석 책임자로 부임하여 한국 정부를 지도 감독하면서 각종 법률과 행정, 경찰, 교육 제도 등을 일본식으로 바꾸어 나갔다.

이 시대에 일본어 확산의 또 하나의 요인으로는 한국내의 일본인 거주자의 증가를 들 수 있다. 1876년 강제로 한국을 개항시킨 일본은

---

12) 稲場継雄(1997)『旧韓末「日語學校」の研究』九州大學出版會
13) 稲場継雄(1997) pp.476-477에 의함

한국에 자국민을 이주시키는 정책을 취하여 장차 한국을 식민지로 만들려는 야욕을 드러냈다. 〈표 2〉는 가지무라 히데키(梶村秀樹, 1992)의 연구를 바탕으로 1876년부터 1943년까지 조선에 거주한 일본인들의 인구를 조사한 것인데,[14] 〈표 2〉를 보면 1876년 한국에 거주하던 일본인이 54명에 불과하던 것이 1894년 갑오개혁 전후에는 9,000명을 넘었고 러·일전쟁이 일어난 1904년에는 3만명으로 증가하였고 1910년 한·일 합방 당시는 그 수가 약17만명에 달하는 것을 알 수 있다.

〈표 2〉 한국거주 일본인의 수

년도	일본인수	한국 총인구에 대한 비율
1876	54	-
1884	4,356	-
1894	9,354	-
1904	31,093	-
1906	83,315	-
1910	171,543	1.29
1911	210,989	1.50
1912	243,729	1.64
1913	271,591	1.76
1914	291,217	1.83
1915	303,659	1.87
1916	320,938	1.93
1917	332,456	1.96
1918	336,872	1.97
1919	346,619	2.02
1920	347,850	2.01
1921	367,618	2.11

---

14) 梶村秀樹(1992) 『朝鮮史と日本人』明石書店, p.225에 의함(군인은 포함되지 않음)

1922	386,493	2.19
1923	403,011	2.25
1924	411,595	2.28
1925	424,740	2.23
1926	442,326	2.32
1927	454,881	2.38
1928	469,043	2.44
1929	488,478	2.53
1930	501,867	2.48
1931	514,666	2.54
1932	523,452	2.54
1933	543,104	2.61
1934	561,384	2.66
1935	583,428	2.67
1936	608,989	2.76
1937	629,512	2.82
1938	633,320	2.80
1939	650,104	2.65
1943	752,823	2.86

이들 일본인들은 일본 정부의 비호 하에 각급 관리로서 또는 무역과 광공업, 상업, 농업, 어업에 종사하는 사람으로서 조선 사람들과 접촉하였을 것인데 각종 업무에서 이들과 접촉했을 한국 사람들의 수를 생각하면 이들에 의한 일본어의 영향력도 상당하였을 것으로 추측된다.

이상 개화기의 한·일어의 접촉과 교류에 대하여 살펴보았는데 그 내용을 정리하면 다음과 같다. 〈제1기〉에는 주로 한국인에 의하여 일본어 어휘가 소개된 시기였다면 〈제2기〉와 〈제3기〉는 일본이 한국에 대한 영향력 확대 차원에서 일본어의 교육과 보급을 꾀한 시기였다고 볼 수 있겠다.

2. 대한제국 『官報』에 대하여

1. 『官報』의 발행

「官報」는 정부가 국가 관리와 국민에게 널리 알리고자 하는 사항을 편찬하여 간행하는 국가의 공공 기관지이다. 넓은 의미의 「官報」는 이러한 목적으로 국가 기관이 공식으로 발행하는 정기 간행물을 통틀어 말하는 것이나 좁은 의미로는 「官報」라는 제호로 발간되는 공식 기관지를 일컫는 것이다. 정진석(1982)은 역사적으로 우리나라의 「官報」를 다음의 여섯 종류로 나누고 있다[1].

○朝報: 1883년 이전
○근대 신문과 朝報 공존: 1883년-1888년
○대한제국 官報: 1894년-1910년
○조선총독부 官報: 1910년-1945년

---

1) 정진석(1982) 「官報에 關한 硏究 (上)」『신문과방송』141, 한국언론재단, pp.111-112

○미군정청 官報: 1945년-1948년
○대한민국 官報: 1948년 정부수립 이후

이들「官報」중에서 본고에서 다루는『官報』는 대한제국『官報』이다. 여기서 잠시 본고의 이해를 돕기 위하여 우리나라의「官報」의 역사에 대하여 간단히 살펴보기로 한다.

2.『官報』의 역사

朝報

조선 초 조정의 藝文春秋館의 사관이 조정의 결정 사항과 견문록 등을 기록하여 각 관청에 돌리던 것이 시초로, 세조 때에는 승정원에서 朝報라는 이름으로 불렀다. 그 내용은 국왕의 명령과 지시 사항과 유생들이 국왕에 올리는 상소문, 관리의 임명과 해임 등을 실어서 중앙과 지방 관서와 상류 사회에 배포하던 것으로 1894년 근대적인『官報』출현 전까지 유지되었다.

漢城旬報와 漢城周報

한성순보는 1883년 발간된 한국 최초의 신문이자 관보적 성격을 가진 관용 신문이다. 1886년에 발간된 한성주보도 관에서 발간한 신문으로 그 성격에 있어서는 한성순보와 같았다. 발행처는 국가 기관인 박문관(博文館)이었다. 종래의 朝報와 다른 점은 외국 사정 기사를 실었고 일반 뉴스 기사도 실었다는 점으로, 광고와 물가 정보까지 수록한 점이 특이하다. 1886년 1월 25일자 한성주보에 朝報를 정보

출처源으로 하는 기사가 11건, 1886년 2월 15일자에 2건, 1886년 9월 1일자에 1건의 기사가 게재된 것을 보면 한성순보의 발간 당시에도 朝報가 존재하여 신문과 공존하였던 것으로 보인다.

대한제국 「官報」

갑오개혁 이후 발간된 것으로 제1호는 1894년 6월21일 발행으로 되어 있으나 실제로 첫 호가 발행된 것은 6월28일로 추정된다. 발행 주체는 의정부의 관보국이었다. 관보국은 정령(政令)과 헌법 각부의 모든 공판(公判)과 성안(成案)을 반포하는 것이 주요한 임무였으며 1895년 4월 1일부터는 관보 발행이 내각 기록국으로 이관되었다. 발행초기부터 순한문체로 작성되었던 『官報』는 1년 뒤(1895) 12월 10일부터 국한문을 혼용하기 시작하였다. 이는 「官報」발행사(發行史)뿐만 아니라 공문서식에서 나타나는 초유의 일로 기록되며 정부가 발행하는 모든 간행물의 국한문혼용문화 및 한글 사용이 대한제국『官報』로부터 정착되는 중요한 의미를 갖는다. 1906년 통감부가 설치된 후, 1907년부터 1910년까지 일제는 「公報」라는 것을 따로 발간하여 일본의 한국 통치와 관련된 사항(府令, 廳令, 訓令, 告示, 諭示 등)을 일본어로 발간하였다.

조선총독부 「官報」

1910년 8월29일부터 1945년 8월15일까지 일제가 만 35년 동안 국권을 장악한 동안에 조선총독부가 발간한 「官報」이다. 문장은 모두 일본어로 작성되었으나 1910년 9월 달 한 달만은 일본어 문장 뒤에 한국어 번역문을 달아 일본어를 이해하지 못하는 사람이 읽게 하였다. 1910년 10월 이후는 한국어 번역문을 점차 줄여나가 1911년 이후는 일본어로만 발행하였다. 일제 35년간 발행된 「官報」의 총 호수는 10,450호이고 페이지 수는 140,510페이지에 달한다.

미군정청 「官報」

1945년 9월부터 1948년 8월까지 한국을 통치하던 미군이 발행한 것으로처음에는 국문, 영문, 일문 세 종류로 작성하여 발행하였으나 총 호수는 미상이다. 일본어판 「官報」는 1946년 2월, 일본인들의 퇴거가 완전히 종결될 때까지 계속되었는데 이는 아직 한국에 남아있던 일본인을 배려한 이유 때문으로 보인다.

대한민국 「관보」

대한민국 정부수립 후 1948년 9월 1일부터 오늘에 이르기까지 발간되고 있다. 대한민국 정부수립후의 「관보」는 헌법을 비롯한 모든 법령의 공포수단으로서의 기능과 정부 공문서로서의 기능을 가지게 되었다. 처음에는 공보실·공보처·공보부가 발행하였으나, 1968년 7월 말부터 총무처 발행으로 되었으며, 1969년 2월 1일부터 체재를 바꾸어 ①공무원은 반드시 읽어야 하며, ②「官報」는 공문서로서의 효력을 가지며, ③비치용 「官報」는 5년 이상 보관하도록 규정하고, 발행자도 대한민국 정부로 격상시켰다. 제1호부터 1963년까지는 세로쓰기를 하였으나 1963년부터 가로쓰기로 바뀌어졌으며 1969년부터는 「官報」라는 제호도 한글 「관보」로 바뀌었다.

3. 대한제국 『官報』의 내용과 구성

「官報」란 정부가 국민들에게 널리 알릴 사항을 편찬하여 간행하는 국가의 공고 기관지(公告 機關紙)를 말한다. 미국에서는 Federal Register 라 하며, 영국에서는 The Official Gazette, 독일에서는 Bundesgesetz-blatte, 일본에서는 「官報」라 한다. 우리나라에서는 일본식 이름이 따라 발행 초기부터 「官報」로 불리었다.

1894년 6월 21일부터 1910년 8월 29일에 이르기까지 16년 2개월 동안 발간된 「官報」는 총 19,600면에 달하며 발행된 회수는 4,768회 이다.[2] 「官報」는 처음부터 호수가 기재된 것은 아니며, 1894년 6월 21일부터 1895년 3월 29일까지는 호수 표시 없이 발행되다가 1895년 4월 1일부터 호수를 표시하기 시작하였다. 또한 문장에 있어서도 1894년 6월 21일 창간호부터는 순 한문체로 발행되었으나 약 6개월 후인 1894년 12월 11일자부터는 국한문혼용문으로 발행하였으며 이 국한문혼용문은 1910년 8월 29일 대한제국『官報』발행이 끝날 때까지 계속되었다. 대한제국『官報』의 발행 사항을 표로 정리하면 〈표 3〉과 같다.

한편 편제 및 내용에 있어서는 몇 번의 변화가 있었다. 우선 첫 호 (1894년 6월21일자)부터 1895년에서 3월29일까지 인데 이 기간 동안 의 『官報』는 특별한 체제가 없이 내용을 간단하게 기재한 시기이다. 다음의 예는 1894년 6월21일자 『官報』제1호의 기사이며, 〈그림 1〉은 『官報』제1호의 기사의 실제 형태이다.

---

2) 이하 「官報」에 대해서는 최정태(1992)『한국의 官報』(亞細亞文化社) 등을 참조할 것.

官報　　甲午六月二十一日

傳曰安置罪人李容元島配罪人權鳳熙安孝濟呂圭亨並放 0 傳曰放逐鄉里罪人金允植蕩滌敍用 0 藥房口傳　啓曰夜來　中宮殿　腫侯益臻康復乎下情憧憧不任伏慮當進之湯劑及敷貼之方不容不趂早議定亟許臣率醫官人　許千萬顒祝惶恐敢　啓　答曰知道 今旣平復卿等不必入侍矣更易煩　啓 0 傳曰輕囚放釋左右捕廳在囚賊徒外並放

〈그림 1〉 대한제국『官報』의 제1호 기사

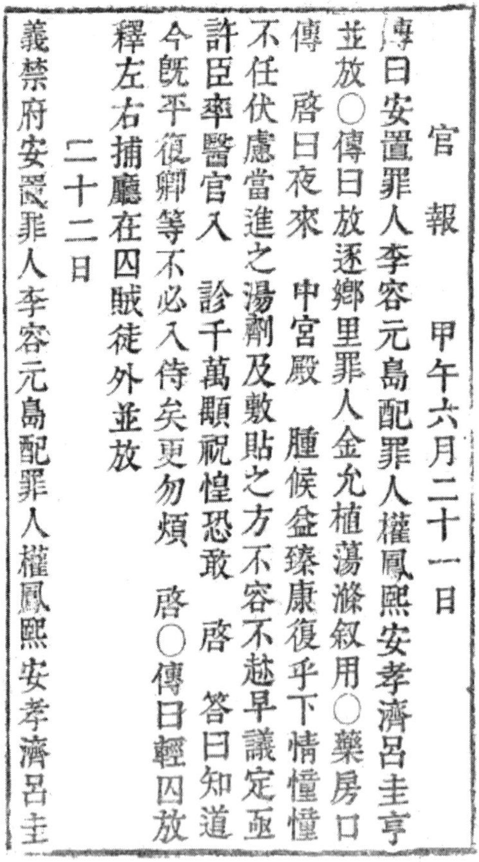
官報　甲午六月二十一日
傳曰安置罪人李容元島配罪人權鳳熙安孝濟呂圭亨
並放○傳曰放逐鄉里罪人金允植蕩滌敍用○藥房口
傳　啓曰夜來　中宮殿　腫候益臻康復乎下情憧憧
不任伏慮當進之湯劑及敷貼之方不容不趁早議定亟
許臣率醫官入　診千萬顒祝惶恐敢　啓　答曰知道
今旣平復卿等不必入侍矣更勿煩　啓○傳曰輕囚放
釋左右捕廳在囚賊徒外並放
二十二日
義禁府安置罪人李容元島配罪人權鳳熙安孝濟呂圭

두 번째 체제의 변화는 1895년 4월1일부터 1907년 12월11일까지이다. 이 시기에는 『官報』의 내부 체제가 칙령(勅令)과 각령(閣令), 서임(敍任), 궁정녹사(宮內錄事), 휘보(彙報) 등으로 나누고 거의 매호에 정오(正誤), 오식(誤植)을 표시 하였다. 이 시기는 분량도 많이 늘어나고 내용도 다양하게 꾸며져 있었다.

세 번째로 편제가 바뀌는 시기는 1907년12월 12일(隆熙元年, 제3,947호) 이후로 이날 閣令 제1호에 『官報』의 새로운 편제를 공표하였다. 이날 공표된 『官報』의 편제는 다음과 같다.

① 조칙(詔勅): 국가 또는 帝室에 관한 것으로 國務大臣이나 궁내부대신이 副署한 것
② 협약, 협정, 약속
③ 예산 및 예비금지출
④ 법률
⑤ 칙령(勅令) 또는 궁내부포달(宮內府布達)
⑥ 각령(閣令)
⑦ 부령(部令) 또는 궁내부령(宮內府令)
⑧ 훈령(訓令)
⑨ 고시(告示)
⑩ 서임(敍任)과 외국훈장, 紀章의 수령, 패용허가를 포함하는 사령(辭令)
⑪ 행사, 행계(行啓), 알현(謁見), 배식(陪食), 사안(賜宴), 포상, 구휼(救恤), 제기(祭紀), 황족의 동정(動靜), 기타 궁정(宮廷)의 기사를 포함하는 궁정녹사(宮廷綠事)
⑫ 관청사항(청사의 개폐, 이전, 官吏의 발탁, 개명, 사망), 사법,

경찰, 감옥, 학사(學事), 산업, 재정, 교통, 위생, 지방행정잡사
(地方行政雜事) 등을 분류하여 수록한 휘보(彙報)
⑬ 관상(觀象)
⑭ 광고

이와 같이 대한제국『官報』의 편제 및 내용은 「朝報」의 형태에서
근대식『官報』로 체제의 변화를 거듭하여, 내용과 편제가 충실하게
갖추어진 형태로 변화하였음을 알 수 있다.

〈표 3〉『官報』의 연도별 발행 사항[17]

年度	年號	號數	面數
1894년	高宗31년, 개국503년甲午	6월 21일-12월30일 (號數없이발행)	910面
1895년	高宗32년,개국504년 乙未	1월 1일-3월 29일 (號數없이발행) 제1호(4월 1일) 제213호(11월 15일)	266面 1,165面
1896년	建陽元年 丙申	제214호(1월 4일) 제521호(12월 31일)	857面
1897년	建陽2년,光武元年 丁酉	제522호(1월 일) 제834호(12월 31일)	836面
1898년	光武2년 戊戌	제835호(1월 1일) 제1,146호(12월 31일)	919面
1899년	光武3년 乙亥	제1,147호(1월 2일) 제1,458호(12월 30일)	1,066面
1900년	光武4년 庚子	제1,459호(1월 1일) 제1,771호(12월 31일)	1,288面
1901년	光武5년 辛丑	제1,772호(1월 1일) 제2,084호(12월 31일)	1,045面
1902년	光武6년 任寅	제2,085호(1월 1일) 제2,397호(12월 31일)	1,191面

---

3) 위의 표는『官報』를 토대로 필자가 직접 작성하였다.

1903년	光武7년 癸卯	제2,398호(1월 1일) 제2,710호(12월 31일)	1,057面
1904년	光武8년 甲辰	제2,711호(1월 1일) 제3,024호(12월 31일)	1,207面
1905년	光武9년 乙巳	제3,025호(1월 2일) 제3,337호(12월 30일)	1,332面
1906년	光武10년 丙午	제3,338호(1월 1일) 제3,650호(12월 30일)	1,189面
1907년	光武11년, 隆熙元年 丁未	제3,651호(1월 1일) 제3,961호(12월 28일)	1,255面
1908년	隆熙2년 戊申	제3,962호(1월 4일) 제4,264호(12월 28일)	1,364面
1909년	隆熙3년 乙酉	제4,265호(1월 4일) 제4,566호(12월 28일)	1,537面
1910년	隆熙4년 庚戌	제4,567호(1월 4일) 제4,768호(8월 29일)	1,114面

4. 대한제국『官報』와 일본인 고문관의 관여

1882년부터 1904년까지 중앙 행정부처에 총 31명의 고문관[4]들이 고빙되었다. 대한제국『官報』의 발행시기는 1894년 6월부터 1910년, 일제에 국권을 상실할 때까지 이므로 이 시기의 일본인 고문관은『官報』에 상당한 영향을 끼쳤을 것으로 생각된다. 고문관들의 국적별 구성 비율은 청국인 2명, 일본인 16명, 미국인 6명, 독일인 1명, 영국인

---

4) 고문관은 정부 각 행정부처에서 정책 입안에 도움을 주거나 자문활동을 하는 자들을 지칭한다. 외국인 고용인에 대한 당시의 호칭은 고문관과 고빙외국인으로 나뉘어져 있다. 1896년 외국인들에 대한 봉급 예산표를 보면 이런 현상을 반영하고 있다. 여기서 고문관은 정식 고문관이라는 직책으로 일정 대우를 받으며 고빙된 사람들을 지칭한다. 한편 고빙 외국인들은 일반 행정관, 기술관, 교육관 등을 모두 포함한 일반 외국인을 말한다.

2명, 러시아인 2명, 프랑스인 1명, 벨기에인 1명 등으로 구성되어 있다. 고문관 제도는 갑오개혁이전과 갑오개혁 이후[5]로 나누어 볼 수 있다.[6]

4.1 갑오개혁 이전의 고문관제도

외국인 고빙을 이용한 근대 서구문물의 습득 제안은 이미 18세기 말 박제가(朴齊家)에 의해 제기되었다. 북경사행(北京使行)을 통해 선진문물을 체험한 그는 서양인 성직자 고빙을 통해 이용후생(利用厚生)에 힘쓸 것을 주장하였다. 북학론자 이덕무(李德懋)의 손자 이규경(李圭景)은 서사(西士) 고용뿐만 아니라 개항과 통상을 각각 주장하였다. 이들의 대외개방의식과 서양인을 통한 기술 도입 주장은 개항 후 개화파에 의해 제기된 외국인 고빙 주장의 배경이라 할 수있다.[7] 고종의 대외관심은 개항정책과 근대화정책으로 연결되어 이홍장과 일본 대리공사 하나부사 요시모토(花房義質)로부터 일본이 서양 사람들을 초빙하여 기술 발달과 육해군의 전법을 훈련하는 성과를 거두었다는 것을 전해 듣고[8] 고문관 고빙에 대해 관심을 갖기 시

---

5) 조선 정부의 고문관정책과 제도는 갑오개혁을 획으로 전기와 후기로 구분하는 이유는 갑오 이전 정부의 고문관정책은 반청 자주권수호를 목적으로 입안되었고, 고문관들도 전통적인 조선의 관료제에 편입되어 근무를 했기 때문이다. 한편 갑오개혁으로 인해 고문관이라는 직책이 신설되고, 고문관의 지위와 권한이 법제화 되었다.
6) 이에 대해서는 김현숙(1999)「한말 조선정부의 고문관 제도(1882-1904)」(역사와 현실33)한 국역사연구회를 참조
7) 이현종(1972)「舊韓末外國人雇聘考」『한국사연구』8, pp.119-120
   이원순(1993)「韓末 日本人 雇聘問題 研究」『朝鮮時代史論集』, 느티나무, p.312
8) 『고종실록』권16, 7월 8일

작하였다.

정부 내에서 서양의 선진기술·문물 도입에 대해서 합의를 이루었지만, 당시 국민들의 서양인 기피 성향에 따라 유학생 파견과 서적을 통한 간접적인 방법을 택하여 일본과 청국을 창구로 하였다. 1881년 조사시찰단(朝士視察團)과 영선사(領選使) 및 유학생들이 각각 일본과 청국으로 파견되었다. 조사시찰단 단원들은 귀국한 뒤 각기 일본에서 시찰한 업무에 따라 이 무렵 설립된 통리아문(統理衙門)의 업무를 분담하였다.[9] 그러나 정부의 개화정책은 척사파 및 민중의 반대에 직면했으며 임오군란이 일어났다. 그러나 청군에 의한 진압 및 대원군의 피랍으로 인해 척사세력은 더 이상 반대하지 못하였다. 이 때 정권을 장악한 친청세력인 김윤식, 어윤중 등은 기무처(機務處)를 설치하는 등 제도를 개편, 개혁하였다.[10]개화파들도 외국인 고문관 고빙에 호의적이었으므로 김옥균의 주선으로 박문국(博文局)과 우정국(郵政局) 및 별기군(別技軍)에 호리모토 레이조(堀本禮造) 등 일본인들을 고용하였다. 이와 같이 김옥균 등은 일본을 통해 고문관을 고빙하려 했고, 김윤식 등은 청국을 통해 고빙하려 하였다. 또 윤치호와 박영효도 서양인 고문관의 고빙을 주장하였다.[11] 이러한 배경을 가진 고문관 제도는 1882년에 고문관의 인사관리 및 경영에 대한 구체적인 방침이나 법적 체계를 마련하지 못한 채 정부 관료체제에 편입시켜 고빙하게 되었다. 이것은 고문관을 이용한 근대화 시책에 대한 준

9) 김윤식,『陰晴史』下 고종 19년 壬午 4月 21日, p.141
10)『淸季中日韓關係史料』권3, # 554, p.912
11) 朴泳孝 上疏文(資料)『아세아 학보』1, p736. 박영효는 제6조 敎民才德文藝以治本의 세부항목으로 외국인을 고용하여 인민에게 법률·제정·정치·醫術·窮理 및 諸才藝를 敎授할 것을 주장했다.

비가 소홀하다는 의미이기도 하였다. 1882년 군사교관 호리모토 레이조(堀本禮造)가 조선에 온 후에야 정부는 그의 업무 규정과 직책을 적당히 선택하여 주기로 결정[12]하는 등 고문관 관리체계가 전무하였다. 그 후 묄렌도르프도 계약을 체결한 후 통리아문참의사무(統理衙門參議事務)라는 직책을 받게 되었다. 1883년 1월 통리기무아문(統理機務衙門)이 통리교섭통상사무아문(統理交涉通商事務衙門)으로 개편되면서 외국인 고빙규정이 생겼다.[13] 그 규정이란 '해관에 수출입세를 관리할 자'와 '암습지인(暗習之人)을 고빙할 것'과 '외국문자와 국제법에 능통하지 않는 독판(督辦)을 보좌할 회판(會辦)의 선임'이었다. 또한 교섭아문의 업무는 새로운 외교·통상업무가 주종을 이루었기 때문에 독판과 회판이 품급에 관계없이 도와 줄 '평정통달(平正通達)한 자를 고빙할 것'을 규정하여[14] 이후 외국인들이 조선 정부와 산하 기관에 본격적으로 고빙되기 시작하였다.

4.2 갑오개혁 이후의 고문관제도

갑오개혁 이후는 행정부서의 전면적인 개혁에 따라 고문관이라는 공식 직책이 신설되어 각 부서에 고문관과 보좌관이 배치되었고, 고문관 고빙과 권한에 대한 각종 법령들이 선포되었다. 갑오개혁 이전까지 조선 관료제도에 편입되어 조선 정부의 관리로 직책을 받고 업무를 수행했던 고문관들은, 정부의 외국인 고문관들을 정규 관리로 임명하지 않는다는 규정에 의해[15] 고문관이라는 한시적 직책을 부여

---

12) 『고종실록』 권18 4월 23일
13) 외국인 고빙규정의 변화는 이현종(1972) 「舊韓末外國人雇聘考」『한국사연구』 8, pp.130-132
14) 奎21783, 「統理交涉通商事務衙門章程」

받고 각 부서에서 일을 맡게 되었다. 이와 같이 고문관은 정부의 관료제라는 틀 밖에서 대신 및 정부 각 부의 장(長)들을 보좌하는 한시적 외국인 관리로 규정되었고 각각의 고문관들은 개별 고빙 계약서를 통해 자신의 직책이나 직무, 권한 등을 부여받았다. 그러나 일본의 경우, 본래의 고문관의 업무가 목적이 아니라 일본인 고문관을 대거 배치시켜 일본의 조선보호국화라는 목표로 조선의 권력·통치기구를 식민지정책을 수행하는 데 용이하게 재편하려는 것이 목적이었다. 일본은 1894년 7월 경복궁을 점령한 후, 다음과 같이 정부 각 부서에 외국인 고문관을 배치할 수 있는 의안을 통과시킨 후, 조선 측이 이를 시행하지 않자 수차례에 걸쳐 이를 시행할 것을 요청하고 구체적인 초청인원 수를 정하여 고용하도록 요구하였다.

⟨1894년도 各府·衙門에 外國人[16] 顧問을 두는 議案⟩

一. 各府·衙門에 각각 外國雇員 1人을 두어 顧問케 한다.[17]

一. 各府·衙門의 事務는 모두 새로운 것이어서 외국인 고문의 자문을 받아야 하므로 고용을 늦출 수 없으니 속히 外務衙門에 命하여 각기 초빙할 것.[18]

一. 各府·衙門에서 고용하는 사람의 數를 卽日로 議定하여 外務衙門으로 하여금 6月 초 6日 啓下 議案에 의하여 초청토록 할 것.[19]

---

15) 『주한일본공사관기록』 권4(140) '강본류지조의 군무협판 추천과 관련한 사정보고', 1894. 9. 17(이하 『공사관기록』으로 칭함)

16) 여기서의 외국인 고문관은 일본인 고문관을 의미

17) 송병기 편, 1970 『한말근대법령자료집』, 국회도서관(이하 『법령자료집』으로 칭함) 議案 '各府·衙門에 외국인고문을 두는 件', 1894. 7. 15

18) 서울대 도서관 편, 1991 『議案·勅令』 上, 「議案」 8월 8일, p.53

19) 서울대 도서관 편, 1991 『議案·勅令』 上, 「議案」 8월 22일, p.57

이상과 같은 의안에 따라 일본은 각부·아문에 고문관과 보좌관을 배치할 수 있는 법적 근거를 마련하였다. 고문관 고빙절차도 변화하여 갑오개혁 이전 교섭아문에서 고문관의 이력서를 검토하여 고문관을 선정한 후 고종의 재가를 거치게 되는 절차가 이 시기에는 해당 아문 대신과 협판이 결정하여 총리대신의 인가를 받아 시행하는 것으로 바뀌었다. 1895년에는 각부 대신과 외부대신이 선정하여 내각의 인가를 받는 것으로 개정되었다.[20] 이는 일본이 총리와 내각을 통해 일본인 고문관을 자유롭게 임용하려는 의도에서 비롯된 것으로 생각된다. 또한 일본은 조선 정부에서 고문관 고빙과 여비·봉급을 작정하는 것을 위임받아[21] 자국 정부 관리들을 조선 고문관으로 파견할 수 있게 되었다.

이리하여 1894년 12월부터 1895년 4월경까지 일본은 41명의 일본인 고문관들과 보좌관들을 각 부서에 배치하였다. 〈표4〉에서와 같이 외부, 궁내부와 해관을 제외한 부서들과 산하 기관은 모두 일본인 고문관들과 행정인들이 업무를 장악하고 일본 공사와의 긴밀한 협조와 훈령 및 정보교환을 통해 조선 정부 내의 정치세력 개편 및 개혁을 주도하였다.

1895년 3월 다음과 같은 법령을 통하여 고문관들의 권한이 법제화되었다.

---

20) 『고종실록』 권31, 8월 28일 ; 서울대 규장각 편, 『奏本·議奏』 1, 1895. 5. 29, 562쪽 "一. 무릇 外務衙門은 외국교섭의 중요한 사건을 담당하며 雇聘 등과 같은 계약을 체결할 때는 해당 아문대신과 협판이 辦理하여 총리대신의 인가를 받아 시행할 것. 一. 外國人延聘及訂約時 外部로 知照하여 主任과 함께 閣議提出件 決定事"

21) 『日案』 권3 #1371, 一. 政府各衙顧問의 選聘과 同旅費·俸給酌定依賴 건, p76

一. 內閣, 各部 기타 各廳에서 閣令·部令廳令訓令 등을 發하며 指令을 내릴 時는 其 辦理案을 協辦(내각에서는 總書, 廳에서는 그廳長官)에 제출하기 전에 반드시 각기 고문관의 査閱에 拱할 것.22)

一. 前項外에 內閣 各部 其他各廳에서 接受 發送하는 공문서류는 일절 각기 고문관의 査閱에 供할 것.23)

一. 각 고문관은 내각회의에서 각기 主務에 屬하는 案件의 회의에 當하야 辯說하는 필요가 있을 때에는 참석하여 의견을 진술할 것.24)

이로써 일본인 고문관들은 대신에 비견되는 실질적인 권력을 부여받아 각 부서의 모든 공문서와 훈령들을 사전에 사열을 받고 시행함으로써 그 부서들을 실질적으로 장악하고 행정의 실세로 등장할 수 있었다. 또한 내각회의에 참석할 수 있게 됨으로써 국가 권력의 핵심에서 각종 정책결정 과정에 영향력을 행사할 수 있게 되어 명실상부한 고문관 정치시대의 법적 기반을 갖추었다.

이 시기 탁지부나 법부의 기안문에는 고문관의 결재란이 있고 고문관의 도장을 받아 처리되었다.25) 이 같은 법령을 갖춤으로써 각 부

---

22) 『법령자료집』 1, 奏本 '閣令·部令·廳令·訓令·指令을 고문관의 査閱에 拱하는 件', 1895. 3. 29

23) 『법령자료집』 1, 奏本 '內閣·各部·各廳에서 接受·發送하는 서류를 고문관이 査閱케 하는 件', 1895. 3. 29

24) 『법령자료집』 1, 奏本 '고문관이 內閣會議에 참석하여 의견을 진술할 수 있게 하는 件', 1895. 3. 29

25) 서울대 규장각 편, 1994 『議奏』 2 '州縣局을 地方局으로 改稱하는 勅令案 閣議 決定事' 1895년 5월 3일, 1쪽. 이 문서의 오른쪽 하단 부분에는 법부고문의 서명난이 있고 일본인 石塚의 서명이 날인되어 있다.

소속 일본인 고문관들은 묄렌도르프나 알렉세예프(K. Alexeiv)와 같은 상세한 업무와 권한 규정을 한 계약서 체결이 필요 없게 되어 소략한 계약서만 체결하고 고빙되었다.[26] 고문관법 규정의 정비와 함께 고빙계약서도 갑오개혁 이전 시기에 비해 일정한 형태를 나타내고 있다. 이 시기 계약서[27] 형태는 지휘·명령체계, 업무·대우·봉급 규정, 해고조항으로 이루어져 있는데 이것은 일본의 자국 고문관 고빙계약서[28]와 흡사한 체제로 양국의 것을 비교해 보면 다음과 같다.

첫째로, 일본에 고용된 고문관들은 그의 공적인 업무 및 일정부와 관련되는 사항·기밀을 어느 누구에게도 직간접적으로 발설해서는 안 된다는 규정이 있으나, 조선 정부가 체결한 어느 계약서에도 이런 조항은 없다. 그러므로 조선에 고빙된 고문관들이 업무나 기타 기밀들을 누설해도 이들을 처벌할 법적인 규정이 없었다.

둘째로, 일본은 고문관에게 자문활동에 국한시키고 필요 이상의 권

---

26) 이 같은 법령을 갖춤으로써 각 부 소속 일본인 고문관들은 묄렌도르프나 알렉세예프(K. Alexeiv)와 같은 상세한 업무와 권한 규정을 한 계약서 체결이 필요없게 되어 소략한 계약서만 체결하고 고빙되었다. 그러나 모든 고문관이 이러한 전권을 행사한 것으로 보이지는 않는다. 외부고문 그레이트하우스, 탁지부 고문 맥리비 브라운(McLeavy Brown)과 궁내부고문 러젠드르 등 서양인들은 고문관의 고유업무인 자문에 국한되었다. 한편 일본인 고문관들도 삼국간섭의 영향으로 1895년 6월 이후에는 초기와 같은 실권을 행사하지 못하였다.

27) 奎23080,「法部顧問証約書」野澤鷄一의 것은 이 시기 전형적인 계약서로 전체 13개조로 이루어졌다. 제1조는 보좌관을 제공할 것이며, 제2조는 법부대신과 협판의 지휘·감독을 받으며 자신의 업무에 성실히 종사할 것을 규정하며, 3조는 업무규정과 월권행위의 엄금하며, 4조는 대우 규정, 5조는 봉급 규정, 6조는 집무시간과 휴일의 규정, 7조는 사택제공, 8조는 출장비 제공, 9조는 귀국여비 제공, 10조는 病暇 규정, 11조는 해고조항으로 구성되어 있다.

28) 今井庄次,『お雇い 外國人・外交』, 198~200쪽, I·(a) デニソンの雇継約定書 (明治 22年)

한을 부여하지 않았다. 또한 다른 부서의 업무에 관여하더라도 그 부서의 상관의 지휘·명령을 받게 됨을 명시하였다. 한편 조선의 경우 외압이 강했을 때를 제외하더라도 비교적 세력균형을 이루어 조선이 주도적으로 국가 권력을 행사했을 시기에도, 필요 이상으로 고문관에게 권한을 부여하였다.[29]

셋째로, 일본의 경우 해고조항이 매우 상세하게 규정되어, 일본정부는 근무 태만 이외에도 비행이나 계약 위반 시 언제든지 본인에게 통지하여 곧 해고할 수 있으며, 해고 후 잔여기간 동안의 봉급도 지급할 의무가 없었고 계약 만기 후에는 자동 해고되었다. 반면 조선에는 대부분이 해고조항이 없는 계약서였으며, 있는 경우에도 업무 태만 시 해고한다는 조항만 있고 그 절차도 복잡하였다. 그리고 잔여기간 동안의 봉급을 지불해야 하며, 계약 만기 후에도 상대방에게 알리지 않으면 자동 재계약이 되는 경우도 있었다.

넷째로 일본은 정부와 개인 사이에 계약이 체결되었지만, 조선은 정부와 개인 사이의 계약체결 때 해당 국가의 공사도 참여하기도 하였다. 따라서 해고시나 기타 문제가 생겼을 경우 외국공사가 개입하여 계약인에게 유리하게 처리되는 경우가 많았다.

다섯째로, 봉급수준은 조선에 비해 일본이 높은 편이었다.[30] 이 시기 고문관들의 월급은 150원 정도로 제한되었는데 이것은 서양인 고

---

29) 궁내부고문 샌즈에게 후임자 선정권까지 주는 등 권한을 필요 이상 부여하였다. 결국 후에 이 조항을 둘러싸고 양국간에 논쟁을 일으키게 되었다. Sands, ibid., p.125 ; 『日案』권4 #5300 '內田技師雇用與否는 巨廉權限內事라는 回答'
30) 조선의 1880년대 고문관 급여수준은 일본보다 높았지만 갑오 이후 고문관 봉급이 점차로 하향 조종되는 경향을 보였다(梅溪昇, 1968『お雇い外國人 : 槪說』, pp.79-84).

문관들의 고빙을 억제하기 위한 일본의 술책이라고 할 수 있다.[31]

이상과 같이 일본이 자국인 고문관에게 막강한 권력을 부여하고 각 부서에 배치하려 하자 조선 정부 측은 서양 열강들을 이용하여 일본의 고문직 독점을 막고 조선의 입장을 지지해 줄 서양인 고문관의 기용을 시도하였다. 그러자 영국·미국·러시아·독일·프랑스 영사들이 모두 일본에 편중된 고문관은 우호와 규정에 위배된다는 항의서를 보내어 이를 근거로 김윤식은 일본인 고문관 고빙을 지연 내지 거부하는 구실로 삼으면서 서양인의 고용을 주장할 수 있었다.[32]

〈표 4〉 1894~1895년 고문관 명단

이름	국적	부서명	고빙기간	출전
石塚英藏	일	내각고문	1894. 12-1895. 8	공사관기록
岡本柳之助	일	궁내부 /군부 고문	1894. 12-1895. 2	공사관기록
C. LeGendre	미	궁내부고문	1895. 7-1899. 9	공사관기록
서재필	미	중추원고문	1895. 5-1897. 12	공사관기록
齊藤修一郎	일	내부고문	1895-	공사관기록
太庭寬一	일	내부고문	1895. 5-	공사관기록

---

31) *KAR III*, "Allen to Secretary of State", 1904. 10. 12 ; Sands, *ibid.*, pp.117-118 월급 150원 정도로는 서양인의 생활비로 부족한 반면, 본국으로부터 은밀한 봉급과 지출을 처리해 주는 일본인 고문관들은 충분히 생활을 영위할 수 있었기 때문에 서양인 고문관들은 도태되기 마련이었다. 그러나 일본세력 후퇴 후 이 조항은 지켜지지 않았고 고문관들은 대략 월 300~600원 정도의 급여를 받았다.

32) 박일근 편집, 1981 *Anglo-American and Chinese Diplomatic Materials Relating to Korea* II, 신문당, Inclosure 1, 2 in No. 231, 1894. 9. 8, 1894. 9. 6 ; Inclosure 5 in No. 420, 1894. 9. 6 ;『공사관기록』권5 (12) 기밀 제193호 본 116, '정치고문관 초빙의 건', p56

澁谷加藤次	일	고문보좌관 /내부고문	1895-	공사관기록
仁尾惟茂	일	탁지부 고문	1895. 1-1896. 2	공사관기록
McLeavy Brown	영	탁지부 고문	1894. 10-1897. 12	영미외교 자료집
C. Greathouse	미	외부고문	1894. 12-1899. 10	공사관기록
吉松豊作	일	법부고문	1895-	공사관기록
星亨	일	법부고문	1895. 4-	공사관기록
野澤鷄一	일	법부고문	1896. 2-1897. 1	고문서 奎4228
山田雪助	일	농상공부고문	1895. 5-1897. 5	공사관기록
長谷川義之介	일	농상공부고문	1895. 5-	공사관기록
楠瀨辛彦	일	군부고문	1895. 2-	공사관기록
武久克造	일	경무청고문	1894. 12-1896. 2	공사관기록
永島某	일	학부고문	1895. 5-	공사관기록
賴脇壽雄	일	내부고문	1895-1896. 3	『日案』5, # 6332
栗林彦	일	군부보좌관	1895-	공사관기록
野野村金五郎	일	학부보좌관	1895-	공사관기록
加藤格昌	일	학부보좌관	1895-	공사관기록
木村綱太郎	일	학부보좌관	1895-	공사관기록
佐藤潤象	일	학부보좌관	1895-	공사관기록
多田桓	일	내각보좌관	1895. 6-을미	고문서 奎23078
鹽川一人郎	일	내부보좌관	1895. 1-을미	고문서 奎4251
恒室盛服	일	내각보좌관	1895. 6-을미	고문서 奎4257
加藤武	일	관보국고	1895-	공사관기록
阿比留銈作	일	경무청보좌관수륜과	1895-	공사관기록
齊藤二郎	일	법부보좌관	1895-	공사관기록
左藤彬	일	법부보좌관	1895-	공사관기록
高田富三	일	법무보좌관	1895-	공사관기록
八島英	일	法部雇員	1895-	공사관기록
吉松豊作	일	法部雇員	1895-	공사관기록

淺山顯三	일	보좌관	1895 초	공사관기록
栗林次彦	일	보좌관	1895 초	공사관기록
佐藤潤象	일	보좌관	1895 초	공사관기록
曾我勉(會段勉)	일	보좌관	1895 초	공사관기록
武田尙	일	보좌관	1895. 1-	고문서 奎4227
國分哲	일	군부번역사무관	1895. 12-	고문서 4258
麻川松太郎	일	사범학교교관	1895-	공사관기록
野村金五郎	일	학부보좌관	1895-	공사관기록
加藤格昌	일	학부보좌관	1895-	공사관기록
木村綱太郎	일	학부보좌관	1895-	공사관기록
住永琇三	일	통신국보좌관 (농상공부)	1895-1897. 8. 3	『日案』3, #4325

〈표 5〉 1896년~1899년 고문관 명단

이름	국적	부서	재임시기
C.W. LeGendre	미	의정부	1898. 6-1899. 9
서재필	미	중추원	1895. 3-1897. 12
C.W. LeGendre	미	궁내부	1895-1899. 9
J. McLeavy Brown K. Alexeiev	영 러	탁지부	1894. 10-1897. 12 1897. 12-1888. 4
C.R. Greathouse	미	외부	1894. 12-1899. 10
C.R. Greathouse 野澤鷄一(법전편찬)	미 일	법부	1896. 2-1899. 10 1896. 2-1897. 1
서재필 山田雪助(통신담당)	미 일	농상공부	1896. 3-1897. 12 1895. 5-1897. 5
J.H.F. Nienstead Putiata	미 러	군부	1896. 10-1898. 3 1896. 10-1898. 4
A.B. Stripling	영	경무청	1897. 8
J. McLeavy Brown	영	해관총세무사	1893. 10-1905. 11

* 출전 : 『고종실록』

갑오개혁기와 1897년 말 러·일의 자국인 고문관 고빙을 통한 조선 내정 간섭과 갈등을 경험한 정부는 1898년에 들어서면서 고문관 고빙에 더욱 신중을 기하게 되었다. 홍종우는 고문관들을 모두 해고 시킬 것을 주장했고, 독립신문도 고문관 고빙의 실효성에 대한 의문을 제기하면서 조선인 중용을 요청했다.[33] 고종은 황제 중심으로 국가 권력을 재편하여 국내외 문제들을 효율적으로 해결하기 위해 황제권 강화 작업을 시작하였다. 이 시기의 고문관정책은 황제권 수호에 일조하고 충성을 요구하는 방향으로 전환되었다. 고종은 외국과의 모든 교섭을 정부의 공식채널과 황제 일인에게로 국한시킨다는 「의뢰외국치손국체자처단례(依賴外國致損國體者處斷例)」를 선포하였다.[34]

절대권 확립을 선포한 고종은 재직 중인 외국인 고문관들에게도 충성을 요구하였다. 이와 같은 고종의 고문관 장악 계획에 따라 고문관들의 행동 양식도 정부조직 내에서 각 부서들과의 유기적인 연결 하에서 체계적으로 자문·실무에 종사하기보다 고종 일인에게 충성하여 자리를 보존하는 식으로 바뀌기 시작했다. 〈표 6〉에서와 같이 1900년 이후 조선 정부는 고문관들을 각국에서 골고루 고빙하여, 외국과의 통로로서 이용하고 이들 간의 상호 견제와 대립을 이용하여 열강의 견제 구도를 조성하고자 했으나 이것은 오히려 조선의 국력 약화와 대외적인 위기로 열강의 침투에 이용되었다.

---

33) 『독립신문』 1898. 12. 12, 1988. 3. 22
34) 『고종실록』 권38, 11월 22일 법률 제2호, 「依賴外國致損國體者處斷例」; 서울시 시사편찬위원회 편, 1996 『漢城府來去文』 上, 告示, p185

〈표 6〉 1900년~1903년 고문관 명단

이름	국적	재직 부서	고빙기간
W.F. Sands	미국	궁내부 / 외부	1899. 11-1904. 1
R. Cremazy	프랑스	법부	1900. 5-1904. 4
加藤增雄	일본	농상공부	1902. 8-1904
C. Deleoigue	벨기에	내부	1903. 3-1905. 1

* 출전 : 『舊韓國外交文書』고빙계약서(奎23334, 奎23473, 고문서 4226)

위에서 살펴 본 바와 같이 많은 일본인 고문관이 고빙되어 정치와 사회전반에 개입하면서 새로운 제도와 더불어 들어온 새로운 개념의 어휘들이『官報』나타나게 되었음을 미루어 짐작할 수 있다. 이와 같이 고문관의 고빙의 배경과 더불어 대한제국『官報』의 발행 시점인 1894년 6월 1일부터 1894년 7월 1일까지 한·일간의 역사적 사건을 간략하게 정리해 보면 다음과 같다.[35]

○ 1894년 6월 1일 : 주한 일본국 공사 오토리 게이스케(大鳥圭介)가 조선정부에 내정 개혁 방안에 대한 세목을 제시하고 이에 대한 세목의 추진을 재촉함.
○ 6월 8일 : 일본 독단으로 경인·경부간 군용(軍用) 전선 가설공사 착수.
○ 6월 9일 : 일본 측 내정개혁안 제시. 조선의 내정개혁 강요.
○ 6월 13일 : 조선정부가 스스로 개혁 정치를 하겠다는 의사를 일본에 전달함.
○ 6월 14일 : 내정 개혁을 둘러 싼 조선과 일본의 회담 결렬.

---

35) 이에 대해서는 왕현종(2003)『한국근대국가의 형성과 갑오개혁』(역사비평사)의 pp.130-170을 참조

○6월 21일 : 일본군이 경복궁 점령.

○6월 23일 : 청·일 전쟁 시작

○6월 25일 : 대원군을 섭정으로 하고 김홍집을 수반으로 하는 정권 수립.

○6월 26일 : 국정수행 기구로「군국기무처(軍國機務處)」설치.

○6월 28일 : 『官報』발행 시작(날짜는 6월21일자로 됨)

○7월 1일 : 청·일 양국 선전포고.

위의 내용을 살펴보면 갑오개혁은 일본의 경복궁 점령 하에 급조된 내각에 의하여 주도되고 갑오개혁의 수행 기구인 군국기무처(軍國機務處)가 설치 된 뒤 며칠 만에『官報』가 발행되기 시작했다는 점이 주목된다. 『官報』를 발행히기는 하였지만 근대적『官報』를 발행한 경험이 없는 조선 관료들은 종래의 朝報와 비슷한『官報』를 발행하는데 그쳤다. 朝報는 중앙 관청의 고급 관리에게만 배포되는 소식지였으나『官報』는 하급 관청과 지방 관청에 이르기까지 중앙 정부의 소식과 각종 조치를 알리는 점이 朝報와 규모와 체제가 다르다. 대한제국『官報』가 일본에서 발행되던[36]「官報」의 체제를 모방하여 발행을 시작한 이래로『官報』의 체제가 송선과 낳이 변하는 섯은 1895년 4월 1일부터이다.[37] 기존의 朝報형식에서 새로운 체제의『官報』로 형식이 바뀐 것은 1895년 6월 1일부터이다. 〈그림 1〉이 기존의 朝報형식이었다면 〈그림 2〉와 〈그림 3〉은 새로운 체제의 근대적인『官報』형식이다. 〈그림 4〉는 1896년의 일본의「官報」인데,『官報』의 형식과 인쇄 활자체 등이 너무나도 흡사한 것을 알 수 있다.

---

36) 일본에서는 이미 1883년도에「官報」가 발행되기 시작하였다.

37) 〈부록1〉을 참조

官報

第一百二十四號

開國五百四年
七月二十九日 火曜

內閣記錄局官報課

部令

農商工部令第四號

本年八月一日부터開城에郵遞司를設置ᄒ야郵遞事務를開始홈

開國五百四年七月二十八日

農商工部大臣 金嘉鎭

告示

農商工部告示第五號

郵遞事務條目을訂正ᄒ고方今에開城郵遞司를增設ᄒ며京城內外의郵票賣下所十處와郵信과分傳의時間을更張ᄒᆞᆯ지라以下四度로定ᄒ노니이一切人民의便利를爲ᄒᆞ야極히鄭重케分傳홀것이오諸凡農産物種子等類와各人民에任送ᄒᆞᆯ時候開函時間의如新聞雜誌와書籍著子와諸品物의通行規法으로人民의게便立홀것이라郵稅와重量을不計ᄒ고原料外의三價를加納ᄒᆞ노니其信書와重量을受ᄒᆞ며受ᄒᆞ고信人의게傳送證印을取ᄒᆞ고其信書를愼速히朝自尊致와愼異홀지니惟人民은洞悉毋許ᄒ미可홈

開國五百四年七月二十八日

農商工部大臣 金嘉鎭

農商工部告示第六號

漢城內郵票賣下를增設ᄒ니其郵圈措寫를奄賣下所ᄂᆞᆫ左記라
知홈

第一區
內司前米廛　　　直德仁
紫巖藥局　　　　李德榮
小貞洞紙廛　　　金永杓

第二區
銅峴南陽都局　　金厚永
南部會賢坊殿洞雜鐵廛　崔致善
隍洞米廛　　　　金鳳鉉
長通橋克廛魚物廛　張永錫

第三區
東門外鍊車橋　　金基鉉
東部成均誄石後藥局　李裕春
長通坊布廛前米廛　朴昌植

開國五百四年七月二十八日

農商工部大臣 金嘉鎭

敍任及辭令

補調鍊第一聯隊副官
七月二十三日
正尉 李敏宏

1129

宮廷錄事

依願免本官

七月二十八日

農商工部主事 鄭益溶

本月二十五日
大君主陛下끠
宮內府와朝廷百官이問 安喜

本月二十五日
大君主陛下萬壽聖節의陳 賀權停例行禮下 勸政殿하시며 各部大臣協辦이順

大君主陛下萬壽聖節의 陳 賀權停例行禮下 勸政殿하시며 各
國公使領水가午上午十一點鐘의 陛見하며
閭官을祥鎖하야 陛見홈

同二十七日下午 一時에日本前公使伯爵井上馨이辭 陛喜時
國公使領水가上午十一點鐘의 陛見喜며 各部大臣協辦이順
閭官을祥鎖하야 陛見喜

同二十七日下午 一時에日本前公使伯爵井上馨이辭 陛喜時
외現公使子爵三浦梧樓와同爲 陛見喜

彙報

○官廳事項
洪州牧使兼海州府宣撫官補荎沽者總遣朴齊璡과金鳳九가本
月七日에到任喜
宮內府道觀察委員李秉輝가本月二十日에入來喜
○雜事
本月二十七日自辰時至酉時溟雨下雨測雨器水深三分
同日自人定至二十八日開東溟雨下雨測雨器水深二寸五分

廣告

官報賣却所之左와如喜

漢城南部會賢坊合洞　成舜默
漢城北部廣通坊廣橋　金泳鍵
內開記錄局官報課

○郵遞物集分發着表

	漢城內外 分傳	
每日	午前 七時二十分	午前 九時
全	午後 五時三十分	午後 六時

	漢城 仁川間
發送	每日 午前九時
着	全 午後五時三十分

○仁川港輪船出發表

인뎐號	七月二十日	芝罘 大沽行	日本郵船會社
白川號	七月三十日	牛莊 釜山馬關行 神戸大阪行	大韓商船會社
月	日	行	合軌

官報定價表

一部	一袋
一部 一個月條	二兩五錢
六個月條 十五兩	一個年條 三十兩

1130

〈그림 4〉 일본의「官報」

官報

第三千七百九十九號

明治二十九年三月二日　月曜日

内閣官報局

○告示

内務省告示第二十八號

大藏省告示第十二號

外國貨幣日本銀貨比較表

官報　第三千七百九十九號　明治二十九年三月二日

이는 앞서 기술한 바와 같이 일본인 고문관의 초빙과 관련이 있는 것으로 보인다. 당시 일본 정부는 조선에 대한 영향력 확대의 일환으로 갑오개혁에 적극 개입하였으며 조선 정부에게 일본인 고문관을 초빙하여 자문을 구하도록 권유하였다. 이에 따라 1894년 12월에 47명의 일본인 고문관이 조선에 고빙되었으며, 『官報』발행에도 두 명의 고문관이 고빙되었다.[38] 『官報』발행에 고빙된 일본인 고문관은 쓰네호시 세이후쿠(恒星盛服)와 가토 다케시(加藤武) 두 사람으로 쓰네호시 세이후쿠(恒星盛服)는 박영효 지인의 추천으로 왔고, 가토 다케시(加藤武)는 내각의 명예 고문관 이시즈카(石塚) 참사관의 천거로 오게 되었다.[39] 이들은 일본 「官報」에 대하여 잘 아는 사람들이었으므로 대한제국의 『官報』발행에 어떠한 형태로든 관여했을 것으로 생각되나, 어느 부분에 어떠한 형태로 어느정도 관여하였는지는 앞으로 연구, 조사해야 할 과제이다. 다만 그 당시 상황으로 보아 다음과 같은 추측은 가능하다고 본다. 하나는 일본인 고문관들이 당시 일본에서 발행되던 일본 「官報」를 가져와 『官報』편집에 참고하도록 자료를 제공하였을 가능성이 있다. 이는 대한제국 『官報』에 일본의 「官報」기사가 실린 것으로도 짐작할 수 있기 때문이다. 대한제국 『官報』는 1895년 6월 4일부터는 〈외보(外報)〉란을 두어 외국 신문을 번역 게재하거나 일본의 「官報」기사를 인용하여 보도하기 시작한다. 이때 기재된 〈外報〉의 제목을 일부와 이들 〈外報〉의 출처를 들면 다음과 같다.

---

38) 왕종현(2003)의 pp.186-195 참조
39) 왕종현(2003)의 pp.190 참조

○ 1895년 6월1일자

臺灣經略(日本新聞抄譯)

新竹附近에在ㅎ는日本兵動靜(日本官報)

英國新內閣組織(上海滬報)

○ 1895년 6월4일자

駐日公使館報告(上月二十八日에駐日公使高永喜電報)

英國撤兵(日本新聞)

○ 1895년 6월5일

臺灣情報(去年十日廈明發電 日本新聞)

俄國西伯利鐵路(日本官報)

○ 1895년 6월6일자

清帝勅諭(日本新聞)

○ 1895년 6월 9일

檢疫에關ㅎ는酬酢(東京每日新聞)

清國時事(上海電報)

○ 1895년 6월10일

俄法要求(閏五月二十日上海發電)

清法條約(東京報知新聞)

邏羅鐵路(東京日日新聞)

黑旗軍稅關이라(上海發電)

○ 1895년 6월13일

南洋軍備(上海發電 日本新聞)

○ 1895년 6월15일

馬關條約을萬國公法會에提出홈(東京報知新聞)

위의 내용을 보면 대한제국『官報』의 〈外報〉는 거의가 일본 신문 또는 일본 정부가 발행하는「官報」의 내용에서 발췌하거나 번역해서 게재하였음을 알 수 있다. 이 시기에 외국 신문(특히 일본 신문과「官報」)에서 기사 내용을 가져오는 방법에 대해서는 이미 지적된 바가 있는데, 이한섭(2008)은 대한제국『官報』보다 11년이나 먼저 나온『漢城旬報』에도 일본「官報」로부터 32건의 기사를 가져다 기사 작성에 사용한 바가 있음을 지적한 바 있다.[40] 『官報』에 외국 사정을 싣는 것은 일본「官報」의 관례로서 대한제국『官報』는 일본「官報」의 편제를 모방하는 과정에서 〈外報〉란을 추가하였고 외국에 대한 기사 작성에『漢城旬報』와 같은 방법을 사용한 것으로 볼 수 있다.

또 한 가지 본고에서 특히 중요시하는 것은 당시 조선 정부의 각종 개혁 조치에 따른 법령 정비와 규정의 제정으로,『韓末近代法令資料集 Ⅰ.Ⅱ.Ⅲ』(국회도서관, 1970)에 의하면 개화기에 제정, 반포된 각종 법령과 제반 규정 등은 수백 건에 달하고 있다. 이들 법령과 규정, 수많은 용어와 개념들이 단시일 내에 제정된 것에 대해서 필자는 당시 제정된 대부분의 법령과 규정이 대부분 일본으로부터 온 것이며, 조선 정부에서는 이것을 본보기로 삼아 일부를 국내 사정에 맞도록 조정하여 제정하였을 것으로 추측해 본다. 이와 같은 방법은 현재에도 사용되는 방법으로, 새로운 법을 만들 때 일본이나 구미 선진국의 법령을 가져와 참고로 한다는 것은 주지된 사실이다. 이러한 추측을 토대로 하면 일본인 고문관들은 근대적 법령과 규정의 제정 등에 관여되었을 것이며 관보국에 배속된 일본인들은 이들 법령 등의 번역

---

40) 이한섭(2008)「『漢城旬報』にある日本語語彙と韓国語への影響」『第7回漢字文化字文化圏近代語研究会論文集』, 北京大学

에 영향력을 행사하였을 것으로 생각된다.

이러한 추측을 뒷받침하는 것으로는 1895년 3월에 규정, 실시된 「各大臣間 規約條件」이다. 「各大臣間 規約條件」의 규약조건의 39조와 53조, 54조, 55조는『官報』와 관련된 사항인데 이들 조항을 들면 다음과 같다.[41]

○ 奏本(各大臣間規約條件三十九) 部令・訓令・告示・廳令・府令을 發하는 節次에 관한 件

議 奏 五 開國504年 3月 29日

三十九 部令 訓令 告示 廳令 府令을 發하며 又 指令하는 時는 各其 當該官署로서 其 謄本을 內閣記錄局에 送付히고 該局은 **官報에 揭載하며** 同時에 內閣 總書에 送付하미 可하니 總書가 該令及 訓令 告示等이 法律規則에 抵觸한가 否한가 又 彼此 矛盾하야 施行에 妨害가 有한가 否한가 又 發令이 主務官의 職權外에 屬지 아니한가 否하믈 調査하야 若 法律規則에 抵觸하며 或 彼此 矛盾하며 或 職權外에 屬하는 時는 審査書를 具하야 總書로셔 總理大臣에게 呈出하나니 總理大臣이 未妥로 認하는 時는 其 施行을 暫時 停止하야서 其 事件을 閣議에 提出할 事

○ 奏本(各大臣間規約條件五十三) 各令・部令・廳令・訓令・指令을 顧問官의 査閱에 供하는 件

議 奏 五 開國504年 3月 29日

五十三 內閣 各部 其他 各廳에셔 各令 部令 廳令 訓令等을 發하며 指令을 下할 時는 其 辦理案을 協辦(內閣에셔는 總書 其

---

41) 『韓末近代法令資料集 Ⅰ』의 pp.283-289

他 官, 廳에서는 其 廳長官)에 提出하기 前에 반 다시 **各其 顧問 官의 査閱에 供할 事**

○ 奏本(各大臣間規約條件五十四) 內閣·各部·各廳에서 接受· 發送하는 書類를 顧問官이 査閱케 하는 件

議 奏 五 開國504年 3月 29日

五十四 前項外에 內閣 各部 其他 各廳에서 **接受 發送하는 公文書 類는 一切 各其 顧問官의 査閱에 供할 事**

○ 奏本(各大臣間規約條件五十五) 顧問官이 內閣會議에 參席하 여 意見을 陳述할 수 있게 하는 件

議 奏 五 開國504年 3月 29日

五十五 各顧問官은 內閣會議에서 各其 主務에 屬하는 條件의 會 議에 當하야 辯說하는 **必要가 有하는 參席하야 意見을 陳述하믈 得할 事**

위의 규정을 살펴보면 일본인 고문관들은 각 관청에서 오고가는 문서들을 사진에 모두 열람하였고 또 『官報』에 게재할 때에도 사전 에 그 내용 작성에 관여하였음을 알 수 있다. 이 규정을 근거로 생각 해 보면 대한제국 『官報』의 작성에 끼친 일본인 고문관의 영향력은 상당하였을 것으로 생각 되며 일본어 어휘의 유입도 이런 사정과 관 련이 있을 것으로 추측된다.

5. 『官報』의 어휘 자료로서의 가치

대한제국『官報』는 1894년 6월 21일부터 1910년 8월 29일까지 약 16년 2개월 동안 정부가 발행한 문서로서 여러 가지 자료적 가치를 가진다. 『官報』에는 이 기간 동안 작성된 법령류가 거의 모두 수록되어 있고 당시의 정치, 행정, 인사, 군사, 외교, 교육, 사법, 경찰, 산업, 재정, 교통, 위생, 기상, 외국 사정, 어휘 등이 골고루 수록되어 있어 개화기의 중요 자료라고 할 수 있다. 필자가 본 논문에서 주목하는 것은 개화기 국어 어휘 자료로서의 중요성이다.

그 이유는『官報』가 근대 한글 문체 성립을 연구하는데 중요한 자료라는 점이다. 주지하는 바와 같이 대한제국『官報』이전의 공문서는 모두가 한문체였으나『官報』에서 국한문혼용문을 사용하게 됨으로서 『官報』는 국한문혼용문을 확립, 정착시키는데 기여하였다는 점이다. 공용문의 한글 문장화에 결정에 대해서는 高宗實錄 32권 36책(1894년 11월21일자)에 나오며[42] 이에 대한 실록의 기사는 아래와 같다.

> 勅令第一號: 朕裁可公文式制, 使之頒布, 從前公文頒布例規, 自本日廢止, 承宣院、公事廳, 竝罷之。第二號: 朕當御正殿視事, 惟爾臣工勖哉。條例由議政府議定 以入。第三號: 朕以冬至日, 率百官當詣太廟, 誓告我獨立釐正事由, 次日當詣太社。(중략)
>
> 公文式: 第一。公文式: 第一條: 法律、勅令, 以上諭公布之。第二條: 法律、勅令, 自議政府起草, 又或各衙門大臣具案提出

---

42) 조선왕조실록 공식 홈페이지 http://sillok.history.go.kr/main/main.jsp

于議政府, 經政府會議擬定後, 自 總理大臣上奏而請聖裁
(중략)
第十四條: **法律、勅令, 總以國文爲本, 漢文附譯, 或混用國漢文。**
第二布告: 第十五條: 凡係法律、勅令, 以官報布告之。其施行 期
限, 依各法律、命令之所定。 (이하생략)

위에서 본 바와 같이 『官報』는 처음에는 순 한문체로 작성되다가
1894년 11월 21일자 칙령에 의하여 국한문혼용문으로 작성하게 된
것이다. 이 칙령에 따라 『官報』가 국한문혼용문으로 작성된 것은
1894년 12월 10일부터인데 이날 기사를 예시하면 다음과 같다.

官報 開國五百三年十二月初十日
(중략)
私罪收贖追奪告身三等功減一等南原前府使尹秉觀受由歸家軍器
見失難逭當勘以 此照律事 允下矣謹據律文杖一百公罪收贖奉 旨
依允又奏凡係大小罪犯中如賊 盜■干犯詐僞等罪之從前以笞杖徒
流擬斷者皆以懲役分等科治恐合時宜而條例細 則謹當鱗 次奏聞奉
旨依 允 答外務協辦李完用疏曰省疏具 悉膠守常制不念時艱 屢疏
籲懇臣分不當如是卽爲肅 命完伯電報本月初九日全琫準生擒押

十一日
都憲朴容大上疏大緊職旣虛?病又難强敢陳披?之懇冀蒙遞改之 恩事
勅令 朕裁可巡檢徵罰例使之施行(總理大臣內務大臣 法務大臣奉 勅)

巡檢의懲罰ㅎ는例

第一條巡檢職務上의遇失은警務使가懲罰ㅎ는法을行ㅎ미라

第二條懲罰ㅎ는法을 分別ㅎ야四種으로 區定ㅎ미라

　　　一譴責

　　　二罰金

　　　三降級

　　　四免職

第三條譴責은 警務使가譴責書를 付與ㅎ며罰金은少ㅎ야도月俸

百分의一에셔 不減ㅎ고多ㅎ야도一月俸에셔不加ㅎ金額으로其等

을分ㅎ며降級은一級에 一元俸을減ㅎ므로定ㅎ며免職은二年間을

經過아니ㅎ卽다시收用ㅎ지못ㅎ미라

第四條左의諸件을犯ㅎ者는免職ㅎ며其罪狀이重大ㅎ야刑律을犯

ㅎ는者는刑罰을 施ㅎ미라

　　　一職務上에關係ㅎ야私ᄉ로히他人의贈遺를受ㅎ는者

　　　二上官의命令을奉行아니ㅎ고他人의指使를受ㅎ는者

　　　三職務에係關ㅎ야私ᄉ로히他人의請托을受ㅎ는者

　　위의 기사는 순 한문체 기사와 국한문혼용문 기사가 같은 날에 나
온 예로서,『官報』기사가 순 한문체에서 국한문혼용문으로 넘어가는
형태를 여실히 보여주고 있다. 이보다 이틀 후 기사는 지금까지와는
다른 형식을 보인다. 즉 1894년 12월 12일 기사는 동일한 내용을 순
한문체와 국한문혼용문, 순한글문 등 세 가지로 작성되었다.

〈순한문 기사〉

大君主 展謁 宗廟誓告文

維開國五百三年十二月十二日敢昭告于

皇祖列聖之靈惟朕小子粤自中年嗣守我祖宗丕丕基洎今三十有一

載惟敬畏于天亦惟我祖宗時式時依屢遭多難不荒墜厥緖朕小子其

敢曰克享天心寔由我祖宗眷顧驚佑惟皇我祖肇造我王家啓我後人

歷有五百三年逮朕之世時運丕變人文開暢友邦謀忠廷議協同惟自

主獨立廼厥鞏固我國家朕小子曷敢不奉若天時以保我祖宗遺業曷

敢不奮發淬勵以增光我前人烈繼時自今(이하 생략)

〈순 한글번역문〉

대군쥬게셔 종묘에견알ᄒ시고밍셔ᄒ야고ᄒ신글월

유긔국오빅삼년십이월십이일에밝히황됴렬셩의신령에고ᄒ노

니점소ᄌ가됴종의큰긔업을니어직휜지셜혼한히에오작하늘을

공경ᄒ고두려ᄒ며ᄯ한오쟉우리됴종을이법바드며이의지ᄒ야

쟈죠큰어려움을당ᄒ나그긔업은거칠게바리지아니ᄒ니짐소ᄌ

가그감히즐ᄋ되능히하늘마음에누림이라ᄒ리오진실로우리됴

죵이노라보시고도ᄋ심을말미ᄋᆷ이니오쟉ᄏ오신(이하생략)

〈국한혼용문〉

大君主게셔 宗廟에 展謁ᄒ시고誓告ᄒ신文

維開國五百三年十二月十二日에敢히

皇祖列聖의靈에昭告ᄒ노니朕小子가이에冲年으로붓터我祖宗의

丕丕ᄒ基를嗣守ᄒ야惟天을敬畏ᄒ며亦惟我 祖宗을時式ᄒ며時依

ᄒ야多難을屢遭ᄒ나厥緖을荒墜치아니호니朕小子가其敢히曰호

되天心에克享ᄒ다ᄒ리오惟皇ᄒ신我祖게셔我王家를肇造ᄒᄉ我
後人을啓ᄒᄉ歷ᄒ야五百三年이有ᄒ더니朕의世에逮ᄒ야時運이
不變ᄒ고人文이開暢ᄒ지라友邦이忠을謀ᄒ고廷議가協同ᄒ니惟
自主獨立이廼厥我國家를鞏固케ᄒᆯ지라朕小子가엇지敢히天時를
(이하생략)

위의 기사 예는 순 한문체를 어떻게 순한글문과 국한문혼용문으로
번역하여 작성하였는지를 나타낸다. 〈그림 5〉와 〈그림 6〉, 〈그림 7〉
은 실제 『官報』의 형태이다.

〈그림 5〉 『官報』의 순 한문체 기사

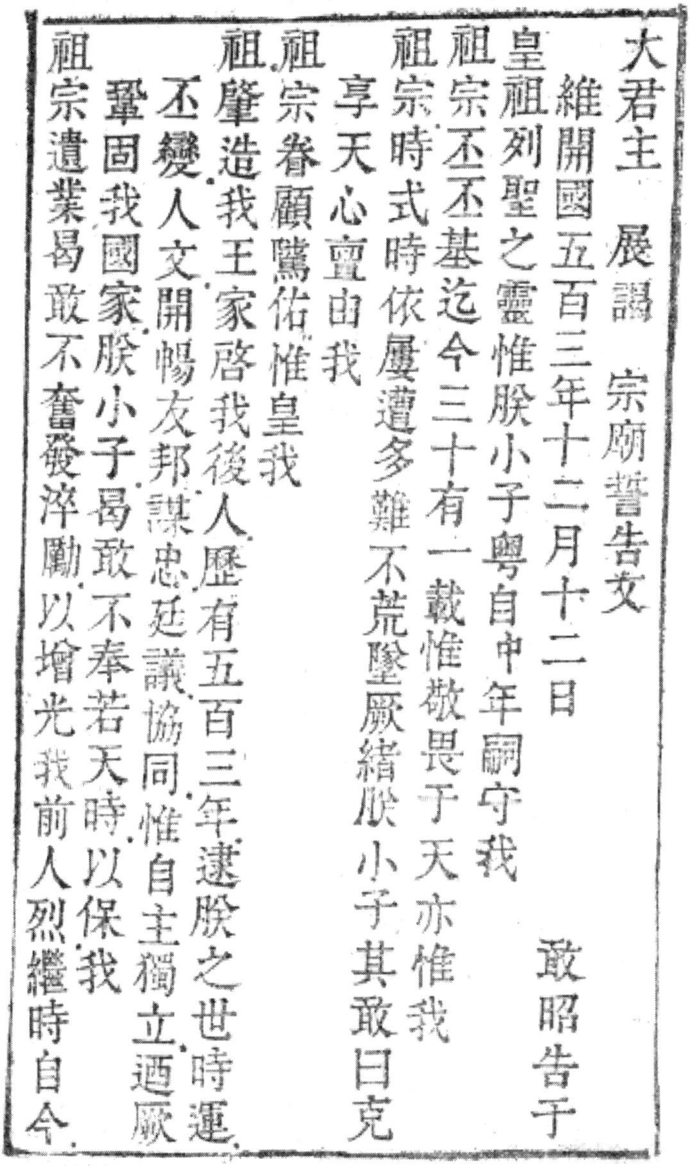

大君主 展謁 宗廟誓告文

維開國五百三年十二月十二日

皇祖列聖之靈惟朕小子粤自中年嗣守我 敢昭告于

祖宗丕丕基迄今三十有一載惟敬畏于天亦惟我

祖宗時式時依屢遭多難不荒墜厥緒朕小子其敢曰克

享天心寔由我

祖宗眷顧騭佑惟皇我

祖肇造我王家啓我後人歷有五百三年逮朕之世時運

丕變人文開暢友邦謀忠廷議協同惟自主獨立迺厥

鞏固我國家朕小子曷敢不奉若天時以保我

祖宗遺業曷敢不奮發淬勵以增光我前人烈繼時自今

819

대군쥬게셔 죵묘에젼알ᄒᆞ시고 밍졔ᄒᆞ야고 ᄒᆞᆫ셰┄긔월

유리국오ᄇᆡᆨ삼년십이월십이일에

밝히

황됴렬셩의신령에 고ᄒᆞ노니 겹소ᄌᆞ가

됴죵의큰긔업을니어 직ᄒᆡᆫ지 셜ᄒᆞᆫ한ᄒᆡ에 오쟉하놀을

공경ᄒᆞ고 두려ᄒᆞ며 ᄹ한오쟉우리

됴죵을이법바드며 이의지ᄒᆞ야 쟈죠큰어려움을당ᄒᆞ

나그긔업은 거칠게바리지 아니ᄒᆞ니 짐효ᄌᆞ가 그감

히ᄀᆞᆯᄋᆞ뒤 능히하놀마음에 누림이라 놀리오 진실로

우리

됴죵이도라보시고도 ᄋᆞ심을말미움이니 오쟉크오신

823

大君主 게셔 宗廟에 展謁ᄒ시고 誓告ᄒ신文

維開國五百三年十二月十二日에 敢히

皇祖列聖의 靈에 昭告ᄒ노니 朕小子가 이에 冲年으로

붓터 我 祖宗의 丕丕ᄒ 基를 嗣守ᄒ야 惟 天을 敬畏ᄒ

며 亦惟我 祖宗을 時式ᄒ며 時依ᄒ야 多難을 屢遭ᄒ

나 厥緖를 荒墜치 아니ᄒ니 朕小子가 其敢히 曰ᄒ되 天

心에 克享ᄒ다ᄒ리오 惟皇ᄒ신 我 祖ᄭᅥ셔 我王家를 肇

造ᄒᄉ 我後人을 啓ᄒᄉ 歷ᄒ야 五百三年이 有ᄒ더니

朕의 世에 逮ᄒ야 時運이 不變ᄒ고 五人文이 開暢ᄒ지라

友邦이 忠을 謀ᄒ고 廷議가 協同ᄒ니 惟自主獨立이 迺

厥我國家를 鞏固케 ᄒ지라 朕小子가 엇지 敢히 天時를

829

대한제국『官報』는 이와 같이 1895년 1월부터는 한문의 비율이 압도적으로 많이 차지 하지만 국한문혼용문이 점차로 정착되어 간다. 이렇게 볼 때 대한제국『官報』는 순 한문체 에서 국한문혼용문이 어떠한 방법으로 이행되었는지를 연구하는 데 매우 중요한 자료라고 볼 수 있다.

그 다음 언어 자료로서의 중요성은 대한제국『官報』가 근대 한국어 어휘 자료의 보고라는 점이다. 『官報』는 앞에서도 언급하였지만 근대 한국의 정치, 경제, 학술, 법률, 교육, 문화 등 각종 제도에 관한 다양한 내용이 기재되어 있고 이 때문에 수록된 어휘도 매우 다양하다. 이들 어휘 중에는 이미 한국어에 존재해 있던 것이 바탕이 되어 있으나 「國旗」와 「官報」「科學」「哲學」「社會」「郵便」「保險」 등과 같이 종래에 존재하지 않았던 단어나 개념들이 다수 포함되어 있다. 『官報』제작자들은 이러한 신생 어휘의 사용에 많은 어려움을 느꼈을 것으로 생각된다. 『官報』를 만들 때 첫 회 기사와 같이 계속해서 한문으로 기사를 작성하였다면 한문에 능숙한 이들에게는 기사 작성에 전혀 문제를 느끼지 않았을 것이다. 그러나 한글로 문장을 작성할 때는 한글 문장 자체가 그들에게는 생소한데다 한글 문장에 어울리는 단어를 찾는 데 매우 고심하였을 것으로 생각된다. 특히 한국어 어휘에도 없고 한문에서도 사용한 적이 없는 단어를 사용해야 할 때는 상당히 문제를 느꼈을 것이다. 이 경우 대부분의 단어를 일본어에서 가져왔을 것으로 추정된다. 일본어 단어는 대부분 한자로 표기되어 있어 그 단어를 그대로 가져오기가 상당히 용이 하였을 것이다. 『官報』작성자 중에는 일본 유학생 출신자이거나 일본어 가능자가 다수 있었으므로 이런 추측을 가능케 한다. 또한 각종 법률이나 규정을 일본을 본보기로 삼은 것도 또 하나의 이유일 것이다.[43] 『官報』의 발행에는 앞에서도 기술한 바와 같이 일본인 고문관의 지도 감독을 받았다는 점도 일본어 어휘 유입의 중요한 경로로 작용하였을 것으로 본다.

다음은 대한제국『官報』에 수용된 근대 일본어 어휘가 어떠한 형태로 출현하는지 살펴보기로 하겠다. 「演說」은 영어 speech를 일본에서 번역한 용어로,[44] 대한제국『官報』에는 모두 29회 출현한다. 「演

---

43) 「官報」의 기사와 형식에 대해서는 최정태(1992)『한국의 관보』아세아문화사를 참조할 것.

43) 「官報」의 기사와 형식에 대해서는 최정태(1992)『한국의 관보』아세아문화사를 참조할 것.

44) 「演説」에 관한 일본의 연구로는 다음과 같은 것들이 있다.

石井研堂「演説の始」『増補改訂明治事物起源』上巻, 春陽堂書店, 1944.11, pp.1-6

石井満「明治初期の演説について」『言語生活』99, 筑摩書房, 1959.12, pp.46-53

高木健夫「演説の変遷上-明治百年、首相の演説を考える」『言語生活』182, 筑摩書房, 1966.11, pp.25-33

広田栄太郎「訳語あれこれ」『近代訳語考』,東京堂出版, 1969.08, pp.305-326

久世善男「演説」『言葉のなづけ親』, 朝日ソノラマ, 1975.11, pp.8-11

斎藤毅「学術と政治の発達に貢献した演説」『明治のことば』, 東京堂出版, 1977.11, pp.386-402

杉本つとむ 「五 訳語の起源と検証」『日本語講座6外国語と日本語』, 桜楓社, 1980.03, pp.131-135

塩沢和子「演説の語彙」『講座日本語の語彙 ⑥』,明治書院, 1982.02, pp.149-174

木広美代子 「演説」『講座日本語の語彙 ⑨』,明治書院, 1983.01, pp.130-136

槌田満文「演説」『明治大正新語・流行語』, 角川書店, 1983.06, pp.67-70

樺島忠雄・飛田良文・米川明彦「演説」『明治大正新語俗語辞典』, 東京堂出版, 1984.05, pp.49-50

金田一春彦編 「演説」『ことばの生い立ち』, 講談社, 1988.02, pp.144

荒俣宏「演説」『事物珍起源』, 東洋文庫, 1989.1, pp.26

杉本つとむ 「＜演説＞と＜経済＞の検証」『語源の文化誌』, 創拓社, 1990.07, pp.124-134

沈国威『近代日中語彙交流史- 新漢語の生成と受容』, 笠間書院,1 994.03, pp.60

湯本豪一「演説」『図説明治事物起源事典』, 柏書房, 1996.11, pp.54-55

小森陽一「日本語の発見」『日本語の近代』,岩波書店, 2000.08, pp.32-40

木村一「漢字の履歴- 演説」『月間しにか』13-8, 大修館書店, 2002.07, pp.62

본론2 대한제국『官報』에 대하여 75

說」의 용례는 다음과 같다.

外報

英國이海上覇權을維持ᄒ믈主張홈

英國內閣總理大臣[솔스배리]侯은[브라이돈](地方)에셔 **演說**中에
大英國海上覇權을維持ᄒ믈必要이라主張ᄒ야土耳其가速히潰裂
홀事ᄂ不期ᄒ야도同處(則土耳其方面)及其他의地方에셔疆土的
並政略的變化가되리라信ᄒᄂ故로大英國은屹然不時變에準備ᄒ
믈急히홀事로說明ᄒ얏다홈(北淸日日新聞)(1895. 10. 25)

英國度支部大臣演說이라

同國度支部大臣「힛구수비지」氏의 **演說**에曰我政府ᄂ近來軍事를
爲ᄒ야多額의經費를支出ᄒ미無ᄒ則南亞非利加「마다베루란도」
에蜂起ᄒᄒ暴徒에對ᄒ야ᄂ特許會社가其用費를負擔ᄒ고坐「나이
루」遠征의費用은國庫로多小支出홀터이나此事ᄂ專히埃及에關
ᄒ事인故로其費用은多額을不要ᄒ미오又政府ᄂ千八百八十四年
에行ᄒᄂ政略을再演치아니ᄒ미라홈東京日日新聞社(1896. 5. 15)

또한「郵便」은 영어 mail을 번역한 근대 일본어인데 마에지마 히
소카(前島密)가 번역한 것으로 알려졌다.[45] 이「郵便」역시 대한제

杉本つとむ「演說」『語源海』, 東京書籍, 2005.03, pp.126

佐藤亨『幕末・明治初期漢語辞典』, 明治書院, 2007.06, pp.56

洪淳愛「近代啓蒙期 演說의 미디어 体験과 受容」『語文研究』135, 韓国語文教
育研究会, 2007.09, pp.267-291

45)「郵便」의 성립에 관해서는 다음 문헌을 참조할 것

渡辺万蔵「郵便」『現行法律語の史的考察』, 万理閣書房, 1930.12, pp.221-222

石井研堂「郵便の始」『增補改訂明治事物起源』下巻, 春陽堂書店, 1944.12, pp.750-770

국 『官報』에 사용되었으며 그 용례수도 매우 많아서 404회 출현한다. 1905년 5월 1일자에 실린 「郵便」의 용례를 살펴보면 다음과 같다.

協定書

日韓兩國政府ᄂᆞᆫ韓國通信機關을整備ᄒᆞ야日本國通信機關과合同聯絡ᄒᆞ야兩國共通의一組織을成ᄒᆞᆷ으로뻐韓國의行政上과經濟上得策으로ᄒᆞ야且爲 之ᄒᆞ야韓國의**郵便**電信電話事業을日本國政府의管理에委託ᄒᆞᄂᆞᆫ必要를因 ᄒᆞ야大韓帝國外部大臣李夏榮及大日本帝國特命全權公使林權助ᄂᆞᆫ各相當 ᄒᆞᆫ委任을承有ᄒᆞ야兹에左開條項을議定ᄒᆞᆷ第一條韓國政府ᄂᆞᆫ其國內에有ᄒᆞᄂᆞᆫ郵便電信及電話事業의(宮內府專屬電話를除ᄒᆞᆷ)管理를日本國政府에委託ᄒᆞᆯ事第

広田栄太郎 「訳語あれこれ」『近代訳語考』,東京堂出版,1969.08, pp.313-314
久世善男 「郵便」『言葉のなづけ親』,朝日ソノラマ,1975.11, pp.204-206
佐藤亨 「『六合叢談』の語彙」『幕末・明治初期語彙の研究』, 桜楓社,1 986.02, pp.155-156
惣郷正明・飛田良文 「郵便」『明治のことば辞典』, 東京堂出版, 1986.12, pp.577
金田一春彦編 「郵便」『ことばの生い立ち』, 講談社, 1988.02, pp.146-148
河越竜方・河越圭子 「郵便ということばをめぐる人たち」『はがき考雑そ』,私家版, 1991.08, pp.97-142
紀田順一郎 「郵便」『近代事物起源事典』,東京堂出版,1992.09, pp.236-238
湯本豪一 「郵便」『図説明治事物起源事典』,柏書房,1996.11, pp.356-357
荒川清秀 「日本漢語の中国語への流入」『日本語学』17-5, 明治書院, 1998.05, pp.39-46
米川明彦 「郵便」『明治・大正・昭和の新語・流行語辞典』,三省堂,2002.1, pp.12
杉本つとむ 「郵便」『語源海』, 東京書籍, 2005.03, p.621
杉本つとむ 「近代訳語を検証する 20 郵便 カテーテル」『国文学 解釈と鑑賞』70-4, 至文堂, 2005.04, pp.205-212
李芝賢 「郵便考」『名古屋大学国語国文学』98, 名古屋大学国語国文学会, 2006.07, 122-105
佐藤亨 『幕末・明治初期漢語辭典』,明治書院,2007.06, p.811

二條韓國政府의旣設通信事業에關聯ᄒ土地建物器具機 械其他一切設備ᄂ本協約에依ᄒ야日本國政府保管에移屬홀事

또「建物」은 표기 자체로만 보면 한자어인 것처럼 보이나(한국에서는「건물」이라고 음독하여 한자어로 인정함) 실제로는 일본어「たてもの」의 한자표기(建物)인 것이다. 대한제국『官報』에는「建物」이 123회출현하며, 그 용례는 다음과 같다.

廣告
○景福宮拜觀者의須知本府에셔景福宮拜觀者의須知를左갓치定ᄒ야本月八日브터施行홀터이ᄋ
隆熙二年三月三日宮內府

一景福宮을拜觀코져ᄒᄂ者ᄂ同宮光化門主殿院派出所에進往ᄒ야宮苑拜觀票를受得홈이可홈 拜觀票定價ᄂ一枚에金拾錢으로定ᄒ고但八歲以上十五歲未滿者ᄂ半額이오七歲以下ᄂ無料로定홈
一拜觀는每日曜日及水曜日兩日를許ᄒ고拜觀時間은午前七時로브터午後五時ᄭ지定ᄒ되但必要가有ᄒ境遇에ᄂ時間를伸縮ᄒ고又拜觀을停止케홈이可홈
一拜觀者ᄂ左開各項을遵守홀事
拜觀者ᄂ醜猥치아니ᄒ服裝을着홈이可홈宮苑內에셔ᄂ靜肅을嚴守홈이可홈
宮殿、建物等을汚瀆毀損홈이不可홈
魚、鳥、獸를捕ᄒ거나樹木、花卉、果實等을折取홈이不可홈

酒類를携帶홈이不可홈

烟草、食物等은所定혼休憩所에셔만用케ᄒ믈許ᄒ되

但殘物를放棄홈이不可홈

宮苑內에셔는車馬轎輿를禁止홈

宮苑內에셔는總히守衛者의指揮를從홈이可홈

本票는拜觀를畢혼後에는守衛ᄒ는者에게還報홈이可(1895. 5. 1)

 필자는 이전에 대한제국『官報』가 개화기 일본어 어휘를 유입시킨 유력한 경로 중 하나였음을 고찰 한 바 있다.[46] 본고는 이들 기초적인 연구를 바탕으로 연구의 범위를 확대시켜 고찰하고자 한다.

---

46) 이에 대한 필자의 연구는 다음 문헌을 참조.

　김지연(2005a)「大韓帝國 官報에 나타나는 日本 漢字語에 대하여」『日語日文學研究』第55輯 1卷 韓國日語日文學會 2005.11pp.139-152

　김지연(2005b)「大韓帝國 官報에 나타나는 日本式 한자어에 대하여」『日本文化學報』第26輯 韓國日本文化學會 2005.08 pp.129-140

3. 대한제국 『官報』에 수용된 일본어 어휘

여기서는 대한제국 『官報』에 수용된 일본어 어휘에 대하여 살펴보기로 한다. 기술 순서는 먼저 검토 대상어가 일본어 어휘인지 아닌지를 어떻게 판단하였는지를 설명하고 이에 따른 판정 방법과 절차를 기술한 다음 최종적으로 대한제국 『官報』에 수용된 일본어 어휘를 추출하여 제시하려고 한다.

1. 일본어 어휘 추출시의 고려 사항

한자문화권에 있어서 어떤 한자어가 어느 나라에서 유래된 것인지를 밝히는 것은 매우 어렵다. 그 이유는 19세기 말 이후 한자문화권에서는 신생 어휘를 만드는데 서로 영향을 주고 받았고 고전에 나오는 단어를 가져와 현대어의 의미를 부여한 것이 있는 등 그 사정이 복잡하기 때문이다. 중국은 한자문화권의 종가로서 19세기 중기까지는 한국이나 일본에 문화적으로 많은 영향을 끼쳤다. 그러나 아편전 쟁 이후에는 정치와 경제, 군사적으로 서양 열강과의 경쟁에서 패퇴 하여 국력이 쇠잔해졌고 문화적으로도 근대화에 뒤져 서양식 근대화 를 추진하려는 일본과 한국 등에 큰 영향을 줄 수 없었다. 1894년 청·일전쟁 패배 이후에는 오히려 문명개화의 추진이 일본에 뒤지게 되었고 1896년부터는 일본에 유학생을 파견하여 일본의 근대화를 배 우는 상황에 이르렀다. 중국인의 일본 유학은 1896년부터 시작되어 그 수가 급속히 증가 되었는데 러·일전쟁이 발발한 1904년경까지 일본에 유학한 학생수가 5만을 넘었으며 1906년 1년간 일본 각급 학 교에 재학한 중국인 학생이 13,000-4,000명 선을 넘었다고 한다.[1] 일 본에 유학한 대표적인 사람으로는 문학자 魯迅과 사상가 梁啓超, 정 치가로는 孫文, 蔣介石, 袁世凱, 중국 공산당을 만드는데 주도적인 역할을 하였던 陳獨秀 등을 들 수 있다. 이들은 귀국 후 청조를 쓰러 뜨리는 혁명을 주도하기도 하였으나 많은 지식인들은 일본 서적을 중국어로 번역하거나 교사나 관리가 되어 신문화 운동에 참여하였다. 이 과정에서 明治 이후 일본에서 새로 만들어진 일본어 어휘가 중국 어에 다수 유입되었는데 중국인 학자들이 연구 결과를 보면 당시 일 본어에서 유입된 어휘 중 현대 중국어에서 사용되고 있는 것은 1,300 단어를 넘는다.[2]

---

1) 이에 대해서는 実藤恵秀의『増補版』中国人日本留学史』(1960) pp.55-61 등을
   참조할 것
2) 이에 대해서는 沈国威의 다음 연구를 참조할 것
   沈国威(1994)「新漢語研究に関する思考」『文林』32, 神戸松蔭女子学院大学, 1998.03,
       pp.37-61
   沈国威(2003)「近代日中語彙交流: 逆転への道程」『関西大学中国文学会紀要』
       24, 関西大学中国文学会 pp.69-90

한편, 한국의 경우 1880년대까지는 어휘면에서 중국의 영향을 주로 받았으나 1894년 갑오개혁 이후는 일본의 영향이 컸던 것으로 생각된다. 이러한 결과로 한국의 근대 어휘는 중국과 일본 양쪽에서 영향을 받았기 때문에 신생 어휘가 어느 나라에서 왔는지 판별하기가 쉽지 않게 되어 있다. 특히 明治 이후 일본에서 새로 만들어진 단어는 문제의 여지가 많다. 明治 이후 일본에서 새로 만들어진 단어 중 「社會」나 「物理學」「哲學」「美術」「郵便」과 같은 단어는 본래 중국에 그 단어가 원래 존재하지 않았기 때문에 그 단어가 일본어라는 것이 명확히 구별된다. 하지만 「自然」이나 「發明」「寫眞」「演說」「大學」「小說」과 같은 단어는 형태가 이미 중국 고전에 존재하였고 다만 일본에서 서양어를 번역할 때 형태만 빌려다 쓴 것이므로 이를 중국 유래의 단어로 볼 것인지 일본어로 볼 것인지가 문제이다. 이들 단어는 소위 「전용어(轉用語)」라고 하는데 본 논문에서는 서양어의 번역에 사용한 「轉用語」는 모두 일본어 단어로 보고 있다.

결국 『官報』에 나오는 단어가 원래 한국어인지, 일본어인지, 중국어인지는 다음과 같은 점을 고려하여 판단하여야 할 것이라 생각한다.

○ 일본어 단어란 오래 전부터 일본에서 사용해 온 고유한 단어이거나 明治이후 일본에서 새로 만든 단어와 전문용어 등을 말한다.

○ 단어의 어형이 중국 고전에 있다 하더라도 明治시대 이후 서양어를 번역할 때 형태만 빌어다 쓴 단어의 경우는 일본어

沈国威(2008) 『近代日中語彙交流史[改訂新版]』笠間書院
沈国威(2008) 『漢字文化圏諸言語の近代語彙の形成』,関西大学出版部

단어로 본다.

○ 중국의 양학자료(洋學資料) 등에 나오는 문명 어휘 중 일본에서 일반화되어 한국에 들어 온 것은 일본어 단어에 포함시킨다.

본고에서는 이러한 관점을 바탕으로 하여 일본어 어휘를 판별하고자 하였다.

2. 『官報』에 수용된 일본어 어휘의 추출 과정 및 방법

『官報』에 나오는 일본어 어휘를 추출하기 위해서는 3.1에서 언급한 원칙에 따라 단어 하나하나에 대하여 일본어인지 여부를 판정하여야 한다. 그러나 대한제국『官報』는 총 16년 2개월 동안 발행되었고 분량이 19,600페이지에 달하여, 이를 처음부터 끝까지 읽고 일본어 어휘를 찾아낸다는 것은 제한된 시간 내의 작업으로는 불가능에 가깝다. 그러므로 본 논문에서는 지금까지 중국과 일본 및 한국 연구자들에 의하여 일본어 단어로 판단된 것을 조사 수합하여『官報』에 출현하는지 여부를 조사하는 방법을 사용하기로 하였다.

본고를 작성하면서 사용한 일본어 어휘의 조사 및 추출 방법과 그 절차는 다음과 같다.

① 우선 중국인 연구자들이 근대 이후 일본어에서 중국어로 유입되었다고 판단한 단어들을 조사한다. 이 경우 일본인 학자

들의 연구도 포함 시킨다.

② 일본인 학자들이 明治 이후 일본에서 만들어진 단어로 판단
한 것을 조사 수합한다.

③ 한국인의 연구에서 지금까지 일본어에서 한국어로 유입된
단어로 조사 인정된 것을 수합한다.

④ 위의 세 가지 연구 결과를 모아서 단일 목록을 만든 뒤 이들
단어가 『官報』에 출현하는지를 조사한다.

⑤ 위의 ①②③의 단어가 『官報』에 출현하는지의 조사는 에디터
프로그램[3]을 사용한다.

본 논문을 위해서는 앞에서 언급한 바와 같이 대한제국 『官報』 전
문을 입력하여 조사의 효용성을 높였다.

2.1 중국인 학자들의 연구 조사

중국인 학자들은 19세기말 梁啓超 연구 이후 여러 연구자들이 중
국어에 유입된 일본어에 대하여 조사하고 있다. 이에 대한 조사는 沈
國威(1994) 등에 자세히 기술되어 있는데[4] 이들 연구를 바탕으로 하
여 중국인의 주요 연구를 개괄하면 다음과 같다.

일본어 어휘의 중국어 유입 문제를 최초로 언급한 중국인은 彭文
祖로 알려졌다. 沈國威(1994)의 연구에 의하면 彭文祖는 일본국 法
政大에서 법률을 전공하였으며, 그는 자신의 저서 『盲人瞎馬之新名
詞』(1915)에서 「取扱, 引揚, 差押, 場合, 讓渡, 衛生」등 65단어를 일

---

3) 본 연구에서는 히데마루(秀丸)의 영어판 maruo를 사용하였다.
4) 沈国威(1994)『近代日中語彙交流史—新漢語の生成と受容』笠間書院

본어에서 중국어로 들어온 단어로 기록[5]하고 있다. 또한 余又蓀은 1934년 『國聞週報』(11卷4期)에 실린 「日文之康德哲學譯著」이라는 글에서 니시 아마네(西周, 1829-1897)가 만든 일본 철학 용어 중에서 중국어에 유입된 것이 212단어라고 기술하고 있다. 니시 아마네(西周)는 明治 초기의 계몽가이자 교육자로서 일본에 서양의 철학과 학문을 번역, 소개하는 과정에서 「哲學」,「學術」,「主觀」,「客觀」,「藝術」,「歸納」,「演繹」 등 수많은 번역어를 만들었다.[6] 余又蓀이 소개한 일본어 유래 철학 용어를 일부 살펴보면 「哲學」,「心理學」,「倫理學」,「肯定」,「否定」,「眞理」,「美學」,「形而上學」,「權利」 등 현재 한국어에서도 현재 사용하는 것들이다.

1949년 중화인민공화국 건국 이후 중국 대륙에서는 1956년경부터 문자개혁과 언어규범화 운동이 일어난다. 1958년 王立達은 「現代漢語從日語借來的詞彙」라는 논문에서 일본에서 들어온 어휘를 다음과 같이 여덟 종류로 나누고 각 부류에 속하는 일본어 단어를 589개 들었다. 王立達이 일본어에서 중국어로 들어왔다고 언급한 단어의 종류로는 다음과 같은 것들이 있다.

　　①음역어(音譯語): 瓦斯, 加答兒 등
　　②고유일본어: 入口, 手續, 貸方, 但書 등
　　③근대 이후 일본에서 새로 만든 단어
　　　　對義語：樂觀/悲觀, 絶對/相對
　　　　일반용어와 학술용어: 石油, 支配 등

---

5) 沈国威(1994)의 위의 책 pp.52-53을 참조
6) 西周에 대해서는 手島邦夫(2000)「譯語の生成と定着」『語から文章へ』(和歌山大学) 등을 참조할 것.

학과명: 哲學 心理學 등

접사가 붙은 단어: 一元化, 日本式 등

④ 중국어에 들어와서 의미가 변한 것: 勞働者, 弁護士, 物語등

⑤ 중국 고전어에 있던 것 중 일본에서 의미가 변한 후에 중국에
다시 들어온 것: 革命, 經濟 등

⑥ 일본에서 만든 글자: 腺, 膣등

⑦ 일본어를 번역하면서 생긴 단어: 基于, 對于 등

⑧ 구 만주 지역에서 받아들인 말: 町, 番地, 滿員 등

王立達이 제시한 중국어 속의 일본어 구분은 현대 한국어에 들어온 일본어를 추출할 때에도 참고가 될 만하다.

高名凱 · 劉正埮은 1958년『現代漢語外來詞詞典』이라는 외래어 사전을 편찬한다. 이 사전에는 중국어에 유입된 외래어를 조사 수록하였는데 일본어에서 들어온 외래어로 총 459단어를 들고 있다. 이 사전에서는 일본어에서 중국어로 들어온 단어를 다음 세 가지로 구분하고 있다.[7]

① 순수한 일본어에서 온 것: 場合, 場面, 支配, 体験, 取締, 取消
등 (91단어)

② 중국 고전에 있던 것을 일본인들이 의미를 변화시킨 것:
革命, 文學, 演說, 保險 등 (67단어)

③ 근대에 들어와 일본에서 새로 만든 것: 美術, 抽象 등 (301단어)

그 다음 출판된 연구에는 1984년에 나온 高名凱 · 劉正埮 · 麥永

---

7)『漢語外来詞詞典』(上海辞書出版社, 1984)

乾・史有爲편『漢語外來詞詞典』(上海辭書出版社)이다. 이 사전은 위에 들은 高名凱・劉正埃의『現代漢語外來詞詞典』를 확대 발전시킨 것으로 일본어 기원 단어가 892단어로 늘었다. 이는 1950년대 이후 중국 학계의 연구 성과가 반영된 것으로 볼 수 있겠다.

다음에 언급할 연구는 陳生保의「中国語の中の日本語」[8]이다. 陳生保는 일본어에서 중국어로 유입된 어휘 463단어를 들고 그 유형을 다음과 같이 여덟 가지로 나누고 있다.

① 서양어를 음역한 것: 瓦斯(gas)浪漫(romantic) 淋巴(lymph) 등
② 원래 중국 고전에 있던 것을 번역어를 만들 때 형태만 가져와 의미를 변화시킨 것: 雜誌、社会、人道、革命 등
③ 고유일본어 중 한자로 표기한 것과 明治시대 신생 한자어: 入口, 出口, 手續, 理性, 感性, 動産, 不動産 등
④ 일본에서 만든 한자: 腺, 癌, 吋(inch), 呎(feet), 哩(mile), 噸(ton) 등
⑤ 중국에 들어와 의미가 변한 것: 労働者 弁護士
⑥ 중국에 들어와 다른 중국어로 대체된 것: 組合
⑦ 일본어 어구를 중국어로 번역한 것:
　基於(~に基づいて)/関於(~に関して)/対於(~に対して)/由於(~に由って)/認為(~と認める)/成為(~となる)/視為(~と看做す)
⑧ 중국에 들어왔다가 쓰이지 않게 된 것:
　万年筆, 日傘, 車掌, 残念, 夕方, 相場 등

---

8) 陳生保(1996)「中国語の中の日本語」『日文研フォーラム』(第91回)(国際日本文化研究センター)

陳生保(1996)는 이밖에도 일본어에서 들어온 한자 接辞와 조어 성분에 대해서도 언급하고 이들이 지금도 사용되며 생산성도 높다고 지적하였다. 陳生保(1996)가 지적한 한자 접사로는 다음과 같은 것들이 있다.

○-化：一元化　多元化　特殊化　自動化　現代化
○-式：問答式　流動式　方程式　恒等式　旧式
○-炎：肺炎　胃炎　関節炎　皮膚炎　腸炎　脳炎
○-力：生産力　消費力　原動力　想像力　労働力　記憶力
○-性：可能性　現実性　必然性　偶然性　放射性　習慣性
○-的：歴史的　大衆的　民族的　科学的　必然的
○-界：文学界　芸術界　思想界　学術界　金融界　出版界
○-型：新型　大型　中型　小型　流線型　標準型
○-感：美感　好感　悪感　優越感　敏感　読後感
○-点：重点　要点　焦点　注意点　観点　出発点
○-観：主観　客観　悲観　楽観　世界観　宇宙観
○-線：直線　曲線　抛物線　生命線　警戒線
○-率：効率　生産率　使用率　利率　廃品率
○-法：弁証法　帰納法　演繹法　総合法　分析法
○-度：進度　深度　広度　強度　力度
○-品：作品　食品　芸術品　廃品　記念品
○-者：作者　読者　労働者　著者　訳者
○-作用：同化作用　異化作用　光合作用　心理作用
○-問題：人口問題　土地問題　社会問題　民族問題
○-時代：旧石器時代　新石器時代　青銅器時代

○社会：原始社会　奴隷社会　封建社会　資本主義社会

○主義：人文主義　資本主義　自然主義　人道主義　浪漫主義

○階級：地主階級　資産階級　中産階級　農民階級　無産階級

陳生保가 들은 한자계 접사 및 조어성분은 현대 한국어에도 대부분 그대로 사용되는 것들이다.

최근의 연구로서 주목되는 것으로는 陳力衛(2001)의 『和製漢語の形成と展開』(汲古書院)가 있다. 陳力衛는 자신의 책 부록에서 중국에서 일본어로 유입된 단어 456개를 들고, 아울러『漢語百科大辭典』(大修館書店)에 나오는 일본 한자어 637단어(佐藤武義 작성)와 히다요시후미(飛田良文)가 작성한 근대 일본에서 만든 신한자어 519개, 『三省堂國語辭典(4版)』(三省堂出版)의 ラ행에 나오는 일본 한자어 422개 등을 들고 있다. 이 陳力衛의 근대 일본어 어휘 목록은 현대 중국어에 유입된 일본어 어휘를 수합하는데 유력한 정보를 제공하고 있다.

본 논문에서는 이상에서 들은 연구를 모두 조사 수합하여 데이터베이스를 만들고, 원본 자료에서 오류로 밝혀진 단어를 제외한 총 1,797단어를 대상으로 대한제국『官報』에 나오는지 여부를 조사하였다. 중국인 학자들이 일본어에서 중국어로 들어간 것으로 판단한 단어를 모두 들면 다음의 일람과 같다

〈단어 일람1〉 일본어에서 중국어로 유입된 단어 일람

[가]

可決, 可考, 歌劇, 可能性, 加鍛鑄鉄, 加答児, 仮名, 歌舞伎, 珈琲,
可変資本, 仮分数, 仮死, 仮想, 仮想敵, 仮釈, 仮設, 仮説, 加速度,
仮定, 仮借, 各各, 脚光, 脚本, 覚書, 簡単, 幹部, 幹事, 幹線, 看守,
簡易式, 間接, 看板, 間歇熱, 間歇泉, 看護婦, -感, 感覚, 感官, 感性,
感受性, 鑑定, 甲状腺, 講壇, 強度, 綱領, 講師, 講習, 講演, 講義,
強制執行, 強制, 講座, 強化, 概観, 概括力, 概括, 概念, 概略, 改良,
概論, 開発, 個別, 概算, 改善, 個性, 個人, 介入, 改訂, 改造, 改編,
開港場, 客観, 客体, 坑木, 巨頭, 距離, 巨星, 巨匠, 健質亜那, 建築,
建築学, 検事, 検討, 検波器, 見本, 見習, 牽引車, 堅持, 結論, 決算,
缺点, 結晶, 結核, 警戒線, 軽工業, 警官, 競技, 景気, 経理, 経費,
経由, 経済恐慌, 経済学, 経済, 警察, 傾向, 経験型, 経験, 硬化
-界, -階級, 階級, 契機, 系列, 係数, 継承, 戒厳令, 系統, 計画, 計劃,
古柯, 古加乙捏, 孤光, 高炉, 高利貸, 高射砲, 高圧, 高温, 雇員, 故
意, 故障, 固定, 固定資本, 高潮, 高周波, 固体, 曲線, 曲線美, 昆布,
空間, 公開, 公開的, 供給, 共同, 功利主義, 公立, 共鳴, 公民, 公報,
公僕, 共産主義, 共産主義社会, 空想, 公訴, 控所, 攻守同盟, 空襲
警報, 公式化, 公安, 工業, 工業化, 公営, 工芸美術, 公園, 公印, 工
匠術, 公証, 公証人, 公債, 公判, 共和, 過渡, 寡頭政治, 科目, 菓子
葉, 課程, 科学, 科学観, 科学的, 科学化, -観, 関干, 関係, 観念伴性
之理論, 観念伴性, 観念学, 観念, 官能, 管理, 関白, 関節炎, 観点,
管制, 観照, 観測, 広告, 光年, 広度, 鉱物学, 光線, 狂言, 広義, 広
場, 光合作用, 掛図, 交感神経, 教科書, 交流, 交渉, 教授, 教養, 交

易, 教育界, 教育問題, 教育学, 教育, 交戦団体, 交際, 膠着語, 交通, 交通線, 交響楽, 交換価値, 交換, 教訓, 構図, 拘留, 構思, 旧石器時代, 旧時代, 旧式, 倶楽部, 口語学, 口語化, 構造, 具体, 具体的, 構築, 駆逐艦, 国庫, 国教, 国立, 国防, 国事犯, 国税, 国粋, 国際公法, 国際関係, 国際問題, 国際, 国体, 局限, 軍国主義, 軍部, 軍事, 軍需品, 軍籍, 弓道, 権力, 権利, 巻揚機, 権威, 権益, 権限, 潰瘍, 帰納法, 帰納, 規那, 規尼涅, 規範, 規則, 極, 極端, 克服, 劇場, 勤務, 根本的, 金鋼石, 金巾, 金系雀, 金庫, 金石併用時代, 金額, 金融界, 金融, 金牌, 金婚式, 急行券, 肯定, 既決, 機械工作法, 機械工学, 機械, 機械動学, 機械学, 機械化, 機関, 気管炎, 機関銃, 記念品, 基督教, 基督, 記録, 機密, 気分, 技師, 騎士, 汽船, 技手, 技術, 起案, 記憶, 企業, 技藝學校, 紀元, 奇異, 記者, 基準, 忌中, 起重機, 寄贈, 基地, 基質, 気質, 汽車, 寄託, 忌避, 記号, 緊張, 喫煙

[나]

裸体画, 落選, 暖流, 浪漫, 浪漫主義, 浪人, 内閣, 内勤, 内幕, 内服, 内分泌腺, 内分泌, 内容, 内用, 内耳, 内在, 内包, 冷蔵庫, 冷蔵, 冷戦, 年鑑, 年度, 老極, 労農政府, 労働力, 労働者, 労働組合, 労働, 奴隷社会, 労作, 緑化, 論壇, 論理学, 論文, 論戦, 農民階級, 農民, 農作物, 脳炎, 累減, 累進, 肋膜炎, 能勤, 能力, 能率, 能楽

[다]

茶道, 多元化, 断交, 単利, 但書, 単純致知, 単純, 断言, 単元, 単転法, 断定, 短波, 単行本, 談判, 当事者, 代価, 対干, 大工, 代科, 大局, 大気, 代理, 対立, 貸方, 大本営, 大分, 対比, 隊商, 対象, 代数,

大審院, 代言人, 代用, 代用学校, 待遇法, 待遇転換, 大熊座, 対応, 代議士, 大正琴, 対照, 大衆的, 大衆化, 対質, 大祝日, 対称, 台, 大統領, 代表, 大型, 徳育, ~度, 道具, 塗料, 図書館, 導水線, 図案, 図案画, 導電体, 導体, 導火線, 読物, 読本, 独逸, 読者, 独裁, 独占, 読後感, 突撃隊, 憧憬, 動機, 銅器時代, 動力, 動力学, 動脈硬化, 動脈, 同盟, 同盟罷工, 動物学, 動産, 同業組合, 動員, 動員令, 動議, 同一, 同情, 動態, 同行, 動向, 同化, 同化作用, 得数, 登記, 登録, 謄写版, 等外, 登載, 燈火管制

[라]
-力, 倭麻質斯, 哩, 糎

[마]
馬鈴薯, 馬鹿, 碼, 馬糞紙, 万年筆, 漫談, 満員, 万有皆神学, 漫筆, 漫画, 妄想, 媒質, 脈動, 盲点, 盲従, 免疫, 免除, 免許, 命令, 明細票, 名所, 命題, 明確, 母校, 耗, 毛細管, 母体, 目的, 目的物, 目標, 無機, 無機性体, 舞蹈, 武士道, 無産階級, 無産者, 無神論, 舞台, 黙劇, 黙示, 文庫, 問答式, 文明, 文法, 問屋, -問題, 文学界, 文学, 文化, 物理, 物理学, 物語, 物質学, 美感, 微観, 美濃紙, 美理哲学, 美妙学, 米, 美反法, 美術, 微積分, 味之素, 未知数, 美学, 敏感, 民法, 民族問題, 民族, 民族的, 民族学, 民族化, 民主, 密度, 蜜月

[바]
迫撃砲, 博覧会, 舶来品, 博物, 博士, 迫害, 反感, 反径, 反旗, 反対, 反動, 反射, 半成品, 反言対, 反影, 反映, 反応, 反革命, 発動機, 発

明, 発電機, 防空練習, 方面, 方法論, 方法, 放射, 放射線, 放射性,
放送局, 方式, 方案, 方程式, 傍証, 方針, 背景, 配給, 配当, 排水量,
陪審, 陪審員, 配偶無二, 配電盤, 配電艦, 百科全書, 白金, 白旗, 百
夜, 白熱, 百日咳, 百貨店, 番地, 番号, 汎神論, 汎心論, 範疇, 汎称,
-法, 法科, 法律, 法式, 法医学, 法人, 法廷, 法則, 法学, 弁, 変圧器,
弁証法, 弁証之考, 変態, 弁護士, 病理学, 併発症, 並製, 病虫害, 保
健, 報告, 保釈, 保障, 保証, 保険, 服務, 輻射, 複写, 複式, 服用,
復員, 複製, 服従, 本能, 本質, 封建, 封建社会, 封建主義, 封鎖 ,否
決, 副官, 簿記, 簿記学, 浮世絵, 復水器, 副手, 復習, 副食, 否認,
副作用, 否定, 附着, 富籤, 分類表, 分配, 分析法, 分析, 雰囲気, 分
子, 分泌, 分限, 分解法, 不可考, 不景気, 不都合, 不動産, 不同一,
不変資本, 不定転換, 悲観, 比較, 悲劇, 非金属,備忘録, 秘密的, 沸
点, 比重, 批判, 批評, 備品, 貧民窟, 頻率

[사]

死角, 士官, 社交, 社交的, 社団法人, 社団, 使徒, 思慮, 私立, 死亡
線, 事務室, 司法界, 私法, 事変, 思想界, 思想, 使用価値, 使用率,
思潮, 士族, 写真, 事態, -社会, 社会問題, 司会, 社会, 社会主義,
社会学, 散漫, 散文, 算術, 散体, 三角(法), 三輪車, 三味線, 挿話,
上掲, 想念, 相対, 相対的, 商法, 常備兵, 相殺, 想像力, 想像, 相続
分, 上水道, 相手方, 上手, 相手, 常識, 商業, 相場, 象徴, 商品, 上
行, 上戸, 色盲, 索引, 生理, 生理学, 生命線, 生物学, 生産関係, 生
産力, 生産, 生産率, 生産手段, 生体学, 生態学, 序曲, 序幕, 叙事
詩, 瑞西, 西洋式,西洋化, 抒情詩, 夕方, 石油, -線, 選挙, 旋律, 旋
盤, 宣誓, 腺, 宣伝, 宣戦, 先天, 銑鉄, 選択学, 説教, 説明, 設備,

繊維, 摂護腺,

-性, 性感, 性格, 性能, 性理学, 成分, 成員, 成品, 猩紅熱, 世界観, 世紀, 細胞, 小供, 訴権, 少極, 消極, 消極的, 消毒, 所得税, 素描, 小反法, 消防, 消費力, 消費, 小夜曲, 小熊座, 少尉, 所有権, 消音器, 少将, 素材, 小切手, 素質, 小型, 消化, 消火栓, 速記, 速度, 速成式, 属位, 損害賠償, 手簡紙, 手工業, 受難, 輸尿管, 手段, 手当, 数量, 手榴弾, 水密, 水酸基, 水成岩, 水素, 手続, 手数料, 随員, 輸入, 水族館, 水準, 手紙, 水彩画, 輸出, 水平運動, 数学, 手形, 宿命論, 宿舎, 巡洋艦, 習慣性, 乗客, 乗務員,勝手, 承認, 昇華, 詩歌, 時間, 時間表, 時計, 施工, -時代, 市民, 時事, 試用致知, 市場, 市長, 視察, 施行, 試験, 時効, -式, 食品, 神経過敏, 神経衰弱, 神経, 神理学, 申立, 新聞界,新聞記者, 新聞, 訊問, 身分, 新石器時代, 新世界, 新時代, 新式, 信用, 申込, 申請, 信託, 新型, 信号, 実感, 実権, 実量観, 失恋, 実業, 実績, 失踪, 実体学, 失効, 深度, 心得, 心霊, 心理分解, 心理, 心理作用, 心理学, 審問, 審美, 心配, 心臓内膜炎, 審判, 双務, 双子葉

[아]

亜鈴, 雅楽, 亜鉛, 悪感, 楽観, 樂隊, 案内, 安質母尼, 安打, 暗示, 癌, 圧延機, 液体, 冶金, 冶金学, 野兎病, 約契, 弱化, 陽極, 揚棄, 譲渡, 量子, 語源学, 言語学, 言葉, 業務, 予備役, 予算, 予約, 旅行券, 予後, 疫痢, 歴史的, 歴史学, 歴史, 訳者, 瀝青, 力学, 連係, 軟骨, 演技, 聯隊, 連絡, 研磨機, 燕尾服, 連想, 演説, 演習, 演繹法, 演繹, 演題, 演奏, 演出, 鉛筆, 軟化, 連環体, 熱帯, 劣勢, 列車, -炎, 領空, 影像, 栄養, 領域, 領土, 領海, 影響, 領会, 芸術界, 芸術, 芸

術品, 礼儀之学, 例会, 梧性, 沃度, 沃素, 温帯, 温度, 温床, 温室,
温情主義, 瓦斯, 瓦, 玩具, 外勤, 外分泌, 外在, 外廷, 要素, 要点,
要衝, 了解, 溶媒, 溶体, 偶客, 優生学, 優勢, 偶然性, 偶然, 偶然的,
優越感, 右翼, 愚全, 優点, 宇宙観, 偶主, 郵便, 運動, 運動場, 運転
手, 原動力, 原料, 原理, 元師, 元素, 原素, 原始共産社会, 原始時
代, 猿楽, 園芸, 園芸学, 原意, 原子, 原作, 遠足, 原罪, 原則性, 原
則, 胃潰瘍, 危機感, 衛生, 衛生学, 胃癌, 胃炎, 偽題, 偽学派, 有価
証券, 流感, 遊撃隊, 遊撃, 遊撃戦, 有給職, 有機性体, 柔道, 流動
式, 類, 唯理論, 遊離, 唯物論, 唯物史観, 遺物史観, 唯物, 有産階
級, 流線型, 柔術, 唯神論, 唯心論, 唯心, 唯我論, 遊弋, 唯一神, 唯
一, 遺伝, 油槽船, 流体, 流通資本, 流行, 流行病, 流行性感冒, 類
型, 誘惑性, 肉感, 肉弾, 倫理学, -率, 隠居, 銀幕, 銀翼, 銀行, 銀婚
式, 隠花植物, 陰極, 音楽, 音程, 議決, 意図, 義務, 意味, 意思表示,
意識, 意識刑態, 議案, 意訳, 義勇艦隊, 議員, 議院, 意, 意義, 擬人
法, 意匠, 意志, 医学, 議会, 理論, 二律背反, 異物, 理事, 理想, 理
想化, 理説, 理性, 利率, 裏題, 二重奏, 二重体, 理智, 異化作用, 翌
日, 印鑑, 人格, 人口問題, 人権, 人道, 引渡, 人道主義, 人力車, 人
文主義, 人事, 印象, 人生観, 人選, 印刷物, 印刷品, 認識論, 認識
学, 人身攻撃, 引揚, 人為的, 因子, 印紙, 憐寸, 日当, 一覧払, 一覧
表, 一般化, 日本式, 一分判決, 日傘, 一元論, 一元化, 日程, 日和,
任命, 臨床, 淋巴, 入口, 入夫, 立案, 入場券, 立場, 入超, 剰余価値

[자]
-者, 刺激, 自己証明, 自動化, 資料, 自立, 自発的, 自白, 資本家, 資
本, 資本主義, 資本主義社会, 資産階級, 自然科学, 自然淘汰, 自然

理法, 自然的, 自然主義, 紫外線, 自由, 自由主義, 自治領, 自治, 作物, -作用, 作用, 作者, 作戦, 作品, 残念, 雑事, 雑誌, 長期化, 張力, 場面, 場所, 腸炎, 長波, 場合, 財団法人, 財団, 材料, 財務, 財閥, 才, 財政, 財政学, 再現, 低能児, 低能, 低圧, 低温, 著者, 貯蔵, 低潮, 低調, 低周波, 貯蓄, 抵抗, -的, 積極, 積極的, 積立金, 積木, 敵視, 赤化, 展開, 電気通信学, 電気化, 展覧会, 電力, 転炉, 電流, 展望, 専売, 専名, 電報, 前線, 戦線, 電視, 電信, 転語, 電業, 伝染病, 前衛, 電子, 前提, 電池, 電車, 全唱, 全称, 全称之極, 伝統性, 伝統, 電波, 伝播, 伝票, 典型, 電話, 転換法, 銭, 絶対的, 絶対, 切符, 切手, 節約, -点, 接近, 接吻, 定刻, 情感, 政党, 正当, 精力, 浄瑠璃, 静脈, 情報, 政府, 情緒, 定説, 精神作用, 精神, 定額, 定義, 停戦, 町, 情操, 停止, 偵察, 政策, 政治経済学, 政治季節, 政治, 政治之学, 静態, 浄化, 提供, 帝国主義, 提灯会, 第三者, 提案, 制約, 制御器, 第一印象, 制裁, 製版, 制限, 彫刻術, 組閣, 条件, 曹達, 蛋白質, 助産師, 組成, 調印, 調節, 調整, 調製, 組織, 組合, 存在, 宗教界, 宗教, 終点, 宗旨, 綜合法, 座談, 座薬, 左翼, 主観, 主権, 周期性, 週期, 主動, 注文, 注射, 主席, 住所, 主食, 株式, 株式会社, 主位, -主義, 注意点, 主義, 主人公, 主任, 株主, 主体, 周波, 主筆, 重工業, 中極, 仲立, 仲買人, 中産階級, 中将, 仲裁人, 仲裁, 重点, 重曹, 中型, 重婚罪, 中和, 即決, 証券, 蒸気, 蒸溜, 蒸発, 症状, 贈品, 知覚, 芝居, 指教, 支那, 指導, 漬物, 地味, 支配力, 支配, 支部, 支払, 地上水, 支線, 指数, 誌術, 知識, 支店, 地主階級, 地主, 支持, 地質, 地質学, 指標, 地下水, 紙型, 直覚, 直感, 直径, 直観, 直流, 直面, 直線, 職員, 直接, 真空管, 進度, 真理, 進歩, 陣容, 真鍮, 真一, 進展, 進化論, 進化, 質量, 窒扶斯, 窒素, 膣, 集結, 集団, 執達吏, 集

中, 集合, 執行

[차]

差客, 差等, 借方, 差押, 車掌, 差主, 錯覚, 着眼点, 参考書, 参観,
惨劇, 参照, 参護, 倉庫, 蒼鉛, 創作, 創造性, 採光, 債権, 債務, 策
動, 処女作, 処女地, 処方, 呎, 天文学, 天鵞絨, 天主, 瓩, 粁, 鉄器
時代, 鉄道, 哲学, 鉄血, 尖端, 尖兵, 清教徒, 請求, 請負, 靑銅器時
代 , 清算, 晴雨計, 請願, 体系, 体温計, 体育界, 体育, 体積, 体制,
体操, 体験, 超短波, 超理学, 初歩, 初夜権, 超人, 焦点, 燭光, 触媒,
促成, 促進, 吋, 処刑, 総計, 総動員, 総領事, 総理, 総体, 総合法,
総合, 撮影, 催涙弾, 催眠術, 催眠, 最惠国, 最後通牒, 推論, 抽象
的, 抽象, 推進器, 蓄電池, 軸接手, 出口, 出発点, 出席, 出訴, 出張
所, 出張, 出廷, 出超, 出版界, 出版物, 出版, 出荷, 衝動, 膵臓, 贅
沢品, 取扱, 取立, 取消, 取引, 就任, 取次, 取締役, 取締, 治外法権,
親属, 襯衣, 七面鳥, 七宝焼, 侵略, 侵犯, 侵蝕, 侵害

[타]

他律, 惰性, 打消, 炭酸加里, 炭酸瓦斯, 弾性, 脱党, 探検, 探照灯,
探海灯, 太陽燈, 台車, 沢山, 土木工程, 土木工学, 土地問題, 噸, 統
計, 通理, 通名, 通信網, 通信社, 通信員, 通貨収縮, 退却, 退役, 退
化, 投機, 投影, 投資, 闘争, 投票, 特権, 特待生, 特務, 特別, 特殊,
特殊化, 特約, 特長, 特徴, 特称之極, 特称, 特許

[파]

派遣, 波等, 破門, 破産, 波長, 派出所, 版権, 判断, 判事, 判任, 版

画, 覇権, 偏見, 扁桃, 片方, 片艶, 編制, 偏執狂, 平仮名, 評価, 評
決, 坪, 肺炎, 廃品, 抛物線, 包摂, 捕佐人, 飽和, 表決, 標高, 標本,
表像, 標語, 表演, 表情, 表題, 標準型, 表現力, 表現法, 表現, ~品,
品位, 風琴, 風雲児, 風位, 被動, 皮膚炎, 必然, 必然性, 必然的, 必
要, 必要性

[하]

下女, 荷物, 下水工学, 下水道, 河川工学, 下駄, 下戸, 学期, 学歴,
学齢, 学府, 学士, 学術界, 学位, 学会, 寒暖計, 寒帯, 寒流, 寒天,
割引配当金, 割合, 合資会社, 航空母艦, 恒等式, 抗議, 解決, 海老,
海抜, 解放, 解剖学, 解剖, 海事, 解散, 行政, 虚無主義, 虚体学, 憲
法, 憲兵, 革命, 現金, 現代, 現代化, 現像, 現象, 現実性, 現実主義,
現実, 現役, 現行犯, 顕花植物, 血色素, 血圧計, 血栓, 血吸虫, 協
議, 狭義, 協定, 協賛, 協会, -型, 刑律, 刑法, 刑実観, 形而上学, 好
感, 虎例刺, 号外, 互恵, 混凝土, 渾体, -化, 化膿砲, 化膿, 画廊, 和
文, 画報, 和服, 化石, 火成岩, 和声学, 化粧品, 化粧, 話題, 化学,
画学, 拡散, 確定, 幻覚, 環境, 幻燈, 幻想曲, 幻想, 歓送, 換語, 還
元, 丸, 活動写真, 活動, 活躍, 会計, 会談, 会社, 回収, 会話, 効果,
酵素, 効率, 後見人, 後天, 後和, 訓令, 訓育, 訓話, 彙類, 揮発, 黒
死病, 興信所, 喜劇, 希望

　이상 언급한 단어들은 본고에서 조사한 연구 결과나 이밖에도
중국과 일본인 학자들에 의하여 연구된 문헌들은 상당수에 달한다.
이들 논문은 〈부록2〉에 개재하였다. 금번 논문에서는 시간적인 제약
으로 이들을 다 고찰 대상으로 삼지 못하였으나 앞으로 반드시 연구

대상으로 삼아야 할 연구들이다. 금후 이들 문헌을 조사하면 일본어에서 중국어로 들어간 어휘의 모습을 더 많이 밝힐 수 있을 것으로 생각된다.

2.2 일본인 학자들의 연구 조사

일본의 明治 이후의 신어(新語) 및 번역어 연구에 관한 역사는 깊다. 먼저 1945년 이전의 연구를 살펴보기로 하겠다. 1924년 요사노 간(与謝野寬)은 「地震」이라는 단어9)가 일본어 유래의 단어임을 밝혔으며 이시이 겐도(石井硏堂)는 1926년 『明治事物起源』을 통하여 명치시대 문명개화에 관련된 사물이나 개념의 유래와 성립 사정을 상당수 기술하였다. 1928년 니무라 이즈루(新村出)는 근대어 「家庭」이라는 단어의 유래를 밝힌 논문을 발표하였으며(「家庭という語」『岡倉先生還曆記念論文集』), 1930년에는 자신의 어원 연구를 집대성한 『東亞語源志』를 출판하였다. 같은 해 와타나베 만조(渡辺滿藏)는 법률용어의 어원과 유래에 관한 책을 저술하여(渡辺滿藏, 『現行法律語の史的硏究』萬理閣書房) 일본의 법률 용어의 성립에 대한 연구 성과를 정리하였다. 1933년 하야시 쓰루이치(林鶴一)는 수학 용어 「幾何」와 「代數」에 대하여 연구하였고(『幾何と對數の語源について』東京開成館), 1943년 이시이 겐도(石井硏堂)는 「博覽會」와 「共進會」의 차이점에 대하여 언급하였다.(「博覽會と共進會」『明治文化』16-1) 1944년에는 이시이 겐도(石井硏堂)가 자신의 책을 보완 증보한 『增補改訂明治事物起源』을 출판하였는데 이 책에는 종전의 저서보다 상당히

---

9) 与謝野寬(1924)「日本語源考ー地震の語源」(明星5-1)

많은 수의 단어와 개념에 대한 기술이 추가되었다. 이렇게 보면 1945 년 이전에는 본격적인 근대어 어휘 연구가 이루어졌다고는 볼 수 없으나 일부 단어나 개념에 대해서는 연구가 상당 부분 진행되었음을 알 수 있다.

다음에는 1945년 이후의 사정에 대하여 살펴보고자 한다. 1945년 이후의 연구로는 히로타 에이타로(廣田榮太郎)의 연구가 비교적 빠르다. 히로타 에이타로는 1949년에 明治의 시대어 「接吻」[10]의 성립에 대하여 발표하였으며,[11] 이어서 1969년에는 「倶樂部」와 「背廣」에 대한 논문을 발표하였다. 또 1969년에는 일련의 번역어 관련 연구를 집대성하여 『近代譯語考』(東京堂出版)를 출판하였는데 이 책은 전후 일본에서 명치시대 이후의 신생어와 번역어 연구를 자극하는 계기가 되었다. 1945년전부터 경도제국대학에서 교편을 잡던 니무라 이즈루(新村出)는 세계 제2차 대전 이후에도 서양 기원의 일본어 어원에 대하여 연구를 계속하였는데 1967년 니무라 이즈루(新村出)의 사후에 筑摩書房에서는 니무라 이즈루(新村出)의 연구가 집대성된 『新村出全集』(1971)이 발간되었다.[12] 이 『新村出全集』의 4권은 어휘편으로, 그기 생전에 연구하였던 「靑空」와 「雰」,「鶴」,「迷惑」 등 고유일본어와 「クリスマス」,「民主」,「銀行」,「支那」,「自由」,「象徵」,「象牙塔」,「颱風」,「図書館」 등의 어원과 유래가 기술되어 있다.

1960년대는 일본 근대어에 대한 관심이 제고된 시기이다. 일본 근대어의 연구는 동경대 마쓰무라 아키라(松村明)와 동북대(東北大)의

---

10) 한국어의 입맞춤에 해당하는 단어임.
11) 広田栄太郎 「近代訳語考「接吻」と「くちづけ」と『国語と国文学』26-10, 東京大学国文学研究室内,1949.1, pp.85-92
12) 『新村出全集4』, 筑摩書房, 1971.09

사토키요지(佐藤喜代治), 상지대(上智大)의 모리오카 켄지(森岡健二)
등이 연구를 주도 하였고 이들 대학에서 수많은 관련 제자들이 양성
되었다. 또 이들의 연구에 계발된 젊은 학자들이 일본 근대어의 성립
과 번역어에 관한 연구 성과를 발표하였다. 다음은 주요한 연구 중
저서의 일부이다(순서는 저자의 일본어 자모순임).

浅野敏彦『国語史の中の漢語』和泉書院, 1998. 02

荒川清秀『近代日中学術用語の形成と伝播』白帝社, 1997. 10

石田雄『近代日本の政治文化と言語象徴』東大出版会, 1983. 9

内田田慶市・沈国威編『19世紀中国語の諸相』雄松堂出版, 2007. 3

加藤秀俊・熊倉功夫『外国語になった日本語の事典』岩波書店, 1999. 07

神奈川大学人文学研究所編 『明六雑誌』とその周辺』お茶の水書房,
2004. 03

金田一春彦編『ことばの生い立ち』講談社, 1988. 12

小森陽一『日本語の近代』岩波書店, 2000. 08

子安宣邦『漢字論』岩波書店, 2003. 05

斉藤静『日本語に及ぼしたオランダ語の影響』篠崎書林, 1967. 08

斉藤毅『明治のことば』講談社, 1977. 11

佐藤喜代治『国語語彙の歴史的研究』明治書院, 1971. 11

佐藤喜代治『日本の漢語』角川書店, 1979. 10

佐藤喜代治編『講座日本語の語彙9 語誌1』明治書院, 1983. 01

佐藤喜代治編『講座日本語の語彙10 語誌2』明治書院, 1983. 04

佐藤喜代治編『講座日本語の語彙11 語誌3』明治書院, 1983. 06

佐藤喜代治編『講座国語史3』大修館書店, 1971. 09

佐藤亨『近世語彙の研究』桜楓社, 1983. 06

佐藤亨『国語語彙の史的研究』桜楓社, 1999. 05

佐藤亨『近世語彙の歴史的研究』桜楓社, 1980. 10

佐藤亨『幕末・明治初期語彙の研究』桜楓社, 1986. 02

塩田丸男『死語読本』白水社, 1994. 07

新村出『新村出全集4』筑摩書房, 1971. 09

杉本つとむ『語源の文化誌』創拓社, 1990. 7

杉本つとむ『日本語講座6 外国語と日本語』桜楓社, 1980. 03

鈴木修次『漢語と日本人』みすず書房, 1978. 09

鈴木修次『文明のことば』文化評論出版, 1981. 03

鈴木修次『日本漢語と中国-漢字文化圏の近代化』中央公論社, 1981. 09

高野繁男『近代漢語の研究ー日本語の造語法・訳語法』明治書院, 2004. 11

田島優『近代漢字表記語の研究』和泉書院, 1998. 11

飛田良文『東京語成立史の研究』東京堂出版, 1992. 08

飛田良文編『英米外来語の世界』南雲堂, 1981. 10

広田栄太郎『近代訳語考』東京堂出版, 1969. 08

平林文雄『国語学研究論考』和泉書院, 1985. 05

飛田良文『明治生まれの日本語』淡交社, 2002. 05

穂積陳重『法窓夜話』(岩波文庫)岩波書店, 1980. 01

前田富祺『国語語彙史研究』明治書院, 1985. 10

松井利彦『近代漢語辞書の成立と展開』笠間書院, 1990. 11

森岡健二『改訂近代語の成立』明治書院, 1991. 10

山田忠雄『私の語誌』1, 三省堂, 1996. 10

柳父章『翻訳語成立事情』岩波書店, 1982. 04

柳父章『翻訳とはなにか』法政大学出版局, 2003. 05

위의 연구 중 특히 주목되는 것은 佐藤喜代治編『講座日本語の語彙 語誌』1,2,3이다. 이 책에는 1980년대 초까지 연구된 일본 근대어와 번역어의 성과가 상당수 망라되어 있다. 위에 적은 연구서와 함께 개인별 학자들의 연구 성과도 다수 발표되었다. 이한섭(2009)의 조사에 의하면 일본에서 발표된 명치 이후의 번역어 신어 관련 연구 문헌은 7,000건을 넘는다.[13]

한편 이들 연구 성과는 1980년대 이후 일본 근대어 관련 사전으로 집대성되었다.[14] 이들 사전에는 대부분 각 단어에 대한 의미와 용례와 함께 유래와 성립 사정이 기술되어 있는데 그 대표적인 것은 惣鄕正明・飛田良文편『明治のことば辭典』(東京堂出版1986.12)이다. 『明治のことば辭典』에는 1,767단어에 대한 한자어에 대하여 성립 유래가 적혀 있다.

일본인의 연구 중에는 일본어 어휘 가운데 근현대 중국어에 유입된 어휘에 대한 연구가 많다. 관련 문헌은 〈부록2〉에 게재하기로 하

---

13) 이한섭의 연구는 2009년 후반기에 『近代漢語研究文献目録』(東京堂)에서 출판될 예정이다
14) 樺島忠雄・飛田良文・米川明彦編『明治大正新語俗語辭典』東京堂出版 1984.05
　　米川明彦編『新語と流行語』南雲堂、1989.11
　　米川明彦編『明治・大正・昭和の新語・流行語辭典』三省堂, 2002.09
　　佐藤亨『幕末・明治初期漢語辭典』明治書院, 2007.06
　　惣鄕正明・飛田良文『明治のことば辭典』東京堂出版 1986.12
　　槌田滿文『明治大正新語・流行語』角川書店 1983.06
　　槌田滿文『明治大正風俗語典』角川書店 1979.11
　　森田良行『基礎日本語1、2,3』角川書店 1977.10
　　稲垣吉彦・吉澤典男監修『昭和ことば史61年』講談社 1985.10

나 이들 중 몇 가지 연구를 소개하면 다음과 같다.

　　　荒川清秀,「日本漢語の中国語への流入」『日本語学』17-6, 明治書
　　　　　院, 1998.05, pp.39-46
　　　井田好治,「中国語に借用された日本の近代訳語:特に英文法用語
　　　　　について」『言語科学』3, 九州大学, 1967.03, pp.25-40
　　　實藤惠秀,『中国人日本留学史』1960, くろしお出版
　　　曾根博隆,「中国語における日本語からの借用語-1-」『明治学院論
　　　　　叢』明治学院大学, 1987.03, pp.15-37
　　　中条修·李大清,「近代新漢語における中日語彙の交流:逆移入さ
　　　　　れた日本製中日同形漢語の異同を中心に」『静岡
　　　　　大学教育学部研究報告』24, 静岡大学教育学部,
　　　　　1992.03
　　　中田喜勝,「中国語と明治時代の新聞-白話借用の社会的背景とそ
　　　　　の国語化』『長崎大学東南アジア研究所研究年報』長
　　　　　崎大学東南アジア研究所, 1968.03, pp.245-261
　　　三浦国雄,「翻訳語と中国思想-『哲学字彙』を読む」『人文研究』47-3,
　　　　　大阪市立大学, 1995.03, pp.183-226
　　　宮首弘子,「通訳·翻訳の視点から見た中国語の新外来語-日本語か
　　　　　らの受容(1)」『杏林大学外国語学部紀要』20, 杏林大外
　　　　　国語学部, 2008.03, pp.321-334

위의 연구 중 대표적인 연구로는, 중국인은 아니지만 사네토 케이
슈(實藤惠秀)의 연구를 들 수 있다. 사네토 케이슈(實藤惠秀)는 중국
어 전문 연구자로서 1960년에 출판한 『中国人日本留学史』(くろしお

出版, 1960)에 19세기말 이후 중국어에 유입된 일본어 단어 784개를 들고 있다.(이 책의 pp.396-402 참조) 사네토 케이슈의 연구 성과는 전후 일본인의 관련 연구 중 가장 대표적인 것으로, 현대 중국어에 유입된 일본어 어휘를 이해하는데 매우 유익한 자료로 생각된다.

이상 일본에서의 근대 일본어 어휘에 대한 연구를 개괄하였다. 본 논문에서는 『明治のことば辭典』에 나오는 일본 근대어 1,767개와 앞에서 언급한 이한섭의 근대 일본어 데이터베이스에 나오는 5,817개 단어를 합쳐 총 7,584 단어를 대상으로 대한제국 『官報』에 출현하는 지를 조사하였다.

2.3 한국인 학자들의 연구 조사

한국어와 일본어 어휘의 관련성에 대해서는 1950년대부터 있었으며 처음에는 주로 계통론적인 입장에서 한·일어의 어휘의 관련성을 살핀 연구가 주를 이루었다. 관련 연구를 살펴보면 1950년대에서 1970년대까지는 李崇寧(1955), 李基文(1973), 朴炳采(1974), 金思燁(1975), 金達壽(1977), 高昌植·尹泰榮(1975) 등의 연구가 있고, 80년대 이후에는 文洋秀(1980),[15] 金公七(1980), 徐廷範(1983) 朴炳植(1987), 宋敏(1987), 辛容泰(1987), 李鍾徹(1995), 李炳銑(1997) 등으로 이어졌다. 위의 연구에는 계통론적인 입장에서 고대 한국어와 일본어 어휘를 비교하고 일본어의 뿌리가 한국어임을 입증하려는 연구가 많았다.

한·일어 어휘의 접촉과 교류에 대한 연구는 해방 이후 바로 시작

---

15) 文洋秀(1980), 韓國語와 日本語의 親族關係 硏究, 弘大論叢 11, 弘益大學, 1980.2, 5-24

되었는데 그 의도와 목적은 1980년대 이후의 연구와는 성격이 다르다. 日帝에 의하여 말과 글을 빼앗겼던 한국인들은 1945년 해방을 맞이하자 우리말과 글을 되찾는 것이 무엇보다 급선무였다. 그래서 우리말과 글을 교육 보급하고 우리말의 아름다움을 발견하는 연구가 우선시되었으며 그때까지 일반 사회에서 사용되던 일본어를 쓰지 않고 우리말을 사용하자는 운동이 전국적으로 전개되었다. 정부 당국에서는 국어순화 차원에서 1948년 「우리말도로찾기」(조선 교학 도서 주식회사, 1948. 6) 자료를 발표하여 우리말 속에 들어 있던 938개의 일본어 단어를 들고 이를 우리말로 어떻게 표현할 것인가에 대한 안건을 제시하였다.[16] 이 「우리말도로찾기」운동은 1980년대 국립국어연구원이 창설된 뒤 「국어순화자료집」으로 계승되어 오늘날까지 우리말 속에 들어 있는 일본말을 찾아내고 이를 쉬운 우리말로 바꾸는 연구가 계속되고 있다.[17]

국어학계의 연구를 살펴보면 1950년대에서 1980년대까지는 우리말

---

16) 이에 대한 사정은 김민수(1973) 『국어정책론』(고려대출판부) pp.573-576을 참조할 것
17) 국어순화 관련 주요 문헌은 다음과 같다.
　　문교부편(1983) 『국어순화자료』대한교과서주식회사
　　한국정신문화연구원편(1984) 『국어 순화 교육(정신문화문고 8)』고려원
　　한국교열기자회편(1985) 『국어 순화의 이론과 실제』일지사
　　이기하(1986) 『말과 글 II:국어순화운동의 연구자료집』한국교열기자회
　　김윤학(1988) 『가게.물건.상호.상품 이름 연구:국어 순화와 말글 정책을 위
　　　　　　　　 하 여』과학사
　　국어순화추진회 편(1989) 『우리말 순화의 어제와 오늘』미래문화사
　　이은정(1991) 『국어순화 자료집』국어문화사
　　이은정(1992) 『국어순화 자료집』백산출판사
　　이은정(1993) 『국어순화 자료집』대제각
　　박용찬(2005) 『일본어투 용어 순화 자료집』국립국어원

에 들어 있는 일본어 어휘를 찾아내는 이를 추방하는 방안을 찾는 연구가 많아서 사회적인 필요성에 부응하였다. 주요 연구로는 李熙昇 (1947), 高舜德(1947), 金完鎭(1957), 姜信沆(1957), 劉昌惇(1965), 姜信沆(1976), 정재도(1984), 朴甲洙(1990), 李五德(1993), 朴在陽(1995), 신각철(1995), 朴在權(1999) 등을 들 수 있다.

학계와 산업계, 교육계에서도 정부의 시책에 맞추어 각종 일본어 어휘를 추방하고 새로운 용어를 만드는 작업을 해 왔다. 우리나라의 법률은 일제 식민지통치를 거치면서 일본의 영향을 많이 받았고 법률 제정 과정에서 일본법을 본보기로 한 것이 많아 일본어 어휘가 가장 많은 분야로 지적되어 왔다. 이에 법조계에서는 「알기 쉬운 법률문 만들기」 위원회 등 각종 위원회 활동을 통하여 법률문을 쉬운 우리말로 바꾸고 일본어 단어를 우리말 용어로 바꾸는 작업을 하고 있다.[18]

80년대 이후에는 연구의 방향이 일부 변하기 시작 하였다. 즉 19세기 이후 중국과 일본에서 들어온 신생 어휘가 현대 한국어 어휘의 성립과 어떠한 관련이 있는지를 국어 어휘사 연구 차원에서 다루기 시작한 것이다. 대표적인 연구로는 송민의 연구를 들 수 있다. 송민은 1970년대까지는 다른 연구자들에서 보는 바와 같이 국어순화 운동 차원에서 한국어에 들어 온 일본어를 연구하였으나 1985년의 이후는 개화기 이후 우리나라의 신문명(新文明)어휘의 성립 차원에서 한국어와 일본어 어휘와의 관련성을 연구하였다. 송민은 1980년대에는 조선통신사가 소개한 일본어 어휘를 집중적으로 조명하였으나 1890

---

18) 이에 관련된 자료로는 다음과 같은 것이 있다.
  김문오(2002) 『법령문의 국어학적 연구』국립국어연구원
  법제처(2006) 『알기쉬운 법령 만들기를 위한 정비기준』법제처

년대에 들어와서는 개화기의 신문명 어휘의 성립과정과 관련시켜 개화기에 유입된 일본어 어휘를 연구하였다. 특히 1890년대 말부터 2000년대 초까지는 「汽船」「汽車」「機械」「經濟」「時計」「生存競爭」「大統領」「自由」「寫眞」「映畵」「合衆國」「共和國」「熱帶」「溫帶」「冷帶」「病院」 등 개별 한자 어휘의 성립에 관련된 일련의 연구 성과를 발표하였다. 송민과 같은 동류의 연구로는 박영섭[19]과 이한섭, 구마타니 아키야스(熊谷明泰), 장원재, 백남덕 등의 연구가 있다. 박영섭은 『개화기 국어 어휘자료집 1-5』에서 독립신문과 신소설 등 개화기 어휘자료를 조사하여 개화기 신어휘의 등장에 대한 연구 성과를 발표하였다. 이한섭(1985)은 유길준의 『西遊見聞』을 조사하여 이 책에 사용된 일본 근대어가 275단어임을 밝혔으며,[20] 개항 이후 일본에 파견된 외교사절이 기록한 일본어 어휘와 『漢城旬報』『漢城周旬』에 받아들여진 일본어 어휘 등을 연구하였다. 구마타니 아키야스(熊谷明泰)는 한국 유학 후 일본인의 입장에서 한국어에 차용된 근대 일본어에 대하여 수편의 논문을 발표하였는데 그의 연구는 일본인의 연구로는 최초의 연구라 하겠다.

이상 한국에서의 연구를 개괄해보았다. 한국의 연구를 돌이켜보면 80년대 이전 연구는 한국어에 수용된 일본어 어휘를 찾아내어 이를 어떻게 한국어로 대치시킬까에 대한 연구가 많았다고 한다면, 1980년대 중반 이후는 한국 근대 어휘의 성립 차원에서 한국 근대어와 일본어 어휘가 어떤 관련성이 있는지를 연구하는 쪽으로 진행되었다고

---

19) 박영섭(1994-1997) 『개화기 국어 어휘자료집』1-5, 박이정
　　박영섭(1995) 『국어한자어휘론』박이정
20) 李漢燮(1985) 『西遊見聞』の漢字語について;日本から入った語を中心に;, 國語學 141, 國語學會(日本), 1985.6, pp.39-50

볼 수 있다.

고려대 이한섭 교수 연구실에서는 지금까지 한국인 학자들이 연구한 성과를 조사, 집대성하여 개화기 이후 한국어에 들어온 일본어 어휘 데이터베이스를 만들고 있다. 지금까지 조사된 일본어 어휘는 4,537단어로 본고에서는 이 자료를 논문 작성에 활용하였다. 이 데이터베이스에는 한자어뿐만 아니라 모든 語種을 조사 대상으로 하고 있으며 「가이당(階段)」「노가다(土方, どかた)」「벤또(べんとう)」「찌라시(ちらし)」「후앙(fan)」「다이야(tire)」 등 일본식 발음으로 한국에서 사용되는 것도 포함되어 있다.

본고에서는 이들 중 일본 한자어와 한자로 표기된 고유일본어(예를 들면 建物, 追越, 內譯, 割增 등), 일본어 발음으로 들어온 서양 외래어[21] 등 총 1,482단어를 대상으로 하였으며, 이들 단어가 대한제국 『官報』에 출현하는지 여부를 조사하였다. 한국의 조사 대상어가 원 데이터베이스의 수록 어휘(4,537어)보다 적은 이유는 그동안 한국인의 연구가 「하꼬방」「게타」「다대기」「도라꾸」 등과 같이 일본어 발음으로 들어 온 것에 집중되어 있어서, 한자어에 대해서는 연구가 비교적 적기 때문이다. 일본어 발음으로 들어온 일본어 어휘는 식민지 시대를 거치면서 유입된 것으로, 본고에서 연구 대상으로 하는 대한제국 『官報』에서는 시기적으로 이러한 단어들이 출현할 가능성이 적다고 생각했기 때문이다.

---

21) 이표기(異表記)형태는 직접 일일이 읽어가며 수작업으로 추출하였다.

3. 『官報』에서 추출된 일본어 어휘

3.1 추출 작업을 위한 준비

대한제국『官報』에서 일본어를 추출하기 위해서는 3.2에서 언급한 대로 중국과 일본, 한국 연구자들이 일본어로 인정한 단어들을 집계하여 단일 목록을 만들었다. 조사 대상을 나라별로 나누어 정리하면 다음과 같다.

> ① 중국 학자들이 현대 중국어에 들어온 일본어 단어로 인정한 것: 1,797단어
> ② 일본 학자들이 明治 이후 일본에서 만들었거나 오래 전 부터 일본에서 사용하여 일본어 단어로 인정한 것: 7,584단어
> ③ 한국 학자들이 일본어에서 한국어로 들어 온 것으로 인정하는 것: 1,482단어
> 이들 ①②③ 단어들을 모두 합치면 10,963 어이다. 이들 10,963어 중에는 ①②③에 공통적으로 나오는 어휘는 1,215 단어로서 이를 실제로 조사한 단어는 9,748단어 이다.

3.2 추출 작업에 사용한 프로그램과 추출 과정

본고에서 대한제국『官報』의 용례 검색에 사용한 도구는 에디터 프로그램「秀丸5.1」이다. 이 프로그램은 일본 회사 제품이나 유니코드를 지원하고 있으며 다언어에 대응하는 텍스트 에디터라서 대한제국『官報』를 검색하는데 전혀 지장이 없었다.[22]『官報』에서 검색어를 추출하는 과정 및 그 순서는 다음과 같다.

① 3.3.1 작업에서 추출된 검색 대상어(10,953단어)를 엑셀파일로 작성한다.

② 텍스트 에디터를 기동하여 검색 대상어를 차례로 입력한 뒤 각 검색어가 『官報』에 출현하는지 검색한다.

③ 검색 결과 출현 여부를 확인하며 『官報』에 나올 경우 이들 사용례전체를 엑셀 파일에 저장한다.

④ 검색 대상어가 『官報』에 사용되었을 경우, 각 용례의 형태와 의미, 용법 등이 일본어와 일치하는지 확인한다.

⑤ 앞의 과정에서 검색된 어휘와 『朝鮮後記漢字語彙檢索辭典-物名考·廣才物譜-』(鄭良婉·洪允杓·沈慶昊·金乾坤편, 韓國情神文化硏究院, 1997)에 수록된 어휘를 대조하여 어형과 의미가 일치하는 것은 제외시킨다.

⑥ 최종적으로 『官報』에 나오는 일본어 단어를 수합 정리한다.

본고에서는 위와 같은 방법으로 검색 대상어가 『官報』에 출현하는지 확인하였으며, 검색 결과의 예를 하나 들어 검색 과정 및 결과를 제시하고자 한다. 「受取」를 검색 한 결과, 『官報』에 총 77회가 출현함을 확인 할 수 있었다. 최초로 「受取」가 등장하는 것은 1895년 8월 9일자 『官報』기사이며 「受取」의 용례를 일부 제시하면 다음과 같다.

外報

法國政府과 成都事件이라

法國붓터淸國에係ᄒᄂ四川省虐殺事件의回償納定書ᄂ曩에成都

---

22) 히데마루(秀丸) 에 대해서는 해당 회사 홈페이지(http://hide.maruo.co.jp/)를 참조할 것

에셔兩國委員이調印롤了ᄒ얏ᄂ대今番期於淸國皇帝의批准ᄅ經
ᄒ야此件에關ᄒ法國傳道協會가淸國으로**受取**ᄒ償金額은九十八
萬四千兩(淸國貨位)인대皆悉前總督劉秉璋이가支拂ᄒᄂ者라홈
(1895. 8. 9)

廣告
本課에셔編纂ᄒ職員錄이印刷가畢ᄒ야스니官報購覽의責이有ᄒ
ᄂ者와ᄯ以往每月에一月식官報ᄅ購覽ᄒᄂ者에ᄂ不徵價頒給ᄒ
고其他願覽者에ᄂ一部에葉八錢식官報買却所에셔受取홈內閣記
錄局官報課(1896.1. 11)

外報
西班牙屬嶋에셔貨幣制度變更이라
西班牙國政府ᄂ「히릿빈」群嶋及「아치래스」群嶋에流通ᄒ墨國貨
幣ᄅ廢止ᄒ랴ᄒ고爲先本國政府가一弗紙幣ᄅ發行ᄒ고流用을施
行ᄒ야次第幣制ᄅ改革홀터이오「버도리고」嶋에셔ᄂ昨年十一月
붓터交換을開始ᄒ야八日間에結了홀터인대其交換金은鑄造ᄒ貨
幣와政府紙幣ᄅ相半ᄒ고期日後九十日을過ᄒ야交換을願ᄒᄂ者
ᄂ墨國一弗을五十仙에減價**受取ᄒ고**其以後ᄂ一切該貨幣의流通
홈을禁ᄒ야又三個月을經ᄒ고政府紙幣을回收ᄒ야新鑄造貨幣ᄅ
交換ᄒᄂ勅令을公布홀터오至今은國都「마도릿도」府의造幣局에
셔ᄂ每日에十二萬弗을鑄造ᄒ야改革을準備홀터라又「히릿틴」群
嶋의貨制도不遠勅令을公布ᄒ리라홈(1896. 1. 18)

<그림 8〉 텍스트 에디터에서 「受取」를 검색한 화면

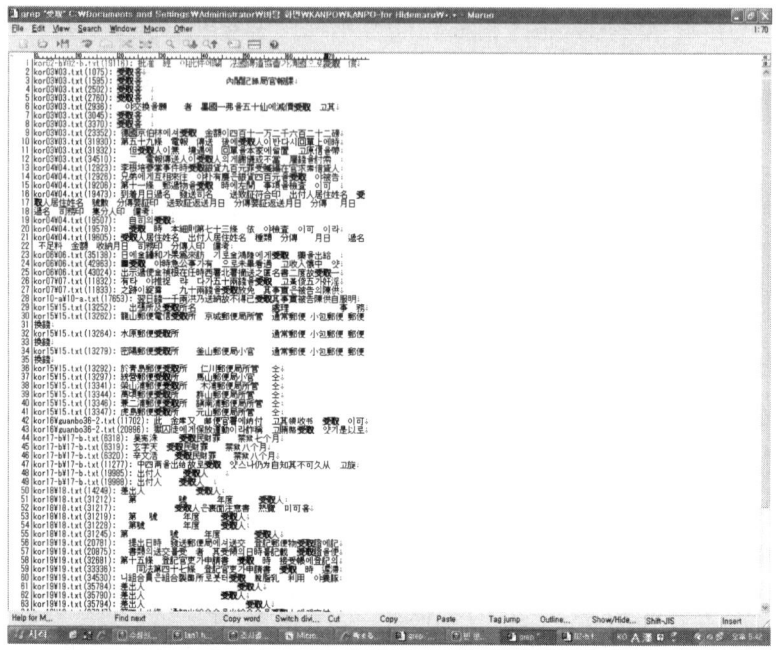

3.3 『官報』에서 추출된 일본어 어휘

앞에 든 방법과 절차에 따라 대한제국『官報』에 수용된 일본어 어휘를 조사한 결과 그 수는 총 1,967어에 달했다. 이들 단어는 다음과 같다. 이곳에서는 대한제국『官報』에 수록된 일본어 어휘를 한글 자모순으로 제시하기로 한다. 아래 어휘 목록에서 단어 뒤에 * 표시를 붙인 것은 현대 한국어에서는 사용되지 않는 것들이다. 현대 한국어에서의 사용여부에 대한 판단은 두산동아출판사의『표준국어대사전』을 기준으로 하였다.

〈단어 일람2〉「官報」에서 추출된 일본어 어휘

[가]

-家, -假, 加減, 加減乘除, 價格, 可決, 家計, 假契約, 架空, 假納*, 가다루새*, 가루호루니야*, 珈琲*, 家庭, 仮定, 家族, 假住所, 假處分, 家出, 脚絆, 脚本, 閣下, 簡略, 幹部, 幹事, 幹線, 看守, 間接, 看做, 看板, 刊行, 看護, 看護婦, 看護婦長, 感覺, 感慨, 減俸, 勘事*, 監査, 鑑査*, 減殺, 紺色, 感染, 鑑定, 勘定, 甲種, 甲板, 强盜, 綱領, 講習, 講義, 開墾, 開發, 開放, 槪算, 改善, 個所, 個人, 改訂, 開進, 改編, 介抱*, 改票, 開港場, 開化, 坑口, 坑道, 坑木, 居留, 車馬費, 거어쑤스*, 据置, 健康, 建物, 乾草, 建築, 檢事, 檢査役, 檢視, 檢案, 檢疫, 檢印, 檢定, 檢討, 揭揚, 揭載, 激動, 格別*, 激痛, 堅固, 肩掛*, 見得*, 見聞, 見本, 見習, 見習生, 見樣, 見積, 見積書, 堅持, 見出帳*, 見學, 結局, 決算, 欠席, 缺損, 決心, 決意, 結晶, 結核, 結婚, 結婚式, 警官, 經歷書, 經理, 經理部, 警務官, 警保*, 警部*, 經費, 警備, 輕視, 經濟, 經濟學, 輕重, 警察, 傾向, 經驗, -界, -係, -屆, 階級, 計算, 計算書, 契約, 契約書, 契印, 系長, 屆出*, 系統, 計劃, 고구라*, 高級, 高等科, 高等女學校, 高等学校, 고로다이푸, 告白, 告示, 고-구*, 雇員, 故障, 固定, 固定資本, 古參, 苦痛, 穀物, 曲線, 곤구리-도*, 困難, 골덴메론*, 골레수본된수*, 空間, 公開, 供給, 空氣, 共同, 共同便所, 公理, 公立, 公立學校, 公務, 公文書, 公民, 工兵, 公報, 公私, 公使, 公使館, 空想, 公設, 控訴, 公訴, 攻守同盟, 公示, 公式, 公安, 工業, 工業科*, 公園, 工作, 工場, 公証, 控除, 公衆, 空地, 共進會, 公債, 公判, 工學, 共和, 共和國, 恐慌, 公會, 過去, 過激, 過料*, 科目, 果物, 과셰루러이도*, 過誤納, 課

長, 課程, 官權, 觀念, 慣例, 官僚, 管理, 官吏, 管理人, 官民, 官房課長, 觀兵, 觀兵式, 官報, 官舍, 関税, 慣用, 官員, 管制, 官庁, 管轄, 礦區, 光度, 光線, 掛時計*, 校監, 敎監*, 敎科, 敎科書, 敎科用圖書, 敎官, 橋梁, 交流, 交付, 敎師, 交涉, 敎授, 敎習, 交易, 敎員, 敎育, 敎育部, 敎育学, 校正, 交際, 交替, 敎則, 交通, 交換, 溝渠*, 球根, 構内, 購讀, 拘留, 究理, 勾配*, 具申*, 舊式, 蒟蒻, 口語, 拘引, 購入, 救助, 構造, 口座, 驅打, 國家, 国庫, 国旗, 局面, 國務大臣, 国民, 國民敎育, 国防, 国体, 國事犯, 国税, 國語, 国字, 局長, 國際法, 國際的, 國債, 局限, 國會, 軍樂部, 軍刀, 軍部, 軍事, 軍楽隊, 軍樂手*, 軍樂長*, 軍醫, 軍人, 軍籍, 君主, 軍艦, 屈辱, 窮理, 權利, 權理, 卷尺, 拳銃, 権限, 軌道, 貴殿*, 貴族院, 貴重, 貴下, 規那*, 規那鹽*, 規模, 規律, 規則, 極端, 劇場, 根掛*, 勤務, 襟*, 金巾*, 禁錮, 金庫, 金具, 金屬, 金額, 禁烟, 金融, 金錢出納, 金牌*, 今回, 給料, 給仕*, 期間, 機關, 器具, 機器, 機能, 機動演習, 記録, 機密, 騎兵隊, 技師, 騎士, 記事, 起算, 氣象, 起床, 氣象學, 汽船, 技手, 技術, 起案, 記憶, 企業, 技藝學校*, 紀元, 奇異, 記者, 基準, 忌中, 起重機, 寄贈, 基地, 基質, 氣質, 汽車, 寄託, 忌避, 記号, 緊急, 喫煙

[나]
南極, 男爵, 納得, 納入, 廊下*, 內科, 內勤, 內務省, 內相, 內申, 內譯, 內譯書, 內容, 內情, 內地, 內包, 耐火, 露國, 勞働, 努力, 錄取, 論理, 論旨, 農民, 農商工學校*, 農作物, 雷管, 漏泄, 漏洩, 能力, 닛게루*

[다

다-록*, 다오루*, 다이나마이도*, 다이야*, 短胯*, 단구*, 斷髮, 蛋白質, 担保, 但書, 單語, 斷言, 端正, 短冊, 團體*, 短銃*, 短縮, 短靴, 達者*, 擔保, 談判, 答申, ~当, 当番, 当分, 當事者, 當時, 当時, 当然, 當座, 當直,

-代, 帶*, 代金, 代納, 大多數, 大隊, 大理石, 代理人, 對立, 大粒*, 大麥, 貸方*, 貸付, 代言人, 大雨, 大元帥, 大尉, 代議士, 大切*, 對照, 大佐, 大衆, 大地震, 對質, 貸借, 代替, 帶締紐*, 貸出, 大統領, 大學, 德利*, 道具, 鍍金, 盜難, 到頭*, 度量衡, 도록구*, 塗料, 徒步, 圖書, 圖書館, 圖案, 稻作, 到底, 獨立, 讀方*, 獨逸, 豚肉, 突貫, 突然, 突入, 東京, 東京府, 動物園, 同伴, 動産, 同心*, 東洋, 動員, 動議, 動作, 銅版, 두루미리*, 頭取, 等級, 登記, 燈台

[라

라무네*, 羅紗*, 람푸*, 레스*, 레-쓰*, -料*, 了解*, 哩*, 糎*, 리굴*, 리노리우무*, 리본*, 린넬*

[마

마-딘스아무비-*, 馬賊, 馬車, 馬車鐵道, 摩擦, 幕僚, 莫兒比涅*, 萬國博覽會, 滿車, 挽回, 抹消, 맛도*, 맛다*, 맛지*, 妄想, 望遠鏡, -枚, 賣却, 每年, 梅毒, 埋立, 賣買, 買物, 買上, 枚数, 買受, 買入, 賣場, 買占, 賣出, 麥酒, 免疫, 面積, 面會, 命令, 命名, 名簿, 名士, 明細書, 名刺*, 命題, 모니루*, 모야시*, 毛皮, 冒險, 模型, 目録, 木履, 目的, 木炭, 目標, 武斷, 貿易, 無政府, 文具, 紊亂, 文法, 文部省, 文藝, 蚊帳*, 文典, 文學, 文献, 物價, 物件, 物理, 物理學, 物質,

美感, 美濃紙*, 미리메도루,* 味淋*, 未拂, 未成年者, 美術, 美術家, 미티메뇨루*, 미티메ᄂ루*, 微風, 迷惑*, 民權, 民法, 民事, 民事訴訟法, 民族, 民主, 民会*

[바]
博覽會, 博物*, 博物館, 博物學, 拍車, 剝取*, 半開, 半島, 半面, 反面, 半分*, 半生, 班長, 半長靴, 鉢*, 拔群, 發起人, 發達, 發動機, 發賣, 發音, 發電機, 發車, 發着, 訪問, 方法, 防止, 方針, 配達, 配達夫, 配當, 配當金, 賠償, 排泄, 排水, 配布, 百分比, 白書, 白人, 伯爵, 番號, 罰金, 犯法者, 帆船, 範圍, 犯人, 犯罪, 法規, 法律, 法案, 法人, 法学, 베긴쑤*, 벨못도*, 壁紙, 變死, 便所, 變壓器, 變則, 辯護士, 別記, 別表, 兵課, 兵隊, 兵士, 保健, 報告書, 步兵, 補償, 保守, 報酬, 保安, 保育, 保全, 補助金, 普請, 普通, 普通學校, 步合, 保險, 保險料, 保護, 袱紗*, 複製, 服地, 本文, 本店, 奉仕, 封筒, 縫靴*, 副官, 簿記, 不動産, 부리단이*, 敷物*, 副本, 夫婦, 副社長, 浮上, 部署, 附屬小學校, 婦人, 赴任, 附箋, 敷地, 腐敗, 憤怒, 分娩, 分配, 分排, 分散, 分析, 噴水, 分數, 分裂, 分子, 分限*, 分解, -弗, 不可能, 不可抗力, 拂下, 備考, 比較, 比較的, 悲劇, 肥料, 費目, 秘密, 秘書, 秘書課長, 秘書官, 費用, 比率, 沸点, 批准, 比重, 非職*, 批評

[사]
事件, 思考, 事故, 士官, 師團長, 사라메*, 思慮, 司令官, 司令部, 飼料, 舍利別*, 私立, 事務, 事務官, 事務室, 師範, 師範學校, 私法, 司法, 司法省, 仕事*, 思想, 仕上*, 私書函, 仕樣書, 査閱, 社員, 思

惟, 사이다-*, 社長, 事典, 査定, 士族*, 査證, 寫眞, 寫眞帖, 事態, 死刑, 社會, 社會學, 散漫, 山脈, 散文, 算術*/筭術*, 産業, 産婆, 산씨매-돌*, 撒布, 三角測量, 三角形, 挿木, 相談, 相當, 相對, 上陸, 常務, 商民, 商法, 常備兵, 商事, 想像, 上手*, 商業, 常用, 商人, 商店, 上着*, 商標, 上品, 商品, 上行, 相互, 償還, 生徒, 省略, 生理, 生理學, 生命, 生産, 生水, 生殖, 生涯, 生從*, 生體, 生活, 生活力, 書記, 書記官, 書留*, 書類挾*, 署名捺印, 庶務, 庶民, 鼠色*, 誓約, 誓約書, 署長, 書取*, 石鹸*, 石盤, 石油, 石炭, 石版, 石筆, 膳*, 選擧, 宣告, 煽動, 線路, 宣誓, 先日, 船賃, 扇子*, 先取*, 設計, 説明, 設備, 設定, 纖維, 攝理, 攝氏, 攝政,

-省, 性病, 成分, 誠意, 盛土, 成敗, 成行, 細菌, 世紀, 세멘도/세멘쪼*, 洗面, 稅務, 世辞*, 세엔도*, 歲入, 歲出, 洗濯, 紹介, 所帶*, 小隊, 消毒, 小豆, 消耗, 消耗品, 消防, 消費, 小使*, 小數, 訴状, 素性, 訴訟, 訴訟法, 소-수*, 小兒科, 少尉, 消印, 少将, 所在地, 小切手*, 掃除, 少佐, 小銃, 小包, 小學校, 消火栓, 速度, 送達, 送付, 送致, 刷新, 刷子*, 쇼-배루*, 수것부*, 袖口*, 手段, 手當, 手袋*, 隧道, 首都, 水道, 收得, 修理, 首班, 水夫, 受付*, 修繕費, 手續, 手数料, 修習, 手拭*, 修身, 手藝, 手腕*, 需要, 收容, 需用, 獸醫, 輸入, 受入*, 手入*, 收入印紙, 首將, 修正, 收支, 樹脂, 手帖/수첩, 受取, 受取人, 手打, 手套*, 手形*, 宿泊, 巡檢, 順番, 巡査, 巡洋艦, 順延, 純益, 巡廻裁判所, 스베시오싸*, 스-로●스*, 習字, 承諾, 乗車券, 時刻, 時間, 時間表, 時計, 時計紐*, 時代, 시딩구*/시딩쑤/시징구/시징쑤*/시이진구*, 始末書, 市民, 시바리예*, 時事, 施設, 示威運動, 市長, 視察, 視學, 試驗, 時効, -式, 食料品, 植物園, 殖民, 植民地, 植付, 食費, 食事, 食店, 食卓, 食品, 申告, 身代*, 申立*, 身分, 紳

士, 信用, 身元, 伸張, 申請, 實業, 實用新案, 實印, 実績, 実際, 失墜, 實行, 實驗, 失火, 心得*, 心得書*, 心理, 審査, 尋常, 尋常科, 審判, 十字路, 雙方

[아]

아니린*, 아니링*, 兒童, 아세지린*, 아써지린*, 亞爾加里*, 楽隊, 眼科, 鞍囊, 安質母尼*, 安質母尼礦*, 案出*, 알미뉴음*, 斡旋, 暗室, 押收, 押印, 愛想*, 愛惜, 碍子, 額*, 야메달*, 夜前*, 野菜, 夜會*, 藥局, 約束手形*, 約定, 讓渡, 洋燈*, 洋燈心*, 洋墨*, 洋服, 洋傘, 養成所, 樣式, 良心, 洋人, 洋酒, 洋行, 洋灰, 業務, 에리야스*, 旅客, 旅館, 女權, 旅券, 輿論, 旅費, 女性, 女子, 女学校, 女學生, 旅行, 歷史, 役員*, 力作, 力學, 研究, 演劇, 年金, 聯隊, 聯隊長, 燃料, 燕尾服, 連發拳銃, 年報, 演說, 燃燒, 演習, 煉瓦, 延長, 演奏, 烟草/煙草, 鉛筆, 熱度, 熱性, 熱心, 列車, 染料, 廉恥, 葉書, 葉煙草, 榮光, 英国, 領卷, 英文, 領事, 領事館, 令狀, 領收證, 領受證, 營養, 營業, 影響, 預金, 預防, 豫筭, 豫想, 藝術, 例言*, 오부라-도*, 襖扉*, 汚水, 汚染, 奧地, 誤解, 温度, 温泉, 와나絨氈*, 瓦斯燈, 瓦斯만쓰루*,

-宛*, 椀*, 玩具, 完納, 外科, 外交官, 外国, 外國語, 外國語學校, 外国人, 外勤, 外務大臣, 外事, 外在, 外債, 外出, 要領, 要路, 曜日, 要点, 用達, 用度, 容易, 用意, 優等生, 郵送, 偶然, 牛乳, 右翼, 郵便, 郵便局, 運動, 運動會, 運命, 運搬, 運送, 運送賃*, 運輸, 運用, 運賃, 運轉, 運轉手, 運河, 運行, 原告, 元金, 原動力, 遠慮*, 元老院, 原本, 原書, 元素, 元首, 遠心力, 原案, 園遊會, 原意, 原人, 原作, 遠足, 元則, 原則, 月曜日, 緯度, 違反, 衛生, 衛生學, 위슉이*,

委任, 委任書, 委任狀, 慰藉*, 僞造紙幣, 爲替*, 委囑, 位置, 委託, 有價證券, 有機, 油分, 硫酸, 維新, 留置, 幼稚園, 流通, 留學, 流行病, 遊戲, 陸軍, 陸軍武官, 陸軍將校, 倫理, 融通, 隱語, 飮料, 音樂, 飮用水, 議決, 義務, 意味, 意思, 義塾, 議案, 義捐金, 疑獄, 議員, 議院, 医院, 意義, 意匠, 儀仗兵, 意志, 医学, 疑惑, 理科, 利口*, 履歷書, 二毛作, 履物*, 移民, 耳鼻咽喉科, 理事, 裏書, 利息*, 이-스도*, 利子, 理財學, 理學, 認可, 印鑑, 人格, 引繼, 人權, 引渡, 人力車, 人物, 人民, 人夫, 人事, 燐酸, 引上, 引率, 印刷, 印刷物, 引受, 引手*, 因循, 認識, 印肉, 印章, 人情, 印朱盒, 印紙, 認知, 印紙稅, 燐寸*, 引出, 人称, 引下, 人形, 引換, 一個人, 日当, 日本, 日本語, 日附, 日附印, 日傘*, 日曜日, 一應, 一切, 一定, 日照, 一種, 一着, 一篇, 一向*, ~賃, 賃金, 任命, 臨時, 賃借, 入口, 入隊, 立方, 立案, 入院, 粒子, 入場, 入札, 立替, 入學, 入學試驗, 入學願書, 立會, 剩餘

[자]

資金, 自動電話, 資料, 自白, 資本, 自分, 資産, 自首, 自然現象, 子爵, 自轉車, 自主, 作家, 作文, 作物, 作業, 作業場, 作用, 作者, 作品, 蠶業, 雜居*, 雜報, 雜費, 雜誌, 雜貨, 將校, 長方形, 壯士, 場所, 裝飾, 醬油*, 障子, 裝置, 障害, 長靴, 財界, 在庫, 裁斷, 材料, 財務, 裁縫, 裁縫機, 財源, 財政, 財政學, 在職, 裁判, 裁判官, 裁判所, 爭議, 抵當, 低利, 著作權, 抵抗, ~的, 積立, 赤十字, 摘要, 適用, 赤字, 摘取, 全權, 電機, 電燈, 電鈴, 專賣, 專門家, 專門學校, 電報, 電線, 電信往, 傳染病, 專制, 專制政治, 電車, 典型, 電話, 電話機, 絶對的, 切符*, 切上, 切手*, 折衝, 切取, -店, 店頭, 占有, 粘土, 摺附木,

定價, 情景, 定款, 証券, 政権, 停年, 丁寧, 正當防衛, 整列, 情報,
政府, 整備, 整數, 頂上, 情状, 定性, 精神, 精神病, 定員, 庭園, 釘
隱*, 定義, 情操, 停止, 停職, 停車場, 政治, 政治學, 停學, 帝國, 題
目, 堤防, 制服, 製本, 第三者, 製紙場, 制限, -組, 條件, 助敎, 早起,
曹達水*, 調度, 操練, 条例, 条理, 組立, 組物, 調査, 組成, 助手, 助
字*, 調整, 組織, 措置, 造幣局, 組合, 組合員, 組合長, 照會, 足袋*,
尊攘, 存在, 尊皇, 卒業, 宗敎, 種痘, 從来, 綜理*, 左右, 左翼, 座蒲
團*, 罪囚, 株, 株券, 主務者, 注文, 週番, 週報, 注射, 住所, 株式,
株式会社, 主眼, 主語, 注意, 主義, 主人, 主任, 走者, 主張, 株主,
準備, 中間, 仲介, 重工業, 中宮*, 中隊, 重量, 重複, 中心, 重役, 衆
議院, 重任, 中佐, 中學校, 增加, 證券, 蒸氣機械, 証書, 証人訊問,
至急, 支那, 指導, 支度, 持論, 地味*, 地盤, 地方, 脂肪, 地方官, 支
配, 支配人, 支部, 持分, 支拂, 支線, 持入, 支障, 支店, 地主, 地震,
持參, 持出, 支出, 地層, 紙幣, 指揮, 直角, 職工, 直觀, 職權, 直나
오시, 直立, 直面, 直線, 職業, 職員, 職員錄, 直接, 織造, 直行, 進
級, 診斷, 進步, 震災, 振替, 振替貯金*, 振出*, 進退, 質量, 質問,
秩序, 窒素, 執達吏, 執務, 集中, 集合, 執行, 徵兵, 徵收, 懲役

[차]

差等, 借方*, 差別, 借入, 差入, 次長, 次第, 差出, 차클릿*, 借換*,
着手, 搾取, 贊成, 贊助, 參考, 參事, 參與, 參政, 參照, 唱歌, 窓掛*,
創立, 採光, 債券, 債務, 彩色, 責任, 處分, 處置, 呎*, 拓殖, 天文學,
天然痘, 天才, 天皇, 鉄道, 綴法*, 凸凹, 綴字, 添附, 請求, 靑年, 請
負, 廳舍, 請願, 聽取, 體制, 體操, 體質, 逮捕, 체면도*, -秒, 草履*,
草刈*, 招人鐘, 硝子, 囑託, 吋*, 總督, 總理大臣, 總長, 總裁, 總取

締, 銃炮, 銃砲火藥, 撮影, 催告*, 追加, 追及, 枢密院*, 追放, 推尋, 追越, 推察*, 出庫, 出口, 出頭, 出来*, 出力, 出産, 出生, 出席, 出訴, 出迎, 出願, 出張, 出張所, 出廷, 出超, 出版, 出版物, 出荷, 取扱, 取扱所, 取得, 趣味, 取消, 趣意, 取引*, 就任, 取入*, 取調, 趣旨, 取締*, 取締役*, 取下, 就學, 測量, 齒科, 治療, 置時計*, 治安, 襯衣, 親展, 親切, 親族, 枕*, 寢具, 寢臺, 枕木, 沈默

[카]
카라*, 카후수*, 카우*, 칼나*, 袂時計*

[타]
妥當, 打算, 炭酸, 炭素, 誕育, 彈劾, 彈丸, 脫落, 態度, 土管, 討論, 嘆*, 統計, 通信, 通信員, 通譯, 通義*, 通牒, 退役, 退院, 頹廢, 投機, 投票, 特權, 特命全權公使*, 特別, 特使, 特種, 特許

[파]
破産, 派出所, 判決, 判官, 版權, 板金細工, 販賣, 判事, 判然, 判定, 片假名, 便利, 編物, 蝙蝠傘*, 編成, 便乘, 便宜, 編制, 編集, 編輯局, 編號*, 評價, 平等, 平面, 平面圖, 平民, 平方, 平行, 平和, 閉鎖, 廢止, 蒲團, 葡萄酒, 砲兵, 包裝, 庖丁, 捕捉, 暴動, 標本, 表情, 表紙, 表現, 푸리다냐메쓸*, 品名, 品詞, 品性, 品質, 風呂敷*, 風化, 被告, 被告人, 彼女*, 被服, 被害者, 핀지*, 筆算, 必要

[하]
河口, 下襟*, 下痢*, 下命, 荷物, 下士, 下手, 下宿, 荷車, 下請, 下駄

*, 下品, -学, 學校, 學校長, 学期, 學年, 學齡, 学部, 學士, 学会, 限
界, 漢字, 한까지-후*, -割, 割當, 割引, 割印, 割烹*, 艦隊司令官,
合金, 抗抵*, 航海, 解決, 解雇, 海關稅, 海軍, 解禁, 海難, 解答, 海
里, 海面, 解放, 解剖, 海事, 解散, 海外, 海員*, 解任, 解體, 行商,
行先, 行爲, 行政, 行政法, 向後, 憲法, 憲兵, 憲兵隊, 革命, 革新,
玄關, 現金, 現代, 顯微鏡, 現像, 現實, 現役, 現在, 現存, 現職, 現
行, 現行犯, 血液, 協議, 協定, 協贊, 協和, 協会, -型, 刑律, 刑法,
刑事, 刑事事件, 胡麻, 護謨*, 虎列剌*, 号外, 豪雨, 呼出, 混凝土,
紅茶, 靴, 火器, 火輪船, 化石, 花稅*, 華氏, 火屋, 化粧, 化粧品, 貨
幣, 化學, 化合, 確立, 確保, 擴張, 確定, -丸*, 丸太*, 活字, 活版,
荒涼, 會計, 會計法, 會計年度, 會社, 會議, 懷中電燈, 會話, 獲得,
効果, 後見人, 喉頭, 후루쓰*, 候補, 후이식기*, 厚紙*, 訓練, 訓令,
訓育, 喧嘩*, 休憩所, 休職, 休學, 希望, 히-누스*

[기타]
쎄돌洋襪*, 짜이나마이도*, 싸다*, 싸-나-, 싸우짜아*, 싸이쌱*, 쎈
, 쏜푸라, 쑤란데/쑤란쎄*, 샛쑤*, 쩌거레도*, T幾劑*, 일뉴미늄
, 흔나, 씽*, ●포라*

위에 든 단어는 한자어를 중심으로 많은 단어가 지금도 사용되고
있으나 쓰이지 않는 것도 상당수에 달한다. 현재 쓰이지 않는 단어는
뒤에서 언급하기로 한다.

4. 수용된 어휘의 분석

대한제국『官報』에 수용된 일본어 어휘에 대해서는 여러 가지 관점에서 논의가 가능 하겠으나 본고에서는 다음 세 가지 관점에서 분석해보고자 한다. 분석 내용은 첫째 현재 사용 여부를 알아보는 것이고, 둘째는『官報』내의 어느 항목 속에서 쓰였는지를 밝히는 것이다. 마지막으로는 수용 어휘 전체를 어종별로 나누어 어떤 어종의 일본어 어휘가 많이 수용되었는지를 분석하는 것이다.

4.1 현재 한국어에서의 사용 여부

대한제국『官報』에 사용된 일본어 어휘 1,967단어 중 현재 사용되지 않는 것(3.3.3에서 단어 끝에 *표시를 한 것)으로 판단되는 단어는 277단어로, 전체의 14.08%에 해당하는 단어가 사용되지 않는 것으로 생각된다. 이는 바꾸어 말하면『官報』에 사용된 일본어 어휘 중 약 85%가 지금도 사용되고 있다는 것을 의미한다고 볼 수 있다.

현대에도 남아있는 단어는 한자어가 가장 많으며 이에 비하여 서양외래어와 고유일본어는 잔존 비율이 낮다. 현재 쓰이지 않는 단어들을 들면 다음과 같다.

> 假納, 가다루쌔, 가루호루니야, 珈琲, 勘事, 鑑査, 介抱, 거어쑤스, 格別, 肩掛, 見得, 見出帳, 警保, 警部, 届出, 고구라, 고-구, 곤구리-도, 골덴메론, 골레수본된수, 工業科, 過料, 과세 러이도, 掛時計, 敎監, 溝渠, 勾配, 具申, 軍樂手, 軍樂長, 貴殿, 規那, 規那鹽, 根掛, 襟, 金巾, 金牌, 給仕, 技藝學校, 廊下, 農商工學校, 닛게

루, 다-록, 다오루, 다이나마이도, 다이야, 短胯, 단구, 短冊, 短
銃, 達者, 帶, 大粒, 貸方, 大切, 帶締紐, 德利, 到頭, 도록구, 讀方,
同心, 두루미리, 라무네, 羅紗, 람푸, 레스, 레-쓰, 哩, 糧, 리귤,
리노리우무, 리본, 린널, 마-딘스아무비-, 莫兒比涅, 맛도, 맛디,
맛지, 名刺, 모니루, 모야시, 蚊帳, 美濃紙, 미리메, 루, 味淋, 미
티메뇨루, 미티메ㄴ루, 迷惑, 民会, 博物, 剝取, 半分, 鉢, 베긴쓰,
벨못도, 袱紗, 縫靴, 부리단이, 敷物, 分限, 非職, 사라메, 舍利別,
仕事, 仕上, 사이다-, 士族, 算術, 筭術, 산찌매-돌, 上手, 上着, 生
從, 書留, 書類挾, 鼠色, 書取, 石鹼, 膳, 扇子, 先取, 세멘도/세멘,
世辞, 세엔도, 所带, 小使, 소-수, 小切手, 刷子, 쇼-배루, 수겻부,
袖口, 手袋, 受付, 手拭, 手腕, 受入, 手入, 手套, 手形, 스베시오싸,
스-로●스, 時計紐, 시딩구/시딩쑤/시징구/시징쑤/시이진구, 시
바리예, 身代, 申立, 心得, 心得書, 아니린, 아니링, 아세지린, 아
써지린, 亞爾加里, 安質母尼, 安質母尼礦, 案出, 알미뉴음, 愛想,
額, 야메달, 夜前, 野菜, 夜會, 約束手形, 洋燈, 洋燈心, 洋墨, 에리
야스, 役員, 例言, 오부라-도, 襖扉, 와나絨氈, 瓦斯만쏘루, ~宛,
椀, 運送賃, 遠慮, 위숙이, 慰藉, 爲替, 利口, 履物, 利息, 이-스도,
引手, 燐寸, 日傘, 一向, 雜居, 醬油, 切符, 切手, 釘隱, 曹達水, 助
字, 足袋, 綜理, 座蒲團, 中宮, 地味, 振替貯金, 振出, 借方, 차클렛,
借換, 窓掛, 呎, 綴法, 체먼도, 草履, 草刈, 吋, 催告, 枢密院, 推察,
出来, 取引, 取入, 取締, 取締役, 置時計, 枕, 카라, 카후수카쑤,
칼나, 袂時計, 噸, 通義, 特命全權公使, 蝙蝠傘, 編號, 蒲團, 庖丁,
푸리다냐메쓸, 風呂敷, 彼女, 핀지, 下襟, 下痢, 下駄, 한까지-후,
割烹, 抗抵, 海員, 胡麻, 護謨, 虎列刺, 花稅, -丸, 丸太, 후루쓰, 후
이식기, 厚紙, 喧嘩, 히-누스, 쎄돌洋襪, 싸이나마이도, 쌔다, 쌔-

나-, 쌔우짜아, 쌰이쑤, 쎈, 쏘푸라, 쌱란데/쌱란쎄, 쌧우, 쩌거레
도, T幾劑, 일뉴미늄, 흐나, 쎙,

현재 사용되지 않는 단어는 위와 다음과 같다. 하나는 단어 자체가
오래 되었거나 오늘날 다른 단어로 대체된 한자어들이며 또 하나는
일본어 발음으로 표기된 서양어이다. 그리고 또 하나는 한국 한자음
으로 음독했을 때 의미가 잘 통하지 않는 고유일본어이다. 이들에 대
하여 잠시 살펴보기로 한다.

먼저 한자어는 敎監, 技藝學校, 農商工學校, 軍樂手, 短銃, 美濃
紙, 算術, 尋常科, 夜會, 洋燈, 洋墨, 園遊會, 遠慮, 慰藉, 輜重兵,
特命全權公使, 編號, 通義, 抗抵, 海員 등에서 보는 바와 같이 용어
자체가 오래되고 구시대적인 단어가 많다. 이들은 오래된 제도를 나
타내거나 지금은 없어진 사물의 이름을 나타내기도 한다. 또「通義」
처럼 다른 단어(權利)로 바뀐 것도 있고「抗抵」→「抵抗」와 같이, 단
어 구성 요소의 순서가 바뀌어져 사용하지 않는 것도 있다.

서양어는『官報』에서는 수출입 상품을 기록하는 곳이나「外報」에
서 서양 문물을 소개하는 부분에 주로 출현한다.『官報』에 들어온
형태는 대부분이 일본어의 발음 형태로 들어왔으며 일부는 俱樂部와
같이 한자표기로 들어온 것이 있다.『官報』에 나오는 서양외래어의
일부를 들으면 다음과 같다.

가다루쌔*, 가루호루니야, 고구라, 고로다이푸, 고-구, 곤구리-
도, 골덴메론, 골레수본딘수, 과셰루러이도, 닛계루, 다-룩, 다오
루, 다이나마이도, 다이야ㅣ,두루미리, 라무네, 람푸, 레스/레-

쓰, 맛도, 맛디/맛지, 모니루, 미티메뇨루, 미티메느루, 부리단
이, 사라메, 사이다-, 세멘도/세멘또, 쇼-배루, 수것부, 시딩구/
시딩쑤/시징구/시징쑤/시이진구, 아니린/아니링, 아세지린/아
써지린, 알미뉴음, 오부라-도, 카라, 카후수, 카푸, 칼나, 푸리다
냐메쓸, 쎄돌洋襪, 싸이나마이도, 쌔다, 쌔-나-, 쌔우자아, 쌔이
쌱, 쎈, 쏜푸라, 쑤란데/쑤란쎄, 샛쑤, 쎠거레도, T幾劑, 일뉴미
늄, 흔나, 씽,

珈琲, 金巾, 規那, 羅紗, 亞爾加里, 安母尼亞, 安質母尼, 瓦斯, 燐
寸, 曹達, 吋, 呎, 噸, 護謨, 虎列刺, 混凝土

위에 적은 단어 중 「사이다」를 제외하고는 사용되지 않는 것들이
다. 한자어도 현대는 서양식 발음으로 사용하고 있어 위와 같은 발음
형태로는 사용하지 않는다. 단어의 「-」는 서양 외래어 표기에서 장음
을 표기하고 있는데, 일본어의 장음 표기와 흡사한 점이 주목된다.

마지막으로 한자로 표기된 고유일본어는, 다음에서 보는 바와 같이
한국어로 음독했을 때 현대 한국에서는 의미 파악이 어려운 단어들
이다.

貸方(빌리는 방법), 鉢(사발) 仕上(일을 마침), 上着(옷저고리),
書留(등기우편), 鼠色(쥐색), 先取(남보다 먼저 가짐[행함].), 小
使(사환), 小切手(수표), 手拭(수건), 受入(받아들임), 手入(손질),
身代(재산), 申立(제기(提起). 신청), 心得(마음가짐.), 借換(전에
빌린 것을 반환하고, 다시 빌림), 取引(거래), 取入(받아들임), 取

締(단속, 감독함. 또는 그 사람), 取締役(주식회사의 의사결정에
참여할 권한을 가진 임원), -丸(배 이름에 붙이는 말. 우리의 -호
에 해당됨), 厚紙(두꺼운 종이)

4.2 『官報』 편제 내에서 일본어 어휘의 수용 부분

여기서는 대한제국 『官報』에 받아들여진 일본어 어휘가 『官報』내
의 어느 부분에 많이 수록되었는지를 살펴보기로 한다. 수용된 어휘
가 어느 편제에 주로 쓰였는가를 알게 되면 수용 어휘의 성격과 수용
사정을 파악할 수 있기 때문이다.

본고에서는 일단 『官報』의 편제가 상세해진 1907년12월 12일 이후
의 편제에 맞추어 『官報』에 수록된 어휘가 어느 항목에 나타나는가
를 살펴보기로 한다. 이에 대한 조사 결과는 〈표 4〉와 같다.

〈표 7〉 『官報』편재 내의 일본어 어휘의 수용 부분

관보기사 항목	출현 단어수	비율
1. 詔勅	15	0.76%
2. 협약, 협정, 약속	20	1.01%
3. 예산 및 예비금지출	24	1.22%
4. 법률	194	9.9%
5. 勅令 및 宮內府布達	331	16.9%
6. 閣令	130	6.6%
7. 部令 또는宮內府令	350	17.8%
8. 訓令	16	0.81%
9. 告示	71	3.61%
10. 敍任과 辭令	50	2.54%

11. 宮廷錄寫	171	8.7%
12. 官廳事項 및 彙報	330	16.7%
13. 觀象	4	0.2%
14. 廣告	60	3.05%
15. 外報	175	8.89%
16. 時刻表	13	0.66%
17. 其他(備考, 正誤등)	2	0.1%
18. 소속 항목이 없는 것	11	0.55%
합계	1,967	100%

〈표 4〉를 보면, 『官報』내에서 일본어 어휘가 가장 많이 사용된 부분은 「部令 또는宮內府令」(17.8%)이고 그 다음이 「勅令 및 宮內府布達」(16.9%), 「官廳事項 및 彙報」(16.7%), 「法律」(9.9%), 「外報」(8.89%), 「閣令」(6.6%)의 순이다. 또한 「告示」(3.61%)와 「敍任과 辭令」(2.54%)도 비율이 높은데 「敍任과 辭令」의 경우는 새로 생긴 관청이나 직책의 명칭이 많아져서 생긴 결과로 보인다. 또한 「廣告」(3.05%)에는 공지사항이나 외국에서 수입한 물건에 대한 입찰 공고, 상품 광고에 관한 내용 등이다.

이들을 모두 합하면 약 60%인데 「外報」이외는 법률이나 명령에 해당된다. 결국 『官報』에 사용된 일본어 어휘 중 약 50%는 갑오개혁 이후 정부의 명령이나 법률, 규정 부분에 출현하며 이것은 『官報』어휘의 큰 특징 중 하나 라고 할 수 있다. 『官報』내 일본어 어휘의 수용 부분에 따른 항복별 단어는 다음과 같다.

〈詔勅〉

激動, 苦痛, 局面, 記簿, 迷惑, 民族, 民会, 兵士, 保守, 赴任, 庶民, 洗滌, 人事, 臨時, 贊成, 革新

위와 같이 총 16개의 단어가 조사되었다.

詔勅이란 원래 천자(天子)가 내리는 명령 또는 그 명령을 적은 문서로서 진(秦) 나라 시황제(始皇帝) 때의 재상 이사(李斯)가 천자의 명(命)과 영(令)을 제(制)와 조(詔)로 바꾸었다. 한(漢) 나라 때에는 천자의 명령을 책(策), 제(制), 조(詔), 칙(勅)으로 구분하였는데, 책(策)은 제후 또는 군군(郡臣)에게 작위(爵位)나 봉토(封土)를 하사(下賜)하는 경우에 내리는 명령, 제(制)는 제도의 개정, 은상(恩賞), 사면(赦免)을 할 때 내리는 명령이었다. 그리고 조(詔)는 중앙 관아에 대한 명령, 칙(勅)은 그 이외의 여러 명령과 지방 관아에 내리는 명령을 뜻하였다. 그 후 원·명나라대에 이르러 포괄적으로 천자의 일반적인 명령을 뜻하게 되었다. 이와 같이 중국에서 들어온 개념을 한국에서도 사용하였으므로 한국에서도 일반적으로 왕의 명령이나

국가 또는 帝室에 관한 것으로 國務大臣이나 궁내부대신이 副署한 내용을 말한다. 이러한 국가나 帝室에 관한 내용에도 일본어 어휘가 사용되기는 하였으나 그 숫자가 매우 적다. 그러나 詔勅의 성격으로 미루어 보아 어휘의 파급 효과는 상당하였을 것으로 생각된다.

〈협약, 협정, 약속〉

家族, 看做, 過誤納, 慣例, 管理, 官吏, 卷尺, 金巾, 器具, 銅版, 方法,法律, 報酬, 步合, 複製, 敷地, 시딩구/시딩쑤/시이진구/시징

구/시징꾸, 아니린/아니링, 預金, 留革, 耳鼻咽喉科, 燐寸, 引出, 障子, 職業

위와 같이 총 30개의 단어가 조사 되었다. 위의 단어들은 보통 規定항목에서 대부분 출현 하였다. 예를 들어 障子의 경우 虎列刺病豫防과 消毒執行規程에 나타난다. 「시딩구, 시딩꾸, 시이진구, 시징구, 시징꾸」는 모두 양복지를 뜻한다. 양복지 중에서 특히, 남성슈트用 양복지를 뜻하는 영어의 suiting의 일본어 발음 スーティング 의 한국어 표기로 보인다. 「아니린, 아니링」은 모두 독일어인 인조 물감의 원료 Anilin(아닐린)으로 이것의 일본어 표기인 アニリン의 한국어 표기로 보인다. 두 단어 모두 여러 가지 표기를 갖는 것은 새로운 문물이 수입되기 시작하여 완전히 정착하지 못하였기 때문에 나타나는 현상으로 생각된다. 이러한 외래어 단어는 外國貿易槪況의 輸入부분에서 출현한다.

〈예산 및 예비금지출〉

控除, 敎科書, 交際, 給料, 機器, 企業, 大隊, 未決, 未結, 方針, 便所, 變則, 相對, 常用, 歲入, 消耗, 純益, 施設, 女学校, 慰藉, 義塾, 醬油, 財源, 割引

위와 같이 총 24개의 단어가 조사되었다.
義塾는 아래의 예문과 같이

第五款　留學生費
一 本款은總히現在實數로算定홈

慶應義塾入學生은一百五十人으로目的홈坯前年度에設塾으로
輸送ㅎ는計算不足額二千四百二十六元을算入홈

국비유학생에 대한 예산에 관한 항목에서 출현한다.
消耗는 다음과 같이 학교에 대한 예산 항목에서 출현한다.

日語學校費
一　圖書器械購買費와 **消耗費**와雜費三費目은前各項을準ㅎ야割
引을加홈

그 외에 敎科書, 女學校, 施設 등 학교에 관한 용어들은 학교 예산
에 관한 부분에서 출현하였다.

〈법률〉

假-, 假契約, 假處分, 甲種, 强盜, 檢查役, 見出帳, 決算, 結婚式, 契
印, 고-구, 昆布, 公開, 供給, 攻守同盟, 公証, 過料, 果物, 掛時計,
敎監, 橋梁, 蒟蒻, 國事犯, 規那, 規那鹽, 勤務, 金剛石, 記憶, 基地,
欄間, 닛계루, 다-록, 다오루, 다이나마이도, 다이야, 斷言, 短冊,
答申, 当分, 代納, 大豆, 代言人, 對質, 代替, 貸出, 塗料, 徒弟, 動産,
同心, 燈籠, 람푸, 레스, 리굴, 摩擦, 莫兒比涅, 妄想, 望遠鏡, 買物,
買上, 買占, 免疫, 名士, 毛皮, 木履, 文集, 物質, 味淋, 未成年者,
美人, 剝取, 鉢, 發明, 發電機, 베긴쑤, 벨못도, 壁紙, 變壓器, 補償,
袱紗, 奉仕, 不動産, 敷物, 分配, 舍利別, 石筆, 先取, 設定, 纖維,
成敗, 消耗品, 刷新, 刷子, 受入, 收入印紙, 巡檢, 巡廻裁判所, 承
諾, 乘車券, 時効, 食料品, 申告, 申請, 實用, 新案, 實驗, 失火, 審

査, 審判, 鵝口瘡, 亞爾加里, 洋服, 洋酒, 에리야스, 旅客, 役員, 演劇, 領卷, 瓦斯燈, 椀, 皿, 外債, 郵送, 偶然, 運賃, 原意, 僞造紙幣, 委囑, 位置, 義捐金, 履物, 移民, 利子, 人民, 引上, 人生, 人形, 日覆, 賃金, 自首, 雜報, 裝飾, 爭議, 抵當, 摘取, 專門家, 摺附木, 情景, 呈示, 第三者, 曹達水, 組物, 集中, 차클렛, 借換, 着手, 贊助, 債務, 淸酒, -秒, 撮影, 催告, 追越, 出訴, 趣意, 取引, 置時計, 寢臺, 袂時計, 破産, 判決, 判定, 便乘, 平民, 庖丁, 表情, 푸리다냐메쓸, 風化, 被告, 下手, 学会, 限界, 海難, 解答, 現實, 現行, 刑律, 紅茶, 化粧, 化粧品, 後見人, 후이식기, 썍란데, 썍란쎄, T幾劑, 일뉴미늄

위와 같이 총 194개의 단어가 조사되었다. 법률에 관한 용어는 司法과 분리되어 있지 않았다면 훨씬 많은 어휘가 조사되었을 것이다. 『官報』에서는 사법은 彙報로 분류하여 법률과 다른 항목으로 분류되어져 있다.

「벨못도」(vermouth)는 混成酒로서 원료인 포도주에 브랜디나 향료, 약초를 넣어 향미를 낸 것으로 향쑥의 독일명 베르무트(Vermut)에서 유래한다. 「푸리다냐메쓸」는 브리타니아합금[23] (Britannia合金)으로 추정된다. 「메쓸」은 영어의 metal의 표기로 생각된다. 이러한 단어들은 商標法施行細則등에서 출현한다. 그 외에 假契約, 假處分, 巡廻裁判所등 새로운 법률에 관한 용어가 다수 출현한다.

---

23) 주석, 구리, 안티몬, 아연을 섞어서 만든 합금. 소량의 아연에 주석 140, 구리 3, 안티몬 9의 비율로 섞어서 만든다.

〈勅令 또는 宮內府布達〉

假納, 假住所, 價値, 看護婦長, 感覺, 感染, 甲板, 綱領, 改善, 個所, 開港場, 開化, 格別, 堅固, 見樣, 警官, 經理部, 經費, 景色, 経驗, 計劃, 袴, 胯, 고구라, 高級, 高等科, 高等女學校, 雇員, 告知, 穀物, 公立, 公務, 公私, 公使, 公使館, 空想, 公式, 工業科, 科目, 官僚, 官房課長, 觀兵, 觀兵式, 官報, 関税, 礦區, 光線, 教科, 敎官, 交付, 敎習, 敎員, 敎育学, 交接, 校正, 交替, 購讀, 具申, 口座, 国民, 國民教育, 国税, 國際法, 軍樂手, 軍人, 襟, 禁錮, 金庫, 金具, 金額, 紀元, 忌中, 寄贈, 寄託, 忌避, 記号, 內勤, 雷管, 短胯, 短靴, 代金, 對立, 貸付, 德利, 道義, 動物園, 東洋, 動員, 等級, 登記, ~料, 馬車, 鐵道, 賣買, 買受, 買入, 減失, 帽子, 沒收, 文規, 拍車, 半長靴, 拔群, 發達, 背囊, 配當金, 範圍, 犯人, 法案, 法学, 變死, 別表, 兵隊, 保持, 縫機, 封印, 封筒, 副官, 副本, 部署, 附屬小學校, 分排, 分裂, 分限, 不可抗力, 非常, 費用, 比率, 非職, 批評, 事故, 士官, 飼料, 事務, 事務官, 査定, 算術, 産婆, 산찌매ㅣ돌, 商法, 商事, 商業, 償還, 生産, 生活, 署長, 膳, 宣誓, 稅務, 世辞, 世襲, 消防, 消費, 訴願, 所在地, 小切手, 小銃, 小學校, 松島, 首班, 修身, 需用, 手入, 首將, 修正, 受取人, 手套, 宿泊, 順番, 時代, 食費, 食卓, 新星, 信用, 實業, 失踪, 尋常, 尋常科, 兒童, 楽隊, 眼科, 鞍囊外覆, 腹帶, 額, 夜會 約束手形, 樣式, 業務, 旅費, 旅行, 研究, 年金, 演習, 廉恥, 領事, 領事館, 領受證, 營業, 汚泥, 完納, 外科, 外交官, 外国, 外国人, 外在, 要点, 容易, 運搬, 運送, 元金, 原案, 爲替, 委託, 留學, 流行病, 陸軍, 陸軍武官, 陸軍將校, 融通, 隱語, 議決, 義務, 理事, 印刷物, 因循, 印肉, 人情, 印紙, 認知, 引換, 日傘, -賃, 任命, 立前毛, 剩餘, 資金, 資産, 作業, 將校, 長靴, 裁縫, 裁判官, 赤十字, 適用,

電機, 增加, 証券, 丁寧, 整列, 頂上, 定員, 庭園, 停車場, 制服, 制限, 助敎, 条例, 助手, 措置, 宗敎, 左右, 株, 週番, 株式, 主人, 主任, 株主, 準備, 重工業, 證券, 地方官, 支障, 支店, 支出, 職權, 直接, 進級, 執達吏, 執務, 集合, 徵收, 次第, 參照, 窓掛, 責任, 請求, 請願, 囑託, 銃砲火藥, 追加, 出廷, 出版物, 就任, 取締役, 測量, 治療, 輜重兵, 親切, 親族, 態度, 土管, 通譯, 退役, 特命全權公使, 特別, 便利, 編成, 便宜, 編制, 編集, 平面圖, 平行, 包裝, 捕捉, 抱合, 品質, 被告人, 下襟, 荷物, 下士, 荷車, ~学, 學校, 學校長, 学部, 學士, 海里, 解放, 解任, 現金, 現役, 現存, 現職, 協議, 靴, 會計, 會計年度, 會社, 候補, 訓育, 休憩所, 休職

위와 같이 총 342개의 단어가 조사 되었다. 勅令은 임금이 관부(官府)에 내리는 명령의 일종으로 칙령은 그 자체만으로 법의 효력이 있었다. 칙령들을 모아서 법전(法典)을 편찬하기도 하였는데, 조선에서는 고종(高宗)이 황제(皇帝)로 즉위한 이후에 쓰여 법으로 구실하였다.24) 이처럼 『官報』에 나타나는 칙령은 법으로서 효력을 발생하였으므로 칙령에 나타나는 어휘는 공식적으로 자리를 잡아가는 어휘로 볼 수 있겠다. 宮內府는 조선 말기 궁궐내의 각사(各司)와 여러 궁가(宮家)를 관장하고 통솔하기 위해 설치한 관아로 고종(高宗) 31년(1894)에 설치하여 광무 11년(1907)까지 존속하였다.25) 또 布達은 일반인들에게 널리 펴 알리는 관아의 통지이므로 포달에 상용된 어휘

---

24) 그 이전에는 중국의 임금이 조선의 임금에게 보내는 외교 문서 가운데 한 종류[勅]를 가리켰음.
25) 그 후에 다시 隆熙 원년(1907)에 설치되어 대한제국 말기 제실(帝室) 내의 모든 사무를 맡아 처리하던 관아로 隆熙 4년(1910)에 국권 상실로 없어짐.

는 일반에게 널리 확산되었을 것으로 추측된다. 다음 기사는 敕令第
二十四號 陸軍服裝規則에 관한 내용이다.

第四十五條 **고구라**衣袴는兵卒이平常屯營內에在흔時及體操教練
等을行흠時에着用흠이라但隊長의認許로■絨衣袴를着用케흠을
得흠이라

고구라(こくら)는 こくらおり(小倉織 :굵은 실로 두껍게 짠 면직
물)의 줄임말로 일본어가 그대로 사용되었다.

〈閣令〉

結核, 警察, 과세루러이도, 課長, 官民, 官員, 球根, 勾配, 國務大
臣, 局長, 君主, 規則, 機密, 起案, 緊急, 內地, 當事者, 帶 리본,
린널, 梅毒, 名刺, 明確, 모니루, 모야시, 武斷, 貿易, 無情, 物件,
物理, 配達夫, 番號, 報告書, 普通, 保護, 秘密, 秘書, 秘書課長, 思
考, 사라메, 師範學校, 사이다-, 查證, 産業, 生命, 生体, 石鹼, 宣
告, 煽動, 誠意, 소-수, 送達, 送付 送致 쇼-배루, 수것부, 手袋, 手
拭, 樹脂, 時計紐, 飾總, 身分, 失錯, 알미뉴음, , 碍子, 야메달, 洋
筆軸, 豫筭, 오부라-도, 襖扉, 瓦斯만쯔루, 要領, 曜日, 牛車, 위숙
이, 議案, 이-스도, 燐酸, 日曜日, 一應, 一切, 一定, 自主, 自治, 裁
縫機, 電信往, ~店, 釘隱, 調査, 座蒲團, 注意, 主張, 中心, 地盤,
指揮, 直나오시, 職員, 直行, 進退, 執行, 處分, 聽取, 체면도, 出席,
親展, 沈黙, 카라, 카후수, 카쭈, 칼나, 炭素, 彈丸, 討論, 通信, 通
牒, 蝙蝠傘, 蒲團, 風呂敷, 必要, 下痢, 下駄, 한까지-후, 解體, 行
商, 行爲, 顯微鏡, 護謨, 火屋, 會計法, 會議, 懷中電燈, 會話, 上下,

싸이나마이도, 쌔다, 쌔-나-, 쌔우자아, 쌔이쌕, 쎈, 쏜푸라, 쌋쑤, 쎠거레도, 흔나, 刑事, 씽

위와 같이 총 148개의 단어가 조사되었다. 閣令은 내각에서 내린 행정 명령으로 행정적인 사무 처리에 필요한 많은 어휘가 유입되었다. 특히 새로운 물건에 대한 용어가 많이 나타난다. 「모야시」(숙주나물)는 원나라 때의 문헌인 ≪거가필용 居家必用≫에 두아채(豆芽菜)라는 이름으로 등장하고 있다. 두아채는 녹두를 깨끗이 씻어서 물에 침지시켜 불린 뒤에 항아리에 넣고 물을 끼얹져서 싹이 한 자쯤 자라면 껍질을 씻어내고 뜨거운 물에 데쳐 생강·식초·소금·기름 등을 넣고 무친다고 기록되어 있다. 이것은 우리나라의 숙주나물 만드는 법과 같다. 숙주나물은 원나라와의 교류가 많았던 고려 때에 들어왔으며 숙주나물이라는 이름이 붙은 것은 조선시대이다. 이처럼 오래전부터 존재하였던 것이 일본어로 표기된 점에서 흥미롭다.

第九類　貴金屬、其模造物、「알미뉴음」金、「닛계루」銀、「**부리단이、야메달**」及他類에屬치아니ᄒ홀其製品과彫鏤品金、銀、四分一、紫銅其他金屬의合金、鍍品、「**모니루**」等

위의 예문에 보이는 「야메달」은 야금(冶金), 즉 금속을 그 광석으로부터 추출하고 정련해서 각종 사용목적에 적합하게 그 조성 및 조직을 조정하고 또 필요한 형태로 만드는 기술을 의미하는 야금과 메탈(metal)의 조합어로 추측된다.

「부리단이」는 「푸리다냐메쏠」(브리타니아합금:Britannia合金)과 같

은 뜻으로 생각된다. 「모니루」는 니켈과 구리의 합금인 모넬금속
(Monel metal) 의 일본어 발음으로 생각된다.

〈部令 또는 궁내부령〉

加減, 加減乘除, 却下, 看護婦, 感慨, 鑑定, 講習, 槪算, 個人, 改訂,
坑道, 車馬費, 据置, 健康, 建物, 檢疫, 檢定, 見本, 缺席, 缺損, 經
歷書, 警保, 輕視, 計算書, 屆出, 故障, 固定, 固定資本, 曲線, 空氣,
工夫, 公設, 公訴, 公示, 公判, 課程, 管轄, 光度, 敎則, 交通, 交換,
溝渠, 拘留, 救助, 國家, 国旗, 軍籍, 權理, 規律, 極端, 劇場, 金屬,
金牌, 給仕, 期間, 機能, 騎兵隊, 記事, 起算, 氣象學, 技術, 記者,
氣質, 內科, 內譯, 論旨, 漏泄, 漏洩, 單語, 當時, 當座, 大理石, 代
理人, 大麥, 貸方, 大切, 對照, 貸借, 盜難, 道路, 도록구, 到底, 獨
立, 讀方, 同伴, 了解, 幕僚, -枚, 每年, 枚數, 賣場, 名簿, 明細書,
模型, 無罪, 文具, 文法, 文藝, 蚊帳, 美感, 美濃紙, 民法, 民事, 發
起人, 發音 排泄, 百分比, 白人, 伯爵, 犯罪, 別記, 補助金, 保險,
保險料, 本店, 附箋, 分數, 比較, 批准, 比重, 司令部, 思想, 寫眞,
死刑 散漫, 筭術, 撒布, 相當, 上陸, 常務, 想像, 省略, 生理, 生理
學, 生從, 書類挾, 署名捺印, 鼠色, 誓約, 誓約書, 書取, 石盤, 選擧,
設備, 性病, 細菌, 歲出, 洗濯, 消毒, 小豆, 訴訟, 消印, 掃除, 消火
栓, 損失, 手當, 水道, 受付, 手續, 手數料, 收支, 手帖, 手形, 順延,
時刻, 時間, 時間表, 始末書, 市民, 植付, 食事, 食店, 實印, 心理,
雙方, 安質母尼, 安質母尼礦, 押收, 押印, 洋燈, 良心, 女學生, 燃
料, 燃燒, 烟草, 鉛筆, 熱性, 榮光, 令狀, 領收證, 預防, 豫想 汚水,
汚染, 溫泉, 玩具, 外國語, 外出, 用意, 運送賃, 原告, 元素, 委任書,
有價證券, 有機, 有無, 油分, 維新, 幼稚園, 遊戲, 飮料, 飮用水, 意

思, 意義, 意匠, 理科, 履歷書, 裏書, 利息, 理學, 印鑑, 人格, 人力
車, 人物, 人夫, 引手, 認識, 印朱盒, 一個人, 日本語, 入院, 入學,
入學願書, 立會, 自然現象, 自轉車, 作業場, 作用, 雜費, 場所, 在
庫, 財政學, 低利, 著作權, 摘要, 電鈴, 剪板, 絶對的, 切手, 粘土,
整數, 証書, 定性, 精神, 精神病, 情操, 停止, 政治, 政治學, 製本,
早起, 操練, 調整, 組合, 組合員, 組合長, 足袋, 卒業, 株券, 注文,
住所, 走者, 贈與, 証人訊問, 至急, 地方, 脂肪, 支配, 支配人, 支部,
持分, 支拂, 持參, 直線, 診斷, 振出, 借方, 借入, 搾取, 唱歌, 創立,
採光, 債券, 彩色, 天然痘, 綴法, 凸凹, 添附, 請負, 廳舍, 體制, 體
質, 逮捕, 草履, 招人鐘, 出頭, 出願, 出張, 出張所, 取扱, 取扱所,
趣味, 取入, 趣旨, 襯衣, 枕, 寢具, 妥當, 炭酸, 退院, 特種, 板金細
工, 販賣, 判然, 評價, 平面, 閉鎖 , 標本, 表紙, 品名, 品性, 편지,
下請, 学期, 學年, 割印, 割烹, 合金, 抗抵, 海關稅, 解剖, 現代, 現
像現在, 血液, -型, 刑事事件, 火器, 化石, 花稅, 化學, 化合, 確定,
喉頭, 休學

위와 같이 총 355개의 단어가 조사되었다. 部令은 행정 각부의 장
이 소관 사무에 관하여 법률이나 위임 또는 직권으로 발하는 명령이
다. 보통 시행법 또는 시행세칙이라고 하여 공포된다. 『官報』도 역시
部令에는 細則이 대부분 따른다.

〈訓令〉

傾向, 基準, 濫伐, 內譯書, 內容, 面積, 博物, 運動會, 印紙稅, 注射,
主眼, 主語, 差入, 取得, 效果, 쎄돌洋襪

위와 같이 총 16개의 단어가 조사되었다. 訓令은 상급 관청이 하급 관청의 권한 행사를 지휘하기 위해 발하는 명령을 말한다. 훈령 가운데서 하급 관청의 신청 또는 문의에 의해 발하는 명령을 특히 지령(指令)이라고 한다. 훈령은 대체로 『官報』를 통해 공시하나, 훈령 가운데 「官報」를 통해 공시하지 않는 것을 내훈(內訓)이라 한다. 훈령 또는 지령은 법규의 성질을 지니지 않는 행정명령으로, 하급 관청에 대해서는 구속력이 있으나, 일반 개인에 대해서는 법규로서의 효력을 갖지 않는다. 『官報』에서도 訓令의 하부사항으로 예를 들면 法部訓令第八號와 같이 권한 행사를 지휘하기 위해 발하는 명령이 있다.

〈告示〉

脚本, 看板, 刊行, 肩掛, 見得, 告示, 곤구리-도, 空地, 交易, 口語, 貴殿, 貴族院, 貴下, 根掛, 機關, 단구, 핀지, 斷髮, 担保, 帶締紐, 圖書館, 圖案, 燈台, 레-쓰, 目標, 發動機, 部落, 事件, 私書函, 社會, 三角測量, 商標, 相互, 洗面, 小數, 速度, 手藝, 習字, 時計, 시바리예, 아세지린, 아써지린, 藥局, 와나絨氈, 郵便局, 原動力, 理財學, 引繼, 資本, 自分, 裝置, 抵抗, 典權, 店頭, 占有, 灯台, 停學, 組立, 重量, 重複, 持出, 振替, 振替貯金, 草刈, 特使, 編物, 品詞, 筆算, 解禁, 厚紙

위와 같이 총71개의 단어가 조사되었다. 告示는 행정기관이 국민 일반에게 널리 알리기 위해 일정한 사항을 공고(公告)하는 것을 말한다. 원칙적으로 법규의 성질을 갖지 않는다.

「시바리예」는 大麥收量報告에서 출현하는 보리 품종이다.

一燈火는「**아세지린**」瓦斯紅色明暗燈(無等)이니全度를照輝ᄒ고燈火發射의時間은明暗各五秒라

「아세지린, 아써지린」은 모두 위의 예문의 문맥으로 미루어 보아 아세틸렌 램프의 연료에도 사용되므로 아세틸렌(acetylene)으로 생각된다.

〈敍任, 辭令〉

閣下, 看過, 間接, 見習生, 見積書, 見學, 結婚, 經濟, 公民, 工兵, 官權, 觀念, 教師, 国庫, 軍刀, 軍部, 軍事, 軍楽隊, 屈辱, 技師, 技手, 納得, 內務省, 当然, 當直, 獨逸, 無政府, 反故, 翻譯, 不可能, 秘書官, 司法省, 仕事, 書記官, 庶務, 修繕費, 市長, 視察, 植物園, 植民地, 食品, 失墜, 聯隊長, , 英国, 外務大臣, 運轉手, 衛生, 儀仗兵, 引渡, 人称, 日附, 日附印, 日本, 一向, 財務, 在職, 裁判, 裁判所, 停職, 中隊, 直觀, 次長, 參事, 鉄道, 通信員, 派出所, 判官, 判事, 編輯局, 砲兵, 行政, 刑事, 訓練

위와 같이 총 73개의 단어가 조사되었다. 敍任이라는 특성상 직명과 부서에 관한 어휘가 다수 출현한다.

〈宮廷錄寫〉

可決, 家計, 架空, 仮名, 珈琲, 仮定, 價直, 加害, 角木, 脚絆, 脚袢, 幹事, 看守, 間取, 減俸, 勘事, 紺色, 勘定, 講義, 開放, 開進, 改編, 改票, 客氣, 更改, 檢事, 檢視, 見習, 結局 欠席, 経理, 経費, 經濟學, 軽重, -界, -屆, 系長, 高等学校, 考慮, 古參, 公安, 工作, 過激, 慣習, 慣用, 光景, 校監, 交涉 教育, 教育部, 構內, 国防, 国体, 国

字, 軍樂部, 軍醫, 窮理, 記録, 吉地, 落果, 南極, 男爵, 納入, 內入,
內包, 耐火, 勞動, 努力, 錄取, 論理, 農商工學校, 能力 團體, 達者,
当時, 鍍金, 到頭, 徒步, 東京府, 라무네, 羅紗, 萬國博覽會, 挽回,
妄言, 命名, 紊亂, 文部省, 文人, 文典, 文献, 物体, 半開, 半面, 發
車, 配布, 犯法者, 法規, 兵課, 服地, 夫婦, 浮上, 專制, 分娩, 分散,
分子, 肥料, 費目, 思慮, 司令官, 仕上, 社員, 思惟, 沙汰, 相當 商
量, 上着, 生殖, 船賃, 先天, 攝理, 攝氏, 成分, 聖人, 紹介 所帯, 小
使, 少将, 袖口, 隧道, 視學, 実際, 握手, 斡旋, 暗室 愛想, 愛惜, 洋
燈心, 洋墨, 旅館, 女子, 力作, 力學, 燕尾服, 年報, 煉瓦, 演奏, 英
文, 例言, 誤解, 温度, -宛, 緩急, 外國語學校, 外事, 運命, 遠慮, 元
首, 類化, 倫理, 音樂, 衣裳, 疑惑, 異物, 人權, 引下, 日当, 日照,
一着, 立方, 立案, 子爵, 作者, 長方形, 裁斷, 財政, 全權, 專制政治,
電車, 折衝, 定款, 政権, 定年, 停年, 情報, 整備, 定義, 題目, 尊皇,
罪囚, 主務者, 中宮, 重役, 重任, 中佐, 地主, 直角, 織造, 震災, 質
量, 徵兵, 差等, 差別, 差出, 參考, 參政, 天才, 天皇, 青年, 聰明,
枢密院, 出荷, 取消, 取調, 治安, 打算, 誕育, 彈劾, 通義, 版權, 含
有, 解決, 行先, 向後, 憲兵隊, 玄關, 現行犯, 協賛, 荒凉

위와 같이 총 229개의 단어가 조사되었다. 宮廷錄寫는 행사, 行啓,
謁見, 陪食, 賜宴, 포상, 救恤, 祭紀, 皇族의 動靜, 기타宮廷의 記事
를 포함한다.

〈官廳事項및 彙報〉

價格, 可考, 가다루쌔, 가루호루니야, 家庭, 家出, 簡略, 幹部幹線, 看護, 監査, 鑑査, 減殺, 開墾, 開發, 居留, 建築, 檢案, 檢討, 激痛, 見聞, 見積, 堅持, 決心, 警務官, 警部, 警備, 經營, -係 階級, 契約, 系統, 鼓動, 告白, 골덴메론, 골레수본딘수, 空間, 供覽, 公理, 公立學校, 公文書, 公報, 控訴, 工業, 公園, 工場, 公衆, 共進會, 共和, 恐慌, 管理人, 官舍, 管制, 官庁, 敎科用圖書, 交流, 敎授, 究理, 拘引, 購入, 構造, 驅打, 國語, 國際的, 國債, 軍樂長, 軍艦, 權利, 權限, 貴重, 規模, 禁烟, 金融, 金錢出納, 今回, 機動演習, 起床, 汽船, 雜事, 技藝學校, 基質, 喫煙, 樂隊, 內相, 內申, 內情, 農作, 蛋白質, 短銃, 擔保, -当, 当番, 大粒, 大元帥, 代議士, 度量衡, 圖書, 稻作, 豚肉, 突貫, 突然, 動機, 動作, 同志, 두루미리, 마-딘스아무비-, 맛디, 맛지, 賣却, 面會, 冒險, 目録, 文學, 微風, 民權, 民事訴訟法, 民主, 博覽會, 反面, 半分, 半生, 班長, 發賣, 方面, 防止, 配當, 賠償, 白書, 罰金, 法人, 辯護士, 保健, 步兵, 保安, 普請, 富貴, 簿記, 부리단이 副社長, 腐敗, 憤怒, 分析, 体操, 分解, 比較的, 悲劇, 沸点, 師範 司法査閱, 社長, 事態, 散文, 挿木, 相談, 商民, 上品, 上行, 세멘도, 세멘또, 세면도, 세엔도, 수첩, 生徒, 生水, 生涯, 生活力, 書記, 書生, 線路, 扇子, 成行, 訴状, 訴訟法, 小兒科, 少佐, 鎖骨, 收得, 修理, 手腕, 收容, 獸醫, 輸入, 手打, 巡査, 스베시오싸, 스-로●스, 試驗, 身代, 申立, 実績, 實行, 十字路, 案出, 曖昧, 夜前, 讓渡, 洋灰, 女權, 旅券, 女性 聯隊葉煙草, 藝術, 外勤, 要路, 用達, 用度, 運動, 運轉, 運河 運行原本, 原書, 遠心力, 園遊會, 原人, 遠足, 元則, 原則, 月曜日委任狀, 硫酸, 疑獄, 医学, 利口, 二毛作, 認可, 因果, 印刷, 印章, 賃借, 入隊, 粒子, 入場, 立替, 自動電

話, 自白, 作家, 作品, 鹽業, 壯士, 障害, 財界, 材料, 赤字, 電燈, 專門學校, 電報, 傳染病, 典型, 電話, 切符, 切上, 切取, 政府, 情狀 調度条理, 朝飯, 照會, 尊攘, 種痘, 縱覽, 從来, 綜理, 中間 仲介中 學校, 指導, 支度, 持論, 地味, 持入, 地層, 直立, 質問 秩序窒素, 懲役, 處置, 拓殖, 天文學, 體操, 銃炮, 追及, 追放 推尋推察, 出庫, 出来, 出力, 出超, 出版, 取下, 就學, 齒科 統計頹廢, 投機, 平等, 平和, 廢止, 表現, 彼女, 被服, 學齡 航海解雇, 海事, 海外, 海員, 行政, 憲法, 革命, 協定, 協和 協会刑法, 虎列刺, 豪雨, 呼出, 混凝 土, 火輪船, 華氏, 火藥, 貨幣, 活字, 獲得, 후루쓰, 訓令, 喧嘩, 希 望, 히-누스

위와 같이 총 336개의 단어가 조사되었다. 彙報[26]는 관청사항(청 사의 개폐, 이전, 官吏의 발탁, 改名, 사망)을 비롯하여 사법, 경찰, 감옥, 學事, 산업, 재정, 교통, 위생, 地方行政雜事등 을 분류하여 수 록하였다.

「수첩, 맛디, 맛지」과 같이 일본어가 그대로 한국어로 표기되어 있 는 점이 주목된다. 「가다루쌔, 히-누스, 스베시오싸, 스-로●스」나무 이름으로 林業事務所의 묘목구입 항목에서 가격과 함께 출현한다. 「세 멘도, 세멘쏘, 세면도, 세엔도」는 모두 「시멘트」의 다른 표기이다.

〈觀象〉
揭揚, 미리메도루, 미티메뇨루, 미티메ᄂ루

위와 같이 총 4개의 단어가 조사되었다. 「미리메도루, 미티메뇨루,

---

26) 한 계통의 여러 가지를 종류별로 분류하여 한데 모아 알리는 기록이나 보고

미티메ᄂ루」는 「밀리미터」의 다른 표기이다.

〈廣告〉

坑木, 乾草, 決意, 結晶, 契約書, 고로다이푸, 共同便所, 科學, 起重機, 廊下, 端正, 道具, 리노리우무, 맛도, 埋立, 賣出, 麥酒, 命題, 木炭, 物價, 物理學, 物議, 未拂, 博物學, 配達, 普通學校, 縫靴, 拂下, 私法, 仕樣書, 上手, 商店, 書留, 盛土 修習, 身元, 心得, 心得書, 養成所, 歷史, 營養, 優等生, 郵便, 原作, 衛生學, 引受, 入札, 入學試驗, 作文, 雜貨, 定價, 正當防衛, 株式会社, 職員錄, 硝子, 枕木, 被害者, 行政法, 丸太

위와 같이 총 60개의 단어가 조사되었다. 다음의 예와 같이 신상품의 구매입찰 광고 등에서 새로운 물품을 나타내는 어휘가 보인다.

物品購買入札公告
一리노리우무(室內廊下敷物)　　　貳百參拾五坪貳合
一맛도　　　　(階段敷物)　　　　四拾九坪五合
一와나絨氈　(室內敷物)　　　　參拾四坪四合
　　　　但敷設케ᄒᄂᆞᆫ事까지要홈
　　以上入札保證金은各自見積價格百分之五以上이며入札者
　　ᄂᆞᆫ貳個年以來로其營業에從事ᄒᄂᆞᆫ旨意의證明이有ᄒᆞᆫ者에
　　만限홈

「리노리우무」는 바닥재인 「리놀륨(linoleum)」말한다. 1863년 영국의 F.월턴에 의해서 발명되었다. 「맛도」는 「매트(mat)」로 두 단어 모

두 室內廊下敷物, 階段敷物와 같이 설명이 되어 있다.

本局에서彫刻銅版、寫眞版、**고로다이**平版、石版、鉛版等

에서와 같이 「고로다이푸」는 「콜로타이프(collotype)」로 평판인쇄의
한 방식이며 1870년경 독일의 J.알베르트(1825~1886)가 발명하였으
므로 그의 이름을 따서 알베르트타이프라고도 한다.

〈外報〉

坑口, 計算, 困難, 共同, 公債, 工學, 共和國, 公會, 過去, 拳銃, 軌
道, 基督, 騎兵, 氣象, 奇異, 汽車, 露國, 勞働, 短縮, 談判, 大多數,
大雨, 大尉, 大佐, 大衆, 大地, 大地震, 大統領, 大學, 突入, 東京,
動議, 馬賊, 馬車, 目的, 物貨, 美術, 美術家, 博物館, 半島, 訪問,
排水, 帆船, 保育, 保全, 婦人, -弗, 事務室, 士族, 社會學, 山脈, 三
角形, 常備兵, 商人, 石油, 石炭, 石版, 先日, 設計, 攝政, ~省, 世紀,
小隊, 小麥, 少尉, 小包, 首都, 需要, 受取, 巡洋艦, 時事, 示威運動,
殖民, 紳士, 伸張, 外報, 野菜, 約定, 洋傘, 洋人, 洋行, 輿論, 連發
拳銃, 演說, 延長, 煙草, 熱度, 熱心, 列車, 染料, 葉書, 影響, 奧地,
牛乳, 右翼, 運輸, 運用, 元老院, 緯度, 違反, 委任, 留置, 流通, 意
味, 議員, 議院, 医院, 意志, 引率, 一種, 一篇, 入口資料, 作物, 雜
居, 雜誌, -的, 積立, 專賣, 電線, 電話機, 帝國, 堤防, 堤堰, 製紙場,
~組, 條件, 組成, 組織, 造幣局, 存在, 左翼, 週報, 衆議院, 蒸氣機
械, 支那, 支線, 地震, 紙幣, 職工, 進步, 參與, 吋, 總督, 總長, 總裁,
總取締, 出口, 出産, 出生, 出迎, 取締, 噸, 投票, 特權, 特許, 平方,
葡萄酒, 暴動, 河口, 下命, 漢字, ~割, 割當, 艦隊司令官, 海軍, 海

面, 解散, 憲兵, 現出, 胡麻, 確立, 確保, 擴張, 活版

위와 같이 총 175개의 단어가 조사되었다. 外報는 외국 소식 및 학문, 개화문명에 관한 기사가 주된 내용이다. 아직 한국에 「大統領」이라는 제도가 없었는데도 불구하고 외국의 사정을 설명하기 위하여 사용 하였다. 금번 고찰 대상에는 포함시키지 않았으나 外報에는 人名과 地名에 대한 표기가 대다수 출현한다.

〈시각표〉
發着, 本文

위와 같이 총 2개의 단어가 조사되었다. 仁川港臨時輪船出發의 시간표이다.

〈기타〉
S, 局限, 頭取, 抹消, 噴水, 備考, 師團長, 寫眞帖, 手段, 水夫, 助字, 脫落, 号外

官報第四千三百六十四號叙任及辭令欄內第一面上段塚原丈
太郎의 四月十六日은 十七日이오 田川長次郎의四月十七日은
十八日이오 第三面廣告欄內第四行(S)字는 倒植이오第四面
十一行券字下에(以)字는(S)의誤라官報課

위와 같이 총 13개의 단어가 조사 되었다. 이들 단어는 각각 正誤, 議案 備考, 別紙, 號外등에서 출현 하였다. S는 소 검역시의 낙인이며 예문에서 기술한 바와 같이 영문자가 아닌 도식이다.

〈항목이 없는 것〉

-家, 騎士, -代, 事典, 素性, 綴字, 總理大臣, 編號, 下宿, 下品

위와 같이 총 11개의 단어가 조사 되었다. 이들 어휘들은『官報』의 기사에는 존재하나『官報』의 체제가 정비되기 전의 기사나 그 후 체제가 정비된 후에 게재된 기사라도 특별한 항목이 없는 경우를 말한다.

다만『官報』에 사용된 일본어를 밝히는 데는『官報』의 편제가 시기별로 달라서 어려움이 있다.『官報』의 편제와 내용에 대해서는 2.3에서 이미 언급한 바가 있는데 편제가 세 번이나 바뀌었고 1907년12월 12일(隆熙元年, 제3,947호) 이후부터 14가지 항목으로 편제가 바뀌기 때문에 위의 〈표 5〉를 볼 때는 주의를 요한다.

4.3 어종별 분석

다음에는 대한제국『官報』에 사용된 일본어 어휘를 고유일본어, 한자어, 혼종어, 외래어(서양어)로 나누고 각각 얼마나 어느 정도 유입되어 있는지를 살펴보고자 한다. 일본어를 어종별로 분류한 것은『官報』에 사용된 일본어 어휘의 성격을 살피기 위해서이다.『官報』에 사용된 일본어 어휘 1,967 단어를 어종 별로 나누어보면 〈표 5〉 및 〈그림 9〉와 같다.

<표 8> 『官報』에 수용된 일본어 어휘의 어종별 분포

어종별 분류	총 어휘수	비율
한자어	1,645	83.63%
고유일본어	152	7.73%
외래어	104	5.29%
혼종어	66	3.35%
총계	1,967	100

<그림 9> 『官報』의 어종별 결과
(범례 C : 한자어 / F : 외래어 / J : 고유일본어 / M : 혼종어)

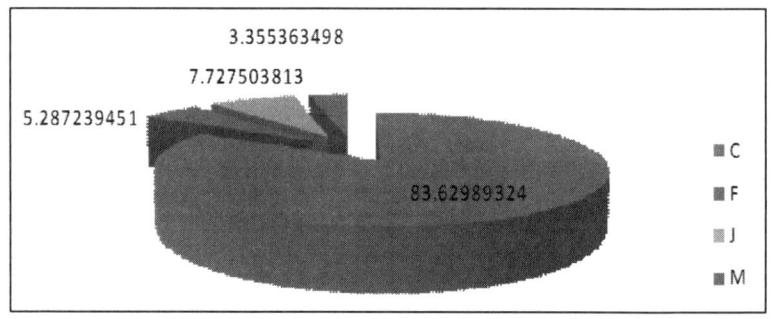

<표 5>를 보면 전체 어휘 중 한자어가 차지하는 비율은 83.63%로 압도적으로 그 수가 많다. 그 다음은 152단어인 고유일본어(7.73%), 104 단어인 외래어(529%), 66단어인 혼종어(3.35)로 되어 있다. 이들을 어종별로 자세히 살펴보면 다음과 같다.

① 한자어

한자어는 <표 5>에서 보는 바와 같이 83.63%으로 그 수가 가장 많다. 한자어가 압도적으로 많이 차지하는 이유는 그 당시 한국 지식인들은 한문에 능숙한 사람이 많아서 한자로 적은 단어는 의미를 비교적 알기 쉬웠을 것이고 심리적인 저항감도 적었을 가능성이 컸을 것으로 추정된다. 예를 들면「家族」이나「高等學校」「軍樂隊」「圖書館」등은 이미 한국인들이 알고 있는 한자 지식으로 그 의미를 충분히 이해할 수 있었을 것이다. 하지만 한자어라고 해도 모두가 다 이해할 수 있었던 것은 물론 아니어서 예를 들면「脚本」이나「感染」「甲板」「綱領」「介抱」「結婚」「警官」「公衆」「科學」「迷惑」「社會」「日当」 등은 아무리 한문에 능숙하여도 그 의미를 짐작하기 어려웠을 것이다. 그런데『官報』에 받아들여진 한자어는 상당수가 이런 종류의 한자어인 점에 의문이 생긴다. 제대로 이해하지 못하는 한자어를 받아들인 이유는 일본의 법령이나 제도 등을 가져와서 이를 한국에 적용시키고 또 이것을 우리말로 옮기는 과정에서 자연스럽게 생긴 문제일 것으로 본다. 본고에서 언급하고 싶은 또 한 가지는「-家」와「-枚」「-性」「-省」「-賃」「-的」「-秒」「-學」 등 한자계 접사 문제이다. 각 한자계 접사가 쓰인『官報』내의 예는 다음과 같다.

〈-家〉

教育內外敎育의沿革及著名ᄒ敎育家의傳記로붓터敎育及敎授의原理則을授ᄒ고附屬小學校에就ᄒ야實地授業의方法을練習홈 (1895.7.24)

觀察ᄒ기ᄂ歷史家와**政治家**에가쟝有益ᄒ을得ᄒ고泰西人士ᄂ印度로以ᄒ야天奇萬怪ᄒ흔地로稱ᄒ며■吾等東洋人으로觀ᄒ야도其誣言이아니믈認홈如斯浩澣ᄒ흔事物問題ᄂ能히 (1895.8.24)

〈-枚〉

第四十六條　郵票를買受ᄒᆞᆫ者가賣還ᄒᆞ기를請ᄒᆞᄂᆞᆫ時에ᄂᆞᆫ郵
遞司에셔原價의十分一을減ᄒᆞ고買還ᄒᆞ되**十枚**以上連續ᄒᆞᆫ者만買
還ᄒᆞᆷ이라 (1897.3.18)

郵遞物種類	重量	料金
頁書	通常**一枚**	二錢
仝	往復**一枚**	四錢
新聞紙	一張	一錢 (1901.10.1)

廣告
○ 購買入札
一　在監人用冬布團　　**八百枚**
一　　　　　綿入　　**六百枚** (1908.9.2)

〈-性〉

國家의中興大功을贊成ᄒᆞ기爲ᄒᆞ리라爾臣民은忠君愛國ᄒᆞᄂᆞᆫ
心性으로爾德爾體爾智를養ᄒᆞ라王室의安全ᄒᆞᆷ도(1895.2.2)

德性을涵養ᄒᆞ고人道를實踐ᄒᆞᆷ을免ᄒᆞᄂᆞᆫ거시敎育上에第一
土眼이되ᄂᆞᆫ故로아모敎科目이라도此에關聯ᄒᆞᄂᆞᆫ事項은別
로留意ᄒᆞ야敎授ᄒᆞᆷ을要ᄒᆞᆷ(1895.8.15)

〈-省〉

大藏省立替創立費　　五二, 一一八, 四九五(1909.5.28)

○ 四月二十二日

特賜太極章　日本國**大藏省**次官勳一等　若槻禮次郎 (1909.4.29)

〈-賃〉

第二十條　特命全權公使辨理公使代理公使가赴任과因公歸朝及給

由歸朝又任國에旅行ᄒᆞᄂᆞᆫ時에從者를現帶ᄒᆞᄂᆞᆫ時ᄂᆞᆫ從者一人을限

ᄒᆞ야**船車賃**의實費를給홈 (1895.4.1)

第六條　左의諸費로써歲出이라ᄒᆞᆷ이라 (중략) 第六　**運賃**保險料及

海關稅 (1905.12.22)

內國에旅行ᄒᆞᆯ時

滊車及滊船賃　車馬賃　　　日給　　　宿泊料　食卓料

雇員　三等實費　　　參拾戔　五拾戔　貳 圓　五拾戔

傭員　三等實費　　　拾戔　　四拾戔　壹 圓　參拾戔

(1908.10.8)

〈-的〉

不少ᄒᆞ야도果斷의氣가잇고■**事務的**性質을有ᄒᆞ니印

度人中에ᄂᆞᆫ第一興情ᄒᆞ기易ᄒᆞ다홈此人種性質이[힌주]人과

如此有異홀■더러宗敎上으로互相不容ᄒᆞᄂᆞᆫ■敵이나往往히

大衝突을起ᄒᆞ야血을流ᄒᆞᆫ例가不少ᄒᆞᆫ지라此印度의二大人種

이互相敵視ᄒᆞ야國家的思想을忘ᄒᆞᄆᆞ로英國이能히征服ᄒᆞ고

又能히統治ᄒᆞᄂᆞᆫ大原因이러라 (以下續載) (1895.9.28)

第二條　日本國政府는韓國과他國間에現存ᄒᄂ條約의實行
　　　　을完全히ᄒᄂ任에當ᄒ고韓國政府ᄂ今後에日本國政府의
　　　　仲介에由치아니ᄒ고**國際的**性質을有ᄒᄂ何等條約이나又
　　　　約束을아니홈을約홈 (1905.12.16)

右ᄂ該員이法部主事在職中의身分으로뼈私計로鎭南浦理事廳及
元山理事廳에對ᄒ야**繼續的**訴訟代理請願書를提出ᄒ야鎭南浦理
事廳으로브터本年八月十七日에其許可를受흔바該所爲ᄂ官規를
遵守치아니ᄒ고官吏本分을 (1908.9.7)

〈-秒〉

時憲法
月食分十五分**四十秒** 初虧午正一刻十二分(1895.7.10)

明時法
月食分二分**二十九秒**
初虧夜子初一刻五分 初虧東南
食甚二十八日子正初刻十三分　食甚正南(1901.10.28)

午後十時에在흔七百三十粍요風速度의最大ᄂ仁川의二七
日午前八時에在흔北西의三十米(**一秒**間)요又二十五日午后
十時以後四十八時間에百粍以上의降雨가有홈은元山(二百
五粍)及城津(百二十五粍)이라(1908.9.8)

一燈火ᄂ「아세지린」瓦斯紅色明暗燈(無等)이니全度를照輝ᄒ고
燈火發射의時間은明暗各五秒라 (1909.8.20)

〈學〉

外國語學校官制

第一條　外國語學校と生徒를廣募ᄒ야諸外國의**語學**을敎授ᄒᄂᆫ處
로홈 (1895.5.6)

第一款　度支部本廳

第八項　徵稅事務鍊習生費

一　　本費ᄂᆫ本年度로生徒百人을募集ᄒ야六個月間은本國에서**語
學**을先習ᄒᆫ後에日本國에派遣ᄒ야徵稅事務를鍊習케 (1896.1.20)

　이들은 단어의 생산성이 매우 높아서 다른 단어와 결합하여 많은 단
어를 만들 수 있는 것들이다. 이들 접사는 지금도 한국어에 그대로 쓰
이는 것으로 후일 한국어의 조어법에 큰 영향을 끼쳤다고 할 수 있다.

　금번 논문에서는 시간적인 제한으로 『官報』에 수용된 한자어를 구
체적으로 분석을 하지 못하였으나, 『官報』에는 정치와 경제, 법률,
행정, 사회, 교육, 군사, 학술 등 다 방면의 어휘가 출현하며, 그중에
서도 특히 법률과 행정, 경제, 교통, 교육 관련 단어들이 상당수 출현
하는 점으로 미루어 보아 이들 단어는 근대 분녕과 세도를 빋아들여
문명개화를 이루려는 당시 정부의 의지가 담긴 것으로 보아야 할 것
이다.

② 고유일본어

　다음은 고유일본어인데 『官報』에는 모두 152개의 단어가 출현한
다. 이들 단어는 지금도 일본에서 대부분 사용된다. 『官報』에 보이는
고유 일본어는 다음과 같다.

家出, 看做, 据置, 肩掛, 見得, 見習, 見積, -係, -屆, 屆出, 果物, 卷
尺, 襟, 內譯, 但書, -当, 帶, 大粒, 大麥, 貸方, 貸付, 大雨, 帶締紐,
貸出, 讀方, 頭取, 埋立, 賣買, 買物, 買上, 買受, 買入, 賣場, 買占,
賣出, 모야시, 毛皮, 木履, 迷惑, 鉢, 壁紙, 縫靴, 拂下, 仕上, 揷木,
上着, 生水, 書留, 書取, 先取, 盛土, 成行, 小豆, 小使, 消印, 小切
手, 小包, 袖口, 手當, 手袋, 受付, 手續, 手拭, 受入, 手入, 受取,
手打, 手形, 植付, 身代, 申立, 身元, 心得, 心得書, 葉書, 領卷, 襖
扉, -宛, 裏書, 引繼, 引渡, 引上, 引受, 引手, 引出, 引下, 引換, 日
附, 日附印, 日傘, 入口, 立替, 立會, 長靴, 積立, 摘取, 切上, 切手,
切取, 摺附木, -組, 早起, 組立, 組物, 組合, 足袋, 株, 株主, 支度,
支拂, 持入, 持出, 直나오시, 振替, 振出, 借方, 借入, 差入, 借換,
聽取, 草刈, 追越, 出口, 出来, 取扱, 取消, 取引, 取入, 取調, 取締,
取下, 襯衣, 枕, 枕木, 片仮名, 蝙蝠傘, 彼女, 下襟, 下手, 荷車, 下
請, ~割, 割當, 割引, 行先, -型, 呼出, 靴, -丸, 丸太, 厚紙

이들 고유일본어는 대부분이 가나와 한자를 섞어서 표기하는데 당
시 대한제국『官報』에서는 고유일본어를 한국한자음으로 음독했을
것으로 생각된다.

『官報』에 받아들여진 고유일본어의 특징은 이들이 한자표기만 보
아서는 그 뜻을 알기 어렵다는 점으로 한국인들은 이들 단어를 한국
한자음으로 음독하기 때문에 한자어와의 구별이 문제점이다. 이들 고
유 일본어는 상품명이나 법률문, 제반 규정을 그대로 가져오는 과정
에서 유입되어, 처음에는 생소하고 이해가 되지 않던 이들 단어도 생
활 속에서 어느덧 뿌리를 내려 이제는 전혀 저항감 없이 쓰이는 것도
적지 않다. 예를 들면「매상(買上)」이나「매수(買受)」「매입(買入)」「매

점(買占),「매출(賣出)」,「불하(拂下)」 등이 그것인데 현대 한국인 중에는 이들 단어가 원래 일본어였다는 의식을 가진 사람이 많지는 않을 것이다.

또한 한자어에서와 마찬가지로 「假-」「-係」「-届」「-当」「-組」「-型」 등 고유일본어계 접사들의 도입이다. 이들 접사는 현대 한국어에서도 매우 생산성이 매우 높은 접사들이다. 현대 한국어에 쓰이는 예를 들면 다음과 같다.

> 「假-」: 假建物, 假登記, 假處分, 假名, 假處理 등
> 「-係」: 人事係, 土木係, 發送係 등
> 「-届」: 缺席届 등
> 「-当」: 一人当 등
> 「-組」: 一組, 作業組 등
> 「-割」: 五割, 八割 등
> 「-型」: 新型, 肥滿型 등

③ 서양 외래어

서양어계 외래어는 『官報』에 모두 104개가 출현하며 이들이 일본식 발음형태를 가진 것으로 볼 때 모두 일본어에서 들어왔다고 해도 무방할 것으로 본다. 『官報』에 나오는 서양어계 외래어는 다음과 같다.

> 가다루쌔, 가루호루니야, 珈琲, 거어쑤스, 고구라, 고로다이푸,
> 고-구, 곤구리-도, 곤구리-도, 골덴메론, 골레수본된수, 과셰루러
> 이도, 規那, 金巾, 닛계루, 다-록, 다오루, 다이나마이도, 다이야,
> 단구, 도록구, 獨逸, 두루미리, 라무네, 羅紗, 람푸, 레스, 레ㅣ쓰,

哩, 糎, 리귤, 리노리우무, 리본, 린널, 마-딘스아무비-, 莫兒比涅, 맛도, 맛디/맛지, 麥酒, 모니루, 미리메도루/미티메뇨루/미티메 눈루, 베긴쑤, 벨못도, 부리단이, -弗, 사라메, 사이다-, 산찌매ㅣ돌, 세멘도/세멘쏘, 소-수, 쇼-배루, 수것부, 스베시오싸, 스-로●스, 시딩구/시딩쑤/시이진구/시징구/시징쑤, 시바리예, 아니린/아니링, 아세지린/아써지린, 亞爾加里, 安質母尼, 알미뉴음, 야메달, 에리야스, 煙草, 오부라ㅣ도, 瓦斯만쏘루, 위숙이, 이-스도, 燐寸, 차클렛, 呎, 쳬면도, 硝子, 吋, 카라, 카후수, 카쑛, 칼나, 嗵, 푸리다냐메쏠, 핀지, 한까지-후, 護謨, 虎列剌, 混凝土, 후루쓰, 후이식기, 히-누스, 쎄돌洋襪, 싸이나마이도, 쌔다, 쌔-나-, 쌔우짜아, 쌔이쑛, 쎈, 쏘푸라, 쑤란데/쑤란졔, 쌧쑤, 쎠거레도, 일뉴미늄, 흔나, 쌩

이들의 특징은 대부분이 한글로 표기되고 일부가 한자로 된 음역(音譯)표기를 사용한다는 점이다. 앞에서도 언급한 바 있지만 한글로 표기된 서양어계 외래어는 지금은 거의가 쓰이지 않으며, 한자 음역어(音譯語)도「獨逸」「麥酒」「硝子」 이외에는 지금은 사용하지 않는다.

④ 혼종어

혼종어란 어종이 혼재된 단어로서 대한제국『官報』에 출현하는 일본어계 혼종어는 66개가 보인다. 이들 혼종어 단어를 들면 다음과 같다.

假契約, 假納, 假處分, 紺色, 見本, 見習生, 見樣, 見積書, 見出帳, 系長, 空地, 掛時計, 規那鹽, 根掛, 金具, 內譯書, 短胯, 短靴, 稻作, 蚊帳, 未拂, 半長靴, 敷物, 敷地, 私書函, 仕樣書, 書類挾, 手数料,

手帖/수첩, 受取人, 時計紐, 身分, 安質母尼礦, 押印, 約束手形, 洋傘, 葉煙草, 와나絨氈, 瓦斯燈, 印朱盒, 場所, 電信往, 切符, 停車場, 曹達水, 組合員, 組合長, 株券, 株式, 株式会社, 持分, 地主, 振替貯金, 窓掛, 綴法, 綴字, 總取締, 取扱所, 取締役, 置時計, 袂時計, 風呂敷, 荷物, 割印, 花稅, T幾劑

이들 단어 중 「袂時計」「仕樣書」「振替貯金」「片方」을 제외하면 현대 한국어에서도 사용되는 단어이다. 이들 일본어 혼종어도 일본 한자어와 마찬가지로 대부분은 표기만 가지고는 그 의미를 알 수 없는 것들이어서 도입 초기에는 단어의 의미를 잘 모르는 사람이 많았을 것으로 생각된다. 이들 단어들은 각종 행정 제도나 서류, 은행 관련 용어, 실제 물건 이름의 형태로 들어오게 된 것으로 보인다.

4. 일본어 어휘와 그 수용 방법

다음은 일본어가 『官報』에 어떠한 형태로 수용되었을 것인가에 대하여 생각해보기로 한다. 일본어 어휘의 수용 방법은 ①어떤 문장에 어떤 형태로 들어왔는가? ②표기 형태는 한자로 표기되었는가 한글로 표기되었는가? ③사람들이 그 단어를 어떻게 읽었는가? 라는 관점에서 생각할 수 있다. 본고에서는 일본어 어휘의 수용 방법에 있어서 우선 어종별로 나누어 위의 세 가지 관점을 살펴보고자 한다.

1. 고유일본어

앞에서도 언급했듯이 대한제국 『官報』는 처음에는 순한문체로 작성 되다가 국한문혼용문으로 변해 간다. 위의 ①에서 언급한 고유 일본어가 한문 문장 또는 한글 문장 중 어디에 나타나는가를 조사해 본 결과, 이들 단어는 한문 문장에는 나타나지 않고 국한문혼용문에만 출현한다. 이는 고유일본어의 한자 표기가 중국어 단어 구성 법칙에 맞지 않으므로 한문 문장에는 넣기 어려웠기 때문으로 생각된다. 둘째로 표기 형태로 보면 「모야시」(숙주나물)를 제외하면 모두 한자로 표기되어 있다. 한자로 표기된 용례의 일부는 다음과 같다.

內譯 : **內譯**金額, (1905.6.30)
右物品供給請負競爭入札에對ㅎ야請負希望ㅎ는者는二月
八日섯지該 局에 對ㅎ야入札人心得書契約書案及內譯明
細書幷材料納入心得書等 熟覽ㅎ後二月十日正午十二時에
限ㅎ야當局에(1908. 1. 29)

支拂 : 皆悉前總督劉秉璋이가**支拂**ㅎ는者라홈(1895. 8. 9)

세 번째 한국어 독법(발음)은 「모야시」를 제외하면 모두가 한자 문자열을 한국한자음으로 읽었을 것으로 생각된다. 한국인들은 중국의 한문조차 모두 한국 한자음으로 읽는 전통이 있었으므로 한자로 표기된 일본어도 다음과 같이 음독하는데 전혀 문제를 느끼지 않았을 것으로 생각된다.

○ うちわけ → 內譯 → 내역
○ しはらい → 支拂 → 지불
○ たてもの → 建物 → 건물
○ みならい → 見習 → 견습

이러한 방법으로 일본어를 받아들이는 방법은 「まえむき(前向)」를 「전향」으로 받아들이는 방법에서 보듯이 해방 이후도 계속되고 있다.

2. 한자어

우선 한자어가 어떤 문장에 사용 되었는가 부터 살펴보기로 한다. 대한제국『官報』에 들어온 일본계 한자어는 모두 1,795개로 조사 결과 한자어는 한문 문장과 한글 문장 양쪽에서 사용되었다. 실제 사용례는 다음과 같다.

○ 한문 문장에 사용된 예

議政府贊政 金明圭

詔曰法律者所以昭信於國中有罪者服刑無罪者賜免乃古今之通義也朕自嗣服以來軆上天好生之德遵先王寧失之訓罪疑惟輕刑期于無矣挽近紀綱解弛以國事有犯者輒以亡命爲能事曾不顧君德之玷累國軆之虧捐念及于此寧不痛恨凡逋逃域外者不論本罪之大小輕重亦不問該犯之爲魁爲從其爲亂臣賊子一也邦有常憲永遠無赦惟爾臣民咸須知悉光武二年十二月二十一日(1898.12.22)

○ 한글 문장에 사용된 예

著作權法

第一章著作者의權利

第一條文書演述圖畵彫刻模型寫眞其他文藝學術或美術의範圍에屬훈著作物의著作者ᄂ其著作物을複製ᄒᄂ權利를專有홈文藝學術의著作物의著作權은飜譯權을包含ᄒ고各種脚本及樂譜의著作權은興行權을包含홈(1908.9.19)

표기 형태는 순 한문체, 국한문혼용문 모두 한자로 표기 되어 있고 따라서 독음도 한국 한자음으로 읽었을 것으로 생각된다. 오늘날 건설 현장에서 일본 한자어「階段」을 일본어 발음 그대로「가이당」으로 읽는 경우가 있으나, 대한제국『官報』가 발행된 시대에는「가이당」으로 읽는 경우는 없었을 것으로 생각된다.

3. 혼종어

혼종어의 경우도 기본적으로는 한자어와 같은 방법으로『官報』에 들어온 것으로 보인다. 우선 혼종어가 나타난 문체는 국한문혼용문에 나타나는데 이는 혼종어의 단어형성법이 다른 한자어와는 달라서 순한문체 문장에 쓰기 어렵다는 점을 의식한 데에 기인한 것으로 보인다. 두 번째 표기에 있어서는「假契約, 假住所, 見積書, 手數料, 株式, 地主」등에서 보는 바와 같이 거의가 한자어로 표기되어 있었고「手帳」하나만 한글로「수첩」이라고 표시되어 있었다. 독음에 있어서는 한자어와 마찬가지로「가계약, 가주소, 견적서, 수수료, 주식, 지주」처럼 모두가 한국 한자음으로 음독되었을 것으로 생각된다. 다음은 혼종어의 예이다.

> 請求人의仲介에基因ㅎ야翌年七月二十四日에至ㅎ야同人과立德
> 昌公司間에官蔘六萬七千斤을代金百六十五圜으로써賣買ㅎㄴ**假**
> **契約**을成立홈에至ㅎ지라然而該假契約은經理院에셔認可치아니
> 홈으로畢竟無效에歸ㅎ얏스나 (隆熙三年五月四日)

右入札保證金은各自**見積書**代價의百分五以上右를入札홈請負希
望者는本所에來ᄒ야入札心得書契約書案仕樣書、圖面、及現場
等을熟覽흔後七月二十二日上午十一時에限ᄒ야本所에셔入札ᄒ
고(隆熙二年七月六日)

農商工部令第四十二號
各種物資分析及試驗手**數料**規定
第一條　■務技監에各種物質分析及試驗홈을請愿ᄒᄂ者는
左의區別을從ᄒ야手數料를納케홈(光武十年五月十四日)

第一條　　農工銀行은農業工業의改良發達을爲ᄒ야資本을貸付홈
으로爲其目的혼株式會社로其資本金을十萬圜以上으로ᄒ고各**株
式**의金額은二十圜으로홈이라 (光武十年三月卄四日)

一各道民人孤貧殘疾無人養贍者該**地主**官加意撫恤毋今失所(光武
元年十一月七日)

4. 서양외래어

대한제국『官報』에 들어온 일본의 서양 외래어는 앞에서 본 바와
같이 표기면에서 한자로 표기된 것과 한글로 표기된 것이 있다 한자
로 표기된 단어는 앞에서 본 바와 같이 加里, 珈琲, 金巾, 基督, 規
那, 獨逸, 米突,
　-弗, 安質母尼, 燐寸, 硝子, 吋, 虎列剌, 護謨, 混凝土 등 20개이며

한글로 표기된 것은 다음과 같은 91개의 단어이다.

> 가다루쌔, 가루호루니야, 거어쑤스, 고구라, 고로다이푸, 고-구,
> 곤구리-도/곤구리-도, 골덴메론, 골레수본딘수, 과셰루러이도,
> 넛계루, 다-록, 다오루, 다이나마이도/짜이나마이도, 다이야,
> 단구, 도록구, 두루미리, 라무네, 람푸, 레스, 레-쓰, 리노리우무,
> 리귤, 리본, 린널, 마-딘스아무비-, 맛도, 맛디/맛지, 모니루, 미
> 리메도루/미티메뇨루/미티메는루, 베긴쑤, 벨못도, 부리단이,
> 쌔다, 쌔-나-, 쌔우짜아, 쌔이쌱, 쎈, 쏜푸라, 쑤란데, 쑤란쎄, 쌧
> 쑤, ᄤᅵㅇ, 사라메, 사이다-, 산찌매-돌, 세멘도/세멘쏘/세면도/
> 세엔도, 소수, 쇼-배루, 수것부, 스베시오싸, 스로스, 시딩구/시
> 딩쑤/시이진구/시징구/시징쑤, 시바리예,아니린/아니링, 아세
> 지린/아써지린, 일뉴미늄/알미뉴음, 야메달, 에리야스, 오브라
> 도, 위숙이, 이-스도, 쩌거레도, 차클렛, 쳬면도, 카라, 카후수,
> 카쑤, 칼나, 푸리다냐메쏠, 핀지, 포포라, 한까지-후, 후루쓰, 후
> 이식기, 히-누스, 흔나

서양 외래어는 다른 어종과 달리 주목할 점은 독법에 있어서 한자
로 표기된 것은 한국 한자음으로, 한글로 표기된 단어는 한글 독법으
로 읽혀지는 것이 일반적이었을 것이나, 「金巾, 規那, 混凝土」 등은
「가나킨(金巾), 키나(規那,) 콩크리토(混凝土)」와 같이 원어음으로 읽
혀졌을 가능성도 배제할 수 없다. 이 점에 대해서는 본고에서는 결론
을 유보하겠으나 금후 다른 자료를 살펴보는 등 좀 더 조사가 필요하
다고 본다.

한편 한글로 표기된 서양외래어는 모두가 일본어 발음으로 표기된

것이 특징이다. 이는 이들 단어가 서양에서 직접 들어온 것이 아니고 일본을 통하여 들어온 때문으로 보이는데, 일제 식민지 시대에 한국어에 들어온 서양어가 거의 일본을 통하여 유입된 것으로 간주한다면 당연다고 생각 된다. 이상으로 『官報』에 일본어 어휘를 받아들인 방법에 관하여 살펴보았다. 전체적으로 보면 한자로 표기된 단어는 어종에 관계없이 한국 한자음으로 음독해서 들여온 것이 특징이다. 식민지 시대에 「階段」을 일본식 발음인 「가이당」으로 발음하는 것과 같이 한자어의 경우도 일본어 원음으로 받아들인 것도 있었으나, 대한제국 『官報』에는 이러한 식의 수용 방법은 없었다. 결국 일본어를 받아들이는데 중요한 역할을 한 것은 한자로서 한자문명권에 있어서 한자의 역할은 상당히 크다.

5. 개별 단어의 수용에 대하여

『官報』에 출현하는 일부 단어의 성립 사정 및 그 단어가 어떠한 형태로 유입되어 있는지를 살펴보기로 한다. 검토할 단어는 「大統領」과 「曜日」「義務」「電話」「取扱」「硝子」「燐寸」과 같은 7개의 단어이다. 여러 단어 중에 아래의 7개의 단어를 선정한 이유는 「大統領」과 「曜日」「電話」은 明治 이후 일본에서 새로 만든 단어이고 「義務」는 옛 고전에 출전하는 중국어를 일본어로 번역할 때 새롭게 부활시킨 소위 전용어(轉用語)이다. 또한 「取扱」는 오랜 시기부터 일본에서 사용해 온 고유일본어이며, 「硝子」「燐寸」은 서양외래어를 한자로 표기한 단어라는 점에서 선정하였다.

1. 大統領

「大統領」은 영어 president의 번역어로서 1852년 黑舟[1]를 이끈 페

---

1) 차배근(2000) 「開化期日本留學生들의 言論出版活動硏究 Ⅰ」서울대학교출판부
   일본도 1633년부터 2백년 동안 쇄국정책을 견지해 왔으나 1854년 3월31일

리제독이 일본 정부에 전달한 미국대통령의 친서에 나오는 것이 최초의 예로 알려졌다.[2) 「大統領」이라는 단어에 대해서는 그간 여러 학자들의 연구가 있었는데 주요한 연구 문헌을 들면 다음과 같다.

佐藤亨(1986)「『玉石志林』の語彙(二)」『幕末・明治初期語彙の研究』,
　　　　桜楓社, pp.309-311
惣郷正明・飛田良文(1986)「大統領・大頭領」『明治のことば辞典』,
　　　　東京堂出版, pp.349-348
宋敏(2000)「大統領의 出現」『새국어생활』10-4, 韓國國立國語研
　　　　究院, pp.107-113
孫建軍(2005)「新漢語「大統領」の成立」『或問』10,近代東西言語文化
　　　　接触研究会編, 1-13

미국의 강요로 체결한 未日和親條約(일명 神奈川條約)을 시작으로 개항하게 되었다. 1853년 7월8일에 미국 東印度艦隊 사령관인 Mattew C. Perry가 4척의 군함을 이끌고 일본에 와서 처음 개항을 요구했는데 蒸氣機關의 힘으로 움직여 外輪을 船體 양쪽에 달고 바람이나 파도의 반대방향으로도 힘있게 움직이는 '구로후네'(黑線, 당시 일본인들이 이렇게 불렀다)들이 江戸灣(현재 東京灣)에 나타나 시위를 벌이며 당시 미국대통령 Milard Fillmore의 국서를 지참하고 온 Perry가 日本幕府에 개항을 강력히 요구하자 이에 놀란 幕府는 일단 미국의 國書를 받은 후 다음 해에 答申하기로 하고 Perry함대를 돌려보냈다. 이듬해 1월 7척의 '구로후네'를 끌고 다시 온 Perry가 답신을 요구하자 幕府는 할 수 없이 미국의 요구를 받아들이기로 결정하여 1854년 未日和親條約을 맺었다. 이에 다른 열강들도 일본에 조약체결을 요구해오자 1854년 10월14일에는 영국, 1855년 2월7일에는 러시아, 1856년 1월30일에는 네덜란드(和蘭)와 화친조약을 체결했으나 이들 화친조약에서는 修好관계와 제한된 통상관계만 맺고 일부 항구만 개항하였다. 그러나 그 뒤 미국의 요구로 1858년 7월29일 "교역을 위해 일본은 전적으로 개항 한다"는 요지의 美日通商條約(일명 Herris통상조약)을 맺게 됨으로서 이를 계기로 일본은 미국을 비롯한 세계열강에 완전히 문호를 개방하였다.

2) 이에 대해서는 孫建軍(2005)을 참조.

佐藤亨(2007)『幕末・明治初期漢語辞典』, 明治書院, 2007.06, pp.578

이들 연구 중 가장 자세한 것은 孫建軍(2005)이다. 孫建軍(2005)에
서는 중국의 주요 중영사전과 19세기 이후의 각종 문헌에 사용된 presi-
dent의 번역어를 다음과 같이 들고 있다.

주요 중영사전의 예

○『*A Dictionary of the Chinese Language*』(R.Morrison)(1815-1823)
　　長, 頭目

○『*An English and Chinese Vocabulary in the Court Dialect*』(英
　　華韻府歷階 S.W.Williams)(1844) 尙書

○『*English and Chinese Dictionary*』(W.H. Medhurst)(1847-1848)
　　監督, 頭目, 尙書, 正堂, 天卿, 春卿, 夏卿, 秋卿, 冬卿

○『*English and Chinese Dictionary*』(W.Lobscheid)(1866-1869)
　　President of a society, 長, 掌者, 首事, 理長, 菅總, 頭目, 監督,
　　正堂, 督憲, 尙 書, 掌院, 掌院, 老師, 天卿, 春卿, 夏卿, 秋卿,
　　冬卿; The President of the United States, 花旗合部大憲[3]

○『*Vocabulary and Handbook of the Chinese Language*』
　　(英華■林韻府J.Doolittle)(1872) 佰理璽天德[4], 君主[5]

---

3) W.lobscheid의 사전에 처음으로 'The President of the United States'가 등록
　되어 「花旗合部大憲」으로 해석되어 있다.
4) 「佰理璽天德」는 President의 音譯語로「玉璽を掌理し、天德を有する人」의 뜻
　으로 중국에서는 외교에서 자주 사용되었으나 「大統領」은 출현하지 않는다.
5) J.Doolittle의 辭書에서는 「君主」로 번역되어 봉건중국의 君主制와 혼동하고
　있음을 알 수 있다.

일반 자료의 예

○『東西洋每月統記錄』郭實鳳 (1833-1835, 1837-1838)

○ 統邦之治主, 列邦首領之主, 首領, 首領主,元首, 統領

○『美理哥合省國志略』碑治文 (1838) 首領, 統領

○『海國圖志』(1852)「首領, 首領主, 元首, 統領, 首領, 佰理師天
　德, 長領, 總統領」

○『中外新報』瑪高溫, 應思理 (1854-1856) 主

○『地球說略』禕理哲 (1856) 衆統領

○『大英國志(8券)』禕理哲 (1856) 伯■西敦, 首者

○『六合叢談』偉烈亞力 (1857-1858) 首領, 國主

○『大美聯邦志略』碑治文 (1861) 君主

○『萬國公法』丁韙良 (1864) 首領, 佰理璽天德

　위의 연구를 보면 중국 문헌에는 「大統領」이란 번역어가 보이지 않
았고 외교문서에는 president의 음역어인 「佰理璽天德」가 주로 사용되
었으며 일본의 경우는 미국 정부가 일본과 통상조약을 맺기 위하여 페
리제독을 통하여 몇 차례 미대통령의 친서를 일본 정부에 전달하는데
1852년 11월13일 전달한 친서는 한문본과 네덜란드어본 등 두 통이 있
었다. 이 한문본 친서에는 미국 대통령을 「亞美理駕 合衆國大統領」이
라 부르고 있는데 이것이 「大統領」의 첫 용례로 알려졌다.[6]

　일본 측의 공문서에 최초로 「大統領」이 등장하는 것은 1858년 미
일간에 맺어진 「日本國米利堅合衆國修好通商條約」이다. 이곳에 출
현하는 「大統領」은 1860년대 발행된 일본 정부의 관용 신문인 『バタ
ビヤ新聞』『海外新聞』『日本貿易新聞』『日本新聞』에 자주 등장하며

---

6) 앞의 孫建軍(2005)을 참조.

1862년 호리다쓰노스케(堀達之助)가 편찬한 일본 최초의 본격적인 영일사전인『英和對譯袖珍辭書』에도 처음으로 president의 번역어로 사용된다.

한편 한국에서는 1880년대 이전에는 중국 측의 기록인「佰理璽天德」등이 사용되었으나 1881년「朝士視察團」의 일원으로 일본에 갔었던 이헌영의 보고서『日槎集略』에「大統領」이 처음 보인다.『日槎集略』에는 1881년 6월10일자 기록에「新聞紙見米國大統領卽國王之僞被銃見害云」라고 하여, 일본 신문에 미국 대통령이 피격당하여 사망하였다고 하는 기사가 났다는 기록을 하고 있다. 그러나 1882년에 맺어진「한미수로조규」에는 중국식 용어인「佰理璽天德」가 사용된 것을 보면 공식적으로는「大統領」이라는 사용되지 않았던 것으로 생각된다.[7]

1890년대에 한국에서는 중국식 용어와 일본식 용어인「大統領」이 혼재된 상태로 사용된 시기이다. 당시 기록은 다음과 같다.

『漢城旬報』
他國犯公之安强云甚小然去年**大統領**(1883. 11. 20)

『漢城週報』
大淸國大皇帝敬致大美國大**佰理璽天德**之書(1886. 9. 20)
佛國官報~共和國**大統領**(1887. 4, 25)

『獨立新聞』
미국 오하요 소통영 월엄 맥컨늬씨을 공화당에서 **대통령** 가음

---

7) 앞의 孫建軍(2005)을 참조.

으로 (1896. 7. 2)

『增補文獻備考』권181
大朝鮮君主, 大美國佰理璽天德並基商民(1903)

『大韓每日申報』
대통령선거 미국**대통령**인 누스벨트씨 다시 천거가 되었다
(1904. 11. 15)

대한제국『官報』에는 본고에서 문제로 하는「大統領」이 총 22개
의 출현하며 그 용례는 다음과 같다.

一本國에在留ᄒ外國皇帝나君主나**大統領**이나太子의生命이나身
體에對ᄒ야危害를加ᄒᄂ者ᄂ已遂未遂와首從을不分ᄒ고(1905.
5. 29)

秘魯國新內閣組織이라九月九日[리라]電報에據ᄒ면秘魯新大**統領**
[나니고라스]비에로라이]新內閣은左開人員으로以ᄒ야組織ᄒ얏
다홈內閣議長兼內務卿안도니오밴친大藏卿부래사니外務卿리돈
보리스司法卿람알바라싱陸軍卿발라(1895. 9. 18)

美國上院과「규바」嶋의反亂이라美國上院에셔ᄂ「규바」嶋의反徒
를獨立의交戰國民으로認ᄒ야亦西班牙國에對ᄒ야勸告ᄒ기를**大**
統領에게請求ᄒ믈議決(1896. 3. 14)

園八十三錢과美國**大統領**令娘接待費一萬二千園과伊藤大使宴會
費七百五園三十八錢과宮內府顧問官加藤增雄俸給及(1906. 1. 2)

日本國皇帝陛下와亞米利加合衆國**大統領**은韓國에셔其臣民又ᄂ
人民의發明,意匠,商標及著作權의保護를確保코자ᄒ야此를爲ᄒ
야條約을締結ᄒ기로決ᄒ고日本國皇帝陛下ᄂ亞米利加合衆國駐
箚特命全權大使正三位勳一等男爵(1908. 8. 15)

이상으로 근대 일본어 어휘인「大統領」에 대하여 살펴보았다.「大
統領」은 1852년경부터 일본에서 용례가 보이다가 1858년 공식적인
외교용어로 사용되었고, 한국에서는 1881년 일본어 용어가 소개된 이
후 1890년대까지는 중국어 용어와 일본어「大統領」이 공존하다가 대
한제국『官報』에서「大統領」을 공식 용어로 사용함으로써 이후 presi-
dent의 번역어로「大統領」이 쓰이게 된 것으로 보인다.

2. 曜日

「曜日」이란 용어는 기독교 문화의 소산으로 동양에는 원래 없던
개념이다. 동양의 시간 개념은 기본적으로 1년을 단위로 일 년 속에
月과 日이 있고 하루를 12간지에 맞추어 시간을 정하였다. 한 달 30
일은 다시 열흘을 단위로 旬이라 하고 처음 10일간을 上旬, 그 다음
을 中旬과 下旬으로 구분하였다.「漢城旬報」라는 신문 이름은 이렇
게 열흘에 한번 신문이 나와서 붙여진 이름일 것이다.

일본에서의 「曜日」의 성립과 사용에 대해서는 이미 여러 선학들에 의하여 연구되었는데 그 연구 문헌을 들면 다음과 같다.

米川明彦 「曜日名」『言語生活』370, 筑摩書房, 1982.1,7 pp.70-75
遠藤智比古 「七曜の訳語考」『英学史研究』21, 日本英学史学会, 1988, 169-184
松村明 「明治初年における曜日の呼称」『近代語研究』10, 近代語研究会,1990.1, pp.509-529
内田慶市 「近代中国語における「曜日」の言い方」『アジア文化交流研究』2,関西大学アジア文化交流研究センター, 2007.03, pp.125-136

지금까지의 연구 결과를 보면 「曜日」은 일본에서 영어 week의 번역어로 만든 것으로 문헌상으로는 18세기 말부터 나타난다. 막부 말기의 양학자 가쓰라가와 츄료(桂川中良)의 『密語箋』(1798)에는 「時令」의 章에 다음과 같이 요일에 대하여 적고 있다.

「七値(セーヘンウエイキ」
「日曜(ゾンタク)」「月曜(マアンダク)」「火曜(ヂゲスダク)」「水曜(ウーンスダク)」「木曜(ドンドルダク)」「金曜(フレーダク)」「土曜 (サチュールダク)」

箕作阮甫의 『改正増補密語箋』(1848)의 「時令」편에도 요일에 대하여 적고 있는데 그 내용은 다음과 같다.

七値(ウヱーキ)week」「日曜(ゾンタフ)zondag」「月曜(マンーダ
フ)maandag」「火曜(ヂングスダフ)dingsdag」「水曜(ウーンス
ダ)woendag」「木曜(ドンドルダフdonderdag)」「金曜(フレイダ
フ)vrijdag」「土曜(サチュルダフ saturdag)」

1861년에 나온 石橋政方의 『英語箋』전2권 「時令」의 章에는 1주
일을 다음과 같이 적고 있다.

「七値(ヒトナノカ)weekウイーキ」「日曜(ニチヤウ)sundayソン
デー」「月曜(グヮツヤウ)mondayモンデー」「火曜(クヮヤ
ウ)tuesdayチュースデー」「水曜 (スイヤウ)wednesdayウエンス
デー」「木曜(モクヤウ)thursdayソルスデー」「金曜(キンヤ
ウ)fridayフライデー」「土曜(ドヤウ)saturdayセーチュルデー」

1872년 靑木輔淸가 편찬한 『英學童子通』의 「旬週(ジュンシウ)の
事」에는 요일명이 오늘날과 같이 사용되는 예가 나온다.

一週 A week
日本。支那などにては。十日を一旬となし。一箇月を三旬に別
ち。朔日 より十日までを。上旬といひ。十一日より二十日ま
でを。中旬といひ。二十一日より晦日までを。下旬といふ。
西洋にては。此旬なく。唯七日 毎を似て。一週となす。
　　日曜日(ニチヨウニチ) Sundayサンデイ
　　月曜日(ゲツヨウニチ) Momday(ママ)モンデイ
　　火曜日(クハヨウニチ) Tuesdayチュースデー

水曜日(スイヨウニチ) Wednesdayウエドネスデー
木曜日(モクヨウニチ) Thrusday(ママ)ソルスデー
金曜日(キンヨウニチ) Fridayフライデー
土曜日(ドヨウニチ) Saturdayサチュルデー

等の七日をいふ。なた是を一個礼拝日といひ。日曜日毎にには。國中皆職業を廃止。日本にて俗にドンタクといふは此日なり。(中略) 何年何月中旬杯と書くを。西洋にては。何年。何月。第二金曜日とは。其月の第二度目の金曜日をいふ。(初編)

같은 해(1872년)에 발간된 知新館版 『英和字典』에는 일본의 요일명과 함께 중국에서의 요일명도 소개하고 있다.

「Sunday, 日曜日, 禮拜日」
「Monday, 月曜日一週の第二日, 禮拜一」
「Tuesday, 火曜日, 禮拜二」
「Wednesday, 水曜日, 禮拜三」
「Thursday, 木曜日, 禮拜四」
「Friday, 金曜日, 禮拜五」
「Saturday, 土曜日, 禮拜六」

행정적으로는 1876년부터 일본에서 일주일을 단위로 하는 생활습관이 공무에 도입되는데 이로서 이후 일본에서는 각급 학교와 관청 등에서 일요일을 쉬는 제도가 일반화됨으로써 요일 명칭이 굳어진 것으로 보인다.

한편 우리나라에서는 조선시대 천주교 전래 이래 서양의 요일 개념을 이해하였던 것 같다. 천주교 신자인 홍유한은 1770년에 남긴 기록에서 매월 7, 14, 21, 28일에 묵상과 재계를 하였다고 쓰고 있다. 우리나라의 요일에 대한 기록을 잠시 소개하면 다음과 같다.

『朝日稅義』
第4穀 **日曜日**不計以進口之時(1881)

『英約附屬通商章程』
第1穀~ 二十四日個時辰內**禮拜**及**停公日**不許(1883. 11. 26)

『法約附屬通商章程』
第1穀 疑船?進出海口~二十四日個時辰內**禮拜**及**停公日**不許(1886. 6. 4)

『漢城旬報』와 『漢城周報』에는 중국식 용어(禮拜日, 禮拜一, 禮拜二, 禮拜三, 禮拜四, 禮拜五, 禮拜六)과 함께 일본식 요일이 사용되고 있다.

『漢城旬報』
西報譯錄 同日字林~**禮拜四**下午(1883.11.10)

日本小博十月初六日~前**禮拜六**(1883.12.20)

香港中外新聞載~西字信息云前兩**禮拜**(1884.1.8)

1894년 6월 21일부터 발행한 『官報』는 「開國五百四年正月初一日」

와 같이 날짜 다음에 요일 표시를 하지 않다가 이듬 해인 1895년 4월 1일부터는 「開國五百四年四月一日 木曜」에서 보는 바와 같이 날짜에 요일을 병기하고 있다. 이는 국가가 앞으로 서양의 요일제를 받아들이겠다는 의지로 해석하여도 무방할 것이다. 대한제국이 공식적으로 일요일에 휴무를 하게 된 것은 1895년 5월 10일부터인데 5월 10일자 『官報』는 이에 대하여 다음과 같이 적고 있다.

第四條 日曜日은全日休暇를作ᄒ고土曜日은正午十二시로붓터休暇를作홈 (1895. 5. 10)

법적인 일요 휴무제도가 최초로 채택된 것은 갑오개혁 당시인 1895년 5월 10일에 내각 총리대신 박정양의 이름으로 발표된 각령(閣令) 제7호 '各官廳執務時限'에서였다. 1895년 각령 제7호는 다음과 같다.

○ 閣令
各官廳執務時限을左갓티定홈
開國五百四年閏五月十日內閣總理大臣朴定陽
閣令第七號
第一條　各官廳執務時限은左갓티定홈
　　　　□雨로小暑前日가지　午前九時로午後三時가지
　　　　小暑로白露前日가지　午前八時로正午十二時가지
　　　　白露로穀雨前日가지　午前十時로午後四時가지
第二條　左開■日은休暇로홈
　　　　開國紀元節　　七月十六日
　　　　大君主誕辰　　七月二十五日

審告日　　　十二月十二日

除夕前日로 正朝三日ᄭ지

第三條　小暑로白露ᄭ지ᄂ職務上에勿妨■則本屬

長官은其僚屬에休暇를與ᄒ믈得홈

第四條　**日曜日은全日休暇를作ᄒ고土曜日은正午**

十二시로붓터休暇를作홈

第五條　地方의景狀과又官衙事務의情形으로已ᄒ

기得지못ᄒᄂ境遇가有■則主部大臣은閣議를經

ᄒ야右時限을改定ᄒᄂ事를得홈

第六條　事務繁劇■境遇에ᄂ上官의指揮를遵ᄒ야

休暇日或夜中을拘차勿ᄒ고職務를執ᄒ미可홈

　이 법령에서는 계절에 따른 근무 시간의 변경사항과 하기휴가, 국가적인 공휴일을 정하고 있는데 이것이 한국 정부가 공식적으로 일요일에 공적인 업무를 쉬는 일요 휴무제를 채택한 최초의 기록이다.

　이 요일제는 1895년 반포된 소학교령과 한성사범학교 규칙에도 그대로 반영되었으며, 1906년에 발포된 통감부령 제22호 '統監府及 所屬官署의 執務時間' 과 이를 더 상세하게 규정한 1907년 10월의 통감부령 제40호에는 계절에 상관없이 모든 경우에 토요일 집무는 항상 오후 1시까지로 명시되어 있는 것으로 보아 일요일은 모든 공적인 일을 중지하고 쉬는 공휴일로 인식되고 있었음을 추측할 수 있다.

　이상에서 보았듯이 우리나라에서 공식적으로 요일제가 실시된 것은 1895년 5월 10일이고, 대한제국『官報』가 이를 게재하여 한국에 요일제가 정착되는 계기를 마련하였음을 알 수 있다.

3. 義務

義務는 duty 혹은 obligation의 번역어이다. 중국 고전 『論語』의 雍
也에 「子曰務民之義」로 출현했던 것이 明治시대에 duty 혹은 obliga-
tion의 번역어로서 채용되어 일반화되었다. 의무에 대해서도 지금까
지 많은 연구가 있었는데 주요한 것을 소개하면 다음과 같다.

鈴木修次「「権利」と「義務」」『日本漢語と中国　漢字文化圏の近代
化』, 中央公論社, 1981.09, pp.45-60

樺島忠雄・飛田良文・米川明彦「義務」『明治大正新語俗語辞典』,
東京堂出版, 1984.05, 93-94

惣郷正明・飛田良文「義務」『明治のことば辞典』, 東京堂出版,
1986.12, pp.104-105

佐藤亨「漢語の出自と定着過程-「義務」を中心に」『新潟大学国語国
文学会誌』31, 新潟大学国語国文学会, 1988.03, pp.47-57

佐藤亨「漢語の出自と定着過程-「義務」を中心に」『近代語の成立』,
桜楓社, 1992.12, pp.65-85

門間泉「義務」『ことばコンセプト事典』, 第一法規出版株式会,
1992.12, pp356-363

高野繁男「『明六雑誌』の和製漢語」『『明六雑誌』とその周辺』神奈
川大学人文学研究所編, お茶の水書房, 2004.03, pp.193

馮天瑜『新語探源』,中華書局,2004.1, pp.400-401

高野繁男「『百科全書』の訳語」『近代漢語の研究-日本語の造語法・
訳語法』, 明治書院, 2004.11, pp.99

孫建軍「「義務」の成立」『日本近代語研究』4飛田良文博士古稀記念,

ひつじ書房, 2005.06, pp.55-72

중국에서 「義務」는 앞에 소개한 論語 이외에는 용례가 보이지 않으며 19세기 이후 서양 선교사들이 작성한 영중사전 등에도 나타나지 않는다.8) 「義務」와 관련된 용어가 일본에서 등장하는 것은 니시 아마네(西周)역 『万國公法』이다. 니시 아마네(西周)는 『万國公法』의 서문에서

> 万國公法ハ法學ノ一部ニシテ、万國互ニ相對シ兼ルコトヲ得ルノ權ト務メサルコトヲ得サルノ義トヲ論スル者ナリ(第1巻, 第1章, 第1節)

---

8) 중국에 온 서양 선교사들이 작성한 사전의 예는 다음과 같다.
『A Dictionary of Chinese anguage』(R.Morrison)(1815-1823) Obligation의 譯語의 역어는 출현하지 않으며 Duty의 譯語로는 That which a Person ought to do로 나타난다.
『An English and Chinese Vocabulary in the Court Dialect』(英華韻府歷階 S.W.Williams)(1844) Obligation의 譯語로는 樂從, 悅從가 보이며 Duty의 譯語로는 餉銀, 悅;本分,己任이 출현한다.
『English and Chinese Dictionary』(W.H. Medhurst)(1847-1848) Obligation의 譯語로는 職分, 本分이 보이고 Duty의 譯語로는 該然, 依次序이 나타난다.
『English and Chinese Dictionary』(W.Lobscheid)(1866-1869) Obligation의 譯語로는 職分, 本分, 本當的, 應該的, 理當的이 출현하며 Duty의 譯語로는 職分, 本分, 責任이 보인다.『Vocabulary and Handbook of the Chinese Language』(英華■林韻 府 J.Doolittle)(1872) Obligation의 譯語의 역어는 출현하지 않으며 Duty의 譯語로는 分所應爲이 나타난다. 위에서와 같이 모리슨의 英華辭典에는 수록되어있지않다. 윌리엄의 『英華韻府歷階』에서는 樂從, 悅從라고 譯語를 사용하고 있으나 Obligation의 원래의 의미와는 동떨어져 있다. Medhurst 와 Lobscheid에서는 漢籍에 있는 표현을 전용하였다. 19세기 중반까지 중국에서 간행된 對譯辭典에는 Obligation의 譯語에 「義務」는 보이지 않는다.

와 같이 「義務」와 관련된 기술을 하고 있다. 또한 쓰다 마미치(津田眞道)가 번역한 『泰西國法論』에는

> 住民の國家に對して~諸權は是國家の公義公務なり。然れ共此義務は道學に所謂國家の義務にして法學に論して之を國家の要約と成し難し。

와 같이 「義務」의 성립과 관련된 표현을 쓰고 있다. 하지만 1870년대까지의 일영사전에는 「義務」가 보이지 출현하지 않는다.[9]

---

9) 1860년대 이후 주요 일영사전의 용례를 살펴보면 다음가 같다.
　○ 『增補漢語字類』(1876) 人々ノスベキワザ 『布告律令字引』(1876) セケンノギリ 『新撰玉篇』(1877) ギノツトメ 『文明いろは字引』(1877) タウセンノツトメ 『新撰詩學自在』(1878) ヒトノスベキコト 『小學修身書字解』(1881) セネバナラヌツトメ 『小學修身書字引』(1883) セネバナラヌツトメ
　○ 英日對譯辭典書의 Obligation과 Duty의 譯語
『韻厄利亞語林大成』(1814) Obligation의 譯語는 約書 [ケイヤクノカキツケ] Duty: 勤又任.
『英和對譯袖珍辭書』(堀達之助)(1862) Obligation의: 關係, 務 Duty: 勤メ, 運上, 年貢
『改正增補英和對譯袖珍辭書』(堀達之助編, 堀越龜之助改訂)(1866) Obligation: 關係, 務Duty: 勤メ, 運上, 年貢
『和英語林集成』(J.C.Hepburn)(1867) 〈和英之部〉Obligation: Beki, hadz, atarimaye- Duty: Tatsutome, yakume, hoko
『改正增補和譯英辭書』(薩摩學生)(1869) Obligation : 關係, 務　Duty:勤メ, 運上, 年貢 『英和字典』(吉田賢輔)(1872) Obligation: 關係, 盟約セネバナラヌコト,本分, 職分, 缺債　Duty:職業, 柔順, 運上, 勤メ, 本分, 職分, 分內之事
『和英語林集成』〈再版〉(J.C.Hepburn)(1872) Obligation : Beki, hadz, atarimaye Duty : atsutome, yakume, hoko.
『附音揷圖英和字彙』(柴田昌吉,子安俊)(1873) Obligation : 擔承, 關係, 約束, 職分, 負債, 當然ノ事 Duty:職分, 義理, 從順, 謙遜, 恭敬, 職掌, 軍役, 稅, 稅銀
『和譯英語聯珠』(岸田吟香)(1873) Obligation : 關係, 務　Duty : 勤メ, 運上, 年貢.

「義務」란 용어를 처음 사용한 것은 후쿠자와 유키치(福澤諭吉)로 알려졌다. 후쿠자와 유키치(福澤諭吉)는 1867년에 발행한 『西洋事情 外篇』과 1870년에 발행한 『西洋事情 二篇』에서 영어의 duty와 obligation에 해당하는 대역어(對譯語)로 「職分」을 사용하고 있는데 1876년에 저술한 『文明論の槪略』에서는 「職分」 대신에 「義務」를 사용하고 있다. 후쿠자와가 사용한 「職分」은 유길준의 『西遊見聞』에 받아들여져 「政府의 職分」과 같은 용도로 사용된 것은 유명한 예이다.

그후 이 「義務」는 1889년 2월 11일 반포된 『大日本帝國憲法』에는

本臣民ハ法律ノ定務ル所ニ從ヒ兵役ノ**義務**ヲ有ス(第2章, 第20條)

와 같이 국민의 「義務」를 규정하고 있으며 이후 「義務」는 일본에서 법률 용어로 정착되게 된다.

대한제국 『官報』에는 총176개가 출현하는데 용례는 다음과 같다.

第二十條納稅者及其他納人이前條証印을得ㅎ며 면租稅及其他歲入을納上ㅎ미**義務**를終ㅎᄂᆫ者로홈(1895. 4. 5)

第五十一條執行이라稱홈은公有나私有ᄒᆞ財産에干犯이나応償홀**義務**가有ᄒᆞ人의財産을執收홈을謂홈이라(1900. 10. 1)

『哲學字彙』(井上哲次郎)(1881)Obligation:職分, 義務　Duty：항목 없음
『改訂增補哲學字彙』(井上哲次郎, 有賀長雄增補)(1882)Obligation: 擔承, 關係, 約束,職分, 負債, 當然ノ事Duty: 職0分, 義理, 從順, 謙遜, 恭敬, 職掌, 軍役, 稅銀
『改正增補和英和語林集成』〈3판〉(J.C.Hepburn)(1886) Obligation의; Gimu, Duty, 『漢英對照いろは辭典』(1888) Obligation:: ぎむ(名)義務

二刑의滿期나特赦나期滿免除된証書三賠償의**義務**를免호証書四
過去現在의居住生業을記載호書類(1901. 2. 16)

五.臨時貯存簿政府에셔保管의**義務**가有호金錢의貯存額及返戻額
을明了케호는(1906.1.18)

第五十七條執行이라称홈은公有나私有호財産에干犯이나応償홀
義務가有호人의財産을押収홈을謂홈이라(1905.5.29)

위의 예에서 보는 바와 같이 「義務」는 일본에서 중국의 고전어를
부활시킨 것으로 대한제국『官報』의 법령문 등을 통하여 한국에 유
입된 것으로 보인다.

4. 電話

電話는 英語 telephon의 번역어이다. 전화는 알렉선더 그라햄 벨
에 의해서 1877년에 발명되었다. 이는 바로 중국에 소개되어 1880년
에 鄭觀応이 저술한『易言』에 이미 그 존재가 소개되었다. 중국 자
료를 보면 처음에는 번역어를 사용하지 않고 「得利風」이나 「德律風」
「得律風」「德利風」처럼 주로 음역어(音譯語)형태로 사용되었으며 이
는 중국에서는 좀 색다른 형태라 볼 수 있다. 선행 연구에 따른 중국
에서의 전화의 용례를 살펴보면 다음과 같다[10].

---

10)「電話」에 대한 선행 연구로는 다음과 같은 것이 있다.

『萬國公報』中國欽差試看**得利風** (1877. 12. 15)

『格致彙編』上海初用**傳聲器** (1878. 1)

『淞南夢影錄』(1883) 聞此法由歐人名**得律風**者所創, 故卽以其名名

之云

『出使日記讀刻』辥福成 電報之法奇■, **德律風**則奇之又奇 培?制德

律風

『萬國公報』(1877) **得律風**云行天下/大英國事 論**得利風**/大美 敎師

用得利風聽書

大日本國 盛行**德利風**/中國電線考

得力風

德律風

電氣考 電報**德律風**

德律風成/大美國 **德律風**多

德律風源流考/英議院 議**德律風**

瑞典 安**德律風**

石井研堂「電話の始」『增補改訂明治事物起源』下卷, 春陽堂書店, 1944.12,
pp.736-739

惣郷正明・飛田良文「電話」『明治のことば辭典』, 東京堂出版, 1986.12, p.397

富田仁「電話」『舶來事物起源事典』, 名著普及會, 1987.12, pp.259-260

沈國威『近代日中語彙交流史- 新漢語の生成と受容』, 笠間書院, 1994.03, p.200

湯本豪一「電話」『図說明治事物起源事典』, 柏書房, 1996.11, pp.310-311

朝倉治彦・安藤菊二・樋口秀雄・丸山信「電話」『新裝版事物起源辭典衣食住
編』, 東京堂出版, 2001.09, pp.270-271

荒川清秀「「電」の付くことば-「電話を中心に」『19世紀中國語の諸相』, 雄松堂
出版, 2007.03, pp.263-282

新井奈緒子「近代黎明期の通信-「電話」「電信」の変遷をめぐって」『日本研究』
35, 國際日本文化研究センター, 2007.05, pp.95-126

久世善男「電話機」『言葉のなづけ親-翻譯に見る文明開化』, 朝日ソノラマ,
1975.11, pp.154-158

위의 예를 보면 중국에서는「得利風」이나「得律風」「德利風」「得力風」「德律風」과 같은 음역어가 사용되었음을 알 수 있다.

일본에서「電話」에 대한 기록이 나오는 것은 1880년경부터인데 잠시 그 기록은 다음과 같다.

『遊歷日本圖經餘記』(1889)

上篇 設之招商局者, 有官報機器六, 又有**得力風**

下篇 述《美利加**電話**機系統表》

『淸政府電政督辯』(1899) **電話**

『英和對譯袖珍辭書』(1862) telegraph **傳信機**

1884년에는 大藏省와 內閣간의 사이의 공문서에「電話線架設」의 조회가 보인다.[11] 또 工部省으로부터 太政大臣에게「電話線新設之義」의 再伺에서도「電話機」와「電話」가 출현한다. 후쿠자와 유키치(福澤諭吉)가 발간한『時事新報』의 1889년 4월 8일 기사에는 電信電話線架設工事의 광고가 수록되어 있다. 일본에서 전화가 상업적으로 사용하게 된 것은 1890년로 일본 내에서 전화 사용자가 증가한 시기이다.

한국에서 전화가 사용되기 시작된 것은 1898년 당시 宮內部 주관으로 궁중에서 각 衙門과 연락을 위해 덕수궁에 전화시설을 마련하여 각 아문은 물론 인천에 있는 監理所에까지 전화를 개통하면서부터이다. 처음에는「得利風」「得力風」「德律風」 등의 용어가 사용되기

---

11) 荒川淸秀「「電」の付くことば-電話を中心に」『19世紀中國語の諸相』, 雄松堂出版, 2007.03, pp.263-282

도 하였으나 대한제국『官報』이후에는「電話」이외에는 사용되지 않는다.

대한제국『官報』에는「電話」가 총1,799개의 용례가 출현한다. 이들 용례의 일부는 다음과 같다.

奧地利郵遞及電信統計라

商務部統計局으로부터近來公報혼一千八百九十四年郵遞及電信統計에據혼즉同年의郵遞局總數가五千四百六十六(前年에五千二百九十三)이오電信局總數가四千二百九十三(前年에四千二百二十九)이오 (중략) 또一千八百九十四年末에**電話**線路의數는一百二十二오市內電話線은四十七인ᄃᆡ其延長을合計ᄒ니六万四千六百五基羅米突이오**電話**加入者의數는一万六千六百四十七人이오電話所及**電話**加入者가同年間에**電話**機로伝話혼度數는五千七百万度라郵遞電信及電話業의收入은三千七百九十七万七千七百十一(중략)(澳國商業博物館週報, 1896. 3. 18)

電話規則(1902. 4. 28)

第一條漢城과仁川間에**電話**機를設始ᄒ고各港口와大都會處에도漸次投홈이라第二條各港口와大都會處에電話機設ᄒᄂᆞ時에ᄂ各其直線으로架設홈이라第三條**電話**通信時間은上午七時로下午十時지定홈이라

第四條   稅金額은何處**電話**所에셔던지三里以內에居住ᄒᄂᆞ人員의게電話機掛홈을請求ᄒᄂᆞ境遇에ᄂ每个年에壹百元으로定홈이라

第五條稅金은年額을分半ᄒ야六个月額五十元을先納홈이라

第六條 税金을納付호人의게**電話機**를許設홀時에는各該電話所로
從호야該家지掛線호고電話機具를備給홈이라

第七條 **電話所**에셔三里以外에架設홈을准施홀境遇에는年額税
金外에每一里以內에所入費額六十元式增收홈이라

第八條 電話機已設호外에增設홈을請求홀時에는機具數額을隨
호야該費額을徵收홈이라

第九條 各處에掛호는**電話機具**等은通信院에셔供給호고妥爲保
密홈이可홈이라

第十條 請願人家에設호機具等은通信院物品으로認做홈이可홈
이라

第十一條 需用機具가年久消耗호기外에或因火災及其他意外事端
호야該機具鐵糸等物이或全數破傷호거나或値小傷호는
境遇에는該物品价額을照호야該家主에게徵收홈이라

第十二條 **電話**通信上에錯誤와過失이던지伝遞에遲滯호든지不能
伝遞호든지寄托호言辭를遺不伝호는事項의咎는電話所
에셔任치아니홈이라

第十三條 通信院總辦이所官吏를派遣호야電話機具等을隨時檢察
홀時는該機具設處에無碍出入호며年税定期가過호境遇
에는電話所官吏가該機具를直行撤還홈이라

第十四條 年額税金을不納호人이税金을納호人이든지不納호人에
게電話所電話機로通信홈을得호되通信을時는每五分時
間內에税金五十錢을先納홈이라

第十五條 税金年額과通信料金은時宜를從호야通信院總辦이院令
으로隨時改定홈 이라

第十六條　稅金을納ᄒᆞᆫ人이든지不納ᄒᆞᆫ人을勿論ᄒᆞ고通信ᄒᆞᆯ時에稅
　　　　　金을不納ᄒᆞᆫ人을要請ᄒᆞᆯ時ᄂᆞᆫ每一里에請單伝遞費二錢式
　　　　　을要請人이先納ᄒᆞ야請單伝遞人의 料資로供ᄒᆞᆷ이라
第十七條　通信院總辦이電話機使用請愿人에게對ᄒᆞ야酌核不准
　　　　　ᄒᆞᄂᆞᆫ權도有ᄒᆞ며或他線에私自聯接ᄒᆞᆷ과使用ᄒᆞᆷ을禁止
　　　　　ᄒᆞᆷ이라
第十八條　稅金을納ᄒᆞᆫ人이通信院許可ᄅᆞᆯ経치아니ᄒᆞ고該家設ᄒᆞᆫ
　　　　　機具ᄅᆞᆯ他人에게擅自与授ᄒᆞᆷ을不得ᄒᆞᆷ이라
第十九條　稅金을納ᄒᆞᆫ人에게電話機具ᄅᆞᆯ備給掛設ᄒᆞᆯ時에該線路
　　　　　의不便ᄒᆞᆷ을因ᄒᆞ야 特別ᄒᆞᆫ費額이有ᄒᆞᆯ時ᄂᆞᆫ通信院總辦
　　　　　이該費額을照ᄒᆞ야徵收ᄒᆞᆷ이라
第二十條　稅金이든지各項応納金을納期十个日이過ᄒᆞ도록不納
　　　　　ᄒᆞᄂᆞᆫ境遇에ᄂᆞᆫ通信院總辦이該家主에게通知ᄒᆞᆷ이無ᄒᆞ
　　　　　고錄名을刪去ᄒᆞ며機具等을撤還ᄒᆞᆷ이라
第二十一條　稅金을納ᄒᆞᆫ人이든지不納ᄒᆞᆫ人을勿論ᄒᆞ고通信ᄒᆞᆯ時에
　　　　　或無常ᄒᆞᆫ言辭로 毀悖ᄒᆞᆷ이有ᄒᆞ면通話ᄅᆞᆯ停止ᄒᆞᆷ을得ᄒᆞᆷ
　　　　　이라
第二十二條　電話通信上에言詰爭가有ᄒᆞᆫ時ᄂᆞᆫ通信院總辦이裁決禁
　　　　　斷ᄒᆞᆷ이라
第二十三條　通信院에셔機具等을妥善排ᄒᆞᆯ지나通信ᄒᆞᆯ時에或靈通
　　　　　치못ᄒᆞᄂᆞᆫ咎ᄂᆞᆫ任 치아니ᄒᆞᆷ이라
第二十四條　電話費ᄂᆞᆫ通信ᄒᆞ기前에納ᄒᆞᆷ이라
第二十五條　電話費金額은領受ᄒᆞᆫ后에ᄂᆞᆫ還給지아니ᄒᆞᆷ이라
第二十六條　稅金完納ᄒᆞᆫ人家의機具備設ᄒᆞᆫ位ᄅᆞᆯ変遷ᄒᆞᆯ時ᄂᆞᆫ該家主
　　　　　가通信院에告知ᄒᆞ면通信院에셔施行ᄒᆞᆯ지니或該家主

나 使役이 自行変通홈을 不得홈이라

第二十七條　稅金을 納ᄒ기 願ᄒᄂ 人은 通信院에 請願式紙를 請求ᄒ
야 用홈이 可홈이이라

第二十八條　請願人의 姓名과 号數를 通信院에셔 印刷ᄒ야 各請願人
處에 頒給홈이라

第二十九條　無論 何人ᄒ고 本規則을 違犯홈 時ᄂ 通話홈을 不許ᄒ고
該家內에 設ᄒ 電話機具지 幷行撤還홈이라

第三十條　事務擴張홈을 隨ᄒ야 電話支所를 增ᄒ며 線路를 分合홀 時
에ᄂ 通信院總辦 이院令으로써 定홈이라

附則

第三十一條 本令은 頒布日로붓터 施行홈이라

光武六年四月二十四日御璽 奉敕

위의 예를 보면 『官報』에 쓰인 용례는 일본어의 「電話」와 그 의미
와 용법이 같음을 알 수 있다. 『官報』에서는 「得利風」「得力風」「德
律風」 등 telephon의 音譯語는 출현하지 않고, 모두 「電話」가 사용
된다. 한국에서는 1902년 3월에 서울과 인천 사이의 전화가 가설되었
고, 같은 해 6월 시내 교환 전화가 가설되었다. 1903년 부산에도 전
화가 가설되었는데 이 시기에 가설된 전화기는 에릭슨사(社)에서 제
작한 자석식 단식교환기와 벽괘형(壁掛型) 전화기였다. 1905년 한국
통신권이 일본에 의해 강탈당함에 따라 한국의 전화사업도 일본의
손에 넘어가, 8·15광복 때까지 40년간 일본인에 의하여 운영되었다.

5. 取扱

도리아쓰카이(取扱)는 16세기말부터 용례가 보이는 순수한 고유일
본어로서 오늘날에도 사용되고 있다. 우리말로는 「다루다, 처리하다」
「접대하다」라는 의미이다. 이것은 고유일본어이므로 일본에서는 한
자로 표기하더라도 우리나라처럼 음독하는 일은 없다. 그러나 「取扱」
는 한국어에 서는 「취급(取扱)」과 같이 음독되고 있다.

한국어에는 대한제국 『官報』이전에는 사용된 예가 없는 것으로 보
아 대한제국 『官報』를 통하여 유입된 단어로 추정된다. 『官報』에는
총 942회 출현하였다. 「取扱所」와 「取扱費」「取扱規程」「取扱者」「取
扱時間」「取扱局」「取扱店」「取扱方法」「取扱規則」 등과 같이 복합어의
형태로도 쓰이고 있다. 『官報』에 쓰인 「取扱」의 예는 다음과 같다.

> 叅照 軍部處務規程
> 第六條本規定에各局長을爲ㅎ야規定ㅎ는條項은官房長이며課長
> 을爲ㅎ야規定ㅎ는條項은官房副長이며課員을爲ㅎ야規定ㅎ는條項
> 은官房員에게도適用홈
> 第十條秘書官을兼ㅎ는副長은本務를分掌ㅎ外에는大臣에게專屬
> ㅎ야機密文書의**取扱**과秘密ㅎ는事務에服ㅎ고大臣協辦의官印과
> 軍部印을管守ㅎ과其他人事外에上裁와機密에關ㅎ는差使往復
> 을掌홈(1899. 3. 2)

> 部令 內部令第二十号
> 虎列剌預防規則
> 虎列剌는伝染病中에猛惡이最甚ㅎ야其蔓延流行의凶暴慘虐은

世人所熟知라抑其本病의病毒은一種細菌이爲主ᄒᆞ야患者의吐
瀉物中에含ᄒᆞᆫ故로本病의蔓延ᄒᆞᆷ을預防ᄒᆞᆷ은吐瀉物과及汚染ᄒᆞᆫ
物에消毒法을遺漏치勿ᄒᆞᆯ지니不可不患者發生ᄒᆞᆯ初와病毒이未
散蔓ᄒᆞ기前에十分消毒法을行ᄒᆞ야病災를其一小部分에熄滅케
ᄒᆞᆯ지니라

第一條虎列剌의患者有ᄒᆞᆫ家의預防法을左와갓치施行ᄒᆞᆯ事一患
者ᄂᆞᆫ居室를一定ᄒᆞ야看病人外에ᄂᆞᆫ他人을勿通ᄒᆞᆯ事 (중략)

八看病人은其衣服을患者의吐瀉物에触지안케注意ᄒᆞᆯ지오且其
吐瀉物과及其汚染物品을親手로**取扱**ᄒᆞ얏거든直히石炭酸水와
又昇汞水에手를洗ᄒᆞ고更히淨水에洗ᄒᆞᆯ事九患者의居室에入ᄒᆞ
야ᄂᆞᆫ飮食物을患者外에ᄂᆞᆫ決斷코飮食치勿ᄒᆞᆯ事(이하 생략)(1899.
9 .1)

고유 일본어인 「取扱」이 우리나라에 들어오게 된 것은 일본의 법
령이나 제반 규정을 들여오는 과정에서 유입된 것으로 생각된다.

6. 硝子

硝子(ガラス)는 우리말 「유리」에 해당되는 단어로서, 유리는 서양
기원의 물건으로 이른 시기에 동양에 전해진 것으로 알려졌다.[12] 중

---

12) 硝子(ガラス)에 대한 선행 연구로는 다음과 같은 것이 있다.
　　石井研堂 「硝子製造」『增補改訂 明治事物起源』下卷, 春陽堂書店, 1944.12,
　　pp.931-939
　　春山行夫 「近代用語の系統 7」『言語生活』186, 筑摩書房, 1967.04, p.55
　　斉藤静 「硝子」『日本語に及ぼしたオランダ語の影響』, 篠崎書林, 1967.08,

국 고전에는 불경에 다수 출현하며 우리나라에서도 신라시대의 고분에서 출토되는 것을 보면 삼국시대에 이미 들어와 있었던 것으로 생각된다. 일본에도 그 역사가 오래되어 正倉院에 보물 속에 서역에서 제조되어 신라를 거쳐서 일본에 들어 온 유리 제품이 보존되어 있다.

스즈키 나오에(鈴木直枝)의 연구에 의하면 일본에서 「유리」라는 말은 「ルリ(瑠璃)」「ハリ(玻璃)」「ビイドロ」「ギヤマン」「ガラス」「グラス」 등으로 불리워졌다 하며 그는 유리의 일본 전래와 제조에 대하여 다음의 네 시기로 나누어 설명하고 있다.[13]

○ 제1기(~1550): 나라(奈良)시대에 중국으로부터 주조법이 전래된 시기
○ 제2기(1551-1649): 자비엘의 일본 내방과 함께 서양과 교류가 시작된 시기
○ 제3기(1650-1867): 서양의 유리 제조 기술이 나가사키에 전래된 시기
○ 제4기(1868~): 明治 시대 문명 개화 이후

〈제1기〉에는 유리가 「瑠璃」「頗利」라는 표기로 등장하는데 그 실례는 다음과 같다.

---

pp.72-74
鈴木直枝 「〈ガラス〉の語史」『東北大学文学部日本語学科論集』6, 東北大学, 1994.09, pp.128-118
13) 각주82에 있는 鈴木直枝의 논문 pp.26-27을 참조.

瑠璃吹瑠璃護亦云毘瑠璃(『一切経音義』二十三 七十育経云)
頗利力私切又作黎(『一切経音義』二)

헤이안(平安)시대가 되면 일본어 문장에도 「ハリ」「ルリ」의 용례가
나타난다.

この皮衣いれたる箱を見れば、くさゞのうるはしき**瑠璃**を色
えてつくれり(『竹取物語』, 859)
緑真珠の葉は**瑠璃**の色にて**玻璃**玉の焼やかなる枝は(『栄花物語』,
1037)
朝廷**婆梨**をかかやかして蜜教浄土の儀式をあらわす(『平家物
語』, 1231)

〈제2기〉에도 제1기에 사용되던 「ハリ」와 「ルリ」는 계속 사용되나
스페인어 「ビイドロ(vidro)」와 네덜란드어 「ギヤマン」가 들어와서 함
께 사용된다. 〈제2기〉의 용례는 다음과 같다.

Ruri ルリ 青色をしたある宝石(『日葡辞書』, 1603)
Fari(玻璃)Tama(玉) 宝石の一種(『日葡辞書』, 1603)
びいどろの杯 (『醒醐笑』、1623)
氷とくる水は**ひいどろ**なかし哉(俳諧『犬子集』一春水、1633)

〈제3기〉는 앞 시대에 쓰이던 「ハリ」「ルリ」「ビイドロ」「ギヤマン」
과 함께 「ガラス」「硝子」가 쓰이기 시작한 시기이다.

びいどろの障子に玉兎冴還り(季吟)火ともしの火や便てきゆ
らん

(俳諧『紅梅千句』, 1655)女郎の腹の内は**びいどろ**のごとくみえす
ぎ(『好色一代男』4-6,1686)**ギヤマン**の玉(『増補華夷通商考』
4,1708)

ふいて見や ようはあのように**びいどろ**や(雑俳『削かけ』、1713)

今唐人呼**硝子**、称波宇利伊乃**玻璃**字音(『和漢三才図会』1715)

なんでも中州の**硝子ビイドロ**を逆さといふ評判さ(洒落本『世
説新語芥』, 1777)

<ruby>硝子<rt>ビイドロ</rt></ruby>＝ガラス(箕作阮甫『改正蛮語箋』, 1850)

　위의 예에서 주목할 만한 예는 『和漢三才図会』의 예인데 「硝子」
가 중국어 표기에서 왔다고 하는 지적이다. 즉 「硝子」는 중국에서
유리를 표기하는 용어였던 것이다.

　〈제4기〉 즉 明治維新 이후가 되면 처음에는 〈제3기〉까지 사용된
단어가 모두 사용되나 점차 「ガラス」란 용어가 자주 자용되었으며
이를 한자로 표기하였을 때는 「硝子」란 표기가 다용되었다. 또한 영
어 glass의 영향으로 「グラス」도 사용된 시기이다. 〈제4기〉의 용례를
몇 개 들기로 한다.

ギヤマン＝ガラス(『外国通商異国ことば附』,1868)

Pane 四角なる<ruby>硝子<rt>ビイドロ</rt></ruby>板(障子にする)(『改正増補和訳英辞書』,1869)

グラス(『西洋料理通』仮名垣魯文, 1872)

硝子戸の中から外を見渡すと(夏目漱石『硝子戸の中から』,1915)

子供だちは、小さなグラスの板に、真っ黒に墨を塗って仰い

だ (『時は過ぎ行く』山田花袋、1916)

　이상으로 살펴 본 바와 같이 「유리」의 의미를 나타내는 일본어 단어는 「ハリ」「ルリ」「ビイドロ」「ギヤマン」「ガラス」 등이 있었고 한자로 표기할 때는 「瑠璃」「頗利」「玻璃」「硝子」 등이 있었으나 1868년 명치유신 이후에는 점차 「硝子」가 많이 쓰이게 되었음을 알 수 있다.
　한국어에 들어 온 것으로는 이 「硝子」가 문제인데 중국에서 직접 들어온 단어인지 일본을 거쳐서 들어온 단어인지가 문제가 된다. 다만 조선왕조실록에 「瑠璃」「頗利」「玻璃」만 보이고 「硝子」의 용례가 없는 것을 보면 「硝子」가 조선시대에 쓰인 단어로 보기는 어렵겠다. 『漢城旬報』와 『漢城周報』에도 「硝子」는 출현하지 않는다. 『漢城旬報』에는 제19호에 「玻璃」(1884. 4. 25)가 보이고 제25호에도 「玻璃」만 출현한다. 금번 조사에서 출현한 「硝子」는 대한제국 『官報』에 나오는 예가 가장 빠르다. 『官報』에는 2개의 용례가 보이며, 실제 용례는 다음과 같다. 아래의 용례는 1908년 12월 2일자 『官報』에 실린 광고문이다.

> 一**硝子**瓶弐合入(標本入)七千個　但入札保証金은各自見積代金百分之五以上右로購買ㅎ니入札希望이有ㅎ者는十二月十六日内로当課에出頭ㅎ야(중략)隆熙二年十二月二日　農商工部会計課

　한편 『官報』에는 「玻璃」와 「琉璃」도 쓰이는데 조사 결과 「玻璃」는 16개, 「琉璃」가 3개 출현한다. 이들 용례를 각각 제시하면 다음과 같다.

水先船은白燈을檣頭에揭ㅎ는代에隨時로此를表示ㅎ고又前項의舷
頭의代에一面은綠色一面은紅色의**玻璃**를用흔燈籠一個을手近處에
備置ㅎ고前項의規定에依ㅎ야此를使用홈을得홈(1909. 10. 11)

侍衛第一聯隊第三大隊中隊長宋學洙小隊長玄桓拘拿之由業經奏
下而(중략)本月八日在於內直所而士卒有砲聲事來告然直所是**琉璃**
窓故未聞砲聲使士卒探其砲聲則裕豊門把守兵金用石誤放云(1905.
6. 4)

　1896년부터 발행된『독립신문』에는「유리」만 있고「硝子」는 보이
지 않는다.『대한매일신보』와『황성신문』,『협성회회보』등에도「硝
子」는 보이지 않고「琉璃」가 사용되었다. 이를 보면「硝子」는『官報』
에 쓰이기는 하였으나 1910년경까지는 한국에서 일반화 하지 않았던
단어로 생각된다.

　이「硝子」가 한국에서 본격적으로 사용되게 된 것은 일제 시대로
일본의 유리산업 관련 공장 이름이「~硝子」였던 것에서 연유한 것으
로 추정된다. 20세기 초 유리 제조 공정이 개선되고 유리의 용도가
다양화되자 일본에서는 유리 제조 산업이 발전되기 시작했는데 일본
에서 생긴 유리 공장의 이름은 대개「~硝子」였었다. 식민지 시기 조
선에 세워졌던 유리공장도 예외가 아니어서 1913년 이재현이 설립한
회사 이름이「京城硝子製造所」였고, 1939년 설립된「第二日本硝子
株式会社」(해방 후 동양유공업 주식회사로 됨)와 1940년「日光硝子」
가 부산에 설립되었다. 6.25전쟁 중 한국의 유리 공장은 거의 파괴되
었으나 해방 후 다시 여러 회사가 설립되었다. 1957년 동양유리가「海

南硝子株式会社」(오늘날의 두산유리의 전신)을 설립하였고, 1971년에는 「大永硝子株式会社」를 설립하였다. 검색엔진 네이버를 통하여 「한국유리공업협동조합」회원사의 회사명을 검색한 결과 회원사 35개 중 대부분은 공장 명칭이 「-유리」「-유리공업」「-글라스」「-크리스탈」 등으로 바뀌었으나 (주)경남초자와 성일초자(주) 두 곳은 이직도 「~硝子」란 이름을 사용하고 있었다.

이상 내용을 정리하면 「硝子」란 단어는 중국어였으나 18세기 중엽 일본에서 사용되다가 20세기 산업화 과정에서 계승되어 일반화 되었고 이것이 대한제국 『官報』에 소개되었다고 할 수 있다.

7. 燐寸

燐寸는 우리나라의 성냥에 해당하는 영어 match를 한자로 표기한 것으로 일본인들은 음독을 하지 않고 원음에 따라 처음부터 「マッチ」 또는 「メッチ」라고 하였다.[14] 일본에서 성냥(マッチ)을 만들기 시작한 것은 1875년으로, 처음 만든 사람은 일본의 성냥제조의 아버지라 불리우는 시미즈 마코토(清水誠)이다[15]. 『明治のことば辞典』에는 「燐寸」에 관한 수많은 용례가 제시되어 있어 참조할 수 있다[16].

---

14) 「マッチ」관련 연구는 다음 문헌을 참조할 것
広田栄太郎 「「燐寸」成立考」『近代訳語考』, 東京堂出版, 1969.08, 189-211
惣郷正明・飛田良文 「燐寸」『明治のことば辞典』, 東京堂出版, 1986.12, 553-554
杉本つとむ 「近代訳語を検証する 46 燐寸マッチ/発燭燐・燐枝・摺附木・ハヤツケギ/引光奴 ツケギ」『国文学 解釈と鑑賞』
15) 米田 昭二郎(1996)「日本燐寸工業の父：清水誠」『化學と教育』44, 社団法人日本化學會, pp.28-29 참조

한국에는 1880년 개화승(開化僧)인 이동인(李東仁)이 일본에 갔다
가 수신사(修信使) 김홍집(金弘集)과 동행하여 귀국할 때 처음 가지
고 들어온 것이 알려졌다. 일반에게 생활 용품으로 대중화된 것은
한·일 합방 후인 1910년대에 일본인들이 인천에 조선성냥(朝鮮燧
寸)을 설립한 뒤이다.[17] 당시 한국인들은 불을 붙일 때는 보통 부싯
돌을 사용하였는데 성냥이 나오자 일대 불을 붙이는 일에 일대 혁명

---

16) (マッチ)의 용례는 다음과 같다.
「言海」(明治24) マッチ めつちニ同ジ。スリツケギ。
「日本大辭書」明治26 まつち 英語match。スリツケギ。=メッチ
「日本大辭林」明治27 まつち すりすけぎ。はやつけぎ。
「日本大辭典」明治29 英語より來る。擦りて火を發する府木。摺府木。
「和英大辭典」明治2〔Match〕〔Eng.〕Mathes.HAYATSUKEGI, SURITSUKEGI.
「日本新辭林」明治30 まっち 英語 Match。すりすけぎ。めつち。
「和仏大辭典」明治37matchi.(del'angl.match)Allumette.Syn. SURITUKEGI, HAYAT-
SUKEGI
「新式伊呂波引節用辭典」明治38 マッチ　スリツケギを見よ。
「地理辭典」明治39 マッチ スリツケギの別名なり。
「類別索引書翰辭典」明治43　燧寸 すりつけぎのこと。
「辭林」明治44 マッチ Match すりて火を出す具。
「實用故事俚諺俗語新辭典」明治45マッチ摺府木なり。英語マッチ。又,メッチ。
「大辭典」明治45 Match. 英語。燧寸ト当テル。スリツゲキ。ハヤツゲキ。
「新式辭典」大正1〔英語Match〕すつて發火させるもの。普通其裝置二種あ
り。すりつけぎ。マッチ
「和英語林集成<三版>」明治19MATCHI〔Eng.〕Frictio matches. Syn. SURI-
TSUGEKI.
「漢英對照いろは辭典」明治21まつち 燧枝。洋火奴。はやつけぎ。すりつけ
ぎ。Match. friction match
「農家節用農業辭典」明治39 マッチハ英語ナレドモ今ハ既ニ邦言トナレリ摺
府木トモ燧寸トモ名ク。
17) 한국에서 성냥 사용에 대해서는 이이화(1991)「민중생활 100년사 한말-성냥
과 석유를 처음 쓰던 시절」『역사비평』15, 역사비평사, pp.86-94를 참조.

이 일어났다. 일제는 한국인에게는 공장 설립을 허가하지 않았을 뿐
아니라 기술을 배우는 것도 제한함으로써 한국 시장을 독점하려 하
였고 이 때문에 일제 때에는 성냥 1통에 쌀 1되라는 비싼 값으로 판
매되기도 하였다.

이이화(1991)에 의하면 한국에서는 당시 성냥(マッチ)을 「당냥」 또
는 「燐寸」이라 하였는데 이를 19세기 말 이후 각종 문헌을 통하여
조사한 결과, 조선왕조실록과 『漢城旬報』『漢城週報』등 자료에는 그
용례가 보이지 않았고 『독립신문』『대한매일신보』『황성신문』『친목회
회보』 등에도 용례가 출현하지 않는다. 처음 용례가 보이는 것은 금
번 논문에서 다루는 대한제국 『官報』로서 「燐寸」이 1개, 「맛지」가 7
개 출현한다. 『官報』에 나온 용례를 들면 다음과 같다.

「燐寸」(1908.12.2)

煙草	一二三、〇六二	九四七、八六三
木炭	一二、四四三	六九、八〇八
石油	四、三〇六	七五八、四九八
燐寸	三五、四三七	二九五、六八七

「맛지」(1909. 9)

| 石油 | 一六、八四〇 | 三、三一九 | 五一五、〇一六 |
| **맛지** | 二六、六六一 | 四〇、七二八 | 二二七、七六八 |

위의 용례는 일반 문장 속에 나오는 것이 아니고 1909년 9월분 외
국과의 무역 사항에 출현한다. 이로 미루어 보아 『官報』에 사용된 「燐
寸」이나 「맛지」는 아직 일반 용어로 사용하였다기보다는 수입 물품

등의 고시에 출현한다.

한편 현재 우리가 사용하고 있는 「성냥」은 한자어 「석류황(石硫黄)」[18]에서 비롯된 단어로 셕류황 〉 셕뉴황 〉 셕뉴왕 〉 셕냥 〉 셩냥 〉 성냥이 되었다. 「셕류황」이 처음 문헌에 등장하는 시기는 17세기이나 「셕류황」은 초기에는 약(薬)으로만 사용되었고 17세기에 「셕류황」이 등장하는 문헌은 모두 의서(医書)이다. 18세기에 들어와 「성냥」이 불을 붙이는 재료로 사용되기 시작하였다. 이때 사용하던 성냥은 소나무를 잘게 자른 것에다 유황을 바른 것으로 화로에 넣어서 불을 일으키는 방법이었으므로 신식의 「燐寸」과는 불을 일으키는 방법이 달랐다. 이와 같이 「燐寸」은 일본에서 상품화 된 것이 수입되면서 『官報』에 소개된 것으로 보아야 할 것이다.

---

18) <셕류황≪언해태산집요(1608)≫ 출처 : 네이버 지식검색 홍윤표 (연세대 교수)

결론

Ⅲ. 결론

  이상 대한제국 『官報』에 수용된 일본어 어휘에 대하여 살펴보았다. 대한제국 『官報』는 1894년 6월부터 1910년 8월까지 대한제국이 일본에 국권을 상실할 때까지 발행된 공문서로서 당시의 정치와 경제, 군사, 행정, 교육, 문화, 각종 제도 등을 종합적으로 이해할 수 있는 자료이다. 필자는 『官報』가 개화기 한국어 자료의 보고이며, 특히 개화기에 일본어 어휘를 한국에 받아들이는 통로가 되었을 개연성이 있다고 생각하고 조사를 실시하였다.

  본 조사를 위하여 여러 가지 준비를 하였다. 그중 가장 중요한 준비는 대한제국 『官報』 전체를 입력한 일이다. 두 번째는 대한제국 『官報』에 수용된 일본어를 추출하기 위한 준비였다. 이를 위해서 한국과 일본, 중국의 연구를 먼저 조사하여 각 나라 학자들이 일본어 어휘라고 결론을 내린 단어들을 10,953개 수합하였다, 그 다음에는 이들 각 단어들을 대한제국 『官報』에서 차례대로 검색하여 『官報』에 출현 여부를 살펴보았다. 이러한 연구를 통하여 알 수 있었던 사항은 다음과 같다.

1. 대한제국『官報』에 수용된 일본어 어휘수를 조사한 결과 1,967개의 단어가 사용된 것이 확인되었다. 이 결과로 볼 때 『官報』는 개화기 한국어에 일본어 어휘를 받아들인 아주 주요한 통로였음이 확인되었다.

2. 대한제국『官報』에 수용된 일본어 어휘의 어종을 살펴 본 바 전체어휘 중 한자어가 차지하는 비율은 83.63%로 압도적으로 그 수가 많았다. 그 다음은 152개인 고유일본어(7.33%), 104개인 서양외래어(5.29%), 66개인 혼종어(3.35%)로 되어 있다. 한자어가 많이 받아들여진 이유로는 당시 한국인들이 한문과 한자에 익숙하였기 때문에 일본 한자어는 의미를 알기 쉬웠고 또 심리적으로도 저항감이 적었던 때문인 것으로 생각 된다. 고유일본어와 혼종어는 한자로 표기하더라도 당시 한국인에게는 이해하기 어려웠던 단어들이다. 그럼에도 불구하고 이들 단어가 다수 유입된 이유는 이들 단어가 법률 문장이나 각종 규정, 조약문 등에 들어 있어서 일본의 각종 서식이나 문서 양식을 모방 도입하는 과정에서 유입된 것으로 추측 된다.

3. 일본어 어휘의 수용 방법을 조사한 결과,『官報』에 수용된 일본어 어휘는 일부의 서양 외래어를 제외하고는 거의가 한자 표기어(漢字表記語)였다. 이렇게 볼 때 한자는 일본어 어휘를 한국어에 도입하는데 하나의 중요한 역할을 하였다고 볼 수 있다.

4. 『官報』에 수용된 단어는 한자로 표기된 것은 어종(語種)에 관계없이 모두 한국 한자음으로 읽었을 가능성이 높다. 물론 독법에 대한 토가 달려 있지 않아서 단정적으로 말하기는 어렵

지만 오늘날에도 한자어(철학(哲學), 경제(經濟), 반도체(半導體) 등)는 물론 고유일본어(내역(內譯),건물(建物), 조립(組立), 추월(追越) 등)와 혼종어(가계약(假契約), 견본(見本), 주식(株式), 장소(場所) 등), 심지어는 한자로 표기된 서양어(加里, 獨逸, -弗 등)까지 한국 한자음으로 읽혀지는 것을 보면 그 당시에 한자로 표기된 단어들은 모두 우리나라의 한자음으로 읽혀졌을 가능성이 높다고 하겠다.

5. 개화기 우리나라 어휘의 성립에는 여러 가지 요소들이 복잡하게 얽혀 있다. 처음에는 중국어 어휘의 영향을 받다가 1890년대 이후에는 일본어 어휘의 영향이 컸던 것으로 보이는데 그러한 의미에서 대한제국『官報』는 우리나라 개화기의 어휘의 성립문제를 연구하는데 중요한 가치가 있음을 알 수 있었다.

본 논문은 개화기 한국어 어휘 성립에 있어서 일본어 어휘의 영향을 연구하려는 필자의 기초적인 연구의 일부이며, 아직 해결해야 할 과제가 많다. 우선 말할 수 있는 과제는 금번 조사가『官報』에서 검색할 검색어를 미리 조사하고, 이 검색어에 한하여『官報』에 출현하는지 여부를 조사하였다는 점이다. 이러한 이유로 일본어 단어이면서도 검색어에 포함되어있지 않으면『官報』에서 그 단어를 찾을 수 없다는 문제가 발생한다. 이번 논문에서는 시간의 제약으로『官報』실물은 필요한 부분과 전체적인 통독만으로 하고, 나머지는 에디터를 이용한 검색 방법을 사용하는데 그쳤으나 금후에는『官報』실물을 세밀하게 읽으면서 보완해가야 할 것이다.

두 번째는 종래의 조사에서 오류가 있을 경우, 그 오류가 시정되지 않은 채 조사 결과가 도출될 위험성이다. 앞에서도 이미 언급하였지만 19세기에 들어와 한·중·일 한자문화권 사이에서는 어휘의 교류에 있어서 서로 영향을 주고받았기 때문에 어느 나라에서 어느 단어가 기원했는지를 판단하는 것은 매우 어려운 문제이다. 금번 조사에서는 문제가 있는 것이 일부 발견되어 시정하거나 판단을 보류한 경우가 있었는데, 앞으로 이 문제는 시급히 시정을 요하는 문제로 생각된다.

마지막으로 들 수 있는 것은『官報』의 작성에 관여한 한국인의 성향과 일본인들의 역할을 자세히 규명하는 일이다. 특히 일본인들의 역할을 규명할 수 있다면『官報』에 수용된 일본어 어휘의 성격과 유입 경로를 정확히 파악할 수 있을 것이다.

본 논문을 통하여 필자가 확신하게 된 것 은 대한제국『官報』는 개화기에 일본어 어휘를 한국어에 본격적으로 유입시킨 경로라는 것과『官報』가 중앙 정부와 지방의 각급 기관에 배포되는 국가의 공문서라는 점에서 그 영향력은 상당하였을 것이라는 점다. 앞으로 이번 논문의 과제를 보완하면서『官報』의 연구를 계속하여 대한제국『官報』가 근대 한국어 어휘의 성립과 어떤 관련성이 있는지를 규명해가고자 한다.

大韓帝國官報의 日本語語彙 受容研究

참고문헌

참고문헌

1. 논문

姜吉云(1992) 韓國語系統論(下), 螢雪出版社, 서울, 1992.9, 794p

姜吉云(1991) 韓國語系統論(上), 螢雪出版社, 서울, 1991.2, 825p

姜吉云(1990) 古代史의 比較言語學的 硏究, 새문사, 서울, 1990.9, 358p

姜馥樹(1971) 「国語文法에 미친 外国文法의 影響」『金永驥先生古稀記念論文集』, 螢雪出版社, pp.55-126

姜錫祐・真田信治(1996) 「韓国で日本語と意識されている語彙について」『待兼山論叢 30(日本学篇)』, 大阪大文学部

姜信沆(1957) 「軍隊卑俗語에 대하여」『一石李熙昇先生頌寿記念論叢』, 一潮閣, pp.51-77

_____(1968) 「洋服関係語彙考」『李崇寧博士頌寿記念論叢』, 乙酉文化社, pp.1-13

_____(1969) 「現代国語의 建築関係語彙考」『金載元博士回甲記念論叢』, 乙酉文化社

_____(1976) 「国語醇化의 길-日本語의 残滓와 새로운 日本漢字語

의 流入」『語文硏究』12-7, 一潮閣, pp.158-163

_____(1983)『外来語의 実態와 그 受容 対策, 韓国語文의 問題点』
一志社, pp.116-191

_____(1985)「근대화 이후의 외래어 유입 양상」『국어생활 2』, 국립
국어연구원, pp.23-36

_____(1995)「일본 한자어-국어에 나타난 일본어의 언어적 간섭」『새
국어 생활』5-2, 국립국어연구원, pp.27-60

高舜德(1947)「1944년도 不就学 朝鮮人에게 滲透된 日本語의 勢力」,
『新天地 2-7』, 新天地社, pp.98-108

高舜德(1947)「不就學 朝鮮人에게 滲透된 日本語의 勢力」,『新天地
2-7』, 新天地社, 1947.10, pp.98-108

高昌植・尹泰榮(1975)「韓國語가 日本語 形成에 미친 影響;日本語
의 語源硏究를中心으로」, 先清語文 7, 서울
사대국어국문학연구회, 1976.8, pp.1-36

金公七(1980)「원시 한일어의 연구; 공통기어 설정을 위한」한글 168,
한글학회, 1980.6, pp.79-118

김광해(1995)「국어에 대한 일본어의 간섭;국어에 나타난 일본어의 언
어적 간섭」『새국어 생활』 5-2, 국립국어연구원, pp.3-26

金圭善(1976)「韓国外来語의 形成에 끼친 日語 日語外来語의 影響」,
『어문학』35, 한국어문학회, pp.19-40

金大植(1992)「韓国慶尚南道一帯で使われている日本語の実際的調査
研究」,『大阪高麗会報』 15, 大阪高麗会, pp.48-69

金芳漢(1986)「韓國語と日本語の關係, 日本語の起源」(馬淵和夫編),
武藏野書院, pp.1-20

金思燁(1975)「日本古代語と朝鮮語(大野晋編),每日新聞社, 1975.8, pp.37-60

김영신(1984)「일본의 서구 외래어에 오염된 한국연로층의 외래어」,『새 결박태권선생회갑기념논총』, 동간행위원회, pp.185-203

金完鎭(1957)「済州島方言의 日本語 語辞 借用에 対하여」『국어국문학』18, 국어국문학회, pp.112-131

金完鎭(1957)「濟州島方言의 日本語 語辭 借用에 對하여」,『국어국문학』18, 국어국문학회, 1957.12, pp.112-131

金鐘塤(1974)「古代 日本語에 借用된 韓国語의 語彙論的 考察」『中央大論文集』19, 中央大学校, pp.107-130

김지연(2005a)「大韓帝国 官報에 나타나는 日本式 한자어에 대하여」,『日本文化学報』第26輯 韓国日本文化学会. pp.129-140

_____(2005b)「大韓帝国 官報에 나타나는 日本 漢字語에 대하여」『日語日文学研究』第55輯1巻 韓国日語日文学会. pp.139-152

金鎮圭(1986)「韓·日 両国語의 相互影響에 관한 小攷」『公州師大論文集』 24, 公州師範大学, pp.27-38

김차균(1987)「한자어입성의 성조론적 가치」『국어국문학논총』.

김형철(1999)「개화기 국어어휘」『국어의 시대별 변천 연구』4, 국립국어연구원, pp.115-162 .

려증동(1984)「19세기 일제 침략시대 일본말 번짐에 대한 연구」『모국어교육』 2, 모국어교육학회, pp.125-138

류영남(1978)「한(韓) 일(日)간의 언어 교류에 관한 고찰」『어문학교육』 1, 부산국어교육학회, pp.57-72

劉昌惇(1965)「國語淨化의 時急性;殘留 日語의 除去 問題」『思想界』 13-9, 思想界社, 1965.9, pp.276-282

文慶哲(2002) 「日本語・韓国語・中国語の漢語語彙について」『東北文化学園大学総合政策学紀要』2-1, 東北文化学園大学, pp.43-54

文洋秀(1980) 「韓國語와 日本語의 親族關係 研究」,『弘大論叢』11, 弘益大學, 1980.2, pp.5-24

朴甲洙(1983) 「무분별한 외어차용은 번역수용으로;출판문화 속의 일본어 시비문제」『출판문화』210, 출판문화협회, pp.12-15

_____(1990) 「우리말 속의 일본말 얼마나 판치고 있나」『언론과 비평』13, 언론과 비평사, pp.76-83

朴炳植(1987) 「日本語の語源は古代朝鮮語である」,『韓國文化』88, 韓國文化社, 1987.2, pp.8-13

朴炳采(1974) 「古代 日本語와 韓國語」,『高大文化』15, 高麗大學生會, 1974.10,pp.222-234

朴英變(1999a) 「일본어투 군대용어 사용 분석」『日本学報』42, 韓国日本学会, pp.51-66

朴在権(1999) 「일본어투 군대용어의 변화 실태(Ⅰ)」『日語日文学研究』35, 韓国日語日文学会, pp.63-87

_____(1999) 「일본어투 군대용어 사용분석」,『日本學報』42, 韓國日本學會, 1999.6, pp.51-66

朴在陽(1995) 「신문 방송분야에 쓰인 일본어-국어에 나타난 일본어의 언어적 간섭」『새국어생활』5-4, 국립국어연구원, pp.108-125

白南德(2005) 「20世紀初頭における在日韓国人留学生の日本語の受容-文学者崔南善の場合」『広島大学大学院教育学研究科紀要』54『広島大学大学院教育学研究科, pp.221-230

_____(2007) 「明治新漢語の初出文献について -韓国側の資料を契機
　　　　　として」,『広島大学大学院教育学研究科紀要．第二
　　　　　部』, 広島大学大学院教育学研究科, pp.259-266

徐廷範(1996) 「日本語の源流と韓國語;日本語と韓國語は同系だった」,
　　　　　三一書房, 東京, 1996, pp.248

徐廷範(1994) 「韓國에서 건너간 日本의 神과 言語」(민성홍 역), 한
　　　　　나라, 서울, 1994.9, pp.273

徐廷範(1983) 原始國語 再構를 위한 韓日 兩國語의 共通祖語 硏究,
　　　　　慶熙語文學 6, 慶熙大國語國文學科, 1983.8, pp.13-66
　　　　　誌』37, 大東文化大学外国語学会, pp. 239-258

徐正洙・우인혜(1995) 「일본을 거쳐 들어온 외래 어휘-국어에 나타
　　　　　난 일본어의 언어적간섭」『새국어생활』 5-2,
　　　　　국립국어연구원, pp.61-86

徐在克(1971) 「開化期 外来語와 新用語」『東西文化』 4, 啓明大学校,
　　　　　1971, pp.73-119

孫東周(1994) 「일상생활속에서의 일본어 사용실태-부산수산대학교 학
　　　　　생들을 대상으로」『일어일문학』 1, 부산일어일문학회,
　　　　　pp.7-39

宋敏(1979) 「言語의 接触과 干涉類型에 대하여;現代 韓国語와 日本
　　　　　語의 경우」『聖心女大論文集』 10, 聖心女子大学, pp. 29-62

____(1985) 「派生語 形成 依存形態素 "~的"의 始末」語文論叢 24
　　　　　(干雲朴炳采 博士還曆記念論叢), 高麗大國語國文學研
　　　　　究會, pp.285-301

____(1986a) 「朝鮮通信使의 日本語 接觸」『어문학논총』 5, 國民大

語文學研究所, pp.37-52

___(1986b) 「朝鮮通信使의 日本語 接触」『어문학논총』5『国民大語文学研究所, pp. 37-52

___(1987a) 「朝鮮通信使의 母国語 体験」『어문학논총』6, 国民大語文学研究所, pp. 63-83

___(1987b) 「朝鮮通信使의 日本語 周邊 認識」『한실이상보박사회갑기념논총』, 同刊行委員会, pp.701-722

___(1987c) 「韓日兩語の比較について」, 月刊言語 創刊15周年記念別冊, 大修館書店, 1987.6, pp.118-129

___(1988a) 「日本修信使의 新文明語彙 接觸」『어문학논총』7, 國民大語文學研究所, pp.51-65

___(1988b) 「國語에 대한 日本語의 干涉」『국어생활』14, 국립국어연구원, pp.25-34

___(1989) 「開化期 新文明語彙의 成立過程」『어문학논총』8, 國民大學校, pp.69-88

___(1991) 「固有日本語의 國語化실상」瑞松李榮九博士華甲記念論叢, 同刊行委員會, pp.37-52

___(1992) 「開化期의 語彙改新에 대하여」어문학논총』11, 國民大學校, pp.41-61

___(1999) 「韓國語と日本語のあいだ」, 草風館, 東京, 1999.12, 265p

신각철(1995) 「법령에 쓰이고 있는 일본식 표기 용어의 정비-국어에 나타난 일본어의 언어적 간섭」『새국어 생활』5-2, 국립국어연구원, pp.108-125

辛容泰(1987) 「高句麗の地名に殘る日本語の數詞;日本語 韓國語 殷

　　　　語〈古アジア語〉の脈絡が見えるその語源的解明」，月刊言
　　　　語 創立15周年紀念別冊，大修館書店，1987.6，pp.130-144

慎勝行(1984)　「済州方言에서의 日本語系 外来語 研究」『국어교육』
　　　　48，국어교육학회，pp.153-174

申宗泰(2005)　「韓国語に入ってきた日本語-日本式漢字語(漢語)、固有
　　　　語(和語)、外来語(和製英語)を対象に」『国文学解釈と
　　　　鑑賞』70-1，至文堂，pp.117-131

安秉坤・朴興模(1994)　「韓国에서 使用되고 있는 日本製 外来語-晋
　　　　州地域을 중심으로」『日本学報』 1，慶尚大
　　　　日本文化研究所，pp. 115-185

柳尚熙(1997)　「日本語に混用された渡来語」『二松学舎大学論集』40，二
　　　　松学舎大学，pp.1-23

劉昌惇(1965)　「国語浄化의 時急性;残留 日語의 除去 問題」『思想界』
　　　　13-9，思想界社，pp.276-282

尹義淳(1995)　「日語의 残在와 国語 醇化」『国語教育研究』 7，仁荷
　　　　大国語教育学科，pp.19-36

李基文(1973)　韓國語와 日本語의 語彙比較에 對한 再檢討，어학연구
　　　　92，서울大語學研究所，1973.12，pp.1-19

李男德(1986)　한국어의 어원연구 Ⅳ，이화여대출판부，서울，1986.2，600p

李男德(1985)　한국어의 어원연구 Ⅲ，이화여대출판부，서울，1985.12，505p

李男德(1985)　한국어의 어원연구 Ⅱ，이화여대출판부，서울，1985.11，499p

李男德(1985)　한국어의 어원연구 Ⅰ，이화여대출판부，서울，1985.3，456p

李炳銑(1997)　韓日古代地名考，국어학 연구의 새 지평(성재이동주선생
　　　　화갑기념논문집)，동간행위원회，1997.12，pp.551-562

李相五(1985) 「韓末 開化期의 日本人의 関心語彙와 語句에 대하여」, 『인문연구』7-4, 嶺南大人文科学研究所, pp.747-784

_____(1986) 「旧韓末 開化期의 日本語 流入 過程에 대하여」『인문연구』 8-1, 嶺南大人文科学研究所, pp.25-50

_____(1993) 「旧韓末 日本語 学術 文化 語彙 流入에 관한 考察-学術雑誌에 나타난 使用語彙를 중심으로」『人文研究』 142, 嶺南大人文科学研究所, pp.1-46

李姸淑・田中勝彦(1984) 「借用の条件(上);朝鮮語に入った日本語」『言語生活』 389, 筑摩書房, pp.62-66

_____(1984) 「借用の条件(下);朝鮮語に入った日本語」『言語生活』 390, 筑摩書房, pp.76-80

李令子(1984) 「우리 생활에 残在하는 일본어에 대한 一考;世代別 日本語 의식을 중심으로」『天馬学術論文集』 1, 嶺南大学校, pp.55-68

李五徳(1993) 「우리말을 잡아먹는 일본어」『殉国』 27, 殉国先烈遺族会, pp.91-99

李崇寧(1955) 「韓日両語의 語彙比較攷-糞尿語를 中心으로」, 學術院會報 1, 學術院, 1955, pp.1-19

李庸憲(1995) 「韓国に生き残っている日本語について」『日本研究』 9, 広島大学日本研究会, pp.15-27

이의도(1995) 「우리말 속의 일본말 찌꺼기」『민족정론』 22, 한국정책연구회, pp.117-125

李慈鎬(2004) 「『附音挿図英和字彙』の二字訳語における『英華字典』の影響」『早稲田日本語研究』12, 早稲田大学日本語学会,

pp. 25-36

이재원(1997) 「국어 순화(純化)의 한 고찰;일본어 사용 억제를 중심
　　　　　　으로」,『韓国体大教養教育研究所論文集』2, 韓国体育
　　　　　　大学, pp. 79-99

李鍾徹(1993) 「日本地名에 反映된 韓国語系 語源 [usu sue]에 대하여」,
　　　　　　『日語日文学研究』23, 韓国日語日文学会, pp. 105-124

＿＿＿＿(1994) 「日本地名에 反映된 百済系 借用語「Ki(城)」에 대하여」,
　　　　　　『日語日文学研究』25, 韓国日語日文学会, pp. 1-26

＿＿＿＿(1996) 「新羅系 借用語로 推定되는「博多」考」『国語教育』91,
　　　　　　国語教育学会, pp. 247-272

李漢燮(1980) 「日韓同形の漢字標記語彙」『日本語学』, 明治書店.

＿＿＿＿(1984a) 「現代韓国語に入っている日本語-日本で一部または全
　　　　　　部が訓読される語を中心に」『語文』44, 大阪大学文学
　　　　　　研究所.

＿＿＿＿(1984b) 「日韓同形のの漢字表記語彙」『日本語学』3-8, 明治書院.

＿＿＿＿(1984c) 「『西遊見聞』の漢語について-日本語から入った語を中
　　　　　　心に」, 大阪大学院文研科碩士学位論文.

＿＿＿＿(1985a) 「韓国語に入った日本語」『国語語彙史の研究 六(国語
　　　　　　語彙史研究会 編)』, 和泉書院, pp. 195-221

＿＿＿＿(1985b) 「『西遊見聞』の漢字語について;日本から入った語を中
　　　　　　心に」,『国語学』141, 国語学会(日本), pp. 39-50

＿＿＿＿(1987a) 「西遊見聞에 받아들여진 日本의 漢字語에 대하여」『日
　　　　　　本学』6, 東国大日本学研究所, pp. 85-108

＿＿＿＿(1990) 「開港以後 韓日 語彙交渉의 一断面;「主義」의 齟를 中

心으로」『日本学報』24, 韓国日本学会, pp.125-146

_____(1993) 「現代韓国語における日本製漢語」『日本語学』12-8, 明治書院, pp.50-58

_____(1995) 「「主義」という語の成立及び韓国語への流入問題」『日本語の研究(宮地裕・敦子先生古稀記念論集)』, 明治書院, pp.319-340

_____(1997) 「朴泳孝의 上疏文에 보이는 近代日本語 語彙에 대하여」, 『人文論集』42, 高麗大文科大学

_____(1999) 「西遊見聞에 나타난 외국지명 및 인명의 한자표기에 대하여」『일본어학연구』1, 한국일본어학회

_____(2003) 「近代における日韓両語の接触と受容について」『国語学』54-3, 国語学会, pp.71-84

_____(2003) 「19世紀末韓日兩語의 接觸과 交流에 대하여 ; 李憲永의 『日槎集略』을 중심으로』『日語日文學研究』46, 韓國日語日文學會, pp.281

_____(2004) 「近代以降の日韓語彙交流:日本人が直接伝えた日本の漢語」『日本研究』第3集 高大日本研究会, pp.78-91

_____(2004) 「19世紀末以後の日韓両語の接触と交流について ; 李憲永の『日槎集略』に出ている語を中心に」『アジアにおける異文化交流』明治書 院, pp.66ー76

_____(2004) 「19世紀末韓国の外交使節が記録した日本語の語彙ー朴泳孝の『使和記略』を中心に」『日本語教育学の視点』東京堂出版, pp.32-45

_____(2006) 「근대 국어 어휘와 중국어 일본어 어휘와의 관련성 ; 19

세기말 자료를 중심으로」『日本近代學研究』13, 韓國日本近代學會, pp.5-17

_____(2007) 「「哲學」概念의 성립과 한국의 일본 철학용어 受容」『근대 철학 형성의 風景과 知形圖』,영남대한국근대사상연구단, 37-59

이현복(1979) 「技術用語의 現況과 問題点, 国語의 醇化와 教育」, 韓国精神文化研究院, pp.287-305

李熙昇(1947) 「日常用語에 있어서의 日本的 残滓」『新天地』 2-5, 新天地社, pp.60-67

李熙昇(1947) 「日常用語에 있어서의 日本的 殘滓, 新天地 2-5, 新天地社,1947.6, pp.60-67

林緼圭(1984) 「韓国語에 浸透되어진 日本語의 実際的 調査研究」『釜山外大論文集』2, 釜山外国語大学, pp. 333-364

張元哉(2000) 「19世紀末の韓国語における日本製漢語-日韓同形漢語の視点から」『日本語科学』, 国立国語研究所, pp.76-95

_____(2001) 「19世紀末日韓同形同義漢語における日本製漢語の意味分野」『都大論究』38, 東京都立大学国語国文学会, pp.23-35

_____(2003) 「現代日韓両国語における漢語の形成と語彙交流」『国語学』54-3, 国語学会, pp.85-100

鄭英淑(1994a) 「일본어 접사 “的”의 성립 및 한국어로의 유입과정 고찰」, 고려대학교석사학위논문.

_____(1994b) 「日本語 接辞 "的"의 成立 및 韓国語로의 流入問題 考察」『日語日文学研究』 25, 韓国日語日文学会, pp.27-55

_____(1997) 「開化期 借用語 研究를 위한 韓国語 資料에 대하여」, 『勝

　　　　　　　山鄭致薰教授定年記念論文集』, 同刊行委員会, pp.229-240

郭永哲(1978) 「韓国語における日本渡来の外来語『解釈』24-9,解釈学会,
　　　　　　　pp.37-43

정재도(1984) 「왜말 찌꺼기-우리말 정화의 긴요성」『月刊朝鮮』 55, 朝
　　　　　　　鮮日報社, pp.52-53

_____(1995a) 「생활 속에 남은 일본말;국어에 나타난 일본어의 언어적
　　　　　　　간섭」『새국어 생활』 5-2, 국립국어연구원, pp.176-207

_____(1995b) 「한국말과 일본말의 역사의 고리」『말과 글』 64, 한국
　　　　　　　교열기자회, pp.15-17

정진석(1982) 「官報에 関한 研究 (上)」『신문과방송』141, 한국언론재
　　　　　　　단

井村勤(2003) 「日本語における借用語」『三重法経』122, 三重短期大学
　　　　　　　法経科, pp.29-36

崔敬愛(2004) 「特集 借用語音韻論の諸相)」『音声研究』6-1, 日本音声
　　　　　　　学会, pp.22-33

최규일(1995) 「방송과 신문에 나타난 일본식 말 순화-일본식 용어 사용
　　　　　　　을 삼가자」,『새국어 생활』 5-4, 국립국어연구원 pp.116-162

崔炳璉(1985) 韓國語と日本語と;言語の比較文化;, 講談社, 東京, 1985,
　　　　　　　pp.232

崔善花(2008) 「日本語・中国語・韓国語の共通語彙」『北海道大学大学
　　　　　　　院文学研究科研究論集』8, 北海道大学大学院文学研究
　　　　　　　科, pp.219-227

崔承烈(1997) 「백제와 4세기 일본; 한국어와 일본어」, 영신기획, 서울,
　　　　　　　1997, pp.310

崔承烈(1982)「韓語가 古代日本語에 미친 影響」, 기획출판테멘, 서울, 1982, pp.320

崔肅京(2006)「中国と日本の語彙交流の一側面-経済用語「銀行・保険・資本」を中心として」『富士大学紀要』39-1, 富士大学学術研究会, pp.105-138

黄美静(2007)「『西国立志編』の訳語研究-出自と拠り所を中心に」『国語と国文学』84-6, 東京大学国語国文学会, pp.58-70

荒川清秀(1997)『近代日中学術用語の形成と伝播』, 白帝社井田好治(1967), 「借用中国語についての一考察」『日本文学』, 東京女子大学日本文学研究会, pp.25-40

_____(1998)「日本漢語の中国語への流入」『日本語学』17-6, 明治書院, pp.39-46

_____(2002)「日中漢語語基の比較」『国語学』53-1, 国語学会, pp.84-96

井田好治(1967)「中国語に借用された日本の近代訳語」『言語科学』3, 九州大学, pp.25-40

岩下隆(2003)「中国語(漢語)から借用した日本語」『清泉女学院短期大学研究紀要』22, 清泉女学院短期大学, pp.97-113

大塚秀明(1990)「日中同形語について」『外国語教育論集』12, 筑波大学, pp.327-337

王立達他(2002)「現代中国語における日本語からの借用語」『エクス-言語文化論集 』2, 関西学院大学, pp.107-124

梶原滉太郎(1983)「訳語の歴史についての一試論」『言語生活』, 筑摩書房, pp.46-53

_____(1992)「天文学の語史」『国立国語研究所報告104』, 研究

　　　　　　　　報告集13.

_____(1993) 「温度計の語史-近代漢語(Aタイプ)の変遷と定着」
　　　　　　　　『国立国語研究所報告105』, 研究報告集14.

_____(1998) 「近代漢語の変遷」『日本語学』17-6, 明治書院, pp.22-28

加藤寛昭(2001) 「日本語になった中国語」『愛知産業大学短期大学紀
　　　　　　　　要』14, 愛知産業大学短期大学, pp.119-130

木村秀次(2006) 「自然科学用語の意味転用：蘭学者の造語の中から」『日
　　　　　　　　本語と日本文学』43, 筑波大学国語国文学会, pp.1-12

_____(2008) 「日本における中国古典語の受容-『論語』の二字漢語
　　　　　　　　をめぐって」『国際経営・文化研究』13-1, 国際コミュ
　　　　　　　　ニケ-ション学会, pp.278-258

熊谷明泰(1987) 「朝鮮語における借用語の研究方法-日本語からの原音
　　　　　　　　借用語に関する調査に基づく考察」『日本文化研究』
　　　　　　　　3, 韓国外大日本文化研究会, pp.113-160

_____(1989) 「国語 속의 日本語系借用研究에 関한 小考, 일본어
　　　　　　　　에서의　한국어교육」『이중언어학회지』4, 이중언어학
　　　　　　　　회, 1989.9, pp.203-234

_____(1990a) 「韓国の言語醇化資料と日本語系借用語」『日本文化
　　　　　　　　研究』5, 韓国外大日本文化研究会, pp.159-215

_____(1990b) 「韓国社会で用いられる日本語系借用語;その意味用
　　　　　　　　法の辞典的記述試案」『韓国外大論文集』23, 韓国外
　　　　　　　　国語大学校, pp.295-322

_____(1990c) 「韓国の言語醇化資料と日本語系借用語」『日本文化
　　　　　　　　研究』5, 韓国外大日本文化研究会, pp.159-215

_____(1991a)「解放前朝鮮語に対する日本語の言語干渉」『日本文化研究』6, 韓国外大日本文化研究所 pp.215-263

_____(1991b)「朝鮮語に転移使用された日本語語句;解放前朝鮮語出版物の語彙調査」『韓国外大論文集』24, 韓国外国語大学校, pp.345-371

鴻農映二(1981)「韓国人文学者の日本語受容;特に李箱のばあい」『日語日文 学研究』2, 韓国日語日文学会, 1981.12, pp.209-223

小林昭美(2007)「「やまとことば」のなかの中国語からの借用語」『大正大学研究紀要(人間学部・文学部)』, 大正大学, pp.171-152

酒井豊(1994)「日本語の近代化における言語借用とその基層(1)」『青山学院大学総合研究所人文学系研究センター研究叢書』4, 青山学院大学, pp.145-191

桜井豪人(2002)「開成所の訳語と田中芳男」『国語国文』71-4, 京都大学国 語学国文学研究室, pp.1-16

佐藤亨(1979)「訳語-病院の成立, その背景と定着過程」『国語学』118

実藤恵秀(1978)「日本・中国の語彙交流」『言語生活』, 筑摩書房, pp.48-51

芝田稔(1963)「日中同文訳語交流の史的研究-1-」『関西大学東西学術研究所紀要』, 関西大学東西学術研究所, pp.65-79

_____(1972)「日中同文語彙交流の史的研究-厳復の訳語について-2-」『関西大学東西学術研究所紀要』, 関西大学東西学術研究所, pp.21-53

_____(1985)「翻訳について」『関西大学中国文学会紀要』, 関西大学中国文学会, pp.78-89

_____(1996)「日本中国ことばの往来(ゆきき)その54」『書評』109, 関

西大学生活協同組合組織部, pp.78-85

_____(1997)「日本中国ことばの往来(ゆきき)-その56-」『書評』111, 関西大学生活協同組合組織部, pp.19-24

_____(1997)「日本中国ことばの往来(ゆきき)その55」『書評』110, 関西大学生活協同組合組織部, pp.71-78

_____(1998)「日本中国ことばの往来(ゆきき)-その58-風化-黒白を超えて」,『書評』113, 関西大学生活協同組合組織部, pp.18-23

_____(1999)「日本中国ことばの来往(ゆきき)-その59-風化-黒白を超えて」,『書評』114, 関西大学生活協同組合組織部, pp.24-31

_____(1999)「日本中国ことばの来往(ゆきき)その60「五四」運動、80年の回顧」『書評』115, 関西大学生活協同組合組織部, pp.16-23

_____(2000)「日本中国ことばの来往(ゆきき) その61 新入生の門出に寄せて」,『書評』116, 関西大学生活協同組合組織部, pp.52-59

_____(2000) 「日本中国ことばの来往(ゆきき)(その62)二十世紀の残したもの」,『書評』117, 関西大学生活協同組合組織部, pp.80-87

_____(2001)「日本中国 ことばの来往(ゆきき)(63)新入生の門出に寄せて」,『書評』118, 関西大学生活協同組合組織部, pp.24-28

鈴木英夫(1978)「幕末明治期における新漢語の造語法」『国語と国文学』55-5, 東京大学国語国文学会, pp.143-158

_____(1980)「新漢語の造出と享受-明治前期の新聞を資料として」『国語と国文学』57-4,東京大学国語国文学会, pp.52-65

杉本つとむ(1959)「近代における外国語の摂取とその影響」『国語と国

文学』36-10，東京大学国語国文学会

_____(1967)「近代語の形成」『国語と国文学』44-4，東京大学国語，
　　　　　　　国文学会，pp.11-22

鈴木俊二(2008)「借用語の思想:受容の歴史と意識」『国際短期大学紀
　　　　　　　要』22，国際短期大学，pp.43-106

曾根博隆(1987)「中国語における日本語からの借用語1」『明治学院論
　　　　　　　叢』，明治学院大学，pp.15-37

中田喜勝(1968)「中国語と明治時代の新聞-白話借用の社会的背景と
　　　　　　　その国語化」『長崎大学東南アジア研究所研究年報』，
　　　　　　　長崎大学東南アジア研究所，pp. 245-261

谷口知子(2003)「『美理哥合省国志略』と『海国図志』-国政の訳語とそ
　　　　　　　の変遷」『関西大学中国文学会紀要』24，　関西大学中
　　　　　　　国文学会，pp.215-235

田村宏(1985)「古代日本語가 受容한 韓国語의 모습」『韓日比較文化
　　　　　　　研究』1，徳成女大韓日比較文化研究所，pp.144-174

筒井紀美(2000)「日中語彙の比較研究」『目白大学人文学部紀要 言語
　　　　　　　文化篇』，目白大学人文学部，2000.1，pp.39-28

手島邦夫(1999)「西周『致知啓蒙』の訳語-その形成過程と出自について」，
　　　　　　　『文芸研究 』147，日本文芸研究会，pp.48-58

_____(2000)「西周と『明六雑誌』の訳語」『国語学研究』39，国語学
　　　　　　　研刊行会，pp.12-21

_____(2001)「西周の訳語の定着とその要因」『国語学』52-3，国語
　　　　　　　学会，pp. 91-112

寺内一(1999)「明治期法律翻訳語の成立課程と法文化-言語的側面から

の一考察」『高千穂論叢』33-3, 高千穂大学商学会, pp.33-44

西岡健治(1991) 「漢字語にみる日韓類義語の考察」『世宗大論文集』18, 世宗大学校, pp.625-657

秦剛平(2002) 「近代語訳の誕生とその背景(その2)18世紀と19世紀の英訳ヨセフス」『多摩美術大学研究紀要』17, 多摩美術大学, pp.65-84

飛田良文(1973) 「現代漢語の源流」『言語生活』, 筑摩書房, pp.70-79

松井利彦(1985) 「漢訳「万国公法」の熟字と近代日本漢語」『国語と国文学』62-5, 東京大学国語国文学会, pp.67-77

_____(2002) 「漢訳語の日本語への受容:漢訳『万国公法』の「責任」の場合」『文林』36, 神戸松蔭女子学院大学, pp.21-45

松本隆(2002) 「韓国の外来語辞典にみる日本語系借用語」『アメリカ・カナダ大学連合日本研究センタ-紀要』, アメリカ・カナダ大学連合日本研究センタ-, pp.4-54

_____(2005) 「韓国の英語系借用語にみる日本語の音韻的な影響-二重語の実態と最適性理論からの分析」『アメリカ・カナダ大学連合日本研究センタ-紀要』, アメリカ・カナダ大学連合日本研究センタ-, pp.40-60

宮首弘子(2008) 「通訳・翻訳の視点から見た中国語の新外来語-日本語からの受容(1)」『杏林大学外国語学部紀要』20, 杏林大学外国語学部, pp.321-334

桃井 恵一(2006) 「中国語に入った日本語表現 - 《漢語外来詞詞典》を例に」,『京都創成大学紀要』6, 京都創成大学, pp.184-194

森岡健二(1970) 「近代語彙の形成」『上智大学国文学論集』4, 上智大学

　　　　　　　　国文学会, pp.3-15

森永誠(1991) 「外国語の母語化について(4) -中国語訳の借用-」『研究紀
　　　　　　　　要. 第四分冊, 短期大学部(III)』24, 聖徳大学, pp.39-49

森林泉子(1967) 「借用中国語についての一考察」『日本文学』東京女子
　　　　　　　　大学日本文学研究会, pp.86-104

安田泰子(1998) 「日中漢語の交流:中国語に入らなかった新漢語」『葛野』
　　　　　　　　2, 京都外国語大学, pp.11-25

湯本昭南(2005) 「借用--漢語、外来語」『国文学解釈と鑑賞』70-1, 至文
　　　　　　　　堂, pp.6-16

横山景子(1982a) 「国의 外来日本語에 대한 考察」『인문연구』2, 嶺南
　　　　　　　　大人文科学研究所, pp.37-54

＿＿＿＿＿(1982b) 「国語에 移入된 日本語;外来語로서의 日本語」『背
　　　　　　　　浦趙奎教授華甲記念国語学論叢』, 형설출판사

横山徳郎(2002) 「韓・日漢字語彙の比較研究-日本語系漢字語彙を中
　　　　　　　　心に」,『天理インタ-カルチャ-研究所研究論叢』11, 天
　　　　　　　　理インタ-カルチャ-研究所, pp.59-83

呂明臣(2003) 「中国語における日本語の漢語をめぐって」『日本文芸研
　　　　　　　　究』55-2, 関西学院大学, pp.1-16

劉凡夫(1993) 「中国語辞書「辞源」初版に収録された日本語語彙の性格」,
　　　　　　　　『国語学研究』, 東北大学文学部国語学研究刊行会, pp.1-10

＿＿＿＿(2001) 「近代日中語彙交流のプロセス」『文芸研究』151, 日本文
　　　　　　　　芸研究会, pp. 96-85

蘇小楠(2004) 「中国における日本製化学用語の受容-20世紀初期の中国
　　　　　　　　資料を中心に」『名古屋大学国語国文学』名古屋大学国

　　　　　　語国文学会, pp.148-134

_____(2006)「日本化学用語の形成」『語彙研究』4, 語彙研 pp.43-53

_____(2007)「日中学術用語交渉の一試論-訳語「固体・気体・液体」
　　　　　　の由来について」『名古屋大学国語国文学』名古屋大学
　　　　　　国語国文学会, pp.86-70

朱京偉(1996)「中国語における日本語からの借用語の受容時期につい
　　　　　　て」,『名古屋商科大学論集』40-2, 名古屋商科大学商学
　　　　　　会, pp.61-68

_____(1997)「『哲学字彙』(初版)の訳語とその性質」『名古屋商科大学
　　　　　　論集』41-2, 名古屋商科大学商学会, pp.43-68

_____(2001a)「『哲学字彙』再版と三版の増補訳語について」『日本語
　　　　　　科学』, 国立国語研究所, pp.80-106

_____(2001b)「明治期における近代植物学用語の成立」『明海日本語』
　　　　　　6, 明海大学日本語学会, pp.11-44

_____(2002a)「明治期における近代哲学用語の成立」『日本語科学』,
　　　　　　国立国語研究所, pp.96-127

_____(2002b)「中国における日本製植物学用語の受容」『明海日本語』
　　　　　　7, 明海大学日本語学会, pp.71-100

_____(2005a)「明治初期以降の哲学と論理学の新出語」『日本語科学』
　　　　　　18, 国立国語研究所, pp.71-93

_____(2005b)「日中漢語の交流」『国文学解釈と鑑賞』70-1, 至文堂,
　　　　　　pp.27-37

_____(2006)「放談ざっくばらん借用語を追い続けて10年」『人民中国』,
　　　　　　人民中国雑誌社, pp.24-26

呉悦・筒井紀美(2003)「中国語新語の中の日本語語彙についての研究」,
　　　　　　　　『日中言語対照研究論集』5, 日中言語対照研
　　　　　　　　究会, pp.147-169

王国齢(2007)「台湾の中国語に現れた新借用語の使用について」『語彙
　　　　　　　研究』5, 語彙研究会, pp.61-70

李運博(1999)「近代中国人から見た日本語」『北海道教育大学紀要(人
　　　　　　　文科学・社会科学編 0』, 北海道教育大学, pp.41-56

_____(2001a)「近代中国に移入された日本借用語-梁啓超の場合」『北
　　　　　　　海道大学大学院文学研究科研究論集』1, 北海道大学
　　　　　　　大学院文学研究科, pp.109-125

_____(2001b)「近代中国に移入された日本借用語-梁啓超の場合」『国語
　　　　　　　国文研究』118, 北海道大学国語国文学会, pp.74-64

_____(2002)「梁啓超と日本借用語との関わり」『北海道大学大学院文
　　　　　　　学研究科研究論集』2, 北海道大学大学院文学研究科,
　　　　　　　pp.123-140

_____(2003)「日本借用語の近代中国への移入-梁啓超の役割について」
　　　　　　　『国語国文研究』125, 北海道大学国語国文学会, pp.95-75

李錚強(2008)「「新時期」の中国語に見られる日本語からの借用語につ
　　　　　　　いて」,『共立女子大学総合文化研究所紀要』14, 共立女
　　　　　　　子大学総合文化研究所運営委員会, pp.57-70

林怡州(2005)「現代中国語における日本語の借用語彙」『現代中国事情』
　　　　　　　3, 日本大学国際関係学部中国情報センター, pp.69-72

張予娜(1997)「近代における中日両語の相互浸透性借用語を中心に」
　　　　　　　『言語文化論叢』3, 千葉大学, pp.97-113

中条修・李大清(1992)「近代新漢語における中日語彙の交流-逆移入
　　　　　　　　　された日本製中日同形漢語の異同を中心に」
　　　　　　　　　『静岡大学教育学部研究報告』24，静岡大学教
　　　　　　　　　育学部，pp.39-30

陳力衛(2004)「近代語と中国語)」『日本語学』23-12，明治書院，pp.106-113

＿＿＿(2005)「『雪中梅』の中国語訳について」『文学研究』，日本文学
　　　　　　研究会，pp.16-29

＿＿＿(2007)「近代漢語訳語再考」『日本比較文学会東京支部研究報
　　　　　　告』4，日本比較文学会東京支部，pp.38-45

沈国威(1995)「中国の近代学術用語の創出と導入:文化交流と語彙交流
　　　　　　の視点から」『文林』29，松蔭女子学院大学，pp.51-72

＿＿＿(1998)「新漢語研究に関する思考」『文林』32，神戸松蔭女子学
　　　　　　院大学，pp.37-61

＿＿＿(2002)「訳語は如何に継承されたのか-「熱帯，温帯，寒帯」再考」，
　　　　　　『関西大学東西学術研究所紀要』35，関西大学東西学術
　　　　　　研究所，pp.39-53

＿＿＿(2003)「近代日中語彙交流: 逆転への道程」『関西大学中国文学
　　　　　　会紀要』24，関西大学中国文学会，pp.69-90

彭杰(1996)「中国語の借用語と日本語の借用語」『曙光』，和泉書院，pp.54-57

彭広陸(2005a)「中国語と外来語」『国文学解釈と鑑賞』70-1，至文堂，
　　　　　　　pp.132-142

＿＿＿(2006)「中日語彙比較への一視点-いわゆる「類素語」を中心に-」
　　　　　　『日中言語対照研究論集』8，日中対照言語学会，pp.219-27

2. 단행본

姜吉云(1992)『韓國語系統論(下)』, 螢雪出版社

姜吉云(1991)『韓國語系統論(上)』, 螢雪出版社

姜吉云(1990)『古代史의 比較言語學的 研究』, 새문사

국립국어연구원(1993)『신소설의 언어 사용 실태 조사』, 국립국어연
　　　　　구원

国使編纂委員会(1970)『高宗純宗実録 上中下』(1863-1907), 探究堂

国使編纂委員会(1958)『修信史記録』(韓国史料従書9,国使編纂委員会

권태억 등(1995)『근현대한국탐사』(자료모음), 역사비평사

김건우(2008)『근대 공문서의 탄생』, 소와당

김근수(1973)『한국잡지 개설 및 호별 목차집』, 영신아카데미 민족문
　　　　　화연구소

金綺秀(1979)『日東記遊』, 『海行擦裁10』, 민족문화추진위원회

金東昭외 역(1984)『언어;계통과 역사;(服部四郎 編)』, 형설출판사

金東昭 (2007)『한국어의 역사』정림사

金敏洙(1973)『国語政策論』高麗大出版部

＿＿＿＿(1989『新国語学史』, 一潮閣

김성한(1983)『일본유학과 혁명운동』, 진흥문화사

김형철(1997)『개화기 국어 연구』강남대학교출판부

리상호(1998)『북역삼국유사』, 신서원

문양사편집위원회(1969)『少年』(上下) 영인본, 文陽社

민족문학사연구소(2000)『근대계몽기의 학술문예사상』, 소명출판

민족문화추진위원회(1977)『国訳海行擦裁 10, 11, 12』, 재단법인 민
　　　　　족문화추진회

朴己換(1998)『近代日韓文化交流史研究』, 누리미디어

朴戴陽(1979)『東槎漫錄』(1884)『海行摠裁11』, 민족문화추진위원회

박병채(1989)『国語発達史』, 世英社

朴英燮(1992-1997)『開化期国語語彙資料集1-5』, 도서출판 박이정

_____(1995)『国語漢字語彙論』, 도서출판 박이정

朴泳孝(1882)『使和期略』(1882)『海行摠裁11』, 민족문화추진위원회

박용찬(2005)『일본어투 용어 순화 자료집』, 국립국어원

徐廷範(1996)『日本語の源流と韓國語;日本語と韓國語は同系だった』,
　　　　　三一書房, 徐廷範(1994), 韓國에서 건너간 日本의 神과
　　　　　言語(민성홍 역), 한나라소재용등(1999)『개화기소설』(한
　　　　　국기독교문학총서1), 숭실대학교출판부.

宋敏(1999)『韓國語と日本語のあいだ』, 草風館

沉在箕(1990)『国語語彙論』, 集文堂

심재기(1998)『국어어휘의 기반과 역사』, 태학사

_____(2000)『国語語彙論新講』, 태학사.

아세아학술연구회(1965.12), 朴泳孝上疏文(자료), 아세아학보1.

왕현종(2003)『한국근대국가의 형성과 갑오개혁』역사비평사

兪吉浚(1895)『西遊見聞』『兪吉浚全書 1 권』一潮閣

柳永益(1990)『甲午更張研究』一潮閣

六堂全集編輯委員会編(1973)『六堂崔南善全集』(1 -13)별집3・4, 玄
　　　　　　　　　　海社

이강로(1987)『한국한자어의 어휘 의미의 연구』, 신구문화사

_____(1987)『한국어의 기원적 계보, 한국과 한자의 만남』, 신구문
　　　　　화사

李光麟(1994)『開国史研究』, 一潮閣

_____(1994)『韓国史総講』, 一潮閣

이기문(1984)『開化期의 国文研究』, 一潮閣

이재선(1993)『韓国開化期 小説 研究』, 一潮閣

이종국(1991)『한국의 교과서』, 大韓教科書株式会社

이종범(1998)『한국근현대사입문』(자료), 혜안

이한섭・황성규(1989)『韓国日語日文学研究文献書誌』(1945-1988), 時
　　　　　　　　　　事日本語社

이한섭(1998)『韓国日本語学関聯文献一覧』, 고려대출판부

이한섭・최경옥외(2000)『西遊見聞　語彙索引』, 도서출판 박이정

李憲永(1979)『日槎集略』『海行摠裁11』, 민족문화추진위원회.

이혜영・윤종혁외(1997)『한국 근대 학교교육 100년사 연구(Ⅱ)-일제
　　　　　　　　　　시대의 학교교육』, 한국교육개발원.

임성모역(2000)『번역과 일본의 근대』, 이산 (『近代日本思想大系』(全
　　　　　　　　　　23巻,別巻1,岩波書店刊 중『翻訳の思想』(1991)을 번
　　　　　　　　　　역한 것임).

全光鏞(1986)『新小説研究』, 새문사

정재걸・이혜영외(1994)『한국 근대 학교교육 100년사 연구(Ⅰ)-개화
　　　　　　　　　　기의 학교교육』한국교육개발원.

조세용(1987)『漢字語에서 改鑄된 帰化語 研究』, 漢陽大学教

조용만(1964)『최남선 그의 생야 사상 업적』, 三中堂

최기영(1991)『大韓帝国時期新聞研究』, 一潮閣

최경옥

崔炳璉(1985)『韓國語と日本語と;言語の比較文化』, 講談社

崔承烈(1997)『백제와 4세기 일본;한국어와 일본어』, 영신기획

崔承烈(1982)『韓國語가 古代日本語에 미친 影響』, 기획출판 테멘

최정태(1992)『한국의 官報』, 亜細亜文化社

한국문화개발사(1972)『韓国雑誌叢書』, 韓国文化開発社

한국학문헌연구소(1977)『韓国開化期教科書叢書』, 1-20, 亜細亜文化社

_____(1978)『新小説 翻案(訳)小説』1, 韓国開化期文学叢書

石井研堂(1944)『増補改訂明治事物起源』上巻・下巻. ちくま学芸文庫

一海知義(1981)『漢語の知識』, 岩波書店

内田田慶市・沈国威編(2007)『19世紀中国語の諸相』, 雄松堂出版

大江孝男(1978)「朝鮮語と日本語」『日本語の系統と歴史(岩波講座日
本語12)』, 岩波書店

大野晋(1952)「日本語と朝鮮語との語彙の比較についての小見」『国語
と国文学』29-5, 東京大学国語国文学研究室

大野晋(1957)『日本語の起源』刀江書院

小川鼎三(1983)『医学用語の起り』, 東京書籍

小倉進平(1934)『朝鮮語と日本語』岩波書店

小倉進平(1964)『朝鮮語学史』, 刀江書院

神奈川大学人文学研究所編(2004)『明六雑誌』とその周モ』, お茶の水
書房

樺島忠雄・飛田良文・米川明彦編(1984)『明治大正新語俗語辞典』, 東
京堂出版

樺島忠夫等(1984)『明治大正の新語・流行語』, 東京堂出版

川村二郎(2000)『翻訳の日本語』, 中央公論

木坂基(1988)『近代文章成立の諸相』, 和泉書院

郷正明・飛田良文(1986)『明治のことば辞典』, 東京堂出版

国語語彙史研究会編(1988)『国語語彙史の研究』1-26, 和泉書院

小森陽一(2000)『日本語の近代』, 岩波書店

子安宣邦(2003)『漢字論』, 岩波書店

斉藤毅(1977)『明治のことば』, 講談社

坂倉篤義等(1971)『講座国語史』(1-6), 大修館書店

佐藤喜代治(1971)『国語語彙の歴史的研究』, 明治書院

_____(1973)『国語史(上下)』,桜楓社

_____(1979)『日本の漢語』(角川小辞典28),角川書店

_____(1982)『近代の語彙』,明治書院

_____(1983)『語誌Ⅲ』,講座日本語の語彙11,明治書店

_____(1983)『語誌Ⅱ』,講座日本語の語彙10,明治書院

_____(1983)『語誌Ⅰ』,講座日本語の語彙9,明治書院

佐藤三郎(1983)『近代日中交流史の研究』,吉川弘文社

佐藤亨(1983)『近世語彙の研究』, 桜楓社

_____(1986)『幕末・明治初期語彙の研究』, 桜楓社

_____(1992)『近代語の成立』, 桜楓社.

_____(1999)『国語語彙の史的研究』, 桜楓社

_____(2007)『幕末・明治初期漢語辞典』明治書院

進藤咲子(1981)『明治時代語の研究』, 明治書院

沈国威(2008)『近代日中語彙交流史[改訂新版]』, 笠間書院

沈国威(2008)『漢字文化圏諸言語の近代語彙の形成』, 関西大学出版部

鈴木修次(1978)『漢語と日本人』, みすず書房

_____(1981)『文明のことば』, 文化評論出版

_____(1981)『日本漢語と中国-漢字文化圏の近代化』, 中央公論社

_____(1981)『日本漢語と中国』, 中公新書

杉本つとむ(1981)『近代日本語』, 紀伊国屋書店

_____(1983)『日本語翻訳語史の研究』, 八坂書店

_____(1998)『日本翻訳語史の研究』八坂書房

_____(1990)『語源の文化誌』, 創拓社

槌田満文(1979)『明治大正風俗語典』, 角川書店

_____(1983)『明治大正の新語・流行語』,角川選書63, 角川書店

仲新(1949)『近代教科書の成立』教育名著叢書1,日本図書センター

飛田良文(1981)『英米外来語の世界』, 南雲堂

_____(1992)『東京語成立史の研究』, 東京堂出版

_____(2002)『明治生まれの日本語』, 淡交社

平林文雄(1985)『国語学研究論考』, 和泉書院

広田栄太郎(1969)『近代訳語考』東京堂出版

福沢諭吉(1866)『西洋事情』, 尚古堂

_____(1876)『世界国尽』, 尚古堂

古田東朔(1978)『小学読本便覧1-10』, 武蔵野書院

前田富祺(1985)『国語語彙史研究』, 明治書院

松井利彦(1990)『近代漢語辞書の成立と展開』, 笠間書院

高野繁男(2004)『近代漢語の研究-日本語の造語法・略語法』,明治書院

森岡健二(1969)『近代語の成立-明治期語彙編』, 明治書店

_____(1991)『近代語の成立-文体編』, 明治書院

柳父章(1998)『翻訳語成立事情』, 岩波新書

山内洋一郎(1993)『近代語の成立と展開』, 和泉書店

吉川泰雄(1977)『近代語誌』, 角川書店

米川明彦編(1989)『新語と流行語』, 南雲堂

_____(2002)『明治・大正・昭和の新語・流行語辞典』, 三省堂

渡辺万蔵(1930)『現行法律語の史的考察』, 万理閣書房

朱京偉(2003)『近代日中新語の創出と交流』, 白帝社

陳力衛(2001)『和製漢語の形成と展開』, 汲古書院

陳生保(1996)『中国語の中の日本語』国際日本文化研究センター

沈国威(1994)『近代日中語彙交流史』, 笠間書院

馮天瑜(2004)『新語探源』, 中華書局

3. 사전류

高大民族文化研究所(1989)『中韓辞典』, 高大民族文化研究所

檀国大学校東洋学研究所編(1992-1996)『韓国漢字語辞典』, 檀国大東
洋学研究所

동아국어사전연구회(1992)『동아 새국어 사전』, 東亜出版社

文世栄(1938)『朝鮮語辞典』, 博文書館

미상(1979)『易言』(언해본, 1884년 간행 추정)영인본, 以文社

민중서림편집부(1999)『한영사전』, 민중서림

朝鮮総監府編(1920)『朝鮮語辞典』, 朝鮮総監府

韓國情神文化研究院(1977)『朝鮮後記漢字語彙検索辞典-物名考・廣
才物譜-』(鄭良婉・洪允杓・沈慶昊・金
乾坤편)

朝鮮総監府編(1920)『朝鮮語辞典』, 朝鮮総監府

한진건(2000)『뉴밀레니엄한중사전』, 진명출판사

Ridel F.C.(1880)『한불ㅈ뎐』, 영인판(1994), 국학자료원

Gale(1897)『韓英字典』, Yokohama: Kelly and Walsh, 국학자료원 영
          인판(1992).

Gale(1911)『韓英字典』(2판), Yokohama: Kelly and Walsh, 국학자료
          원 영인판(1992).

Gale(1931)『韓英大字典』(3판), 朝鮮耶蘇教書会

Underwood H.G.(1890)『한영ㅈ뎐』, Seishi Bunsha(横浜)

Underwood H.G.(1890)『영한ㅈ뎐』, 横浜須頁德義発行

James Scott(1891)『English-Corean Dictionary』, Church of England
             Mission Press(서울).

Jones(1914)『英韓字典』, 教文館(日本)발행.

Hepburn J.C.(1867)『和英語林集成』(1판), 復刻版, 北辰

Hepburn J.C(1872)『和英語林集成』(2판), 復刻版, 東洋文庫

Hepburn J.C(1886)『和英語林集成』(3판), 復刻版, 講談社学術文庫

神田乃武(1902)『新繹英和辞典』, 三省堂

国語学会編(1982)『国語学大辭典』, 東京堂出版社

佐藤喜代郎 外篇(1990)『漢字百科大辭典』(全一巻), 明治書院(東京)

柴田昌吉(1866)『附音挿図英和字彙』, 文学社

島田豊(1891)『和繹字彙』大倉書店

島田豊(1907)『和英大辭典』, 共益社

惣郷正明等(1986)『明治のことば辞典』, 東京堂出版社

日本国語大事典刊行会(1979)『日本国語大辭典』, 小学館(東京)

諸橋轍次(1957)『大漢和辞典』, 大修館書店(東京)

和田垣謙三(1901)『新英和辞典』, 大倉書店

Lobscheid(1866-1869)『英華辞典』, 横浜(東京)

高名凱外(1984)『漢語外来詞詞典』, 上海辞書出版社

부록

부록1
- 『官報』의 기사 내용

○ 1895년 4월1자 기사

官報第一號 開國五百四年四月一日 木曜 內閣記錄局官報課

　　　　　　勅令

朕이 公使館領事館費用令을裁可ᄒ야頒布케ᄒ노라

大君主 御押 御璽

開國五百四年三月二十九日

　　　　　　　　內閣總理大臣金弘集
　　　　　　　　外務大臣　　金允植
　　　　　　　　度支部大臣　魚允中

勅令第六十一號

○公使館領事館費用令

第一章　俸給

第一條　外交官領事館公使館書記生及領事館書記生의俸給은本令에
　　　　依홈
　　　　外交官領事館公使館書記生及領事館書記生의俸給은本俸及

加俸의二種으로

第二條　外交官領事館公使館書記生及領事館書記生의本俸은別表에
　　　依홈

第三條　本俸은外國에派駐ᄒᆞᄂᆞᆫ時에別表第一號及第二號에依ᄒᆞ야任處
　　　到達ᄒᆞᄂᆞᆫ翌日로붓터給홈任處到達日가지ᄂᆞᆫ　本俸三分의一을
　　　給홈

第四條　特命全權公使辦理公使代理公使公使館一等叅書官總領事公
　　　使館　二等叅書官及領事가　其妻를任處에帶同ᄒᆞ거나或招往
　　　ᄒᆞᄂᆞᆫ者에게ᄂᆞᆫ其妻가任處에到達ᄒᆞᄂᆞᆫ翌日로붓터現受ᄒᆞᄂᆞᆫ　本
　　　俸의十分의二增給홈

第五條　外交官及公使館書記生이兼任國駐在에當ᄒᆞ야ᄂᆞᆫ到達ᄒᆞᄂᆞᆫ翌
　　　日로　發程ᄒᆞᄂᆞᆫ前日가지　其日數에應ᄒᆞ야每一日에左例로本
　　　俸을增給홈

特命全權公使	八元	辦理公使	七元
代理公使	六元	公使館一等叅書官	五元
公使館二等叅書官	五元	公使館三等叅書官	四元
公使館書記官	三元		

第六條　歸朝ᄒᆞᄂᆞᆫ命을受■者又給由로歸朝의許可를受■者ᄂᆞᆫ任處發
　　　程ᄒᆞᄂᆞᆫ　前日가지本俸全額을給ᄒᆞ고其日以後ᄂᆞᆫ本俸三分一을
　　　給홈.轉駐命을得ᄒᆞ거나轉官ᄒᆞᄂᆞᆫ者ᄂᆞᆫ其事務傳受ᄒᆞᄂᆞᆫ前日가
　　　지前本俸을給ᄒᆞ고其日로붓터新任處到達日가지ᄂᆞᆫ本俸三分
　　　一外에第二十一條를依ᄒᆞ야日費를給ᄒᆞᄂᆞ니但同地內에셔轉
　　　官ᄒᆞᄂᆞᆫ者ᄂᆞᆫ此限에在치아니홈

第七條　轉駐又歸朝의命을受■者又轉官■者에本俸全額或其滯■中

日費를給호믄其命令接到日로三週間을限ㅎㄴ니但特別命令
잇ㄴ時와身病으로本部大臣의許可를得ㅎ야滯■ㅎㄴ者ㄴ此
限에在치아니홈

第八條　任處에셔退官ㅎㄴ者ㄴ其命令接到日가지本俸을給홈. 任處에
셔身故ㅎㄴ時ㄴ其日가지前本俸을給홈

第九條　本俸은全額을十二에分ㅎ야每月에給ㅎ고但閏月잇ㄴ歲ㄴ十三
에分홈

第十條　加俸은本俸外에左開ㅎㄴ規程에依ㅎ야給홈

一　本國으로셔新任地에赴ㅎㄴ時에特命全權公使辦理公使代理公使
ㄴ其本俸二個月條其他外交官領事館公使館書記生及領事館書
記生은一個月有半月條

二　轉駐又轉官ㅎㄴ時ㄴ其本俸一個月條但同一地內에셔轉官ㅎㄴ者
ㄴ此限에在치아니홈

三　歸朝命을受　者又給由로歸朝의許可를得■者ㄴ其本俸一個月條歸
朝命을受■者가再度赴任ㅎㄴ時도亦同홈

四　本條第一第二第三의境遇를當ㅎ야特命全權公使辦理公使代理公
使公使館一等叅書官總領事公使館■二等叅書官及領事가其妻
를帶同　ㄴ時에ㄴ다시本俸一個月條但招往或送歸ㅎㄴ時에ㄴ各一
回를限ㅎ야本項額을給홈

第十一條　㴭駐又歸朝의命을得■者가其發程前에派駐를免ㅎ거나歸
朝命을　撤回ㅎㄴ바되ㄴ時ㄴ其加俸의半額以內를給호믈得
ㅎ고給由로歸朝命을得　者가發程前에其命을撤回ㅎㄴ바
되ㄴ時도亦同홈

前項에當ㅎㄴ者가身故ㅎㄴ時에ㄴ其全額以內를給ㅎ믈得홈

第十二條 代理者는其事務傳受日로붓터 代理中別表第一號及第二號
에依ᄒ야代理에當ᄒᄂ本俸을給ᄒᄂ니但當該主任官이到
任ᄒ면其到達日로限홈

第二章 身故賜金

第十三條 外交官領事館公使館書記生及領事館書記生의身故賜金은
其本俸의半額에依ᄒ야算出홈

第十四條 外交官領事館公使館書記生及領事館書記生이外國孤駐中
又任處往復中에身故ᄒᄂ者ᄂ身故賜金外에本官相當의本
俸二個月條를給홈

第三章 旅費

第十五條 旅費ᄂ船車費及日費를合稱홈

第十六條 旅費ᄂ赴任과因公歸朝及給由歸朝其他公務를帶ᄒ야旅行
ᄒᄂ時에給홈

第十七條 船車費ᄂ一切實費를給홈

第十八條 外交官領事館及其妻ᄂ一等船車費公使館書記生領事館書
記生及其妻ᄂ二等船車費를給ᄒ고若二等船室이最下級에
屬ᄒᄂ時ᄂ一等船車費를給홈

官船車等或官備船車等으로旅行ᄒ야實費出給을要치아니ᄒᄂ時又往
復路程이十二哩에不滿ᄒᄂ時ᄂ船車費를給치아니홈

第十九條 外交官領事館公使館書記生及領事館書記生의妻에게船車
費를給호믄左開ᄒᄂ境遇에限홈

一 赴任과因公歸朝及給由歸朝의際에帶同ᄒᄂ時

二 帶同을아니ᄒ나本國으로셔任處에往復ᄒᄂ時에各一回를限홈

三 特命全權公使辦理公使代理公使가兼任國에旅行ᄒᄂ境遇에帶同

ᄒᄂ時

第二十條　特命全權公使辨理公使代理公使가赴任과因公歸朝及給由
　　　　歸朝又任國에旅行ᄒᄂ時에從者ᄅ現帶ᄒᄂ時ᄂ從者一人
　　　　을限ᄒ야船車賃의實費ᄅ給홈

外交官及領事館에限ᄒ야第十九條第二의境遇에當ᄒ야從者ᄅ現帶케
ᄒᄂ時ᄂ前項과亦同홈

從者ᄅ爲ᄒ야給ᄒᄂ實費ᄂ特別　境遇外에ᄂ三等船車費로홈

二十一條　本國과任處間往返中의日費ᄂ左表에依ᄒ야給ᄒᄂ니特別
　　　　命令이나又己ᄒ기得지못ᄒᄂ事故로爲ᄒ야中路에滯■時
　　　　又或派遣地滯■中의日費도左表에依호■但往返이一日에
　　　　不滿■則給지아니홈

	甲額	乙額
特命全權公使	七元	六元
辨理公使	六元	五元
代理公使	五元半	四元半
公使館一等叅書官	五元	四元
總領事	五元	四元
領事館二等叅書官	五元	四元
公事	五元	四元
公使館三等叅書官	四元	三元
副領事	四元	三元
公使館書記生	三元	二元
領事館書記生	三元	二元

歐美各國에ᄂ甲額其他諸國에ᄂ乙額을給ᄒᄂ니但甲額을給ᄒ미可■

地로붓터乙額을給ㅎ미可■地에며又乙額을給ㅎ미可■地로붓터甲額을給ㅎ미可 地에旅行ㅎ며又其旅行中滯■ㅎㄴ시ㄴ甲額을給홈

第二十二條 官船或官傭船으로旅行ㅎㄴ者가食費를要치아니ㅎㄴ時ㄴ
前條日費의半額을給홈

第二十三條 兼任國駐在中은第五條에依ㅎ야本俸을增給ㅎ고日費를給지아니홈

第二十四條 歸朝中轉駐ㅎㄴ命을受ㅎ거나或轉官ㅎㄴ境遇에ㄴ本國及
新任處間에旅費를給홈

外國에셔任官ㅎㄴ者에ㄴ其現駐地로붓터任處가지旅費를給홈

第二十五條 旅行중에셔身故ㅎㄴ者에게日費ㄴ身故當日가지며船車費ㄴ
이믜支放■全額을給ㅎ고其妻及從者가身故時도亦同홈

旅行中又任處에셔身故ㅎㄴ境遇에妻又從者를帶同■時ㄴ其妻又從者의歸朝旅費를給ㅎ믈得홈

第二十六條 私事를爲ㅎ야迂路로經過ㅎㄴ時ㄴ其旅費를一切順路에依ㅎ야給홈

私事를爲ㅎ야中路에滯■ㄴ時ㄴ其滯■ㅎ日費를給지아니홈

第四章 公使館領事館經費

第二十七條 公使館領事館의經費ㄴ實費精筭을要ㅎㄴ者와精筭아니ㅎ고 放給ㅎㄴ者의二種으로區分ㅎ니其區分은外部大臣이度支部大臣과相議ㅎ야定홈

放給經費ㄴ各科目定額을四分ㅎ야每三個月式各館長에게交付홈

第五章 雜則

第二十八條 放給經費及派駐滯■旅行中에係ㅎㄴ俸給及日費ㄴ歐美諸國에ㄴ金貨其他諸國에ㄴ銀貨로 給홈

金貨로 給ᄒᄂ地로붓터銀貨로■給ᄒᄂ地에旅行ᄒᄂ時又銀貨로■給
ᄒᄂ지로붓터金貨로■給ᄒᄂ地에■旅行ᄒᄂ時ᄂ其旅中의日費ᄂ一
切銀貨로 給홈

第二十九條 本令에轉官이라ᄒᆞ믄外交官領事官公使館書記生領事館書
記生間에其官을轉ᄒᆞᆷ을云ᄒᆞ고轉駐ᄂ其任處ᄅᆞᆯ轉ᄒᆞᆷ을云홈

第三十條 臨時代理公使가旅行又兼任國에駐在ᄒᄂ境遇에ᄂ一切代
理公使에關ᄒᄂ規程으로適用홈

第三十一條 通商事務官에게ᄂ其官등에應ᄒᆞ야本令에揭ᄒᄂ領事又副
領事에關ᄒᄂ規程을適用홈

第三十二條 名譽領事에게ᄂ事務所費ᄒᆞ야年額五百元以內ᄅᆞᆯ給ᄒᆞᆷ을得
홈

第三十三條 名譽領事館에書記生을派駐케ᄒᄂ時其本俸은最近地領事
館의例로依홈

第三十四條 本令의施行에關ᄒᄂ細則은外部大臣이定홈

第三十五條 本令은頒布日로붓터施行홈

外交官及公使館書記生本俸年額			
官　任所	英露米佛	獨澳伊	日本
特命全權公使	五千五百元	五千元	五千元
辦理公使	四千九百元	四千五百元	四千五百元
代理公使	四千五百元	四千元	四千元
臨時代理公使	四千元	三千六百元	三千六百元
公使館一等叅書官	二千五百元	二千二百元	二千元
公使館二等叅書官	二千三百元	二千元	千八百元
公使館三等叅書官	二千元	千七百元	千四百元
公使館書記生	千五百元以下	千三百元以下	千元以下
別表第二號			

領事官及領事館書記生本俸年額				
官　　　任所	倫敦　　紐育	里昂　　桑港	横濱神戸長崎	香港新嘉坡
總領事	四千元	三千八百元	四千元	
領事	三千二百元	三千元	三千二百元	三千二百元
副領事	二千二百元	二千元	二千二百元	二千二百元
領事館書記生	千五百元以下	千三百元以下	千元以下	千元以下
總領事代理	三千三百元	三千百元	三千三百元	
總領事館事務代理	二千三百元	二千百元	二千三百元	
領事代理	二千八百元	二千六百元	二千八百元	二千八百元
領事館事務代理	二千元	千八百元	二千元	二千元

領事官及領事館書記生本俸年額

朕이官員服務紀律中改正에關ᄒᆞᄂᆞᆫ件을裁可ᄒᆞ야頒布케ᄒᆞ노라

大君主　　御押　　御璽

開國五百四年三月二十九日

內閣總理大臣金弘集

勅令第六十五號

官員服務紀律中左갓치改正홈

第六條에左의一項을追加홈

官員이公務疾病又丁憂를除ᄒᆞᄂᆞᆫ外에規定時間은반다시仕進執務ᄒᆞ미
가ᄒᆞ니但己ᄒᆞ기得지못ᄒᆞᄂᆞᆫ事故잇셔特別히本屬長官의允許를得者ᄂᆞᆫ
此限에在치아니홈

第七條　官吏ᄂᆞᆫ營業會社의社長又其他事務員되ᄂᆞᆫ事를得지못홈

第十一條　官吏가官馬를私用ᄒᆞ거나又無賃乘船ᄒᆞ거나又相當價를不興
ᄒᆞ고人民의物品又勞力을私自徵取ᄒᆞᄂᆞᆫ事를得지못홈

第十三條　雇員及其他準官吏에도亦此紀律을適用홈

　　　叙任

身病改差	咸鏡中軍	李庚翼
上仝	忠淸兵虞侯	姜斗永
上仝	多大僉使	朴世赫
改差	委曲僉使	嚴信永
上仝	淸城僉使	李宜燮
上仝	龜山僉使	李昌文
上仝	昌城僉使	李允恒
上仝	西林僉使	廉處京
上仝	造山萬戶	趙基咼
上仝	鉢浦萬戶	李浩錫
上仝以上軍部	多慶浦萬戶	韓文效
上仝	松羅察訪	金學魯
上仝	召村察訪	李齊正
上仝	自如察訪	韓敬根
上仝以上農商工部	碧沙察訪	金日遠
罷黜軍部	登山僉使	崔在成
任咸鏡中軍		李秉和
忠淸兵虞侯		姜永泓
多大僉使		柳翼潤
永宗僉使		李日善
陞三品	永宗僉使	李日善

委曲僉使		朴景煥
淸城僉使		宋希奎
龜山僉使		鄭弘鎰
昌城僉使		金是昌
登山僉使		鄭基連
西林僉使		金懋容
造山萬戶		金庚厚
鉢浦萬戶		柳　璇
多慶浦萬戶以上軍部		鄭泰鉉
松羅察訪		林皐鶴
召村察訪		金漢柱
自如察訪		李愼道
碧沙察訪以上農商工部		金錫興
呈狀改差	宮內參議	李始榮
上仝	宮內參議	鄭寅奭
上仝	宮內主事	李準榮
任宮內參議	宮內主事	朴鏞和
	宮內主事	李秉觀
陞三品	宮內參議	朴鏞和
上仝以上宮內府	宮內參議	全晙基

　　　　　以上三月三十日

宮內錄事

○義和君剖子大槩敢控情實乞解兩銜事奉　旨省剖具悉爾懇所辭兩銜

許副爾其諒之事遣宮內府官傳諭

○宗伯府四月初二日行 宗廟夏享大祭香祝親傳取稟奉 旨攝儀

彙報

○司法

珍山前郡守申梜이匪類防禦치못 罪를制書有違律에照ᄒ야杖一百私

罪收贖告身盡行追奪各部處務規程通則은左갓티定홈

開國五百四年四月一日

內閣總理大臣金弘集

閣令第一號

○別紙갓티

各部處務規程通則

第一章 職責

第一條 各局長並官方各課長은大臣又協辦의命을承ᄒ야所掌ᄒᄂ事
務를 整理ᄒ고部下를指揮홈

第二條 各局의課長은局長의命을承ᄒ야課務를擔任ᄒ고課僚를指揮ᄒ
야 各其事務에服ᄒ게ᄒ고調查起案等一切課務의整理에任홈

第三條 課僚ᄂ課長의指揮를承ᄒ야各其課務에從事홈

第四條 局長及官房課長은大臣又協辦을對ᄒ야主務擔任의責에任홈
各部處務規程通則

各局의課長은局長을代ᄒ야主務擔任의責에任홈

課僚ᄂ局長及課長을代ᄒ야擔任事務에就ᄒ야其責에任홈

第五條 事務가重要에涉ᄒᄂ者를辦理ᄒ며或各局課聯帶ᄒᄂ事項으로

迅速 完決을要ᄒᆞᄂ境遇에ᄂ大臣又協辦은各局長及官房課長을集ᄒᆞ야
會議를開ᄒᆞᄂ事가有ᄒᆞ미可홈

第六條 局長又課長이因公在外ᄒᆞ거나或其他事故로不進ᄒᆞᆯ爲ᄒᆞ야
代辦을必要로認ᄒᆞᄂ時ᄂ局長及官房各課長에在ᄒᆞ야ᄂ大臣
으로셔며各局의課長에在ᄒᆞ야ᄂ局長으로셔暫時代辦者를選
定ᄒᆞ야命홈

第七條 本部에到達ᄒᆞᄂ交書ᄂ凡大臣官房(又部中一局)文書課(課命
은 各部分課規程에셔定ᄒᆞᄂ바에依ᄒᆞ니以下ᄂ此를倣홈)에셔
接受開封ᄒᆞ야接受ᄒᆞᄂ年月日子를該交書上에註記ᄒᆞ고件名
幷番號를簿冊에謄錄ᄒᆞ미可홈

第八條 文書課長은到達文書를協辦에게提出ᄒᆞ고協辦은查閱ᄒᆞ야 主
務各局課에配付홈

第九條 大臣又協辦에게達ᄒᆞᄂ親展文書ᄂ封皮上에記號ᄒᆞ고簿冊에
謄錄 後에곳大臣官房秘書課長(課名은各部分課規程에셔定ᄒᆞ
ᄂ바에依ᄒᆞ니以下ᄂ此를倣홈)에게交付ᄒᆞᄂ니但交付後에普
通交書의掌理에屬ᄒᆞᄂ者ᄂ交書課에還付ᄒᆞ고同課ᄂ第七條
에依ᄒᆞ야年月日子와件名及番號를註記ᄒᆞ야곳主務局課에配
付ᄒᆞ미可홈

第十條 凡送付하ᄂ文書ᄂ送達簿上에受領者의檢印을受ᄒᆞ미可홈

第十一條 事가數局課에聯帶ᄒᆞᄂ文書ᄂ主務局課에셔辦理審案을起
草ᄒᆞ야 聯帶諸局과에合議ᄒᆞ미可ᄒᆞ니若彼此意見이異 時
ᄂ該文書에理由를具ᄒᆞ야곳大臣又協辦에게決裁를請ᄒᆞ미
可홈

第十二條 各局과調査訖■審案은協辦에게提出ᄒᆞ야協辦의查閱檢印

■後에 大臣의決裁를請ㅎ미可홈

協辦이大臣의署理를行ㅎ거나或委任을수境遇에는査閱檢印■後에곳
施行테ㅎ미可홈

第十三條 事가急施를要ㅎ거나或機密에關ㅎ는者는常規에依치아니
ㅎ고곳 大臣又協辦의決裁를請ㅎ미可홈

第十四條 凡官吏의進退身分에關ㅎ는事項及機密事項은秘書課長으
로셔곳 大臣又協辦에게提出ㅎ야決裁를請ㅎ미可홈

第十五條 一切決議旣訖■文書는文書課에셔淨書ㅎ야秘書課長에就
ㅎ야 大臣의印을鈐ㅎ고件名及番號를簿冊에註記ㅎ고곳發
送ㅎ며其原文書에는發送ㅎ는年月日子를記入ㅎ고文書課
長이檢印ㅎ야主務局課에還付ㅎ미可ㅎ니但官令이며通牒
等에可添홀一切類圖表等은其發送에要ㅎ미可■數를主務
局課에셔調製ㅎ미可홈

決議旣訖 機密文書及文官의進退身分에關ㅎ는者는秘書課에셔本條
에依ㅎ야掌理ㅎ미可홈

第十六條 凡辦理旣訖■文書는其審案과其事에關係■往復書와其附
屬書가지一切整頓ㅎ야記錄課(課名은各部分課規程에셔定
ㅎ는바에依홈)에送付ㅎ미可ㅎ니其機密에屬ㅎ는文書는書
長이保管ㅎ미可홈

第十七條 此規程은되도록內閣所屬職員에게도 適用ㅎ미可홈

正誤

會計法第六章豫筭收入은豫筭외收入의誤

第四十條納入은納入의誤植

武官並相當官俸 令의俸給表副將並相當官의欄內職俸二五○○元은一

　　　　五〇〇誤植
副領並相當官의欄內本俸四六八元은六四八元의誤
叅領並相當官의欄內職俸六四八元은四六八元의誤植
公使館領事館費用令第七條本部ᄂ外部의 誤植

부록2
- 중국어와 일본어의 어휘 교류에 관한 논문 일람

荒川清秀 「日中漢語語基の比較(〈特集〉語彙研究の新分野)」『国語学』
　　　　53-1,国語学会, 2002.10, 84-96

荒川清秀 「日本漢語の中国語への流入」『日本語　学』17-6, 明治書院,
　　　　1998.05, 39-46荒屋勧, 「日中同形語」, 『大東文化大学紀要,
　　　　人文科学』大東文化大学, 1983. 03, 17-29井田好治,「中国
　　　　語に借用された日本の近代訳語：特に英文法用語につい
　　　　て」『言語科学』3, 九州大学, 1967.03, 25-40

井田好治 「借用中国語についての一考察-近代日本語形成の一要素と
　　　　して見た」『日本文学』東京女子大学日本文学研究会,
　　　　1967.03, 25-40

井村勤 「日本語における借用語」『三重法経』122, 三重短期大学法経
　　　　科, 2003.12, 29-36 岩下隆, 「中国語(漢語)から借用した日本
　　　　語」『清泉女学院短期大学研究紀要』22, 清泉女学院短期大学,

2003.03, 97-113

大塚秀明 「日中同形語について」『外国語教育論集』12, 筑波大学,
　　　　1990.03, 327-337

加藤寛昭 「日本語になった中国語」『愛知産業大学短期大学紀要』14, 愛
　　　　知産業大学短期大学, 2001, 119-130

小林昭美 「「やまとことば」のなかの中国語からの借用語」『大正大学研
　　　　究紀要(人間学部文学部) 』大正大学, 2007.03, 171-152,

桃井恵一 「中国語に入った日本語表現：《漢語外来詞詞典》を例に」
　　　　『京都創成大学紀要』6, 京都創成大学, 2006.01, 184-194

芝田稔 「日中同文語彙交流の史的研究-厳復の訳語について-2-」『関西
　　　　大学東西学術研究所紀要』関西大学東西学術研究所,
　　　　1972.03, 21-53

芝田稔 「日本中国ことばの来往(ゆきき)(その62)二十世紀の残したも
　　　　の」『書評』117, 関西大学生活協同組合組織部, 2000.11, 80-87

芝田稔 「日本中国ことばの来往(ゆきき)(63)新入生の門出に寄せて」『書
　　　　評』118, 関西大学生活協同組合組織部, 2001.04, 24-28

芝田稔 「日本中国ことばの来往(ゆきき)その61　新入生の門出に寄せ
　　　　て」『書評』116, 関西大学生活協同組合組織部, 2000.04, 52-59

芝田稔 「日本中国ことばの来往(ゆきき)その60「五四」運動、80年の回
　　　　顧」『書評』115, 関西大学生活協同組合組織部, 1999.12, 16-23

芝田稔 「日本中国ことばの来往(ゆきき)-その59-風化-黒白を超えて」『書
　　　　評』114, 関西大学生活協同組合組織部, 1999.04, 24-31

芝田稔 「日本中国ことばの往来(ゆきき)-その58-風化-黒白を超えて」『書
　　　　評』113, 関西大学生活協同組合組織部, 1998.12, 18-23

芝田稔 「日本中国ことばの往来(ゆきき)-その56-」『書評』111,関西大学
　　　　生活協同組合組織部, 1997.10, 19-24

芝田稔 「日本中国ことばの往来(ゆきき)その55」『書評』110, 関西大学
　　　　生活協同組合組織部, 1997.04, 71-78

芝田稔 「日本中国ことばの往来(ゆきき)その54」『書評』109, 関西大学
　　　　生活協同組合組織部, 1996.10, 78-85

芝田稔 「翻訳について」『関西大学中国文学会紀要』関西大学中国文学
　　　　会, 1985.03, 78-89

芝田稔 「日中同文語彙交流の史的研究-厳復の訳語について-2-」『関西大
　　　　学東西学術研究所紀要』関西大学東西学術研究所, 1972.03,
　　　　21-53

芝田稔 「日中同文訳語交流の史的研究-1-」『関西大学東西学術研究所
　　　　紀要』関西大学東西学術研究所, 1963.03, 65-79

杉本つとむ 「近代日中言語交渉史序説(方以智『物理小識』を中心に)」,
　　　　『国文学解釈と鑑賞』56-1, 至文堂, 1999, p 186

曾根博隆 「中国語における日本語からの借用語-1-」『明治学院論叢』明
　　　　治学院大学, 1987.03, 15-37

田籠博 「近世の方言(近代日本語研究)」『日本語学』23-12, 明治書院,
　　　　2004.09, 97-105

千葉謙悟 「地名の翻訳借用表記創造の主体をめぐって-オクスフォード
　　　　「牛津」を中心に」『東洋学報』85-1, 東洋文庫, 2003.06, 154-135

千葉謙悟 「近代音訳語導入過程における二つの経路」『中国文学研究』
　　　　31, 早稲田大学中国文学会, 2005.12, 226-241

中条修・李大清「近代新漢語における中日語彙の交流：逆移入され

た日本製中日同形漢語の異同を中心に」『静岡大学
　　　　　教育学部研究報告』24, 静岡大学教育学部, 1992.03

中田喜勝 「中国語と明治時代の新聞-白話借用の社会的背景とその国
　　　　　語化」『長崎大学東南アジア研究所研究年報』長崎大学東
　　　　　南アジア研究所, 1968.03, 245-261

前田均 「「同文」考-日中同形漢字熟語研究のために」『山辺道』天理大
　　　　　学国文学研究室, 1984.03, 73-80

松井利彦 「漢訳「万国公法」の熟字と近代日本漢語」『国語と国文学』
　　　　　62-5, 東京大学国語国文学会, 1985.05, 67-77

松井利彦 「漢訳語の日本語への受容-漢訳『万国公法』の「責任」の場合」
　　　　　『文林』36, 神戸松蔭女子学院大学, 2002.03, 21-45,

三浦国雄 「翻訳語と中国思想-『哲学字彙』を読む」『人文研究』47-3, 大
　　　　　阪市立大学, 1995.03, 183-226

宮首弘子 「通訳・翻訳の視点から見た中国語の新外来語-日本語から
　　　　　の受容(1)」『杏林大学外国語学部紀要』20, 杏林大学外国語学
　　　　　部, 2008.03, 321-334

森永誠 「外国語の母語化について(4) -中国語訳の借用-」『研究紀要.
　　　　　第四分冊,短期大学短期大学部(III)』24, 聖徳大学, 1991.11,
　　　　　39-49

森永誠 「外国語の母語化について-写音による借用(2)-」『研究紀要』22,
　　　　　聖徳大学, 1989.12, 349-359

安田泰子 「日中漢語の交流 : 中国語に入らなかった新漢語」『葛野』2,
　　　　　京都外国語大学, 1998.03, 11-25

森林泉子 「借用中国語についての一考察-近代日本語形成の一要素とし

て見た」『日本文学』東京女子大学日本文学研究会, 1967.03, 86-104

王立達他 「現代中国語における日本語からの借用語」『エクス： 言語 文化論集』2, 関西学院大学, 2002.03, 107-124

呂明臣 「中国語における日本語の漢語をめぐって」『日本文芸研究』55-2, 関西学院大学, 2003.09, 1-16

劉凡夫 「近代日中語彙交流のプロセス-『飲氷室合集』初期資料の日本 語語彙をめぐって」『文芸研究』151, 日本文芸研究会, 2001.03, 96-85

劉凡夫 「〈教える人〉を表す語の日中語彙の交渉史-近世以後を中心に」 『文芸研究』日本文芸研究会, 1988.09, 22-31

劉凡夫 「中国語辞書「辞源」初版に収録された日本語語彙の性格」『国 語学研究』東北大学文学部国語学研究刊行会, 1993.03, 1-10

劉凡夫 「日中同形語「教師」,「教員」の交渉史と語義の比較」『国語学研 究』東北大学文学部国語学研究刊行会, 1988.12, 49-60

李運博 「近代中国に移入された日本借用語-梁啓超の場合」『北海道大 学大学院文学研究科研究論集』1, 北海道大学大学院文学研 究科, 2001.03,109-125

李運博 「日本借用語の近代中国への移入-梁啓超の役割について」『国 語国文研究』125, 北海道大学国語国文学会, 2003.10, 95-75

李運博 「近代中国に移入された日本借用語-梁啓超の場合」『国語国文 研究』118, 北海道大学国語国文学会, 2001.03, 74-64,

李運博 「梁啓超と日本借用語との関わり-梁啓超に対する評価及び日 本借用語の出現箇所」『北海道大学大学院文学研究科研究論

集』2, 北海道大学大学院文学研究科, 2002.03, 123-140

李運博 「近代中国人から見た日本語」『北海道教育大学紀要(人文科学・
　　　　社会科学編)』北海道教育大学, 1999.08, 41-56

李錚強 「「新時期」の中国語に見られる日本語からの借用語について」
　　　　『共立女子大学総合文化研究所紀要』14, 共立女子大学総合
　　　　文化研究所運営委員会, 2008.03, 57-70

李衛群 「外来語のゆくえ:現代日中語彙における「外来語」からの分析」
　　　　『岩大語文』12, 岩手大学大学院教育学研究科, 2007.03, 52-42

林怡州 「現代中国語における日本語の借用語彙」『現代中国事情』3,日
　　　　本大学国際関係学部中国情報センター, 2005.09, 69-72,

蘇小楠 「日中学術用語交渉の一試論-訳語「固体・気体・液体」の由来
　　　　について」『名古屋大学国語国文学』名古屋大学国語国文学
　　　　会, 2007.07, 86-70

蘇小楠 「中国における日本製化学用語の受容-20世紀初期の中国資料
　　　　を中心に」『名古屋大学国語国文学』名古屋大学国語国文学
　　　　会, 2004.07, 148-134

孫桂琴 「「海国図志」と「亜墨利加総記後編」とをめぐって-国名、地名
　　　　を中心に」『岡山大学大学院文化科学研究科紀要』10, 岡山大
　　　　学大学院文化科学研究科, 2001.11, 15-26

王国齢 「台湾の中国語に現れた新借用語の使用について」『語彙研究』
　　　　5, 語彙研究会, 2007.12, 61-70

張予娜 「近代における中日両語の相互浸透性借用語を中心に」『言語
　　　　文化論叢』3, 千葉大学, 1997.03, 97-113

曹桜 「日中同形語について」『大阪工業大学紀要, 人文社会篇』48-1, 大

阪工業大学, 2003.03, 11-36

朱京偉 「中国における日本製植物学用語の受容-20世紀初期の中国資料を中心に」『明海日本語』7, 明海大学日本語学会, 2002, 71-100

朱京偉 「中国語における日本語からの借用語の受容時期について」『名古屋商科大学論集』40-2, 名古屋商科大学商学会, 1996.03, 61-68

朱京偉 「放談ざっくばらん 借用語を追い続けて10年」『人民中国』人民中国雑誌社, 2006.04, 24-26

朱京偉 「中日V+N動賓結構二字詞的比較」『関西大学視聴覚教育』29, 関西大学, 2006.03, 95-107

朱京偉 「明治初期以降の哲学と論理学の新出語」『日本語科学』18, 国立国語研究所, 2005.10, 71-93

朱京偉 「日中漢語の交流」『国文学解釈と鑑賞』70-1, 至文堂, 2005.01, 27-37

朱京偉 『近代日中新語の創出と交流-人文科学と自然科学の専門語を中心に-』白帝社, 2003.10

朱京偉 「明治期における近代哲学用語の成立-哲学辞典類による検証」『日本語科学』, 国立国語研究所, 2002.10, 96-127

朱京偉 「『哲学字彙』再版と三版の増補訳語について」『日本語科学』国立国語研究所, 2001.10, 80-106

朱京偉 「明治期における近代植物学用語の成立」『明海日本語』6, 明海大学日本語学会, 2001, 11-44

朱京偉 「『哲学字彙』(初版)の訳語とその性質」『名古屋商科大学論集』

41-2, 名古屋商科大学商学会, 1997.03, 43-68

陳力衛 「『雪中梅』の中国語訳について-明治新漢語伝播の媒介として
の役割」『文学研究』日本文学研究会, 2005.04, 16-29

陳力衛 「近代語と中国語 (近代日本語研究) - (近代語研究ケースス
タディ)」『日本語学』23-12, 明治書院, 2004.09, 106-113

陳力衛 「近代漢語訳語再考」『日本比較文学会東京支部研究報告』4,日
本比較文学会東京支部, 2007.09, 38-45

沈国威 「清末民初中国社会対新名詞之反応」『アジア文化交流研究』2,
関西大学アジア文化交流研究センター, 2007.03, 105-124,

沈国威 「黄遵憲《日本国志》的編碼与解碼 - 以刑法志為中心」『関西
大学東西学術研究所紀要』40, 関西大学東西学術研究所,
2007.04, 125-155

沈国威 「近代日中語彙交流-逆転への道程」『関西大学中国文学会紀要』
24, 関西大学中国文学会, 2003.03, 69-90

沈国威 「中国の近代学術用語の創出と導入-文化交流と語彙交流の視
点から」『文林』29, 松蔭女子学院大学, 1995.03, 51-72

沈国威 「新漢語研究に関する思考」『文林』32, 神戸松蔭女子学院大学,
1998.03, 37-61

沈国威 「訳語は如何に継承されたのか -「熱帯 温帯 寒帯」再考」『関
西大学東西学術研究所紀要』35, 関西大学東西学術研究所,
2002.03, 39-53

呉悦・筒井 紀美 「中国語新語の中の日本語語彙についての研究」『日中
言語対照研究論集』5, 日中言語対照研究会, 2003.05,
147-169

湯本昭南「借用-漢語、外来語」『国文学解釈と鑑賞』70-1，至文堂，
　　　2005.01，6-16

筒井紀美「日中語彙の比較研究-『広辞苑(第五版)』所収新語について」
　　　『目白大学人文学部紀要　言語文化篇』目白大学人文学部，
　　　2000.01

彭杰「中国語の借用語と日本語の借用語」『曙光』和泉書院，1996.12，
　　　54-57

彭広陸「中国語と外来語(特集=日本語に入ったことば、日本語から出
　　　たことば)」『国文学解釈と鑑賞』70-1，至文堂，2005.01，132-142

彭広陸「中日語彙比較への一視点-いわゆる「類素語」を中心に」『日中
　　　言語対照研究論集』8，日中対照言語学会，2006.05，19-27

彭広陸「中国語と外来語 (特集=日本語に入ったことば、日本語から出
　　　たことば)，国文学解釈と鑑賞70-1，至文堂，2005.01，132-142

부록3
- 『官報』에 나오는 일본어 용례 및 출전*

[가]

-家(1895.8.24)　　　　觀察ᄒ기는 歷史家와 政治家에 가쟝 有益홀 得ᄒ고
　　　　　　　　　　泰西人士는

-假(1909.4.3)　　　　六十五圓으로써 賣買ᄒ는 假契約을 成立홈에 至
　　　　　　　　　　ᄒ지라 然而該

加減(1900.10.1)　　　第十二章免罪及加減處分

加減乘除(1907.3.19)　國漢文日語算術, (簡易ᄒ 加減乘除)

價格(1905.6.26)　　　第九條本證券의 式樣發行價格應募金通請期日
　　　　　　　　　　應募金辨納

可決(1898.11.4)　　　合席協議ᄒ야 妥當可決ᄒ 後에 施行ᄒ고 議政府
　　　　　　　　　　에셔 直行ᄒ

家計(1902.7.12)　　　靑陽郡前主事李承祚等俱以不贍家計捐義救恤
　　　　　　　　　　能濟一境使飢

---

* 출전은 초출 날짜를 기입하였다.

假契約(1909.4.3)　　六十五圜으로써賣買ᄒᄂᆫ假契約을成立홈에至
　　　　　　　　　　홈지라然而該

架空(1898.10.10)　　示警餘外諸人不當架空起疑於不當疑之地至如
　　　　　　　　　　法律乃朝家所

假納(1909.11.1)　　科料又ᄂᆫ罰金의言告ᄅᆯ홈時ᄂᆫ其金額을假納케
　　　　　　　　　　홈이可홈若

가다루쌔(1909.3.16)　　水原林業事務所ᄂᆫ京畿道水原郡에在하야農林
　　　　　　　　　　學校

가루호루니야(1908.9.15)　　麥收量報告一、小麥　가루호루니야

珈琲(1895.10.6)　　此外에豆菽類及雜穀도잇고茶珈琲의殖産도亦
　　　　　　　　　　印度의一大事

家庭(1901.1.2)　　水原郡守金容鎭克守家庭之淸範하야愛祛吏民
　　　　　　　　　　之痼瘼히니英

仮定(1894.8.19)　　何新聞発行又ᄂᆫ編輯或은印刷担任者仮定申告

家族(1894.8.22)　　第十九条宮内官吏와其家族은宮内府大臣의许
　　　　　　　　　　可ᄅᆯ得홈이

假住所(1909.11.1)　　第七條假住所에ᄒᄂᆫ送達은此ᄅᆯ受홈이可ᄒᆫ人
　　　　　　　　　　에出會치못

假處分(1909.10.4)　　囑託書에假處分命令의正本을添附하야此ᄅᆯ特
　　　　　　　　　　許局에囑託

家出(1905.5.3)　　於死者之家出嫁喪夫死者使之收適矣犯者謂以
　　　　　　　　　　義女計欲奪

脚絆(1894.7.11)　　一捲脚絆五百九拾組

脚本(1908.9.7)　　文藝學術의著作物의著作權은飜譯權을包含ᄒ

고各種脚本

閣下(1905.6.30)　度支部大臣官姓名閣下

簡略(1895.10.11)　한事件으로信認한니左에簡略을爲主한야其梗
概를記述한겟

幹部(1896.10.24)　來十二月에新設한陸軍鐵道隊는本年에는爲先
幹部와一中隊

幹事(1894.8.19)　法官養成所幹事同上同上

幹線(1896.6.22)　과巴里間의電話線과法國內地幹線을連結한事
에關한야方今

看守(1895.5.1)　第二十二條巡檢看守에關한는規程은別로定함

間接(1896.5.28)　千百二十万千八百十三法間稅及間接收入二十
億千六百八

看做(1905.6.30)　한고面村里長을納人으로看做한境

看板(1909.10.4)　한기爲한야廣告、看板、引札等에其物品이登
錄意匠을

刊行(1909.1.13)　一燈臺의位置는日本海軍水路部刊行海圖第三
百三十一號에

看護(1904.9.27)　看護卒

看護婦(1905.10.31)　七看護婦長一人

看護婦長(1905.10.31)　七看護婦長一人

感覺(1908.4.27)　을受한면其數量이每年不一한야事業實行上不
便을感覺한

感慨(1902.12.31)　下不胜忭聳万万継之而感涕也既見其疏本則詞
意感慨援据典

減俸(1896.7.1)　　　　觀察使兪箕煥減俸幷分揀

勘事(1905.1.12)　　　願書內開本人家親泰哲在任延安郡守時上納未

勘事現在保放

監查(1905.9.6)　　　　監事ᄂ會社의業務를監查ᄒ미이라

鑑查(1905.3.8)　　　　藥品製鍊鑑查及調製를掌理ᄒ미이라

減殺(1909.4.3)　　　　過當ᄒ므로써相當ᄒ額에減殺ᄒ야金四千二百

四十二圜七十

紺色(1906.2.28)　　　되上襟及袖口에ᄂ黑紺色羽緞四寸을付飾ᄒ며

前面左右에

感染(1898.1.21)　　　ᄂ卽時隔室에移ᄒ야그消毒을施ᄒ며病症及感

染ᄒ形狀을

鑑定(1894.8.19)　　　稅關鑑定官補兼稅關主事稅關監視官補柳彦七

勘定(1901.1.2)　　　　憲只伏俟有司之勘定瞻天戰掉岡知攸達

甲種(1898.7.25)　　　에ᄂ事件에輕微及寡少를不計ᄒ고警務賞與令

甲種賞에依

甲板(1899.7.14)　　　第四項甲板層數檣數船身材料

强盜(1906.1.31)　　　三和港裁判所審理强盜罪人朴柱業照刑法大全

綱領(1898.10.31)　　率往會矣會中人民有六條綱領獻議者萬口齊聲

一辭唱可且要

講習(1908.9.7)　　　　第四條講習科에入學을許可ᄒ만ᄒ者ᄂ左의資

格이有ᄒ되

講義(1898.2.23)　　　批旨省疏具悉書進文公講義尤可嘉也

開墾(1894.8.22)　　　(1906.義新王宮代理仝龍川郡西面沼浦開墾條

件違背

開發(1905.11.7) 見之可以開發朕心而座談竟不若面陳之詳

開放(1907.9.21) 朕이咸鏡北道富寧郡淸津開放에關ᄒ件을裁可
ᄒ야茲에頒布

概算(1909.12.28) 第十一条先授金槪算交付의还纳金으로经费定
额에还入을

改善(1896.1.20) 치아니미可ᄒ오며各般改善ᄒᄂ事業은須先根
本을培養ᄒ올

個所(1905.4.22) 官의管轄에屬ᄒ고一個所에人員은十五人以上
二十人以內

個人(1905.7.6) 産이窮乏ᄒ을免치못ᄒ니殊用悶嘆이라個人의
疾病災害을救

改訂(1900.7.2) 徒가轉居ᄒᄂ時ᄂ斯速히告明改訂ᄒ이라

開進(1898.11.16) 若酌定範圍俯徇輿情則亦係開進之一助臣等難
以擅便伏候

改編(1909.12.28) 塬隊所属公州駐隊附属為四百名幷改編制水塬
隊則待新預算

介抱(1899.9.8) 者가親히患者를介抱ᄒ야痘毒에汚染ᄒ드릭도
其手足衣服等

改票(1902.1.31) 峻變郡守閔明植幷加資添入改票

開港場(1905.9.12) 로韓國沿海及內河를航行ᄒ을得홈但開港場間
航行은本約

開化(1898.12.10) 件審査則所供內丙申春宋啓弘等厭開化願復古
作鬧濟州府時

坑口(1906.8.5) 橫坑口

坑道(1906.8.5)　　　　一坑道의上下段은分色으로써区书き事

坑木(1908.9.28)　　　　一坑木及矢木七萬六千五百本

居留(1894.8.22)　　　　木浦港各国居留地东海岸通一丁目木村健夫八
　　　　　　　　　　　　月十二日

車馬費(1908.9.24)　　　第八條赴任旅費는滊車費、船費、及車馬費에
　　　　　　　　　　　　限ᄒ야

거어쑤스(1909.11.20)　　石炭、「거어쑤스」薪、炭、附木、懷爐灰等

据置(1908.9.28)　　　　第十六欵平壤鑛業所据置金七萬九千圓

健康(1895.7.24)　　　　平素에衛生에留意ᄒ야體操를勉ᄒ야健康에增
　　　　　　　　　　　　進흠을

建物(1894.8.22)　　　　土地建物其他重要ᄒ器具机械로■此에充ᄒ고
　　　　　　　　　　　　运转資本은

乾草(1908.3.11)　　　　第二號〕乾草六千貫,（京城稱三萬七千五百斤）

建築(1905.9.6)　　　　第十八條倉庫의建築構造並營業의方法에關ᄒ
　　　　　　　　　　　　야는度支部

檢事(1894.7.11)　　　　漢城府裁判所檢事試補尹観柱

檢查役(1908.9.28)　　　四取締役及監査役又는檢查役이商法第百三十
　　　　　　　　　　　　四條의規

檢視(1898.1.10)　　　　第八條囚人이死亡ᄒ時는監獄署長은醫師와立
　　　　　　　　　　　　會檢視ᄒ야

檢案(1898.8.8)　　　　金化郡守李源根猾胥舞文을每欲明察ᄒ고檢案
　　　　　　　　　　　　遣辭도亦必

檢疫(1895.6.1)　　　　第一章檢疫及診斷

檢印(1906.1.18)　　　　該隊長이나又首座는證憑書에檢印ᄒ야前項命

令에代用홀

檢定(1905.3.29)	第十九條度量衡器의定期檢定은實施後每五個年에行홀事
檢討(1902.12.31)	朴化成仮称巡檢討財罪懲役■年減一等二年半
揭揚(1908.9.28)	良好ㅎ야特히揭揚홀障碍가無ㅎ고近年稀有의豊作이라
揭載(1900.10.1)	第九條軍人이第四條에揭載호犯罪를除호外에一應刑事와
激動(1895.8.21)	가起ㅎ■兵丁의心을激動ㅎ야畢竟大內에奔訴ㅎ기에至ㅎ나
格別(1909.9.15)	格別注意홈이可홀지온況近日惡疹이漸次蔓延ㅎ야日日死亡
激痛(1904.6.23)	餙詐之說都無辦納之意故爲官刷逋之地不勝憤激痛嘆初七日
堅固(1908.12.31)	揮人逐出不使接跡仍入內神門正殿鎖金堅固不敢
肩掛(1909.11.20)	衣服、袴、帶、襟、肩掛、領卷等
見得(1909.10.5)	三海里의距離로븟터見得홀者를要홈
見聞(1898.8.1)	第四條職務上에見聞ㅎ는事件은他에漏泄치勿ㅎ는事
見本(1894.7.11)	十一時까지本部經理局에出頭ㅎ야見本幷入札心得書契約書
見習(1898.11.7)	右二十員은量地衙門量地見習生으로充補事
見習生(1905.4.26)	第九條各官廳見習生으로三年以上積勤ㅎ者는

初考를免호

見樣(1905.6.30)	甲見樣
見積(1894.8.22)	入札保証金은各其見積價格百分의五以上, (圜未滿切上)
見積書(1894.8.22)	右入札保證金은各自見積書代價의百分五以上
堅持(1900.9.3)	警省附牘之來滿紙張皇愈往堅持其日所守
見出帳(1908.9.28)	第八條登記所에논登記簿、見出帳及接受帳外에左의帳簿
見學(1907.9.21)	解日本軍隊見學
結局(1905.4.14)	但其書面의結局이一般令達或通牒이될件은其令達通牒으
決算(1905.12.31)	一各官廳의報來호논計算書及決算書並證據書類編纂保
欠席(1905.4.12)	不告欠席이一週日以上에及혼者
缺損(1905.6.30)	缺損額
決心(1908.1.11)	今幸蒙放則投入我黨호라호고無數恐喝호되矣身이決心不遵
決意(1895.4.19)	政府에當路者를暗殺호므로事를成호논듸決意호야被告
結晶(1909.4.3)	一墟田結晶池用平石壹萬八千平方坪此重量參千噸
結核(1909.12.27)	第十七條結核癩病梅毒等의疾患이有호야衛生上危險
結婚(1901.1.2)	女朴召史結婚五載不相和諧遭其祖父喪侍墓三

年忽稱渠祖

結婚式(1909.4.3) 皇太子殿下結婚式用物品을皇室에上納ᄒ얏스나于今其代

警官(1896.2.26) 百僚가棲遑ᄒ고士卒이露處ᄒ고警官이奔走ᄒ

經歷書(1895.7.24) 반다시經歷書를調査所에納ᄒ미可홈

經理(1892.2.26) 任軍部經理局長　監督李周會

經理部(1904.9.27) 第十七條將校相當官并衛生部經理部軍樂部下士及諸工長

警務官(1907.3.11) 四警務官會議에關ᄒ事項

警保(1906.2.28) 警保課

警部(1909.7.27) 給八級俸, (七月五日內部)警部三浦紈

警備(1907.3.12) 受信者姓名을登記ᄒ야警備使에게抵ᄒᄂ書ᄂ

經費(1905.2.19) 第四章公使館領事館經費

輕視(1908.8.27) 五學童의規律及風儀에對ᄒ야도一般書堂은此를輕視홈과

經濟(1905.12.31) 第一條帝室財政會議ᄂ帝室에關ᄒ一切財用과經濟事業

經濟學(1905.4.26) 第六條會考科目은左開와如홈이라經濟學

輕重(1909.12.28) 慮徐夫以卿斷斷一念参倚于公私輕重緩急

警察(1895.4.23) 七警察官吏의敎習에關ᄒᄂ事項

傾向(1909.10.11) 徒長ᄒ야結實不充分홈傾向이有ᄒᄂ昨年에比ᄒ면稍優홈

経驗(1909.12.28) 第八条監査員은職見과経驗이有혼者로選定ᄒ야一切事務

-界(1909.1.3) 本廳會計係에出頭ᄒ야見本과入札心得書及契約書案等을熟覽

-係(1900.10.1) 致而該員係是曾經 勅任官故依刑律名例第二十八條ᄒ

-届(1905.12.7) 批旨臣等相顧愕貽轉靡所届也勒約不廢則國必亡矣諸賊不

階級(1900.10.1) 에게ᄂ軍人等級을依ᄒ야加ᄒ고階級이相等ᄒ거나下된者

計算(1905.12.22) 關ᄒ一切의計算을登記ᄒ미可ᄒ미라

計算書(1905.6.30) 何部主管年度開始前現金先授計算書

契約(1908.9.7) 此契約은漢城衛生會實行委員長若林資藏이擔當홈

契約書(1895.6.1) 外國社會에係ᄒ契約書印紙稅를增課ᄒ야

契印(1894.8.22) 에셔繕寫ᄒ야番号을記入ᄒ야官印与契印을鈐ᄒ며

系長(1907.3.12) 第三條警察課庶務課의課長下에系長을■호ᄃᆡ總巡或主事

届出(1907.1.22) 爲届出아니치못ᄒᄃᆡ若取調ᄒ后本人에게交付홀事가確實

系統(1908.1.11) 畜牝年齡病發轉轉歸發生原因及系統防疫處置及傳播의狀

計劃(1896.1.20) 奏豫算의計劃은施政ᄒᄂ方針에基치아니치못홀者오니方今

고구라(1906.5.25) 第四十五條고구라衣袴ᄂ兵卒이平常屯營內에

	在ᄒᆞᆫ時及軆
高級(1896.7.16)	徒優等人과師範學校高級學徒로選充ᄒᆞᆷ이可ᄒᆞᆷ
高等科(1895.7.24)	高等科에ᄂᆞᆫ讀書ᄂᆞᆫ漢字敎文을授ᄒᆞ고作文은漢 字交文과
高等女學校(1909.7.9)	第九號高等女學校令施行規則을左와如히改正 ᄒᆞᆷ
高等学校(1906.8.17)	第四条高等学校의本科学科目은修身国语汉文 日语曆
고로다이푸(1908.4.13)	精巧ᄒᆞ게「고로다이푸」版軆裁縱九寸橫一尺二 寸表紙
告白(1894.8.19)	被告白南彌供称伊日以电话番으로在于周番室 矣러니各中队
告示(1905.5.29)	第二百六條祭享日期ᄅᆞᆯ豫先告示치아니ᄒᆞᆫ者ᄂᆞᆫ 笞五十이며
고-구(1908.9.19)	石炭「고ㅣ구」薪、炭、附木、燭心等
雇員(1905.5.29)	第四十條吏典이라称ᄒᆞᆷ은廷吏巡檢雇員及各地 方書記巡校
故障(1906.2.28)	第八條病으로不得執務ᄒᆞ지六十日을過ᄒᆞᆫ者와 私事의故障
固定(1909.12.28)	第四条固定资本의维持及修理ᄂᆞᆫ印刷局作業收 入으로支办
固定資本(1907.3.7)	第二條煉瓦制造所의固定資本은金二十萬九千 圜으로運轉
古參(1905.7.12)	救濟之策朕甚慨歎焉所以酌古參今旁求列邦規

制玆設大韓國

苦痛(1909.1.4)	를巡ᄒ야地方의情形을覽察ᄒ고赤子의苦痛을詢問코ᄌ홀시
穀物(1895.9.7)	第十四條稅務主事가其保管ᄒ錢穀物品을消費ᄒ거나或見
曲線(1895.8.15)	尋常科에圖畫를加ᄒᄂ時에ᄂ直線曲線及其單形으로부터
곤구리-도(1909.4.16)	基礎ᄂ「곤구리-도」造六角形이니白色으로塗ᄒ고
困難(1906.7.12)	困難을極ᄒᄂ境遇에ᄂ救助ᄒ며又歸國케ᄒᄂ義務가有ᄒ
골덴메론(1908.9.15)	二、春蒔大麥
골레수본된수(1908.6.6)	(골레수본된수)를締結코져ᄒᄂ時ᄂ
空間(1899.7.4)	李昌根因天雨要積二駄柴於倉內空間故仍許之矣不意本年陰
公開(1906.3.24)	第一條店鋪를公開ᄒ고證券의割引又ᄂ爲替事業又ᄂ諸任
供給(1900.10.1)	第九十條犯罪홀情을知ᄒ고器具物品을供給ᄒ거나誘導指
空氣(1899.9.11)	部分을拭淨ᄒ고消毒홀後에ᄂ日光이射入ᄒ고空氣가流通
共同(1900.10.1)	第八十七條二人以上이共同ᄒ야範圍가同혼罪를犯혼者를
共同便所(1909.4.3)	一共同便所新築工事拾壹個所

公理(1899.8.2)	襄陽郡守趙觀顯妙年發軔에劇地恢刃이라據公理而周詳聽訟
公立(1905.6.31)	學部令第二十九號公立漢城普通學校以官立京橋普通學校
公立學校(1895.4.17)	四公立學校職員의進退身分에關ᄒᆞᄂ事項
公務(1905.12.21)	第十八條公務을因ᄒᆞ야往復ᄒᆞᄂ軍人或軍屬及警察官吏와
公文書(1907.3.11)	公文書의編纂保存統計及書類管守에關ᄒ事項
公民(1906.2.1)	交河郡守尹夔變見事明吏不敢欺秉心公民皆有頌上
工兵(1895.5.19)	別表工兵輜重兵馬兵
公報(1901.1.2)	事公報審理則被告俱稱自昨年以來往往有成狂之心本年陰曆
公私(1900.8.18)	批旨省疏具悉所陳公私引喩甚好卿若擧而措之於一方則於爲
公使(1905.8.24)	詔曰駐箚美國公使館外參書官禮覃襄助交隣賴多敦好特叙勳
公使館(1904.10.13)	第一條外交官領事館公使館書記生及領事館
空想(1909.7.31)	嚴罰에處ᄒᆞᆯ터이니爾後로如斯ᄒ空想에馳ᄒᆞ야不測ᄒ損害에
公設(1909.10.4)	四船舶用給水公設特定水栓을依ᄒᆞ야船舶에供給ᄒ
控訴(1909.11.1)	控訴의申陳이有ᄒ時ᄂ判決裁判所ᄂ理由書ᄅ作成ᄒᆞ야

公訴(1895.4.5)　　　　被告事件이有罪홀■ㅎ믈思ㅎ는時에는公訴의
　　　　　　　　　　　手續을ㅎ미

攻守同盟(1900.10.1)　　九本國이나攻守同盟國의命令이나公信의遞傳
　　　　　　　　　　　을妨碍홈

公示(1906.4.31)　　　　五會社가公示홀方法

公式(1895.4.5)　　　　一　夜會와其餘公式宴會에臨ㅎ는時

公安(1901.1.2)　　　　里如封目前怵惕憫焉錦玉靡安昔當鄭公安集流
　　　　　　　　　　　民法尙簡便李

工業(1905.5.29)　　　　第十節農商工業違犯律

工業科(1904.8.5)　　　今에農商工學校를新設ㅎ고工業科를爲先敎授
　　　　　　　　　　　홀터이니

公園(1906.7.12)　　　　第六條鐵道軌道道路運河河沼池隄塘社寺境內
　　　　　　　　　　　地公園地

工作(1905.5.29)　　　　委任을受ㅎ고物品을供給或工作ㅎ는者가故意
　　　　　　　　　　　로違背홀者

工場(1908.9.7)　　　　土地登記簿、家屋登記簿、工場財團登記簿、
　　　　　　　　　　　鑛業財團登記簿

公証(1909.12.28)　　　公証昭然苟究其罪固当免官懲辦而此時邊邑之
　　　　　　　　　　　務難付生手厚

控除(1905.6.31)　　　　셔現金支撥을控除홈이可홈

公衆(1895.4.17)　　　一傳染病地方病의豫防及種痘其他一切公衆衛
　　　　　　　　　　　生에關ㅎ는事項

空地(1894.8.22)　　　　月十六日居古介空地期限經過

共進會(1905.1.11)　　　共進會長李儁會員尹夏榮羅裕錫尹孝定四人訽

捉押交等因該

公債(1906.7.31)　　　前項境遇에在ᄒ야公債證書及土地의价格은度
　　　　　　　　　　支部大臣이

公判(1896.2.15)　　　公判으로確證을據ᄒ야適當ᄒ罰例에處케ᄒ라
　　　　　　　　　　金弘集과鄭秉

工學(1905.12.15)　　第七款農商工學校一萬九百七十四圜

共和(1896.11.21)　　亞爾然丁共和國에셔來住民數라

共和國(1895.8.15)　　大統督幷內閣을撰擧ᄒ야然後獨立을發表ᄒ야
　　　　　　　　　　규바共和國을

恐慌(1908.9.28)　　　○歐美諸國貿易의減退昨年에係ᄒ紐育의恐慌
　　　　　　　　　　은同國과金

公會(1896.10.19)　　「구랏도수동」氏ᄂ「파부루」에셔大衆公會에演
　　　　　　　　　　說ᄒ야曰

過去(1895.10.11)　　過去ᄒ一百五十年間에漸次ᄅ을英人이征取ᄒ야
　　　　　　　　　　該額土가되고

過激(1908.1.25)　　　過激히演說ᄒ야人心을煽動ᄒ야

過料(1908.8.27)　　　圜以上一千圜以下의過料에處홈其事犯이副總
　　　　　　　　　　裁나又ᄂ理

科目(1905.6.30)　　　科目金額等은總히處理廳에셔記入

果物(1909.10.4)　　　第四十七類穀菜類、種子、果物、穀粉、澱粉
　　　　　　　　　　及其製品

과셰루러이도(1909.11.20)其模造品「과셰루러이도」及他類에不屬ᄒ其製
　　　　　　　　　　品

過誤納(1895.4.5)　　　收入調定官은其過誤納의數額과事由ᄅ을具ᄒ야

課長(1895.3.29) 　各局의課長은局長의命을承ᄒ야課務를擔任ᄒ
　　　　　　　　고課僚를指揮ᄒ야

課程(1905.5.29) 　第三百六十九條商工人이一應雜稅를應稅홀者
　　　　　　　　가課程을違

官權(1905.3.4) 　詔曰別欄後關西司令官權攝陸軍副將閔泳喆加
　　　　　　　　資餉官陸軍衆

觀念(1902.1.16) 　任咸鏡北道觀念會主事敍判任官六等

慣例(1907.1.31) 　目的ᄒ土地家屋에揭示ᄒ고且同時에其所在地
　　　　　　　　慣例를依ᄒ

官僚(1894.11.26) 　一国之安危塬系官僚之貪廉自阴历本年九月二
　　　　　　　　十日凡在京

管理(1905.6.30) 　歲入事務管理廳

官吏(1899.9.1) 　에具狀ᄒ야醫師와衛生官吏와警察官吏와或府
　　　　　　　　郡人吏等의

管理人(1909.9.25) 　第七條市場管理人은市場의開市日及其放賣價
　　　　　　　　格을開市마

官民(1895.4.7) 　聖意를奉承ᄒ야外面의官民同一衣制를用홀아
　　　　　　　　니라

官房課長(1895.3.29) 　第四條局長及官房課長은大臣又協辦을對ᄒ야

觀兵(1909.7.24) 　觀兵、演習其他軍務及祭儀禮典宴禮謁見等時
　　　　　　　　에陪衛扈從홈

觀兵式(1896.1.7) 　來八日下午二點鐘에神武門外의셔觀兵式을擧

官報(1896.3.9) 　는不少ᄒ影響을金融에及홀지라홈

官舍(1905.5.29) 　第四百四十九條各地方官舍地界內에犯葬ᄒ者

ᄂ左開에依

関税(1902.12.31)	一国庫金出納과海関税及其他諸般税金収俸의 一切事務를
慣用(1909.2.9)	이可ᄒ고印刷所가營業上慣用ᄒ名稱이有ᄒᄂ 境遇에ᄂ該
官員(1900.9.31)	官員中差出何如謹上
管制(1895.4.19)	朕이漢城師範學校管制를裁可ᄒ야頒布케ᄒ노 라
官庁(1902.12.31)	第十五条各郵遞司와外他各官庁과一般人民으 로셔郵遞에
管轄(1900.7.3)	第二條種痘司ᄂ內部大臣의管轄로셔衛生局의 命令指揮를
礦區(1895.5.2)	第七條礦區의諸務가地方官으로더브러交涉事 件이有ᄒᄂ時에ᄂ
光度(1908.9.7)	第一條第七號中「酸價와」下에「鹹化價와或光 度의檢定과酸
光線(1901.1.2)	光線靑白色
掛時計(1909.11.20)	袂時計、置時計、掛時計、鎖、附添品等
校監(1902.12.31)	右ᄂ該員이校監之任에在ᄒ야寮員이不勤視務 ᄒ되趙不報明
敎監(1909.8.9)	公立普通學校本科訓導兼敎監松下菊治
敎科(1906.8.17)	九学科ᄂ所定ᄒ敎科书에依ᄒ야敎授홈이라
敎科書(1905.12.15)	第四項敎科書印刷費二千七百圓
敎科用圖書(1895.4.21)	一敎科用圖書의飜譯에關ᄒᄂ事項

敎官(1905.11.8)	贈九品從仕郞中學校敎官
橋梁(1905.12.21)	舊來의道路橋梁溝渠運河等을
交流(1905.4.17)	度支部에서請議호平安南道觀察府外國人交流所不恒費一千
交付(1900.10.1)	隨現隨捉호야陸軍裁判所에交付흠이라
敎師(1903.2.5)	法語学校敎師 馬太乙 命博文院贊議
交涉(1902.12.31)	奏海西查核有関交涉辯訳甚緊法語学校教李能和委員差下
敎授(1895.6.2)	第四條敎授는學部奏任官으로兼任케호니生徒課業에關
敎習(1906.7.13)	第五條敎習科目은如左흠이라
交易(1898.7.9)	夫商者는資本을辦備호야有無를交易호고利益을沾漑흠을謂
敎員(1895.4.15)	敎員三人以下判任
教育(1906.8.17)	教育의原理、敎授의原則、敎育法令及学校
教育部(1904.9.27)	補教育部炮工兵科長陸軍工兵叅領金成殷
教育学(1894.8.19)	七教育学芸에엇훈事項
校正(1900.12.29)	陸軍法律校正時摠裁以下別單
交際(1898.8.1)	第十二條平素交際를愼호며持身潔白호야他人의輕侮를受
交替(1905.12.31)	第三十一條出納官吏가交替홀時는其在職期限間에行호會
敎則(1895.7.24)	第拾條에依호야小學校敎則大綱을左갓치定홈
交通(1905.5.29)	一切查察호며又公益의妨害와交通의障碍를十

	分注
交換(1905.12.8)	分賣下人은百分之七의割引으로써原賣下人의
溝渠(1898.8.1)	一傳染病預防消毒及檢疫事務와道路橋梁溝渠의掃除及撤
球根(1909.10.4)	豆、蕈、乾瓢、球根、麴種「모야시」、베긴쑤、
構内(1907.7.19)	度支部構内에設置호京城货币交換所는第一银行亦城支店内
購讀(1909.12.27)	但新히購讀請求호月에셔端數는壹部代金貳錢의比例로
拘留(1898.11.22)	也法何以施申飭法部使之依前拘留實合事宜以當該檢事言之
究理(1901.1.2)	糊擧訴蓋其指使云云無乃出于其弟之庇設叅情究理此無足深
勾配(1909.10.4)	를設호되適當호勾配를付홀事
具申(1905.3.1)	第十三條奏判任官의懲戒는擦裁가議政大臣에게具申홈이
舊式(1908.5.23)	舊式에兵器를現에軍用에充홀者는前項의兵器에準호야取扱홈
蒟蒻(1908.9.19)	穀粉、葛粉、山慈姑粉、麵類、湯葉、蒟蒻、氷豆腐、凍蒟蒻等
口語(1908.8.27)	日語會話及口語文仝上仝上仝上
拘引(1909.4.3)	務署에在勤인바巨額公錢을欠逋호야警察署에拘引이라호

購入(1896.1.21)	官以下俸給中으로支出ᄒᆞᆷ妥當ᄒᆞ고其他書冊購入費ᄂᆞᆫ廳
救助(1906.7.12)	困難을極ᄒᆞᄂᆞᆫ境遇에ᄂᆞᆫ救助ᄒᆞ며又歸國케ᄒᆞᄂᆞᆫ義務가有ᄒᆞᆷ
構造(1905.9.6)	第十八條倉庫의建築構造並營業의方法에關ᄒᆞ야ᄂᆞᆫ度支部
口座(1907.4.24)	印紙ᄂᆞᆫ价格手形은种类의有異ᄒᆞᆯ时마다口座ᄅᆞᆯ別ᄒᆞᆯ事
驅打(1904.9.30)	李德淸驅打罪
國家(1900.10.1)	第七十四條國家의常典이나人民의通義ᄅᆞᆯ違背ᄒᆞ야公益私
国庫(1902.12.31)	国庫金出納과各税額収捧과新旧貨幣交換에関ᄒᆞᆫ
国旗(1907.4.24)	一几张但金库或国旗金処理邮便官署의税金領受书
局面(1895.8.24)	邇來聯邦에事變이層生ᄒᆞ■局面이換ᄒᆞᄂᆞᆫ
國務大臣(1895.3.29)	國務大臣及各部協辦과만公務上의交涉을有ᄒᆞ고其他官署
国民(1906.8.17)	七曆史事迹의大要ᄅᆞᆯ教ᄒᆞ야国民의发达과文化의由来
國民敎育(1895.6.10)	第一條小學校ᄂᆞᆫ兒童身體의發達홈에鑑ᄒᆞ야國民敎育의
国防(1906.8.17)	奏庆尚南道鎮海湾咸镜南道永兴湾以国防必要創定相当区域

国体(1902.12.31)	矣罪止一身而其有関于国体世道者誠非細
國事犯(1905.5.3)	巳亥五月分逢着田鎔圭相議在逃國事犯情形偵 探之事庚子八
国稅(1894.8.19)	第一条財務監督局은度支部大臣의管理에属ᄒ 야內国稅務
國語(1894.8.7)	奏處國語學校長李圭桓職在校長之任校務上有 所未能周察至
国字(1909.12.28)	閣修改時監董別単中九品洪国観에国字ᄂ以敬 字로改付票ᄒ
局長(1895.3.29)	第二條各局의課長은局長의命을承ᄒ야課務를 擔任ᄒ고
國際法(1905.4.26)	第六條會考科目은左開와如ᄒ이라國際法
國際的(1905.12.16)	仲介에由치아니ᄒ고國際的性質을有ᄒᄂ
國債(1895.5.30)	其中十四億九千五百萬法은國債還償이오
局限(1909.12.28)	一未下各官吏祿料査明實數付之度支衙門國債 局限
國會(1898.10.21)	不過共同講談之稱也國會者國家之公立乃國民 利害議決之所
軍樂部(1904.9.27)	第十七條將校相當官幷衛生部經理部軍樂部下 士及諸工長
軍刀(1906.2.24)	右ᄂ該員이職在總巡之任ᄒ야巡檢軍刀를見奪 于外兵이라
軍部(1900.9.18)	軍部協辦李漢英
軍事(1900.10.1)	第百五十五條公罪를除ᄒ外에軍事上으로犯罪

혼者는敵前

軍楽隊(1902.12.31)　軍楽隊軍服諸具費一千十六元五十錢과本国人
金長喜王習俊

軍樂手(1904.9.27)　第十九條一等軍樂手의軍樂長補에進級홈은實
役停年最下

軍樂長(1904.9.27)　第十九條一等軍樂手의軍樂長補에進級홈은實
役停年最下

軍醫(1906.4.5)　漢城病院長日本國軍醫少監勲三等和田八千穗

軍人(1895.4.21)　軍人이左에揭ᄒ는定限年齡에達ᄒ는時는現役
을退ᄒ미可홈

軍籍(1905.3.1)　五衛生部에人員補充及軍醫以上의軍籍에關ᄒ
事項

君主(1897.7.19)　大君主陛下게셔無限寵愛ᄒ시고

軍艦(1895.6.4)　漁采制鹽等의認許와軍艦及公用物品機器의托
造購入과顧問

屈辱(1905.3.31)　右는京畿觀察使報告를據ᄒ즉該員이江華郡鄕
長을無端屈辱

窮理(1901.1.2)　奏贈吏判臣李象靖以科目中人屛居守道窮理持
敬信紫陽

權利(1900.10.1)　知ᄒ거나權利不及홀區域에在ᄒ時는此限에不
在홈이

權理(1908.3.31)　三、第三者의權理有無

卷尺(1902.10.21)　布、卷尺三尺三寸五周尺六尺六寸、（一間)一
米突二米突

拳銃(1906.5.25)	ᄒ고警察勤務에服ᄒ時ᄂ拳銃을携帶ᄒ이라
権限(1902.12.31)	有中隊長命令而然署務自有直報之権限受其中隊長節制云者
軌道(1905.12.21)	第七條軌道幅員은特許를得ᄒ外에ᄂ總히四呎八吋半으로
貴殿(1908.9.28)	今般貴殿이何地電話交換에加入ᄒ기爲ᄒ야本人이所有ᄒᄂ
貴族院(1905.7.10)	詔曰日本貴族院議員海軍主計總監川口武定頗有兩國交鄰幹
貴重(1908.9.28)	업시此를貴重品이라ᄒ야取扱ᄒᄂ니卽其二本을頸의兩側으
貴下(1908.9.28)	統監府通信管理局長貴下
規那(1909.10.4)	林、規那鹽、莫兒比涅、丁幾劑、舍利別、煎劑、
規那鹽(1909.11.20)	酸類、鹽類、亞爾加里、漂白粉、樹脂、膠、燐、酒精
規模(1898.8.10)	規模홈
規律(1895.8.15)	毅케ᄒ고兼ᄒ야規律을授ᄒᄂ習慣을養홈을要旨로홈
規則(1895.4.8)	朕이金庫規則을裁可ᄒ야頒布케하노라
極端(1897.6.25)	極端地에至ᄒᄂ沿道에在ᄒ各郵遞司로行ᄒᄂ白小行囊
劇場(1899.9.1)	第十四條前條事件이有ᄒ境遇에ᄂ地方長官이劇場과賽祭

根掛(1909.11.20)　櫛、簪、根掛、胸飾、領飾、腕環、指環、釦鈕、

勤務(1905.4.22)　第三條憲兵隊長은部下을監督ᄒ야諸勤務의方法을指定ᄒ

襟(1909.11.20)　衣服、袴、帶、襟、肩掛、領卷等

金巾(1909.9.15)　生金巾二八、二九〇四九、五二〇三二六、

禁錮(1896.1.27)　에게科ᄒᄂ者니營倉에禁錮ᄒ야寢具와副食品을每週間에

金庫(1895.4.5)　미리出給命令書를金庫에送付ᄒ미可홈

金具(1908.6.20)　兩端에眞鍮金具를附ᄒ야前部

金屬(1905.3.29)　直形金屬'象牙'骨'竹'木直尺七尺以下二米突以下

金額(1905.9.6)　六物品을保險에付ᄒ境遇에ᄂ保險金額期間及保險者의

禁烟(1899.1.31)　鉛山郡守崔鼎獻雅出其規慈諒爲治禁技禁烟奸豪屏跡홈

金融(1905.9.6)　衆을爲ᄒ야物品을倉庫에保管ᄒ고且金融의便利를圖謀홈

金錢出納(1895.4.23)　一經費豫筭及金錢出納에關ᄒᄂ事項

金牌(1908.9.28)　一等賞金牌

今回(1894.8.22)　로今回學務委員規程準則을左와如히定ᄒ所以이라觀察使及

給料(1905.12.22)　第一事務員給料諸給及旅費

給仕(1908.9.28)　第二條巡查雇員及看護婦給仕使令職工工夫其

他常傭人이

期間(1895.5.2)　上訴期間을經過ᄒ야도此를行ᄒᄂ事를得홈然이나

機關(1905.4.26)　日韓兩國政府ᄂ韓國通信機關을

器具(1900.10.1)　第九十條犯罪ᄒᆯ情을知ᄒ고器具物品을供給ᄒ거나誘導指

機器(1898.4.21)　第四條種痘所에셔應用ᄒᄂ機器와痘苗ᄂ本部에셔准備ᄒ

機能(1907.9.21)　치아니ᄒ고全身에諸機關의機能이健全홈者

機動演習(1906.5.25)　一大演習及機動演習時

記錄(1902.12.31)　一匹賜給具哲祖加資閔泳瑗儿馬一匹賜給記錄局摠長陸軍参

機密(1900.10.1)　第二百三十六條軍人이軍情이나其他機密重事를人에게漏

騎兵隊(1905.12.14)　第三款騎兵隊一萬七千三百九十八圜

技師(1900.10.7)　學部主事白萬奭北漆水輪課技師金顯珏塡紅農商工部叅書官

騎士(1894.8.8)　摠禦營左一番騎士將金炳堯改差代單望後錄恭呈

記事(1909.8.16)　導標通稱位置着構造記事

起算(1900.10.1)　ᄒ日노起算ᄒ야三十日以內로定ᄒ고若히不得己ᄒ牽聯을

氣象(1894.8.22)　○各地氣象六月二十九日

起床(1906.12.13)　至此慮有崔兵之威协末乃不得已许之矣时间已

趂起床故催促

氣象學(1909.4.3)　　氣象學

汽船(1907.3.7)　　一何月何日釜山或某國某港에서鮮纜ᄒ야, (何汽船)某洋을

技手(1909.7.5)　　任臨時財源調查局技手敍判任官四等

技術(1902.7.22)　　技師一人奏任上官의指揮監督을承ᄒ야一切技術을辦理ᄒᆯ

起案(1905.12.31)　　五公文書類起案及接受發送괴編纂保存에關ᄒᆫ事項

記憶(1905.6.31)　　捕縛押送警廳而至於毆辱巡檢其時以泥醉所致未能記憶云其

企業(1909.4.3)　　企業資金參拾參萬五千圓金融資金拾萬圓을繰入ᄒᆫ由

技藝學校(1905.2.28)　　四外國語學校專門學校技藝學校에關ᄒᆫ事項

紀元(1897.12.31)　　神武天皇卽位紀元二千五百五七十年

奇異(1895.9.6)　　오에有ᄒ고下等族은益益無耻固陋에陷ᄒ야社會上一種奇異

記者(1898.1.18)　　右記者被告李世稙의事件을檢事公訴에由ᄒ야此ᄅᆯ審理ᄒ니

基準(1894.10.12)　　果任基準自辟陞差○宮內府惠陵叅奉 (落點)徐丙炎趙

忌中(1905.6.26)　　로셔傷痍를受ᄒ거나疾病에罹ᄒ거나服忌中에在ᄒᆫ者ᄂᆫ此

起重機(1908.9.28)　　一定置手動起重機參臺內三噸一臺

寄贈(1905.12.18)	三篤志家의寄贈
基地(1902.12.31)	官報第二千■百六十九号宮廷錄事欄內典守金基地流配
基質(1901.1.2)	奏下而接准陸軍法院長白性基質稟書內開被告康漢弼案件由
氣質(1905.8.1)	第四條病症이沉篤ᄒ야動作을不能ᄒᄂ者와小兒의氣質이
汽車(1905.5.29)	森林汽車電線을毀破ᄒ거나燒絶ᄒ者
寄託(1896.8.10)	一電報執務人이電報規則에違背홈이無ᄒ電報의寄託을
忌避(1909.11.1)	第十二條證人及鑑定人은此를忌避홈을得치못홈
記号(1902.12.31)	第五十条電報에用ᄒᄂ諸般記号ᄂ万国電報通例를依ᄒ야
緊急(1899.6.7)	但事實이緊急ᄒ時ᄂ言辭로써報告홈을得ᄒ니此境遇에ᄂ
喫煙(1908.9.28)	道名郡數總人員喫煙人員喫煙重量

[나]

南極(1902.5.8)	千一之會南極流輝歲月綿五百之期西樓增彩玆當同慶之辰特
男爵(1906.6.27)	伊東祐亨海軍大將男爵幷
納得(1908.3.17)	道裁判所에被拿審査ᄒ後에右金額을還納得放

이라ᄒᆞ온바此

納入(1905.6.12) 隨時收入으로納入告知書를發ᄒᆞ者ᄂ其日付의
屬ᄒᆞ

廊下(1909.7.31) 一大韓醫院渡廊下新設及模樣替工事

內科(1909.11.30) 韓醫院에內科、外科、眼科、産科、婦人科

內勤(1905.5.29) 第十二條摠巡은內勤外勤이有ᄒᆞ니內勤은署中
에入直ᄒᆞ야

內務省(1894.8.19) 日本國內務省叅事官法學博士水野錬太郎

內相(1894.8.15) 面歸化其勞可尙依狀請道內相當守令待窠差送
以爲

內申(1894.11.26) 叙任及辞令欄內申在讪下의正■品은六品으로
改付票ᄒᆞ이라

內譯(1905.6.30) 內譯金額

內譯書(1908.9.28) 費用內譯書를添附ᄒᆞ고事由를詳悉記錄ᄒᆞ야法
部大臣에게

內容(1909.10.21) 語時間의內容에셔敎授ᄒᆞ되特히時間을定치아
니홈

內情(1895.9.13) 淸國政府의內情은遼東半嶋還附에對ᄒᆞ報酬라
ᄒᆞ고二三千万

內地(1905.3.1) 十二內地有事時에按撫等特別方法에關ᄒᆞ事項

內包(1900.11.23) 紀綱解弛甲乙以後亂逆層生而王章未伸其黨與
之潰伏域內包

耐火(1906.5.14) 粘土와耐火練化石의耐火度와吸水量과收縮度
의檢定

露國(1909.8.30)   露國人니쓸라이유가이發行

勞働(1898.1.21)   五賞表二個以上을有ᄒᄂᄂ者ᄂ作業의勞働이稱
                    經ᄒ거슬課

努力(1909.4.3)   말고職務執行의目的을達홈에努力홈이可홈

錄取(1901.1.2)   件押取를行ᄒᄂᄂ時ᄂ錄事로立會ᄒ고訊問及供
                    述을錄取ᄒ

論理(1906.8.17)   敎育三敎育의原理心理論理의大要三

論旨(1902.12.15)   論旨若茲臣等之罪犯極大誅殛尙遲宋憲斌之疏
                    又出而臣等皆

農民(1896.2.10)   舊弊를深鑑ᄒ야兩江에土着ᄒ農民으로新募ᄒ
                    야

農商工學校(1904.8.5)   今에農商工學校를新設ᄒ고工業科를爲先敎授
                    홀터이니

農作物(1908.9.28)   部卽農作物이니農作物은商業的이아니오確實
                    ᄒ著實的事業

雷管(1895.5.5)   第一條本令에軍器라稱ᄒᄂ거슨雷管과火藥을
                    合

漏泄(1902.12.31)   尹世鍊漏泄本国事情罪古今島流年

漏洩(1894.12.10)   七職務上의機密을漏洩ᄒᄂ者

能力(1909.7.3)   思想을表出ᄒᄂ能力을得케ᄒ고兼ᄒ야智德을
                    啓發홈

닛계루(1908.9.19)   金「닛계루」銀及「푸리다냐메쓸」도此에屬홈

[다]

다-록(1909.10.5)　　　　船上의發熖 (다ㅣ록桶、油樽等을燃燒ᄒ는類)

다오루(1909.11.20)　　　手拭、「다오루」、袱紗、風呂敷等

다이나마이도(1908.9.19)短銃、火藥、綿火藥「다이나마이도」雷管

다이야(1909.11.20)　　　用車輛、車輪、「다이야ㅣ」等

短膀(1906.5.25)　　　　短膀는如何ᄒ服裝에在ᄒ든지長靴를穿ᄒ時에

단구(1909.8.20)　　　　鋳造圓筒形「단구」의上部에

斷髮(1905.8.10)　　　　翌九月一日斷髮演說民心擾擾云而繼接

蛋白質(1909.10.4)　　　産地水分油分織維炭水化物蛋白質灰分

担保(1909.10.4)　　　　第三條第二項中有價證券의下에、(又는土地、
　　　　　　　　　　　家屋을担保로)를

但書(1895.4.5)　　　　　會計法第十五條但書에規定ᄒ는者를除ᄒ는外
　　　　　　　　　　　에

單語(1895.8.15)　　　　讀書와作文을授ᄒ는時에는單語短句短文等을
　　　　　　　　　　　書取케ᄒ고

斷言(1891.11.14)　　　　目을難掩이오證據人이丁寧이斷言ᄒ며被告ᄒ
　　　　　　　　　　　李周會는本

端正(1908.3.31)　　　　容儀를端正케ᄒ고規律을確守ᄒ며協同을尙ᄒ
　　　　　　　　　　　는習慣을

短冊(1908.9.7)　　　　紋紙、擬革紙、襖紙、壁紙、表紙、色紙、短
　　　　　　　　　　　冊、紙箋、書簡筒

團體(1905.12.31)　　　　金을付與ᄒ團體及公私建築經費等出納에關ᄒ
　　　　　　　　　　　決算

短銃(1905.4.22)　　　　第四條憲兵隊下士上等兵은帶刀ᄒᄂ니或短銃

을兼用홈이

短縮(1905.7.15)　但本條의境遇에는第八條의期限을七日까지短縮홀事를得

短靴(1909.7.5)　一編上短靴六百九拾足

達者(1902.12.21)　死而已文字附對極涉唐突他無所更達者矣云矣敢

擔保(1905.6.26)　第八條本證券元利金의償還은國庫金收入으로優先에擔保

談判(1896.5.7)　平和談判의破裂이라上仝

答申(1895.11.12)　一商業에關ᄒ는官廳諮問에答申ᄒ는事

-当(1894.8.22)　ᄒ야各히相当의管轄区裁判所가行흔者로看做ᄒ고从来의

当番(1894.8.22)　队長이依命令聚立士卒于队庭이온바此际에大队長当番兵이

当分(1907.7.19)　囚禁束自是当分而为其禁喊使之钳口憎其顽拒而去益高喊仍

當事者(1905.11.11)　辯護士는民事當事者나刑事被告人의委任을依ᄒ야

當時(1900.10.1)　는本色으로追ᄒ고現無흔者는犯處當時의中等物價로估計

当然(1894.11.26)　院断案辞意明是林凤奎幻弄冒錄星州公钱使林徵纳事理当然

當座(1908.6.11)　當座預金

當直(1905.4.29)　第四十條當直摠巡은巡檢을指揮ᄒ야警備와巡

察等을

-代(1909.12.17)　　　官有物品賣却代　七、六〇六　九〇三

帶(1909.11.20)　　　衣服、袴、帶、襟、肩掛、領卷等

代金(1894.8.22)　　　第五条作業의純益及固定資本에属호物件의卖
　　　　　　　　　　　却代金은总

代納(1894.10.25)　　有通變並許代納排結取耗以矯還弊事令廟堂稟
　　　　　　　　　　　處爲

大多數(1896.4.13)　　도別로爭論이無호고大多數로承認호기를議決
　　　　　　　　　　　호얏더라쏘上

大隊(1905.3.8)　　　侍衛第一聯隊第三大隊見習陸軍步兵叅尉

大豆(1908.9.16)　　　○大豆作景況　勸業模範場及全出張所並種苗
　　　　　　　　　　　場에

大理石(1908.9.7)　　版石、大理石、砥石、石器等

代理人(1905.6.29)　　債主又ᄂ其代理人의姓名支撥호미可호

對立(1900.8.6)　　　第七條議官이發言홀時ᄂ반다시起座進前호야
　　　　　　　　　　　議長게對立

大粒(1909.10.14)　　日本種鶴子、吉岡大粒等은秋分前月에旣히收
　　　　　　　　　　　穫호고

大麥(1909.7.21)　　　大麥二千三百六十斗

貸方(1906.4.31)　　　借方摘要貸方損失處在地某銀行 (印)

貸付(1906.3.24)　　　第十五條農工銀行은第三條의貸付를호境遇에
　　　　　　　　　　　在호야債務

代言人(1899.6.13)　　理則被告之姪鄭仲弼曾有負債於京居閔承旨而
　　　　　　　　　　　閔家代言人呈

大雨(1908.8.25)	第五條臨時豫報로强風、結霜、大雨、出水를 豫報홈을得홈
大元帥(1898.6.29)	今日急先之務也依各國大元帥例朕親統陸
大尉(1905.11.10)	日本國中隊長陸軍大尉田尻愛種
代議士(1895.8.10)	列國代議士會事務局의計算報告와一千八百九十六年該會議
大切(1905.6.12)	現金을領受ᄒ기能치못ᄒ는故로가장大切히ᄒ미可홈
對照(1905.6.30)	右金額을此出給命令附屬의金額姓名表에對照ᄒ야出給ᄒ
大佐(1909.7.14)	步兵第三十六旅團副官陸軍步兵大佐我有茂三槌
大衆(1895.10.25)	[이예논]에셔亞拉伯亞人大衆이反亂를倡ᄒ야四万五千人이
大地震(1895.8.27)	中央亞米利加의大地震이라
對質(1905.5.3)	性會河周明對質則被告以役夫募集事與河周明互相呶呶先請
貸借(1909.10.11)	고抵當權取得稅는金錢貸借其他原因에因ᄒ야土地、家屋
代替(1900.10.1)	代替ᄒ境遇에는許代人과被代人은各히笞六十에處ᄒ고上
帶締紐(1909.11.20)	「레ㅣ쓰」羽織紐、帶締紐、時計紐、飾總等
貸出(1908.6.9)	貸出金勘簿
大統領(1899.4.28)	大皇帝陛下尊太上皇李埈鎔則代立與大統領間

隨機爲之吾其

大學(1895.6.17) 　　　會議를從ㅎ야本年六月에英國大學校에셔開議
　　　　　　　　　　홀터힌■今番

德利(1908.9.19) 　　　盤、椀、茶椀、皿、鉢、杯、德利、菓子
　　　　　　　　　　器、鐵瓶、土瓶、茶托

道具(1909.10.11) 　　十四時五十三個三道具、石炭入、臺、煙筒付

鍍金(1906.2.15) 　　　下半部橫線은黑絲區織이오正面表章은鍍金鑄
　　　　　　　　　　制오頤紐은黑

盜難(1905.12.31) 　　第二十二條前條官員이水火盜難이나其他事故
　　　　　　　　　　를因ㅎ야其

到頭(1900.11.1) 　　　坎癸結咽壬亥到頭亥入首壬坐丙向丁亥分金甲
　　　　　　　　　　卯得丁未歸

度量衡(1908.1.25) 　度量衡器輸入及販賣에關ㅎ事項

도록구(1908.4.28) 　馬車軌道에는手推「도록구」又는滊關車로

塗料(1909.10.4) 　　　第二類染料、顏料、媒染料及塗料

徒步(1906.5.25) 　　　徒步로隊附에在ㅎ者는總히背囊을負홈이라

圖書(1900.10.1) 　　　五攻守에用홀圖書나軍號나記號나秘密ㅎ兵器
　　　　　　　　　　彈藥의製

圖書館(1909.4.3) 　　圖書館員大會에參列ㅎ기爲ㅎ야日本國京都市
　　　　　　　　　　에出張을命

圖案(1909.10.4) 　　　收入意匠品, (意匠圖案)出品申請

稻作(1909.9.15) 　　　興附近에降雹가有ㅎ야其積이寸餘에及ㅎ바稻
　　　　　　　　　　作이正히開

到底(1906.1.16) 　　　一流民之仳離遷徙者觀察與地方官到底賙恤

獨立(1898.11.14)　忠淸北道忠州郡前獨立協會評議員

讀方(1895.7.24)　日常須知의文字文句文法의讀方과意義를知케
ᄒ고

獨逸(1908.9.28)　○丁抹의生産組合丁抹은獨逸의西北에在ᄒ半
島와其附近

豚肉(1908.9.28)　盛히豚肉을英獨에輸出ᄒ에至ᄒ니라

突貫(1908.9.28)　擊을試ᄒ야一步도退却지말고銳意突貫ᄒ야敵
으로謀를迴

突然(1908.9.7)　突然暖雨를逢ᄒ면地表가急히解氷되얏다가日
을不經ᄒ

突入(1905.5.3)　一漢城裁判所審理强盜罪人金道鉉與其同黨各
持兵器突入間

東京(1905.6.26)　第二條本證券은日本東京에셔此를發行ᄒ야擔
當銀行을定

東京府(1904.9.26)　極章東京府下谷警察署長警視新居友三郎警部
尾浦雄熊山本

動物園(1908.9.1)　第五條部長은總長의命을承ᄒ야博物舘、動物
園、植物苑의

同伴(1894.8.22)　皇太子殿下와同伴ᄒ사泥峴長洞銅峴四街广桥
钟路

動産(1908.9.28)　一賃貸ᄒ意思로써ᄒᄂ動産或은不動産의有償
取得

同心(1895.2.2)　然故라ᄒ야上下同心ᄒ라爾臣民의心은

東洋(1909.10.28)　文明不憚賢勞匪躬自任屹然爲東洋之砥柱嘗以

平和大局爲主

動員(1905.3.1) 三動員及平戰兩時의團隊編制에關ᄒ事項

動議(1898.12.27) 長李鍾健言之投標選擧雖不叅見違章動議不能

防止亦不可無

動作(1900.8.15) 元澌竭心神昏瞀臂脚攣瘓房闥動作亦須人扶將

以此貌樣豈有

銅版(1908.1.11) 二活版銅版寫眞版石版其他各種의印刷에關ᄒ

事項

두루미리(1908.9.15) 麥收量報告一、두루미리 七、三

頭取(1908.9.28) 二、頭取及支配

等級(1900.10.1) 第五章等級區別

登記(1908.9.28) 에登記權利者又ᄂ登記義務者가多數ᄒ時ᄂ申

請書에

燈台(1908.9.3) 一燈台의位置ᄂ日本海軍水路部刊行海圖第三

百四十八號

[라]

라무네(1909.11.20) 曹達水、密柑水、「라무네」、「사이다ㅣ」等

羅紗(1906.2.28) 第五條上衣領章은天靑色羅紗오橫紋金線二條

를付ᄒ

람푸(1908.9.19) 「람푸」燭臺、燈籠等

레스(1908.9.19) 「레스」打紐、飾綠等

레-쓰(1909.11.20) 袱紗、手巾、卓被、「레ㅣ쓰」羽織紐、帶締

紐、

-料(1895.6.29)　第三訓練隊將官兵卒衛生ᄒᆞ次로本部主事景台協이藥料를

了解(1909.7.9)　語ᄂᆞᆫ普通日語를了解ᄒᆞ며且使用ᄒᆞᄂᆞᆫ能力을得케ᄒᆞ야

哩(1995.3.28)　時又往復路程이十二哩에不滿ᄒᆞᄂᆞᆫ時ᄂᆞᆫ船車費를給치아니홈

糧(1909.10.13)　二十糧

리굴(1908.9.19)　葡萄酒、麥酒「쌱란데」「벨못도」「후이식기」「리굴」

리노리우무(1908.12.8)　리노리우무, (室內廊下敷物)貳百參拾五坪貳合

리본(1909.11.20)　「리본」類、他類에不屬ᄒᆞᆫ刺繡品及各種의紐類

린널(1908.6.20)　取締夏衣ᄂᆞᆫ鼠色린널

[마]

마ᅵ딘스아무비(1908.9.15)　麥收量報告一、小麥

馬賊(1896.11.4)　淸國北部馬賊之警報라

馬車(1895.6.24)　ᄒᆞ고, (고롬보)에셔ᄂᆞᆫ馬車鐵路를敷設ᄒᆞ고■貿易은前年에比

馬車鐵道(1906.7.31)　三電氣鐵道及馬車鐵道에關ᄒᆞᆫ事項

摩擦(1905.5.29)　三帶傳ᄒᆞᄂᆞᆫ公文을摩擦ᄒᆞ야封皮가壞裂홈에至ᄒᆞᆫ者ᄂᆞᆫ一

幕僚(1895.8.10)　의계ᄂᆞᆫ幕僚가ᄒᆞ고若同任間에도的見이有ᄒᆞᆫ者

	는互相立証
莫兒比涅(1908.9.19)	規那鹽、莫兒比涅、T幾劑、舍利別、煎劑、水劑、浸劑
萬國博覽會(1909.11.5)	官許된萬國博覽會에出品홀發明에對ᄒᆞ야
滿車(1894.10.29)	黍多稌登焉滿篝滿車似此降康之呈祥宜無執災之
挽回(1906.2.2)	羅州郡守閔泳采設講試制挽回儒風上
抹消(1909.10.4)	第五十五條假登錄의抹消는假登錄名義人에셔此를申請홈
맛도(1908.12.8)	맛도, (階叚敷物)四拾九坪五合
맛디(1909.6.22)	輸出入重要品年別比較, (自光武八年至隆熙二年)
맛지(1909.2.16)	外國貿易概況, (隆熙二年十二月分)關稅局調査
妄想(1894.8.19)	에处홀만ᄒᆞ오나被告가不识时宜ᄒᆞ고做出妄想而欲附匪徒는
望遠鏡(1909.10.4)	度量衡器、感光膜、製圖器、軆操用器具、望遠鏡、顯微鏡、
-枚(1894.8.22)	至有頃报ᄒᆞ고豆满江旅券中五十钱直一枚에는一圓으로一
賣却(1905.7.15)	認ᄒᆞᆫ者에만限ᄒᆞ야支出命令을發홈이可홈但賣却物
每年(1904.8.3)	第一條入學은每年春秋期로許入홀事
梅毒(1909.12.27)	第十七條結核癩病梅毒等의疾患이有ᄒᆞ야衛生上危險

埋立(1894.7.11)	一仁川稅開檢疫所埋立護岸石垣及埠頭工事
賣買(1900.10.1)	로論ᄒ고知ᄒ고不擧ᄒ거나軍人이私相賣買ᄒ者ᄂ各히笞
買物(1905.5.29)	十雇人或貰用이나買物ᄒ時에卽히支價치아니ᄒ거나支
買上(1905.12.21)	ᄂ前五個年間株券價格을平均ᄒ야此을買上ᄒᄂ價格으로
枚数(1907.3.19)	开市年月日、既貼印紙의额面金額合计、既貼印纸의枚数
買受(1905.12.21)	及附屬物件을公賣에附ᄒ야使其買受者로此를竣工케ᄒᄂ
買入(1905.7.15)	買入ᄒ時와政府設立에係ᄒ農工業場으로셔直接으
賣場(1909.2.9)	者ᄂ免許申請書와共히耕作場又ᄂ販賣場의位置及植付烟
買占(1905.5.29)	第四百五十四條賜牌를蒙有ᄒ얏거나買占ᄒ文券이有ᄒ거
賣出(1909.8.16)	二畜牛의買入地、賣出地及買入年月日
麥酒(1909.8.25)	골덴메론以下의外國種도殆히麥酒原料될價値가無ᄒ고
免疫(1909.8.16)	二牛疫에罹ᄒ疑가有ᄒ거나又ᄂ炭疽에罹ᄒ者로免疫血
面積(1906.7.12)	限ᄒ其面積은石炭에在ᄒ야ᄂ五萬坪以上其他礦物에在ᄒ

面會(1905.11.11)　　　　五何時라도委託ᄒ刑事被告人과面會홈을得ᄒ
　　　　　　　　　　　　ᄂ事

命令(1895.3.26)　　　　　又轉官者에本俸全額或其滯中日費ᄅ給ᄒᄆ其
　　　　　　　　　　　　命令接到日로

命名(1897.12.31)　　　　大俄國命名日에我

名簿(1904.9.27)　　　　　第十四條決定候補名簿ᄂ其調制日로붓터次年
　　　　　　　　　　　　決定候補

名士(1905.8.4)　　　　　南原郡守尹■古家規範名士聲譽高會之費分當
　　　　　　　　　　　　化退俗以

明細書(1905.7.15)　　　事項의細密ᄒ設計明細書와落成期限과授受期
　　　　　　　　　　　　限과

名刺(1909.10.4)　　　　紙囊、貨幣囊、名刺囊、烟草囊、烟管、煙管
　　　　　　　　　　　　筒、手提鞄等

命題(1900.11.23)　　　　一漢文으로命題作文一度

모니루(1909.11.20)　　　紫銅其他金屬의合金、鍍品、「모니루」等

모야시(1909.11.20)　　　蕈、乾瓢、球根、麴種「모야시」、베긴쑤

毛皮(1909.10.4)　　　　毛皮、柔革、馬具、文匣、革帶、唐弓絃等

冒險(1894.11.11)　　　　營執事嚴泰永施賞當否令該衙門稟處爲辭矣冒
　　　　　　　　　　　　險突

模型(1895.8.15)　　　　理科ᄅ授ᄒ實地의觀察에基ᄒ고或標本模型圖
　　　　　　　　　　　　畵等을示

目錄(1909.12.28)　　　　凡于軍人査辦과軍民交涉訴訟等規式에无不詳
　　　　　　　　　　　　備ᄒ고目錄

木履(1909.11.20)　　　木履、草履、靴、添附品等

目的(1909.10.4)	目的을變更ㅎ고義務를違背ㅎ며官紀를紊亂홈이기官員懲
木炭(1908.9.28)	木炭一二、四四三六九、八〇八
目標(1908.9.28)	薪島目標를冠홈北烟台山은北六一度三〇分東依ㅎ야位置
武斷(1895.3.18)	此는一國의武斷元惡이라法에在ㅎ야罔赦오니
貿易(1908.9.28)	을共히開放홈으로써內外貿易의運輸에從事ㅎ는各國船舶의
無政府(1894.7.21)	等物排歛民間大致民邑之騷擾此事初無政府知委而
文具(1904.8.5)	文具費每郡每朔二元
紊亂(1907.2.27)	右는該員이職在稅務官吏ㅎ야不遵規程ㅎ고紊亂稅政ㅎ며
文法(1906.12.13)	項次에「三外国语学及文法에通曉ㅎ者四法部及各裁判所의
文部省(1905.4.6)	省參書官齋藤十一郞特叙勳二等文部省參書官赤司鷹一郞陸
文藝(1899.7.31)	龍川郡守柳鳳根端雅之資로兼之文藝ㅎ니推以爲政에民得其
蚊帳(1909.11.20)	寢臺、蒲團、枕、蚊帳、座蒲團、屛風、
文典(隆熙三年十月卄三日)	作文文典　一　口語文、文語文　二　仝上及書翰
文献(1894.8.19)	第五款文献备考刊行费金二万二千五百圜
物價(1905.8.12)	現에物價가刁騰ㅎ고費用이陪從홈으로

物件(1900.10.1)　　　第百三條沒收ㅎ應奪호物件을收入홈이라

物理(1895.7.1)　　　物理物理上의緊要ㅎ現象及定律

物理學(1899.3.15)　　天文及筭學은爲推測開明之本이라在各種物理
　　　　　　　　　　學中에爲最切

物質(1909.12.28)　　從來慣用를因ㅎ야限十个年間幷用ㅎ기爲ㅎ야
　　　　　　　　　　种類形状物質

美感(1906.8.17)　　　十二唱歌平易ㅎ歌曲을唱케ㅎ야美感을养ㅎ고
　　　　　　　　　　德性의

美濃紙(1908.7.24)　　樣式,（用紙美濃紙）

미리메도루(1908.2.6)　氣壓雨量은「미리메도루」氣溫은攝氏

味淋(1909.11.20)　　「벨못도」、「위숙이」、味淋、白酒

未拂(1907.7.19)　　　未拂配当金二、三九八、九七

未成年者(1908.9.7)　　第三十條商號의變更又ᄂ未成年者、妻、後見
　　　　　　　　　　人이나支配人

美術(1895.8.24)　　　物遺蹟과美術家建築家好古家를讚歎不已ㅎ고
　　　　　　　　　　開國以來常朝

美術家(1895.8.24)　　物遺蹟과美術家建築家好古家를讚歎不已ㅎ고
　　　　　　　　　　開國以來常朝

미티메뇨루(1908.1.6)　氣壓雨量은「미티메뇨루」氣溫은攝氏

미티메ᄂ루(1908.2.12)　氣壓雨量은「미티메ᄂ루」氣溫은攝氏

微風(1909.9.8)　　　本年二百十日當日은曇天兼微風이有ㅎ얏고午
　　　　　　　　　　后二時에至

迷惑(1896.2.27)　　　ㅎᄂ者가有ㅎ니是ᄂ朕의可愛ㅎ赤子어니와其
　　　　　　　　　　愚蠢迷惑ㅎ야

民權(1896.11.27)　　　民數百名을稱以民權과自由黨이라ᄒ고受名列
　　　　　　　　　　錄ᄒ야內部에

民法(1909.6.28)　　　仝十四日, (自午前十時民法, (自午後一時民事
　　　　　　　　　　訴訟法

民事(1895.5.21)　　　三民事刑事ᄅ間치勿ᄒ고法律法例適用上에因
　　　　　　　　　　ᄒ야疑議가生홀

民事訴訟法(1894.7.11)　仝十四日, (自午前十時民法, (自午後一時民事
　　　　　　　　　　訴訟法

民族(1909.9.15)　　　浸淹ᄒ所崇에不過ᄒ지라是以로現世西歐民族
　　　　　　　　　　은雖個人이라

民主(1904.1.18)　　　以民主政治國請得世界各國承認法美兩國業經
　　　　　　　　　　承認請煩貴公

民会(1909.12.28)　　以致民会之囂訟이오病实有

[바]

博覽會(1905.3.1)　　　二博覽會에關ᄒ事項

博物(1895.7.1)　　　博物動植物의生理와衛生

博物館(1896.5.27)　　(三月二十六日澳國商業博物館週報)

博物學(1909.2.9)　　　一新撰小博物學私立學校初等敎育學徒用全一
　　　　　　　　　　冊

拍車(1897.5.18)　　　付着ᄒ고或乘馬ᄒᄂ者ᄂ短靴長靴을勿論ᄒ고
　　　　　　　　　　반다시拍車

剝取(1905.5.29)　　　九山殯을毀破ᄒ고衣衾을剝取ᄒ者

半開(1906.2.28) 鞘上에半開李花一枝及李花葉二个을雕刻ᄒ며親敕任官의

半島(1896.5.25) 「바긴스기」郡「아브세른」半島오同年高加索全體의

半面(1906.2.28) 距ᄒ야后部에縫合ᄒ고其內左右半面品字形全開李花三枝

反面(1909.8.16) 十一時間을無斷히降下ᄒ야其量二百四十一耗(一反面의

半分(1898.11.17) 有一半分可强之道忍承此敎徒篩虛讓不

半生(1905.5.18) 罪之計逼勒半生半死之忠玉國玄隨問誣服慫■誣證捏做綱常

班長(1904.6.24) 鐵道監部建筑班長鐵道技師加藤勇幷特敘勛三等賜八卦章臨

半長靴(1906.5.25) 一憲兵副衆校及上等兵은刀를佩ᄒ며半長靴를 胯上에穿

鉢(1909.11.20) 膳、椀、皿、鉢、杯、菓子器、茶器、珈琲器、壜、罐等

拔群(1904.9.27) 拔群ᄒ者에만限홈이라

發起人(1906.4.26) 第三條株式會社의發起人은前條를依ᄒ야發起認可를受ᄒ

發達(1905.9.12) 韓日兩國政府ᄂ韓國産業이發達ᄒ고貿易이增進케홈을爲ᄒ

發動機(1909.10.4) 一霧笛의原動力은石油發動機며壓搾空氣에依ᄒ야每一分三

發賣(1905.3.29)　　　 야發賣ᄒᆞᄂᆞᆫ者ᄂᆞᆫ特히檢定을受ᄒᆞᆯ事

發明(1908.9.19)　　　 第二條　左의揭혼發明은特許를受홈을不得홈

發音(1895.8.15)　　　 外國語를授홈■항샹其發音과文法에注意ᄒᆞ고
正確ᄒᆞᆫ國語

發電機(1909.10.4)　　 汽罐、汽機、發電機、電動機、變壓器、織
機、紡績機、

發車(1909.1.13)　　　 御着ᄒᆞᆸ시고同十二時에御發車ᄒᆞ사下午三時
四十分에南

發着(1905.12.21)　　　 第二十七條列車發着時間及度數를定ᄒᆞ거ᄂᆞ

訪問(1901.1.2)　　　 陰曆七月初上京訪問李秉確則李郁爲言養蠶機
械介得次下往

方法(1905.9.6)　　　 第十八條倉庫의建築構造並營業의方法에關ᄒᆞ
야ᄂᆞᆫ度支部

防止(1908.1.11)　　　 ᄒᆞ야ᄂᆞᆫ此를防止ᄒᆞᄂᆞᆫ上奏를ᄒᆞᄌᆞᄒᆞ야翌二十日
에一同히石

方針(1902.3.10)　　　 不念ᄒᆞ고愛憎不均ᄒᆞ야前后報部辭意에一無敎
育上方針이

配達(1894.8.22)　　　 直接配達치아니홈

配達夫(1909.10.4)　　 規定을準用ᄒᆞ되此境遇에ᄂᆞᆫ使丁又ᄂᆞᆫ郵便配達
夫로써

配當(1905.9.6)　　　 付ᄒᆞ거ᄂᆞ一定혼年限을限ᄒᆞ야相當혼配當金,
(分排金)을補

配當金(1908.6.11)　　 支撥未畢配當金

賠償(1901.1.2)　　　 三賠償의義務를免혼證書

排泄(1899.9.1)	第八條虎列剌病者의排泄物과及汚穢物은其運搬夫을設ᄒ
排水(1906.3.24)	一開墾排水灌漑及耕地土質의改良
配布(1907.4.24)	를集ᄒ야必要ᄒ檢查를行케ᄒ야合格者를各队에配布홈
百分比(1909.7.3)	在籍學徒數皆出席在籍學出席學出席百分比
白書(1902.12.31)	朴老昧白書搶奪罪役年
白人(1896.7.16)	로優等及第를取홈如白人則取十人八十人則取八人
伯爵(1906.6.27)	伯爵野津道貫海軍大將子爵伊東祐亨海軍大將
番號(1905.9.6)	第十條任置證券에ᄂᆞ左開事項及番號를記載홈을要홈이라
罰金(1906.7.12)	二移民處辦人又代理人若代表者가指定ᄒ期限內에罰金
犯法者(1905.4.29)	犯法者與犯人同罪
帆船(1909.10.5)	帆船及他船에被引ᄒ야運行ᄒᄂᆞ船舶은霧中號角
範圍(1900.10.1)	第八十七條二人以上이共同ᄒ야範圍가同ᄒ罪를犯ᄒ者를
犯人(1905.4.29)	犯法者與犯人同罪
犯罪(1895.2.12)	奉旨依允又奏前後에犯罪ᄒ온守令과鎭將이囚에就ᄒ지
法規(1905.11.11)	特別法規에因ᄒ야特別裁判所에셔
法律(1896.7.14)	詔勅勅令法律과閣令部令及各官廳官制와警察

衛生財政軍旅

法案(1895.6.19)	야改正 ᄒ며又制定 ᄒᄂ法案을起草홈
法人(1909.2.9)	五法人이解散 ᄒ時
法学(1909.12.28)	二儒林乡人中의法学에通晓ᄒ者
베긴쑤(1909.11.20)	麴種「모야시」、베긴쑤쌔우짜아、
벨못도(1908.9.19)	葡萄酒、麥酒「쑉란데」「벨못도」「후이싴기」「리 굴」
壁紙(1909.11.20)	紋紙、紋革、擬革紙、襖紙、壁紙、表紙、包 紙、短冊、
變死(1905.3.1)	六無籍無賴徒及變死傷其他公共安寧에關ᄒ事 項
便所(1896.1.21)	又同調書中에漢城內大小便所設置費四千四百 餘元을要求
變壓器(1909.10.4)	汽罐、汽機、發電機、電動機、變壓器、織 機、紡績機、
變則(1896.1.21)	一本館ᄂ本年度에變則中學科로改設ᄒᄂ計劃 이니學生百
辯護士(1905.11.11)	辯護士ᄂ民事當事者나刑事被告人의委任을依 ᄒ야
別記(1907.3.9)	接受簿의樣式은別記第一號樣式에依홈
別表(1905.12.31)	調製式은處務通則第七條別表를依홈이라
兵課(1904.9.27)	兵課員
兵隊(1895.4.19)	其時를乘ᄒ야一面으로ᄂ其部下統衛營兵隊로 大君主陛下와

兵士(1896.2.15)　　　　轄ᄒ얏든部曲을離ᄒ고逃走ᄒ야兵士를煽動ᄒ
　　　　　　　　　　　거나或悖令을

保健(1908.1.11)　　　　第五條衛生局에保健課及醫務課를實홈

報告書(1895.5.29)　　　一報告書ᄂ下官이上官에게報告ᄒ믈云홈이오
　　　　　　　　　　　質稟書ᄂ下官

步兵(1909.7.31)　　　　近衛步兵隊編制件

補償(1909.10.4)　　　　에規定ᄒ補償金額의確定審決은强制執行에關
　　　　　　　　　　　ᄒ야ᄂ公證

保守(1896.10.9)　　　　에ᄂ「구랏도수동」氏의演說을贊成ᄒ고保守黨
　　　　　　　　　　　機關紙에ᄂ大

報酬(1906.4.26)　　　　八會社負擔에歸屬ᄒ設立經費及發起人이受홀
　　　　　　　　　　　報酬

保安(1894.8.19)　　　　域森林保安林

保育(1895.2.2)　　　　祖先이我祖宗의保育ᄒ신良臣民이니爾臣民도

保全(1894.8.19)　　　　身为副官ᄒ야军纪风纪를不能保全ᄒ야至于亂
　　　　　　　　　　　动ᄒ엿스니平

補助金(1906.3.24)　　　三政府로셔補助金又ᄂ特允保證을與ᄒᄂ團體
　　　　　　　　　　　其他諸營

普請(1899.12.19)　　　還御于景福宮之意爲言云前此金必濟對尹濟普
　　　　　　　　　　　請繪給關

普通(1900.10.1)　　　가有ᄒ時ᄂ民事刑事를勿論ᄒ고普通裁判所에
　　　　　　　　　　　告訴홈이라

普通學校(1909.7.1)　　公立普通學校設置認可者名稱及位實

步合(1909.7.9)　　　　筭術은整數、分數、小數、比例、步合筭을敎

授흠이可ᄒ고

保險(1905.9.6) 六物品을保險에付ᄒᆯ境遇에ᄂᆫ保險金額期間及 保險者의

保險料(1905.12.22) 第六運賃保險料及海關稅

保護(1898.8.1) 第十五條統計人民保護ᄒᄂᆫ事項은行政司法警 察과衛生事

袱紗(1909.11.20) 袱紗、手巾、卓被、「레ᅵ쓰」羽織紐、帶締 紐、時計紐、

複製(1908.9.7) 範圍에屬ᄒᆫ著作物의著作者ᄂᆫ其著作物을複製 ᄒᄂᆫ權利를

服地(1905.3.8) 兼ᄒ야服地織造事를掌흠이라

本文(1895.6.26) 官報第九十八號告示欄內農商工部告示第四號 本文l漢城內

本店(1906.4.26) 本店及支店의所在地

奉仕(1905.3.8) 第二十八條侍從院에左갓치職員을實ᄒ야常侍 奉仕ᄒ고侍

封筒(1908.5.9) 二、封筒辭令用紙等에特히印刷에需흠이有ᄒᆯ 時ᄂᆫ別로印

縫靴(1906.5.25) 縫靴工長同職工은各其所屬隊下士兵卒과同흠 이라但

副官(1905.4.21) 副官正尉一人

簿記(1905.3.1) 第八條參書官은摠裁의命을承ᄒ야一應簿記의 保管과各項

不動産(1902.12.31) 一不動産及本銀行과外他銀行諸会社衿券을典

当貸与ㅎ며

부리단이(1909.11.20) 「부리단이、야메달」及他類에屬치아니홀其製
品과

敷物(1909.11.20) 第七類敷物

副本(1894.8.19) 金宝篆文书写官弘文馆学士申箕善书出正副本
谨此封

夫婦(1905.7.28) 招夫婦被捉承珍則刑斃其婦則落胎査此獄死者
李世奉緣於一

副社長(1905.10.31) 二副社長一人

浮上(1898.8.25) 山陵石儀今當以江華府所在艾石准例浮上事別
看役吳鼎善派

部署(1900.8.5) 本勿施法部署理大臣閔種默任免之際苟能秉共
毋私寧有是也

附屬小學校(1895.4.15) 第十條教員은附屬小學校兒童의教育을掌홈

婦人(1895. 10.21) 嫌疑者二名을捕縛ㅎ얏더니其中에一人을德國
婦人이

赴任(1905.10.11) 禮山郡守李範紹赴任屬耳에隨事盡心이라上

附箋(1907.3.9) 에書ㅎ고余紙가不足或無ㅎ時ᄂ附箋ㅎ며其附
箋

敷地(1894.7.11) 一建築所寫眞場及세멘도試驗室新築並同敷地
地均工事

腐敗(1909.9.15) 一飲食의生冷과菓類의未熟及魚肉等의腐敗ㅎ
者ᄂ一切

憤怒(1901.1.2) 又斫松偸葬矣死者憤怒一場恐動犯者內懷戕殺

之計謂以其

分娩(1905.5.29) 第百三條死刑에處홀婦女가懷孕흔時는分娩後
百日을待흐

分配(1908.9.28) 給과其生産이나又는獲得흔物品의分配等

分排(1905.9.6) 相當흔配當金, (分排金)을

分散(1909.4.3) 第十條郵票額及收入印紙는破産又는家資分散
의宣告를受

分析(1900.10.1) 第四章名稱分析

噴水(1898.8.22) 全身以紙覆面噴水致死罪照同律同編鬪毆及故
殺人條故殺

分數(1909.7.9) 筭術은整數、分數、小數、比例、步合筭을敎
授홈이可ᄒ고

分裂(1897.1.16) 福一寸二分袖長止腕關節丈自胸骨上端以下四
寸五分裂兩脅之

分子(1894.8.19) 罅隙广为九寸四分亥方驾石屏石开隙广为三寸
六分子方屏石

分限(1909.7.24) 된分限을失ᄒ時는恩給은剝奪홈

分解(1908.9.28) 을除去ᄒ며移轉、分解又는其裝置를變更홈이
可치못홈但

~弗(1896.7.1) 業補助費를每年에十六万弗을支辦홀契約을定
結홀全權委任

不可能(1900.7.17) 右는該員이部下를不可能操飭이기是로以ᄒ야
一週日輕謹愼에

不可抗力(1907.7.19) 所에抗告홈을得홈若不可抗力의事故가有홈으

로

拂下(1894.8.22)　　　　物品拂下公告

備考(1905.6.30)　　　　年度及主管廳名欵項調定額收入額缺損額收入
未畢額備考

比較(1905.3.29)　　　　第七條米突法度量衡은左開比較를依ㅎ야適當
ㅎ法으로홀

比較的(1909.9.8)　　　其生育이順適ㅎ며病虫害는比較的些少ㅎ야目
下의作形이

悲劇(1905.7.1)　　　　批旨省疏具悉職旣悲劇病未必言卿其勿辭行公

肥料(1906.8.17)　　　農事는土壤水利肥料農具耕耘栽培養蚕牧畜等
에就

費目(1896.1.21)　　　一圖書購買費以下各費目에若干割引을加홈

秘密(1899.4.7)　　　　右는該員이職權에不當ㅎ部中秘密公事를電話
로私相漏洩홈

秘書(1902.1.23)　　　秘書院丞李洛應通信司電話課主事李宅圭

秘書課長(1895.3.29)　　事項及機密事項은秘書課長으로셔곳

秘書官(1909.4.3)　　　同祗侯官宮內府大臣秘書官及女官에는此를適
用치아니

費用(1900.10.1)　　　第七十二條徵償ㅎ는期限은裁判費用이나損害
賠償이나贓

比率(1909.6.28)　　　作에當ㅎ增減比率을揭載치아니홈

沸点(1906.5.14)　　　七脂肪과油類의比重과粘度와凝点과融点과沸
点과

批准(1902.12.31)　　게批准을経ㅎ后漢城郵遞総司로送交홈이可홈

이라

比重(1906.5.14) 　　五「세멘도」의比重의一定容量과重量의凝結과時間의紛

非職(1895.4.2) 　　朕이官員非職令을裁可ᄒ야頒布케ᄒ노라

批評(1905.12.31) 　　一規例와格式에不合ᄒ件에對ᄒ批評

[사]

事件(1898.8.1) 　　第二條該地方各觀察府行政司法衛生警察上에關係된事件으로

思考(1909.7.3) 　　고兼ᄒ야生活上必要ᄒ知識을與ᄒ야思考를精確케ᄒ

事故(1900.10.1) 　　路에셔疾病이나潦水하衆所共知의事故를因ᄒ야過限된時

士官(1895.5.2) 　　第一條士官養成所ᄂ訓鍊隊의用ᄒᄂ士官을必要

師團長(1905.4.21) 　　師團長에게報告ᄒ고旅團長에게互相照牒ᄒ며

사라메(1909.11.20) 　　白砂糖、黑砂糖、「사라메」、氷砂糖、糖蜜、蜂蜜等

思慮(1900.10.1) 　　一耳目의不及과思慮의不到로不期ᄒ고致死ᄒ者ᄂ笞一

司令官(1905.4.21) 　　第二條憲兵司令官은軍事警察에關ᄒ야

司令部(1905.5.3) 　　于北靑日本司令部云而曳到五里許地矣該附近洞民知其賊

飼料(1899.1.17)　　　　馬飼料二百八十八元

舍利別(1909.11.20)　　規那鹽、莫兒比涅、丁幾劑、舍利別、煎劑

私立(1895.7.1)　　　　小學校를分ᄒ야官立小學校公立小學校及私立
小學校의三種

事務(1905.8.2)　　　　判任官의俸給은官等如何에不拘ᄒ고事務에繁
閒을計ᄒ야

事務官(1895.3.29)　　第三十一條通商事務官에게ᄂ其官등에應ᄒ야

事務室(1906.3.17)　　百四圜과法部監時補佐官年俸舍宅料與事務室
廳費修理費二

師範(1909.7.9)　　　　學部令第三號師範學校令施行規則

師範學校(1895.4.15)　第一條漢城師範學校ᄂ敎官을養成ᄒᄂ處로홈

私法(1906.2.2)　　　　商法行政法國際公法國際私法

司法(1898.8.1)　　　　第十五條統計人民保護ᄒᄂ事項은行政司法警
察과衛生事

司法省(1905.4.6)　　　叙勳二等賜八卦章日本國司法省參書官齋藤十
一郎

仕事(1898.8.18)　　　右ᄂ該員이內部主事로叙任一朔에尙不出仕事
로免本官ᄒ

思想(1894.8.19)　　　斥홀思想이有ᄒ야永川郡居义兵大将郑龙基를
访问ᄒ즉已为

仕上(1898.5.27)　　　一堂上郞廳依例膽錄事畢間除本司仕上直凡公
會勿叅■祭

私書函(1909.11.20)　　統監府令第三十三號郵便私書函使用規則中如
左히改正홈

仕樣書(1894.8.22) 　仕樣書、圖面、及現場等을熟覽ᄒ後七月二十二日上午十一時

查閱(1905.4.14) 　第十七條主務副官은到着ᄒ文書를查閱ᄒ야

社員(1897.7.21) 　야被告黃鶴性에게囑付ᄒ야商務會社社員中趙秉璿張逵遠李

思惟(1900.8.7) 　批旨省疏具悉卿懇言實無稽卿自思惟亦當

사이다-(1909.11.20) 　曹達水、密柑水、「라무네」、「사이다ㅣ」等

社長(1905.10.31) 　一社長一人

事典(1894.9.14) 　禹熙咸洛基學務衙門主事典藉鄭海季庇仁縣監徐相

查定(1896.1.21) 　一看守被服은要求ᄒᄂᄃ로查定홈

士族(1898.8.22) 　日而致死罪照大典會通姦犯條士族婦女█奪者勿論姦未成

查證(1907.1.22) 　다후스기-」通關所其他旅券의查證을管理ᄒᄂ事務所

寫眞(1894.7.11) 　一建築所寫眞場及세멘도試驗室新築並同敷地地均工事

寫眞帖(1908.3.31) 　○乾元節園遊會紀念寫眞帖豫約發賣公告

事態(1908.5.9) 　가有ᄒ時ᄂ其事態에應ᄒ야防制救護及急報의措置를行홈

死刑(1905.5.29) 　第百六條絞刑은一般犯罪의死刑에至ᄒ者에게施用홈이라

社會(1895.2.2) 　人世의秩序를維持ᄒ고社會의增進ᄒ라

社會學(1895.8.24) 　者ᄂ社會學者가最大快睹ᄒ고南[더라완곤]의極

熱地方이잇

散漫(1899.9.11)　虎列剌患者가有ᄒ훈汽車의車室에ᄂ吐瀉物이汎
然散漫치못

山脈(1895.9.2)　ᄂ모라水中에入ᄒ야比에屏風又흔喜麻剌亞山
脈과南에[데

散文(1907.9.21)　인바矣身은粗散文字故로书记로随行이라ᄒ며
被告曹圭鉉은

算術(1894.8.19)　算術四則

産業(1905.9.12)　韓日兩國政府ᄂ韓國産業이發達ᄒ고貿易이增
進케홈을爲ᄒ

産婆(1907.3.13)　三産婆及看護婦養成

산찌매-돌(1909.11.20)　用ᄒ딍長幅은各曲尺으로三寸三分, (十「산찌매
ㅣ돌」)

撒布(1899.9.11)　右消毒法을撒布ᄒ지니但此消毒法을施行ᄒ糞
池肥料溜等

三角測量(1908.10.31)　警視廳告示第三號三角測量實行三

三角形(1908.9.28)　西水道馬島의北方紅木造로三角形馬島ᄂ南二
度西水路變化에

揷木(1898.2.7)　宋致模勒掘罪林尙九揷木人墳罪

相談(1908.9.28)　要홈今에旣히此等에關ᄒ야考案中임으로不日
更히相談홀時

相當(1905.12.12)　二錘를稱量에懸ᄒ고此에相當흔分銅을皿或鉤
에加ᄒ야

相對(1896.8.21)　第一條大隊長이觀察使及各港監理와平等相對

호딩文牒往

上陸(1902.12.31)	半熟馬一匹賜給校正堂上陸軍副将李鐘健
常務(1905.4.14)	輕易ᄒᆞᆫ常務ᄂᆞᆫ代理ᄒᆞᆷ을得ᄒᆞᆷ이라
商民(1905.6.30)	法國商民컨톤쓰來言閔叅尉車叅尉處物件
商法(1906.2.5)	商法行政法國際公法國際私法
常備兵(1896.3.14)	將官十六人이有ᄒᆞ야從屬ᄒᆞ고ᄯᅩ合衆國常備兵二万五千人外
商事(1905.3.1)	ᄒᆞᆫ本國商事의保護와外國에在留ᄒᆞᆫ本國臣民에關ᄒᆞᆫ事務ᄅᆞᆯ
想像(1895.8.15)	兒童으로ᄒᆞ야곰當時實狀을想像ᄒᆞ기易ᄒᆞᆯ方法을採ᄒᆞ고
上手(1909.2.9)	納付場所ᄂᆞᆫ仁川富平郡界佳佐洞渡船場上手朱安幷朱洞
商業(1898.8.1)	第十四條商業을營ᄒᆞ야金을貸ᄒᆞ거나或金錢物品의貸借에
常用(1896.1.21)	一前年度ᄂᆞᆫ各廳事務更張ᄒᆞᆷ을爲ᄒᆞ야常用備品에新備가多
商人(1908.9.28)	第三十三條商人은幹事又ᄂᆞᆫ差人을選任ᄒᆞ야其營業에關ᄒᆞᆫ
商店(1905.6.30)	叅尉丙云同往洋人商店問此紙幣用與不用則該洋人曰
上着(1897.3.8)	一朝官年八十階二品以上着照例賜米三品以下及士庶年九
商標(1896.2.4)	官報特許公報、商標公報及實用新案公報로써

此를公告홈

上品(1909.1.9)	에御下陸호사本港上品陳列所에御歷林觀覽호읍시고同
商品(1896.3.18)	印刷物及印札이八千二百九十万이오商品看色이一千五百四十万
上行(1905.10.26)	號宮廷錄事欄內重建都監奏本中欽文閣上行의
相互(1907.3.13)	第十條各部員은相互로兼務홈을得홈이라
償還(1900.10.1)	數以上을償還호者는本律에三等을減호고全數를償還
生徒(1894.8.19)	第二条生徒의教育은此를分호야教授及训育이라호며其纲
省略(1896.1.21)	(參考表省略)
生理(1894.7.11)	一中生理衛生學私立學校高等教育學員用全壹冊
生理學(1909.4.3)	解剖學及生理學
生命(1900.10.1)	야人의生命이나財産을侵損호者는各히所犯本罪에一等을
生産(1908.9.28)	四前号以外의生産品은其原料의購買價格과生産에要호
生水(1905.5.3)	生水之妻也而與正犯林今石和姦移情以酒肉勸本夫待其醉
生殖(1905.7.12)	祖宗施仁之政下保我黎民生殖之道尚爾有司特發帑藏量宜措
生涯(1908.3.31)	自解散以後에生涯沒策호야錢兩得債次로前往

	于益山冠洞李
生從(1905.6.30)	第二條生從에게在學中은敎課書를借給ㅎ고必要ㅎ
生體(1909.12.18)	生体檢查所ᄂ建坪二를坪省以上으로하고
生活(1906.8.17)	ㅎ며智识과技能은日常生活上에必要ㅎ事项을选ㅎ야敎授
生活力(1908.9.7)	고葉枯ㅎ야莖의下部만生活力을保有ㅎᄂ듸二月下旬에
書記(1904.8.30)	書記五人下士或判任文官
書記官(1895.2.2)	駐日本公使館書記官李鳴善으로差下ㅎ오미
書留(1909.8.31)	但書留郵便으로入札ㅎ者ᄂ營業證明書、
書類挾(1905.7.25)	印朱盒,墨壺,剪板,石盤,書類挾,尺度,錐之類
署名捺印(1905.6.31)	를領受人에게交付ㅎ고領受人으로該通知書에署名捺印케
庶務(1907.3.12)	第一條本則은警察課庶務課執問課에適用홈이라
庶民(1905.5.29)	外永垂無窮庶民生知所畏避而有司易於遵奉也鳴呼尙欽哉
鼠色(1908.6.20)	取締夏衣ᄂ鼠色린닐
誓約(1907.3.8)	責任을擔ㅎ야卽速償還ㅎ깃기로連署誓約ㅎ야呈出홈
誓約書(1907.3.7)	히償還ㅎ겟습기玆에誓約書를提呈ㅎ읍ᄂ이다
署長(1905.5.13)	第二條署長은時時로管內에巡視ㅎ야警務의實行과民情의

書取(1909.7.9)	日語는 讀法、解釋、會話、書取、習字、作文、
石鹼(1909.11.20)	第四類石鹼
石盤(1905.7.25)	硯諸具類印朱盒,墨壺,剪板,石盤,書類挾,尺度,錐之類
石油(1894.8.19)	第一三三号平安北道定州郡葛池面古邑面德岩面石油九二四、
石炭(1909.7.21)	石炭購買廣告
石版(1908.5.9)	寫眞版、고로다이푸版、石版、鉛版等各種의
石筆(1909.10.4)	「인쓰」、印刷用、「인쓰」、石筆、鉛筆、「쎈」、
膳(1909.11.20)	膳、椀、皿、鉢、杯、菓子器、茶器、珈琲器、壜、罐等
選擧(1905.5.29)	第十七節選擧及委任違犯律
宣告(1909.4.3)	第十條郵票額及收入印紙는破産又는家資分散의宣告를受
煽動(1900.10.1)	事를變更ᄒ기를謀ᄒ者는流十五年이며因ᄒ야人心을煽動
線路(1905.12.21)	一線路用地其幅員은築堤開鑿橋梁等工事의必要를
宣誓(1909.11.1)	償의言告를ᄒ거ᄂ又는宣誓를ᄒ게홈을得치못홈
先日(1902.6.25)	四日相逢于前贊政朴箕陽小家則金秉先日吾今新除南郡守
船賃(1906.12.21)	車汽船으로施行홀時는日額外에更히其汽車汽

船賃을一等

扇子(1909.11.20)　第六十二類扇子及團扇類

先取(1909.10.4)　第四十五條先取特權又ᄂ質權은本法을依ᄒ야
受ᄒᆯ補償金

設計(1905.5.3)　人犯法條凡諸人設計用言敎誘人犯法者與犯人
同罪文處笞一

説明(1903.7.22)　价金과使用ᄒᄂ説明을昭詳히記録ᄒᆯ事

設備(1905.12.12)　度量衡器販賣特許者ᄂ其修理에要ᄒᆯ一切設備
ᄅ

設定(1909.10.4)　本令施行前의意匠權의設定에關係ᄒᆫ願書中登
録請求範圍와

纖維(1909.10.4)　도韓國産이滿州産에比ᄒ야皆纖維分이少흠은
卽皮가薄ᄒᆫ所

攝理(1905.9.17)　批旨省疏具悉卿懇政待攝理廟務克濟時艱

攝氏(1909.7.1)　氣壓雨量은미리메도루氣溫은攝氏

攝政(1896.4.18)　會議ᄅᄒᄂ바攝政皇后도臨場ᄒᆫ時에內閣總理
大臣「가노브

-省(1894.8.19)　日本国宮内省侍医局主事相矼惺

性病(1899.9.1)　五熱性病에罹ᄒ거ᄂ下利를發ᄒᆫ者ᄂ速히醫師
에治療를受

成分(1906.5.14)　一一成分의定性分析은金壹圓으로定ᄒ되一定
性을增ᄒ

誠意(1895.4.2)　一凡官員되ᄂ者ᄂ腹心을互啓ᄒ며誠意를相推
ᄒᆯ지오

盛土(1909.9.15)   一新義州稅關廳舍及上家其他新築並盛土工事

成敗(1895.11.15)   成敗事機를觀望흘次로太廟門外에蹰躇ㅎ다가
                     犯闕兵이

成行(1905.11.10)   不可無勞慰之典陸軍中將三好成行特叙勳一等
                     賜太極章陸軍

細菌(1899.9.1)   은世人所熟知라抑其本病의病毒은一種細菌이
                     爲主ㅎ야患者

世紀(1896.1.31)   百二十類에區分ㅎ고쏘그普通世界博覽會와第
                     十九世紀特別

세멘도/세멘쏘(1908.12.1)外國貿易槪況, (十月分)關稅局調査

洗面(1909.9.15)   廚具와器皿과食品을洗滌ㅎ거나含漱洗面等事
                     에는淨水

稅務(1905.4.13)   二租稅의賦課徵收에關ㅎ事項

世辞(1894.7.11)   中樞院議長趙秉世辞職扎

歲入(1905.12.22)   第七條歲入歲出의豫定計算書는管理者가此를
                     調製ㅎ야

歲出(1905.12.22)   第七條歲入歲出의豫定計算書는管理者가此를
                     調製ㅎ야

洗濯(1895.8.15)   類와衣服保存과洗濯方等을敎示ㅎ고항샹節約
                     利用의習慣

紹介(1905.5.29)   者는笞一百에處ㅎ고紹介나受遣ㅎ者는各히一
                     等을減흠이

所带(1909.12.28)   奏東莱府尹金宗源所带慶尚南道検税官今将解
                     任矣其代昌塿

小隊(1905.4.26) 第四聯隊第二大隊小隊長成贊慶拘拿之由業

消毒(1898.8.1) 一傳染病預防消毒及檢疫事務와道路橋梁溝渠
의掃除及撤

小豆(1909.9.21) 小豆貳百石

消耗(1900.10.1) 第百七十八條臟物의不消耗品이나消耗品이라
도現存ᄒᆞᆫ者

消耗品(1905.7.15) 前項에物品이라稱ᄒᆞᆫ者ᄂᆞᆫ器具器械備品消耗品
動物及一切

消防(1895.5.1) 十水火消防에關ᄒᆞᄂᆞᆫ事項

消費(1905.7.15) 物品은消耗賣却亡失毀損及生産을爲ᄒᆞ야消費
保管轉換其

小使(1909.1.13) 來로本所雇書記及小使의給料를實際支給額보
다多額을受

小數(1909.7.9) 筭術은整數、分數、小數、比例、步合筭을敎
授ᄒᆞᆷ이可ᄒᆞ고

訴状(1902.12.31) 訴状親衛第一聯隊第二大隊小隊長陸軍副尉李
喆煥有刑事

素性(1894.9.19) 錦伯書目丹陽郡守宋秉弼素性貪婪施措乖當連
原察

訴訟(1900.10.1) 第四十九條上訴라稱ᄒᆞᆷ은下等裁判所에셔不服
ᄒᆞᆫ訴訟을上

訴訟法(1906.2.5) 民法民事訴訟法刑法刑事訴訟法

소-수(1909.11.20) 醬油、「소ㅣ수」及酢類

小兒科(1909.11.30) 內科、外科、眼科、産科、婦人科、耳鼻咽喉

科、小兒科

少尉(1894.8.19)　雄釜屋忠道藤本秀四郎幷特叙勲二等东宫侍从陆军骑兵少尉

消印(1905.3.29)　合格ᄒ거든消印을附ᄒ고證書ᄂ破毀홀事

少将(1894.8.19)　少将勲一等村田惇特賜太极章统监府嘱托勲三等男爵高崎安

所在地(1906.4.26)　四本店及支店의所在地

小切手(1909.12.28)　第一条本条例에手形이라홈은为替手形、约束手形及小切手

掃除(1898.8.1)　一傳染病預防消毒及檢疫事務와道路橋梁溝渠의掃除及撤

少佐(1909.7.14)　日本國步兵第三十六旅團長陸軍少佐須永武義

小銃(1908.5.25)　第二十六條小銃、拳銃의藥莢、挿彈子ᄂ每演習의終末에

小包(1908.8.11)　龍山元町郵便所通常郵便、小包郵便

小學校(1895.4.17)　一小學校及學齡兒童의就學에關ᄒᄂ事項

消火栓(1909.10.4)　第十條私設消火栓의使用演習을行코ᄌ홀時ᄂ豫先事務所

速度(1908.9.7)　全日午後에在ᄒ야ᄂ低氣壓은忽然이從來보다約三倍의速度

送達(1905.6.31)　第五條納入告知書의送達을受ᄒ者ᄂ指定期限內에此에記

送付(1905.6.31)　關係書類를添ᄒ야翌年十月末日까지歲出主管廳에送付ᄒ

送致(1909.4.20)　平人에게對ᄒ야ᄂ事件所管廳의檢事에게送致
홈이可홈

刷新(1905.6.29)　之道凡百有司宜體此心振肅官紀刷新弊習若或
一向襲謬壞損

刷子(1909.10.4)　第六十四類刷子及髹類

쇼-배루(1909.11.20)　繩墨、鈐廻、「수것부」「쇼ㅣ배루」鶴嘴等

수것부(1909.11.20)　鐵槌、繩墨、鈐廻、「수것부」「쇼ㅣ배루」鶴嘴
等

袖口(1906.2.28)　第四條上衣袖章은地質은天靑色羅紗오袖口로
부터三寸을

手段(1895.4.19)　或은他의手段을因緣ᄒ여加功이되지러라

手當(1895.8.15)　第二條學資金及旅次手當金은別表의金額內에
셔派遣의留

手袋(1909.11.20)　領飾、襟、襯衣、「袴」下、手袋

隧道(1894.11.26)　不容■仄有所妨碍于隧道事遣地方官传谕

首都(1895.8.29)　意太利國皇帝ᄂ其首都羅馬에셔鍊軍의大演習
을ᄒ더니[가

水道(1906.4.26)　第十條水道工事所에技師技手를分屬ᄒ야所長
의指揮ᄅ

收得(1895.9.14)　生砂糖四十五萬噸를收得ᄒ미無疑ᄒ고且右二
品의販路을擴

修理(1905.3.29)　一修理所位置及構造

首班(1905.3.1)　第三條議政大臣은各大臣의首班이니行政各部
의統一을保

水夫(1908.5.9)　　　　一群山稅關附屬船員及水夫舍改築工事

受付(1905.4.14)　　　　第十八條前條受付ᄒᆞᆫ文書中에重要ᄒᆞᆫ事項은官房長이協辦

修繕費(1905.10.9)　　　家舍修繕費六千五百六十六圜五十錢과

手續(1895.4.5)　　　　公訴의手續을ᄒᆞ미

手数料(1894.8.22)　　支出度支部国庫證券利子支拨手数料一、四00000

修習(1905.11.17)　　　法律學校에셔三個年以上修習ᄒᆞᆫ卒業証이有ᄒᆞᆫ者와

手拭(1909.5.20)　　　　手拭五百筋

修身(1895.6.10)　　　第九條小學校高等科의教科目은修身讀書作文習字算術本

手藝(1909.7.9)　　　　前項外에隨意科目으로手藝、外國語、教育의一科目又는

手腕(1901.6.1)　　　　該尸則左右腮頰右臀與右手腕等處略有傷痕皆非緊重之部傷

需要(1904.9.27)　　　第十三條火藥制造所는陸海軍의需要ᄒᆞᆫ火藥을制造ᄒᆞ기

收容(1907.1.26)　　　港稅에關ᄒᆞ야는第六號書式을依ᄒᆞ야擔保品、收容貨物、無

需用(1905.12.31)　　　第五條各官廳主務官은每年度其所管經費의需用額을算定

獸醫(1906.4.2)　　　　陸軍獸醫正木村典幷特敍勛三等各賜太極章

輸入(1909.12.28)　　　一外国에셔輸入ᄒᆞ는物品見本

受入(1906.1.18)　　　　名稱越高受入計費消殘

手入(1894.8.22)　　　　存과并检查手入에关호事項

收入印紙(1909.7.12)　　收入印紙賣下郡指定件中消除件

首將(1904.9.27)　　　　第十六條發軍日에當호야戰地에臨호눈首將에
　　　　　　　　　　　게눈特히

修正(1898.10.17)　　　　右눈該員이官報에揭載호눈宣告書謄本修正時
　　　　　　　　　　　에有所脫落호

收支(1905.5.29)　　　　物의收支홈을不平히흔者눈笞一百에處호고增
　　　　　　　　　　　減흔物을計

樹脂(1909.10.4)　　　　酸類、鹽類、亞爾加里、漂白粉、樹脂、膠、
　　　　　　　　　　　燐、酒精、倔里設

手帖/수첩(1907.9.21)　　肩章、劍、劍緒、劍帶、外套、締革、手帖、
　　　　　　　　　　　捕繩

受取(1905.8.25)　　　　出張所及受取所名處理事務

受取人(1894.8.22)　　　出付人受取人

手打(1901.1.2)　　　　外套與長靴故誘兒作伴而至城北洞無人處以手
　　　　　　　　　　　打其煩又以革

手形(1894.8.22)　　　　尹富千伪造手形知情行使

宿泊(1906.7.23)　　　　日給宿泊料每一夜食卓料

巡檢(1907.3.11)　　　　巡檢采用에關호事項

順番(1908.9.28)　　　　第八條左記各號의境遇에눈加入請願登記의順
　　　　　　　　　　　番에依호지

巡査(1894.8.19)　　　　內部令第四號警察署分署巡査駐在第四千百三
　　　　　　　　　　　上全

巡洋艦(1896.10.3)　　　　隻四等同上五隻其他巡洋艦二隻報知艦四隻水
　　　　　　　　　　　　雷艇數十隻인

順延(1909.4.3)　　　　　으로從ᄒᆞ사還御ᄒᆞ심이라, (若當日雨天則順延喜)

純益(1906.4.26)　　　　　損益計算表

巡廻裁判所(1895.5.1)　　巡廻裁判所에對ᄒᆞᄂᆞ訴ᄂᆞ其管轄되ᄂᆞ

스베시오싸(1909.3.17)　스베시오싸　　　七,九二〇

스-로●스(1909.3.17)　스ㅣ로●스　　　二,〇〇〇

習字(1895.7.1)　　　　　習字楷行草의三體及其敎授法

承諾(1905.12.30)　　　　提出ᄒᆞ야其承諾을求喜이라

乘車券(1905.12.21)　　　케ᄒᆞ되其官吏에게ᄂᆞ便乘或常乘車券을交付喜
　　　　　　　　　　　　事

時刻(1908.8.13)　　　　　午後一時三十分으로喜但時刻票ᄂᆞ恒常暴風警
　　　　　　　　　　　　報信號標의

時間(1900.10.1)　　　　　第百七十六條受刑ᄒᆞ招日은時間을勿論ᄒᆞ고一
　　　　　　　　　　　　日노計算喜

時間表(1909.7.3)　　　　三職員의名簿、履歷書、出勤簿、擔任學科目
　　　　　　　　　　　　及時間表

時計(1895.6.25)　　　　　北部安峴時計舖張思勖

時計紐(1909.11.20)　　　「레ㅣ쓰」羽織紐、帶締紐、時計紐、飾總等

時代(1908.8.27)　　　　　如喜바自今以後ᄂᆞ菅理薰陶上에留意ᄒᆞ야年少
　　　　　　　　　　　　時代에善

시딩구/시딩쑤/시이진구/시징구/시징쑤(1909.3.16)　　外國貿易槪況

始末書(1901.1.2)　　　　立會監視ᄒᆞ고錄事로執刑始末書를作케喜事

市民(1898.9.31)　　　　　名色矣卽伏聞本月二十六日夜有市民七八十名

	聚集于農商工
시바리예(1908.9.15)	大麥收量報告
時事(1900.8.15)	矣時事則賈誼所謂痛哭流涕亦屬尋常矣雖君臣上下奮發勵精
施設(1896.1.21)	에百度更張ㅎ는運을際ㅎ와大政의施設이過急ㅎ데涉ㅎ오미
示威運動(1896.3.14)	더니該國政府는人民이美國公館에對ㅎ는示威運動을禁ㅎ더
市長(1908.3.25)	日本國神戶市長水上浩躬
視察(1905.3.1)	學府參書官은官制通則에揭ㅎ者外에學事視察及學校檢閱
視學(1906.4.14)	三十字를刪去ㅎ고第七條次에, (第八條學部視學官은奏任으
試驗(1902.12.31)	光武七年一月二十■日官立漢語学校第■回卒業試驗榜
時効(1908.7.17)	第二條本法에定ㅎ期間에는初日을算入지아니ㅎ但時効期
-式(1908.5.25)	制式未定或은舊式에兵器를現에軍用에充홀者는前項의兵器에準ㅎ야取扱홈
食料品(1909.9.15)	甲、食料品
植物園(1908.5.15)	博物舘動物園植物園庶務及會計를囑託홈, (奏任待遇)
-民(1907.3.19)	移民保护法에依ㅎ야本月二日에大韓殖民合资

会社에 对ᄒᆞ야

植民地(1896.7.23)　法國代議院에셔馬島로植民地삼ᄂᆞᆫ議案이라

植付(1909.8.16)　所도六月下旬降雨로大部分의植付를了ᄒᆞ얏스며最히高處

食費(1896.1.21)　第七項罪囚食費三千三百四十二元

食事(1908.9.7)　官用船舶으로旅行ᄒᆞᄂᆞᆫ境遇에官에셔食事를아니홀時ᄂᆞᆫ食

食店(開國五百四年六月十日)　음식점으로나옴

食卓(1906.7.23)　官等汽車及船費車馬費每十里日給宿泊料每一夜食卓料

食品(1895.10.4)　印度의農産을大別ᄒᆞ면食品이非食品이니其中에重要ᄒᆞᆫ者을

申告(1898.8.1)　有ᄒᆞ거든上官에게申告ᄒᆞᄂᆞᆫ事

身代(1909.10.4)　者又ᄂᆞᆫ身代限의處分을受ᄒᆞ야債務의辨償을不了ᄒᆞᆫ者

申立光武八年三月十四日, 而抄錄如乙未事變如丙申立春誅逆之事如

身分(1895.4.23)　三官吏의進退及身分에關ᄒᆞᄂᆞᆫ事項

紳士(1894.10.6)　類不敢入境附近七八邑倚以爲重耆紳士民踵至願借

信用(1908.6.16)　若銀行에預入코쟈홀時ᄂᆞᆫ其名稱及信用의有無와契約의事

身元(1909.4.3)　身元保證金三九三,五〇〇

伸張(1906.5.14)　六建筑用石材와煉化石과瓦等의吸水量과伸張의耐度와

申請(1900.12.24)	無待於小子之申請父皇陛下其必有淵然深省勉强而許之
實業(1905.5.3)	食債則犯者誘以信川郡新換浦土沃俗厚可得實業處渠當買
實用新案(1909.11.5)	實用新案에關ᄒᆞᆫ日本國法令等을左ᄀᆞ치揭佈홈
實印(1908.9.28)	五日, (陰曆에至ᄒᆞ기ᄉᆞ지午前에實印을携帶ᄒᆞ고武官學
実績(1902.12.31)	永川郡守李章熔克遵家規何有邑治既許綜敬可期実績
実際(1902.12.31)	規程이기로免本官ᄒᆞ얏더니追究実際에容有可塬이기로免
失墜(1908.7.17)	面을失墜汚損홈이甚ᄒᆞᆫ者이기是以로免本官
實行(1905.12.16)	韓國과他國間에現存ᄒᆞᆫ條約의實行
實驗(1896.1.21)	本年度歲出를調査ᄒᆞᆫ즉各府ᄂᆞᆫ前年度에實驗을經ᄒᆞ야精實히
失火(1896.2.6)	第十五條失火時燒災에ㅇ罹ᄒᆞᄂᆞᆫ家ᄂᆞᆫ該家人을救助ᄒᆞ며坐樸
心得(1894.8.19)	右를入札홈請負希望者ᄂᆞᆫ本所에來ᄒᆞ야入札心得書契約書案
心得書(1909.7.1)	札人心得書、契約書案、仕樣書、圖面及現場等을熟覽ᄒᆞᆫ後
心理(1906.8.17)	教育三教育의原理心理論理의大要三
審査(1905.12.30)	第十二條物品保管人은帝室會計審查局의調査及審査를

尋常(1905.4.14)　　　可ᄒᆞ쥴로認定ᄒᆞ件과尋常件은其主務各局을

尋常科(1895.6.10)　　第八條小學校의尋常科敎科目은

審判(1908.9.7)　　　人에게移轉ᄒᆞ야도審判에影響을及ᄒᆞ事가無ᄒᆞ

十字路(1894.8.19)　　道傍十字路上ᄒᆞ야徒众을指揮ᄒᆞ얏더니該徒가

　　　　　　　　　　　誆忉ᄒᆞ야

雙方(1905.11.11)　　訴訟當事者雙方의協議를受ᄒᆞ야此를贊助ᄒᆞ거나

[아]

아니린/아니링(1909.4.5) 外國貿易槪況, (隆熙三年二月分)關稅局調査

兒童(1895.6.4)　　　第一條小學校ᄂᆞᆫ兒童身體의發達ᄒᆞᆷ에鑒ᄒᆞ야國

　　　　　　　　　　　民敎育의基

아세지린/아써지린(1909.10.25)　試驗ᄒᆞ기爲ᄒᆞ야「아세지린」瓦斯浮標의

　　　　　　　　　　　新設

亞爾加里(1908.9.19)　類、鹽類、亞爾加里、漂白粉、護謨、膠燐、

　　　　　　　　　　　酒精

樂隊(1902.12.31)　　軍樂隊軍服諸具費一千十六元五十錢과本国人

　　　　　　　　　　　金長喜王習俊

眼科(1909.11.30)　　韓醫院에內科、外科、眼科、産科、婦人科

鞍囊(1895.4.11)　　一鞍囊걸낭　　　　　一鞍囊外套걸낭넘치

安質母尼(1906.7.28)　鉛礦、錫礦、安質母尼礦、水

安質母尼礦(1906.7.28) 鉛礦、錫礦、安質母尼礦

案出(1899.4.22)　　李存相幷具供案出於列錄之沈基浩丁奎會慶賢

　　　　　　　　　　　秀亦一切押交

알미뉴음(1909.11.20)   鉛板、亞鉛、亞鉛板、錫「알미뉴음」、「닛계루」、

斡旋(1894.8.19)   筑时排歃事를旣是从中斡旋ᄒ야宜有其実이온
즉民怨至此

暗室(1897.10.10)   知屋漏暗室無徵不燭夫有誠則有物不誠則無物
齊明盛服洋洋

押收(1909.7.1)   該新聞의發賣頒布를禁止ᄒ고此를押收홈

押印(1909.11.20)   其登錄番號를記載ᄒ야特許局長이署名押印ᄒ
고

愛想(1899.6.28)   不啻倍簁以卿憂愛想亦仰屋而繞壁朕安得

愛惜(1909.6.23)   朕이曩日에伊藤公爵의辭任에當ᄒ야衷心에愛
惜홈을不勝

碍子(1909.10.4)   被覆電線、電氣絶緣用碍子、電氣器械器具用
炭素等

額(1909.11.20)   寢臺、額、屛風、衝立、暖爐、火爐

야메달(1909.11.20)   「부리단이、야메달」及他類에屬치아니홀其製
品과彫鏤品

夜前(1906.1.10)   名乘夜前往本府長串洞金殷吉家欲劫金殷吉之
寡居子婦被

野菜(1895.10.3)   를不要ᄒ며其飮食에至ᄒ야는最簡ᄒ야穀類野
菜牛乳冷水가

夜會(1895.4.11)   一夜會와其餘公式宴會에臨ᄒ는時

藥局(1905.10.31)   五藥局助手三人

約束手形(1905.10.3)   約束手形은商民에셔商品을買收ᄒ고一定ᄒ期
限後에其價金

約定(1905.9.12)	눈各相當ᄒ委任을承有ᄒ야左開條項을約定홈
讓渡(1894.8.22)	鑛業權의讓渡及其抵當權의設定은農商工部의 登錄을經치
洋燈(1908.9.7)	燭臺、手燭、行燭、燈籠、洋燈、瓦斯燈、電燈等
洋燈心(1905.7.25)	蠟燭,洋燈心,自起磺,糊粉,飛陋,石炭酸,石灰之類
洋墨(1909.11.20)	筆、墨、洋墨壺、洋筆軸等
洋服(1905.5.22)	之相詰其時金着洋服矣矣身曰此人雖着洋服亦韓人云該兵以
洋傘(1909.2.9)	傘{洋傘共}七三一一四四,六五四再輸入品八○四,三一○養成所
養成所(1895.4.8)	法部養成所의 應募生徒
樣式(1894.8.22)	屬樣式中改
良心(1905.1.21)	膚哀此無辜蕩析棲違失其良心或嘯聚林藪或投入左道避苛政
洋人(1905.6.30)	洋人商店間此紙幣用與不用則該洋人曰
洋酒(1908.9.7)	第六十六類洋酒
洋行(1896.6.24)	口豊昌洋行의地所家屋을購買ᄒ야局廠을開ᄒ事ᄅ決斷ᄒ얏
洋灰(1906.5.14)	煉化石及「셰멘도」, (洋灰)等原料의
業務(1905.9.6)	藏置홈을爲ᄒ야保稅倉庫에關ᄒ業務ᄅ營홈을得홈이라
에리야스(1908.9.19)	掌甲、襪、洋單衣, (에리야스)等

旅客(1894.8.19) 　　七旅客과运送人间에当흔运送赁을目的으로흐
　　　　　　　　　 는诉讼

旅館(1902.12.31) 　　藤增雄旅館費金及家屋修理費千元을預備金中
　　　　　　　　　 支出事와

女權(1899.1.14) 　　史因死女權召史誘引乘夜逃去事捉來權召史火
　　　　　　　　　 烙足趾針刺全

旅券(1894.8.19) 　　至有頒报흐고豆满江旅券中五十钱直一枚에는
　　　　　　　　　 一圜으로一

輿論(1896.7.1) 　　輿論은西國에反對흠의方向에傾흠은同國大統
　　　　　　　　　 領及政府는其

旅費(1898.7.31) 　　檢等旅費三百八十七元五十四錢八里와果川郡
　　　　　　　　　 捕賊巡校以下

女性(1906.1.5) 　　之妻也該女性本凶獰與其媤母情義不合見輒反
　　　　　　　　　 唇不遵敎令

女子(1908.5.15) 　　認치아니리오予가親히師를延흐고敎를受흐야
　　　　　　　　　 一般女子로흐

女学校(1894.8.19) 　第七項女学校及幼稚园金一万一百五十圜

女學生(1895.8.15) 　女學生에授흔體操는適宜케折衷홈

旅行(1906.8.17) 　　第一条公务를因흐야内国을旅行흐는外国人은
　　　　　　　　　 特別契约이

歷史(1895.6.13) 　　本國地理本國歷史外國地理外國歷史理科圖書
　　　　　　　　　 體操로흐고

役員(1908.8.26) 　　第三十六條東洋拓殖株式會社의決議나又는役
　　　　　　　　　 員의行爲가

力作(1894.8.19)　　　　一天下之本农为重各府州郡果有勤于耕种务本
　　　　　　　　　　　　力作者地方

力學(1906.1.22)　　　　友出天筲長力學自主慨然有求道之志始從大司
　　　　　　　　　　　　成臣金湜以諸

研究(1909.12.28)　　　第二十条本校本科及研究科学员에게一个月金
　　　　　　　　　　　　五圜의学费

演劇(1908.9.7)　　　　一演劇脚本每一種面金五拾圜

年金(1909.2.9)　　　　第一種耕作, (植付根數九百以下된者)一箇年
　　　　　　　　　　　　金五十錢

聯隊(1905.3.8)　　　　侍衛第一聯隊第三大隊見習陸軍步兵叅尉

聯隊長(1905.4.21)　　聯隊長正副領一人

燃料(1906.6.21)　　　燃料에關ᄒᆞᆫ事務를掌ᄒᆞᆷ이라

燕尾服(1906.2.28)　　第十三條上衣地質은深黑紺羅紗니制式은燕尾
　　　　　　　　　　　　服과同一ᄒᆞ

連發拳銃(1895.6.1)　拳銃이二千五百十五箇오連發拳銃이三十八萬
　　　　　　　　　　　　八千四百五

年報(1905.4.14)　　　六統計年報及編纂에關ᄒᆞᆫ事項

演說(1905.5.3)　　　　民無指的向證處故呼出各洞執綱使坐場中首出
　　　　　　　　　　　　演說云與韓

燃燒(1906.5.14)　　　引火点과燃燒点과檢定을愿ᄒᆞᄂᆞᆫ時ᄂᆞᆫ每一件에
　　　　　　　　　　　　金壹面

演習(1905.3.1)　　　　二海軍敎育訓練及演習에關ᄒᆞᆫ事項

煉瓦(1907.3.7)　　　　部煉瓦制造作業會計規程中第二條를左와如히
　　　　　　　　　　　　改正ᄒᆞᆷ이라

延長(1896.5.21) 許可ᄒᆞᆫ線路의延長은工部의管轄에屬ᄒᆞᆫ部分이
一万一千四百

演奏(1902.12.31) 陪進官議政府主事金重演奏時主事韓応錫彭興
周李璟益各儿

煙草(1909.8.3) 煙草販賣免許準牌無効

鉛筆(1902.12.31) 但上項郵遞物에ᄂᆞᆫ出付人及領受人의姓名住址
ᄅᆞᆯ鉛筆로記

熱度(1895.9.4) 疆은緯度가日本東海道에ᄯᅩᄒᆞᆫ故로熱度가百度
로셔超ᄒᆞᄂᆞᆫ極

熱性(1899.9.1) 第一條腸窒扶私와又此의疑似ᄒᆞᆫ熱性患者가有
ᄒᆞᆫ家에ᄂᆞᆫ左

熱心(1906.3.9) 錦山郡守閔佑鎬官政은熱心做去ᄒᆞ나府飭을冷
眼看來홈中

列車(1905.12.21) 第二十七條列車發着時間及度數ᄅᆞᆯ定ᄒᆞ거ᄂᆞ

染料(1895.10.6) 染料가잇고生皮及羊毛가잇셔皆悉屈指ᄒᆞᄂᆞᆫ大
業이오모다富

廉恥(1898.9.16) 盖欲其養廉恥也乃狡獪之性禱幻爲習藉公營私
無所不至興情

葉書(1896.3.18) 億二千三百三十万이오葉書가一億五千七百九
十万이오印刷

葉煙草(1909.6.28) 葉煙草

榮光(1898.5.31) 法國人佩帶五等榮光寶星男爵都蔚陶

英国(1894.11.26) 을领受ᄒᆞ얏고正品李钟应은英韓으로서戴冠礼
式银纪念章

領卷(1909.11.20)　　　衣服、袴、帶、襟、肩掛、領卷等

英文(1907.1.21)　　　英國人의發刊ㅎㄴ漢文大韓每日申報及英文「코리아데일늬

領事(1905.7.13)　　　詔曰日本領事勳四等三增久米吉久駐京城克勤交務特陞叙勳

領事館(1895.4.1)　　　第一條外交官領事館公使館書記生及領事館書記生의俸給은

令狀(1901.1.2)　　　第二十三條陸軍檢察官이招引或拿引의令狀을受ㅎ는時ㄴ犯

領收證(1905.7.15)　　　第十二條物品의支出은總히領收證을徵ㅎ이可ㅎ이라

領受證(1904.9.30)　　　領受人의領受證印을各其欄內에押捺ㅎ야

營養(1908.6.16)　　　個年以上其營養에從事ㅎ는証明書가有ㅎ者로限ㅎ

營業(1906.4.26)　　　社員의署名ㅎ營業認可申請金에定款을添付ㅎ야

影響(1900.9.2)　　　地惟若影響不言而可以意會及見附牘之來

預金(1905.7.6)　　　銀行에任置ㅎ고各人의預金簿ㄴ同課長으로保管케ㅎ事

預防(1904.8.16)　　　命流行病預防委員

豫筭(1895.4.21)　　　經費八百三十九元八十二錢豫筭外支出ㅎ는件

豫想(1905.12.12)　　　三壹個年의販賣豫想額

藝術(1909.12.28)　　　一農商衙門管理農業商務藝術漁獵種牧礦山地質及

例言(1909.12.28)	伏望云矣該観察所陳不啻切当以該隊形例言之伙然額数遽難
오부라-도(1909.11.20)	綿撒絲、脱脂綿、海綿、「오부라ㅣ도」等
襖扉(1909.11.20)	障子、襖扉、欄間、欄干、引手、釘隱、柵等
汚水(1899.9.11)	ᄒᆞᆫ汚水를排除ᄒᆞᆫ後에以水로洗滌ᄒᆞᆯ事
汚染(1905.3.29)	第二十七條汚染磨滅毀損等을因ᄒᆞ야證印證書를識別ᄒᆞ기
奧地(1896.3.18)	奧地利郵遞及電信統計라
誤解(1908.1.11)	誤解暴動ᄒᆞᄂᆞᆫ人民의歸化ᄒᆞᆫ者에對ᄒᆞ야其歸順ᄒᆞᆷ을証明ᄒᆞ기
溫度(1909.12.28)	不于是而致慎致審近日列邦測溫度定堠器之法暗符乎黍積
溫泉(1894.8.19)	溫泉里仝溫泉里溫泉里郡의内
와나絨氈(1908.12.8)	와나絨氈, (室內敷物)參拾四坪四合
瓦斯燈(1908.9.7)	燭臺、手燭、行燭、燈籠、洋燈、瓦斯燈、電燈等
瓦斯만쏘루(1909.11.20)	「쌔ㅣ나ㅣ」、「瓦斯만쏘루」、弧光燈用炭棒、
-宛(1898.4.8)	遑遑無計糊口號呼之聲顚連之狀宛若在耳而在目不忍安寢而
椀(1909.11.20)	膳、椀、皿、鉢、杯、菓子器、茶器、珈琲器、壜、罐等
玩具(1899.9.11)	와藥用器玩具其他居室內에所在ᄒᆞ얏든諸器具의類와看病
完納(1898.8.1)	庫에輸入ᄒᆞ며罰金完納ᄒᆞ기前에免職死亡等事

가有혼者는

外科(1909.11.30)	韓醫院에內科、外科、眼科、產科、婦人科
外交官(1904.10.11)	第一條外交官領事館公使館書記生及
外国(1906.8.17)	理를敎授ᄒ랴면本邦과重要ᄒ系가有혼諸外国의地理
外國語(1895.8.15)	第十二條敎科에外國語를加홈은
外國語學校(1895.4.17)	四外國語學校專門學校技藝學校에關ᄒ는事項
外国人(1909.12.28)	에게私相让与ᄒ거나外国人과干连交通을擅行혼境遇에는
外勤(1894.8.19)	本月二十一日에親衛第二大隊兵卒이野外勤務次로當日上午九
外務大臣(1904.10.6)	○總理大臣外務大臣은奏駐日本公使館參贊官을
外事(1906.2.19)	第一條外事局에左開四課를置ᄒ야其事務를分掌케홈이라
外在(1905.6.26)	혼外在職滿一年을不踰혼則陞級홈을得지못홈이라
外債(1896.1.21)	一外債는漸次整理홈에就ᄒ야本年度는乙未新借款三百万
外出(1898.8.1)	食物餉應에参치勿ᄒ며外出ᄒ는時는去住處를署中에必告
要領(1909.1.13)	方이許多ᄒ되其要領은只是維新也와懋實也니朕은此四字로
要路(1907.9.21)	先后不齐故로未果ᄒ얏고乃于同月十二日에五

賊仕进之要路

曜日(1905.5.25)　　十二月二十四日是土曜日也矣身家屬以鐵路往
平壤而聞傳言

要点(1906.7.31)　　第二十五條訴愿書ᄂ其不服ᄒ료要点理由要求及
訴愿人의身

用達(1902.3.25)　　該隊用達主管金敬鉉該領收標與書札玆在矣就
中一千七百兩

用度(1900.9.19)　　四官有財産物品會計及本部用度에關ᄒᄂ事項

容易(1908.9.28)　　의評大判이有ᄒ며一般의購客도容易히人蔘의
現物에接手ᄒ

用意(1898.8.22)　　母殺子女而其用意凶慘者並以鬪毆殺律論大明
律人命編鬪

優等生(1905.4.12)　月終試驗을經ᄒ야優等生은該班內에陞座ᄒ고

郵送(1894.8.22)　　도三個月分, (郵送에依ᄒᄂ者ᄂ郵稅를添付ᄒ)
의代價

偶然(1907.3.2)　　旨依奏际玆庆礼之辰适见百岁之寿事非偶然尤
为稀贵依典式

牛乳(1908.9.7)　　第四十六類牛乳及其製品

右翼(1894.8.19)　　锡文은左翼将郑士弘은右翼将郑千妆ᄂ召募将
李汉圭ᄂ中军

郵便(1905.8.25)　　右外에現在郵便局出張所,郵便領受所와公衆
通信을處理ᄒ

郵便局(1905.8.25)　右外에現在郵便局出張所,郵便領受所와公衆
通信을處理ᄒ

運動(1900.9.15)　　　妄之崇非不奉慮而磐泰之措何見運動之

運動會(1908.8.27)　　規模의運動會를開ᄒ야數日或十數日의課業을
　　　　　　　　　　廢止

運命(1898.5.24)　　　詔曰特命全權公使成岐運命前往英德義各國便
　　　　　　　　　　宜駐紮兼理使

運搬(1895.5.16)　　　를設ᄒ야一定所에運搬ᄒ야燒棄ᄒ며或埋却케

運送(1895.5.21)　　　ᄂ程道遠近을隨ᄒ야定期運送케홈

運送賃(1905.7.25)　　運搬費運送賃,作駄費之類

運輸(1905.5.3)　　　深人定後潛入于該港運輸會社庫舍壞壁脫鎖偸
　　　　　　　　　　取布木四十

運用(1896.3.14)　　　에十八歲以上四十四歲以下男子로武器를運用
　　　　　　　　　　홈에可堪ᄒ者

運賃(1905.12.21)　　第二十六條旅客及貨物運賃額과運輸規程을定
　　　　　　　　　　ᄒ거ᄂ

運轉(1907.3.7)　　　第二條煉瓦制造所의固定資本은金二十萬九千
　　　　　　　　　　圜으로運轉

運轉手(1907.9.21)　　任關稅局運轉手叙判任官一等稻葉長喜

運河(1906.7.12)　　　第六條鐵道軌道道路運河河沼池隄塘社寺境內
　　　　　　　　　　地公園地

運行(1902.9.9)　　　招毫無差爽矣■宮金容周及員役尹致運行將擬
　　　　　　　　　　律而被告元

原告(1895.5.1)　　　被告ᄂ原告訴求에應ᄒ야債錢을辦償ᄒ미可홈
　　　　　　　　　　原告訴求에

元金(1905.6.26)　　　者ᄂ翌日條붓터支撥ᄒ고元金償還時ᄂ其償還

의月섯지月

原動力(1909.10.4)	一霧笛의原動力은石油發動機며壓搾空氣에依호야每一分三
遠慮(1902.11.29)	批旨省節具悉卿等之懇其在體國深尤遠慮
元老院(1895.8.10)	列國代議士平和會義と本日[六月二十三日]元老院에서開會
原本(1905.3.1)	十一詔勅及法律規則等其他公文原本保存에關호事項
原書(1901.1.2)	夏請原書則本人父寅聲配泉郡守遞任在于己亥六月而該郡結
元素(1895.7.24)	化學普通化學上의現象緊要호元素及無機化合物의性質
元首(1904.3.8)	塗抹法而能得就緒乎嗚呼元首必明股肱必良庶事乃
遠心力(1908.9.28)	後에乳汁冷藏法을發見호고又千八百七十八年에遠心力을廳
原案(1894.8.22)	依호와为先施行홀事로内閣会议를经호읍고原案을另具호와
園遊會(1895.5.14)	本月十四日東關後苑에園遊會를開設호고
原意(1909.10.4)	効로된境遇에善意호原意匠權者
原人(1904.7.22)	現接平理院檢事洪鐘檍報告書內開詳原人楊致中所帶紙貨前
原作(1908.9.3)	기爲호야假稱度支部量地課技手호고原作人等處에貽害케호

遠足(1894.10.4) 以少擊衆平蕩之期計在不遠足以明日國之斷無他意

元則(1906.3.27) 千五百元則主人以白銅貨換給爲言矣該紙幣明當持來令監對

原則(1896.1.9) 國은其實驗ᄒ政策의原則을恪守ᄒ야苟히國益을不害ᄒ며每

月曜日(1895.11.1) 를抄擇ᄒ야來月曜日에前海防營等地의셔射

緯度(1895.9.4) 疆은緯度가日本東海道에ᄯ흔故로熱度가百度로셔超ᄒᄂ極

違反(1905.9.12) 第七條日本國船舶으로本約定에違反ᄒᄂ時에ᄂ韓國海關

衛生(1905.5.29) 第二節衛生妨害律

衛生學(1894.7.11) 一中生理衛生學私立學校高等敎育學員用全壹冊

위숙이(1909.11.20) 葡萄酒、麥酒、「ᄲ란쩨」、「벨못도」、「위숙이」、

委任(1905.11.11) 辯護士ᄂ民事當事者나刑事被告人의委任을依ᄒ야

委任書(1895.5.1) 委任書住址職業姓名으로代人이라고定홈何某에對ᄒ야

委任狀(1895.4.9) 四御親書와國書와領事官의委任狀及認可狀에關ᄒᄂ事項

慰藉(1907.4.24) 十钱과地方邮便局取扱所遭难慰藉金一千二百十圓을预备金

僞造紙幣(1909.7.27) 銀行券의僞造變造에係ᄒ罪ᄂ刑法僞造紙幣의

各本條를

爲替(1894.8.22) 其所在를 發見 호時는 速히 郵便 爲替貯金管理所
에通報홈이可

委囑(1895.11.12) 方收稅官吏에게委囑 호믈得홈

位置(1909.2.27) 特別手數料의金額은漁場의位置漁業의組織及
漁獲豫量

委託(1905.4.26) 日本國政府의管理에委託 호는必要를因 호야

有價證券(1909.7.27) 政府가指定 호는確實 호有價證券을買收홈을得
홈

有機(1909.4.3) 有機化學

油分(1909.10.4) 産地水分油分織維炭水化物蛋白質灰分

硫酸(1909.10.4) 料、硫酸安母尼亞等

維新(1900.12.18) 命使舊邦維新樹立萬億年宏大久遠之基卓越爲
㐀業垂統之主

留置(1896.9.25) 에셔領受人에게傳 호意向이無 호고도空然히留
置 호야還

幼稚園(1909.7.3) 第三十四條高等女學校에幼稚園을附設코져홀
時는公立에

流通(1896.1.18) 以後는一切該貨幣의流通홈을禁 호야又三個月
을經 호고政府

留學(1895.8.15) 一留學中은學資金을給홈

流行病(1904.8.5) 命流行病預防委員

遊戲(1909.7.9) 體操는遊戲、學校體操를敎授홈이可홈

陸軍(1902.12.31) 第一条陸軍衛生院은陸軍軍隊의医務를掌理홈

이라

陸軍武官(1895.5.2)	第一條陸軍武官의進級은級을遂ᄒ야歷進케又
陸軍將校(1895.4.21)	陸軍將校分限令
倫理(1900.9.7)	第一條中學校尋常科의學科는倫理讀書作文歷史地誌算術
融通(1905.6.26)	第一條國庫證券은一時國庫의融通에便用홈을爲ᄒ야發行
隱語(1896.7.28)	第四十二條電報를書載ᄒ기는普通辭와秘辭隱語를勿論ᄒ
飮料(1900.10.1)	第二百九十一條軍人이軍人의飮料에供ᄒ는水나食品에有
音樂(1898.9.23)	日以二十九日至停朝市去刑戮禁屠殺斷音樂而禮葬吊祭依法
飮用水(1899.9.11)	一船中에飮用水는新鮮ᄒ良水와交換ᄒ고十分其貯器를洗
議決(1905.12.31)	議決定홈이라
義務(1900.10.1)	應償홀義務가有ᄒ人의財産을執收홈을謂홈이라
意味(1896.3.26)	上의意味를多量에含蓄ᄒ事나今番에는假令多少英德에셔求
意思(1898.6.21)	提議홀意思를說明홈이라
義塾(1896.1.21)	慶應義塾入學生은一百五十人으로目的홈坐前年度에設塾
議案(1905.12.31)	第九條帝室財政會議의議案은出席議員의過半

數로써決호

義捐金(1904.6.23)　開戰各國則關系與我向殊然其國人民或爲自願
兵或出義捐金

疑獄(1898.8.5)　三載考績에美政如啖蔗요一念圖報에至誠見求
弗라查疑獄

議員(1905.12.31)　第九條帝室財政會議의議案은出席議員의過半
數로써決호

議院(1895.6.19)　호더니聯邦參議院議員中四十二名은該會議開
設를贊同호고

医院(1894.8.19)　勅令第七十三号大韓医院官制仝全

意義(1895.8.15)　文字文句文法의讀方과意義를知케호고適當호
言語와字句

意匠(1894.8.22)　五商标及意匠에뜻호事項

儀仗兵(1908.3.25)　日本國下關儀仗兵中隊長砲兵大尉根岸五藏

意志(1901.1.2)　宗社之動之烈興日星爭光追念往昔况值是几不
可無示意志感

医学(1894.8.19)　四医学研究와并伤病兵에对호官立病院과连紧
事项

疑惑(1900.11.2)　訓令以致民情之疑惑該監理爲先免本任之意謹
上

理科(1895.8.9)　第八條理科는通常의天然物과現像의觀察을精
密케호고人

利口(1898.1.18)　勅敎를奉承호얏슨즉被告의利口巧言으로飾詐
抵賴홈을亦不

履歷書(1895.7.1)　　　學業履歷書

二毛作(1909.8.16)　　　이殆히糧食에不堪ᄒᄂ者이有ᄒ며水田二毛作
　　　　　　　　　　　은土壤의乾

履物(1909.11.20)　　　履物及其附屬品

移民(1906.7.12)　　　前項義務를負擔ᄒᄂ期間은移民을前往시기든
　　　　　　　　　　　其月로붓터

耳鼻咽喉科(1909.11.30)　眼科、産科、婦人科、耳鼻咽喉科、小兒科

理事(1898.6.22)　　　軍部軍法局員理事洪祐亨

裏書(1905.10.3)　　　約束手形의裏書, (後面保證記名)

利息(1898.11.5)　　　放賣ᄒ야本錢과利息을準數筭淸ᄒ後에餘額을
　　　　　　　　　　　收領홀事

이-스도(1909.11.20)　「이ㅣ스도、싸우자아」、麥粉、葛粉、麵類、
　　　　　　　　　　　湯葉

利子(1896.1.21)　　　第六項乙未借款利子十八万元

理財學(1908.3.31)　　第一條中理財學을經濟學으로日本語를外國語
　　　　　　　　　　　로改正ᄒ고第

理學(1905.4.26)　　　第六條會考科目은左開와如홈이라理學

認可(1906.4.26)　　　社員의署名ᄒ營業認可申請金에定款을添付ᄒ
　　　　　　　　　　　야

印鑑(1905.6.31)　　　第七條金庫에셔支撥上照較에供홀印鑑은各廳
　　　　　　　　　　　에셔立卽關

人格(1909.7.3)　　　五由來教育의獘로往往히智育에만偏傾ᄒ고人
　　　　　　　　　　　格修養에ᄂ

引繼(1905.8.25)　　　鏡城郵遞司城津郵便局閉鎖ᄒ딕로引繼되야殘

務ᄂ城津

人權(1894.7.6) 善島配罪人權鳳熙安孝濟定配罪人尹雄烈等卽
爲放

引渡(1894.8.22) 二特赦及罪人引渡에숫혼事項

人力車(1906.1.18) (三)一人力車一座一二00，(四)何을爲ᄒ야所用
何處

人物(1895.8.15) 홀方法을採ᄒ고人物의言行等에就ᄒ야ᄂ是를
修身에授ᄒ

人民(1898.8.1) 第十五條統計人民保護ᄒᄂ事項은行政司法警
察과衛生事

人夫(1905.12.22) 第三職工人夫에게給ᄒᄂ諸費

人事(1905.3.1) 三退職將校及相當官의人事及名簿에關ᄒ事項

燐酸(1909.10.4) 鯡粕、油粕、肉粉、骨粉、血粉、糠、燐酸肥
料、調合肥

引上(1909.10.3) 海底電信線의布設又ᄂ引上에從事ᄒᄂ船舶은
夜間에在ᄒ

引率(1895.6.4) 혼다云ᄒ고水兵을引率ᄒ야所屬혼軍艦에歸ᄒ
더니同地外商

印刷(1905.3.1) 債貨幣銀行印刷等에關혼一切事務를管理ᄒ며
各地方財務

印刷物(1894.8.19) 第六項印紙其他印刷物諸費金二万六千二百八
十八圓

引受(1909.8.27) 式引受金

引手(1909.11.20) 障子、襖扉、欄間、欄干、引手、釘隱、柵等

因循(1900.10.15)	移墓重建仍是莫敬莫重之事不可以經費艱出因循稽緩特下內
認識(1909.8.16)	行ㅎ者로認識ㅎ고韓國銀行은其銷却義務를繼承ㅎ者로홈
印肉(1902.12.31)	一集信証印帳具黒印肉
印章(1900.9.7)	를掌ㅎ야一週日間文牒을衛生局長의印章을捺ㅎ야後考
人情(1895.9.7)	第十五條人情雜費其他名目에拘치勿ㅎ고一切正數外租稅
印朱盒(1909.7.25)	硯諸具類　印朱盒,墨壺,剪板,石盤,書類挾,尺度,錐之類
認知(1902.11.12)	字認知以該隊兵丁永派處所出給學徒等居接循例成貼入送不
印紙稅(1895.6.1)	外國社會에係ㅎ契約書印紙稅를增課ㅎ야
燐寸(1908.9.28)	燐寸三五、四三七二九五、六八七
引出(1898.2.7)	驪興府大夫人喪發引出城門路以何門爲之乎敢
人称(1902.12.31)	身作玉塞長城이오家在本境ㅎ니人称錦衣
引下(1909.10.3)	間信號를引下ㅎ고夜間에在ㅎ야는碇泊船과同一ㅎ燈
人形(1908.9.7)	鞠、碁、將碁、人形、獨樂、弓、球突具、押繪、骨牌等
引換(1901.1.2)	와一圜銀貨幣와當五錢과一分菜錢引換과金을輸納ㅎ야金
一個人(1897.6.25)	第三十二條郵遞物遞送ㅎ는重量은遞傳夫一個

人에게二十

日当(1894.8.22)	号日当率百官亲上致词于
日本(1896.11.21)	俄國東境交通及朝鮮日本間에셔貿易ᄒᄂ目的 으로ᄒ俄國商
日本語(1908.3.17)	實務演習日本語漢文數學簿記體操
日附(1901.1.2)	日附奏今不必更事煩達而臣之初未發告自
日附印(1898.3.29)	右ᄂ該員이洪州郵遞司主事로셔郵遞物에日附 印을僞踏傳
日傘(1895.4.29)	四蕉扇은日傘으로代ᄒ白質靑邊으로홈
日曜日(1894.8.22)	第五条官報ᄂ日曜日과庆节及其他休日에ᄂ发 行치아니홈
一應(1900.10.1)	係官ᄒ財産이나一應軍需物品이나獄囚나文簿 ᄅ掌ᄒ者ᄅ
一切(1908.9.28)	産에影響이及ᄒ一切事項을整然且分明히記載 홈을要홈但
一定(1895.10.11)	到處有異ᄒ니全印度의行政組織은實로錯雜ᄒ 야一定치아니
日照(1898.11.5)	拿不日照法無論當該大小官員苟或有毫絲掛宕 容忍隱慝之弊
一種(1896.4.28)	懲戒法三種外에補外ᄒᄂ一種을添附홈
一着(1896.10.28)	也今民國之勢遑迫至此初不欲一着手而若是
一篇(1895.8.24)	야도其誣言이아니믈認홈如斯浩瀚ᄒ事物問題 ᄂ能히一篇報
一向(1895.1.5)	巽章如是懇摯一向相持反非禮待所辭宮內之衛

不得

-賃(1905.7.25)   **運搬費運送賃,作駄費之類**

賃金(1905.12.21)   輸方署及賃金相計等節은農商工部大臣이決定
홈이라

任命(1899.3.28)   第六條學校長은醫學에熟鍊き人으로任命ㅎ야
一切校務를

臨時(1905.4.29)   詔曰日本國臨時軍用鐵道監部陸軍工兵大佐牧
野淸人

賃借(1902.5.28)   取之大豆四千余斗日人風帆船賃借裝載之際調
査委員崔秉麟

入口(1895.8.22)   然히北붓터南에順列ㅎ니라其入口의最多ㅎ고
土地의最高ㅎ

入隊(1904.9.27)   第十八條正校가特務正校에進級홈은入隊后八
个年以上服

立方(1905.3.29)   升六萬四千八百二十七立方分

立案(1905.3.1)   ㅎ야大臣官房의事務와審議立案을掌ㅎ고且各
局課의事務

入院(1895.6.10)   第十三條入院홀만ㅎ患者의乳兒等이養育或看
護홀者가無

粒子(1909.8.16)   此를隨ㅎ야收納의粒子■縮瘠小ㅎ고品質이頗
히劣等이

入場(1901.1.2)   一漢城裁判所審理强盜罪人金周弘締結徒當持
銃佩劍突入場

入札(1909.7.1)   請負希望者ᄂ本所에來ㅎ야入札人心得書

立替(1909.12.28)　　　第五項京釜鉄道会社立替金償还金十四万圓

入學(1904.8.3)　　　　第一條入學은每年春秋期로許入홀事

入學試驗(1895.4.15)　二十七日에本部로進ᄒ야入學試驗을受ᄒ

入學願書(1895.7.1)　　第一號書式入學願書

立會(1895.5.1)　　　　日檢事姓名立會宣告

剩餘(1905.12.31)　　　第十七條各年度歲計에剩餘가有홀時ᄂ其翌年
　　　　　　　　　　　度歲入으로

[자]

資金(1905.12.31)　　　資金을貯有ᄒ기不得홈이라

自動電話(1909.6.28)　○自動電話開始統監府通信管理局으로붓터來
　　　　　　　　　　　ᄒ通牒을據

資料(1900.10.1)　　　　을付與ᄒ거나其他資料를供給ᄒ者ᄂ流終身에
　　　　　　　　　　　處홈이라

自白(1905.7.29)　　　　者家犯者先入房內抱出寡女與衆人幷力擔負纏
　　　　　　　　　　　到村後自白

資本(1905.9.6)　　　　第二條會社ᄂ定款으로資本金其他設立에關ᄒ
　　　　　　　　　　　必要事項을

自分(1895.4.5)　　　　本條境遇에當ᄒ야各自分納額을滯納者가

資産(1905.10.3)　　　　身上을調査ᄒ야相當ᄒ資産이有之ᄒ고確實홈
　　　　　　　　　　　을認ᄒ

自首(1896.4.7)　　　　第十八條賊盜에犯ᄒ者가自首ᄒᄂ境遇에ᄂ現
　　　　　　　　　　　時事狀에依

自然現象(1909.7.3)	九物理及化學은自然現象에關ㅎ知識을與ㅎ야 其法則과
子爵(1906.6.27)	海軍大將子爵伊東祐亨
自轉車(1907.1.1)	地方稅規則六自轉車稅
自主(1894.8.17)	獨立自主而推充朝日兩國所享利益爲本
作家(1909.10.21)	嶺面柳東作家柳淙英
作文(1895.7.1)	作文日用書類記事文及論說文
作物(1906.1.6)	作物을建設ㅎ거ᄂ突出홀時ᄂ各該所管警務署 를經ㅎ야警
作業(1898.8.1)	物及所持貨物과在監人의作業과戒護書信及接 見과行狀及
作業場(1905.12.22)	第七作業場用備品消耗品費
作用(1906.5.14)	으로定ㅎ고沃度价와酸价와「아루가리」의作用 과金屬
作者(1894.8.19)	一天下之本农为重各府州郡果有勤于耕种务本 力作者地方
作品(1905.1.10)	二現今出納과製作品代價徵收에關ㅎ事項
蠶業(1906.6.9)	請議ㅎ蠶業試驗場各項費增額九千圜과棉花栽 培
雜居(1895.10.2)	에移住ㅎ少數人種이오此永年間에他人種과雜 居ㅎ야其血族
雜報(1908.9.7)	二新聞紙及定期刊行物에記載ㅎ雜報及政事上 의論說或
雜費(1906.4.26)	損益計算表

雜誌(1895.6.21)	(五月紐育銀行雜誌)
雜貨(1908.8.13)	鐘路雜貨商店
將校(1905.3.1)	一將校及相當官准士官下士文官의任免進退와 補職命課
長方形(1897.5.18)	品質은紅絨金線이요形式은長方形이니其中心 表章은大禮肩
壯士(1899.12.19)	大內必爲恐動汝使心腹之人左右排實則吾當入 送趙壯士負奉
場所(1905.6.31)	第十條金庫의設이無흔場所에셔收入官吏가歲 入金을領收
裝飾(1909.12.28)	藝遊戲所徽章裝飾彩會賭博船舶
醬油(1906.1.18)	精米醬油漬的薪之品種마다門部를設ᄒ야其收 支을記入홈이可홈
障子(1909.11.20)	障子、襖扉、欄間、欄干、引手、釘隱、柵等
裝置(1909.10.3)	裝置ᄒ고且少ᄒ야도五海里의距離로붓터見得 홀者를
障害(1909.2.9)	蔑視쏟不啻라監督上障害가不少라ᄒ니官員懲 戒令第一條
長靴(1909.7.3)	一長靴八拾貳足
財界(1908.9.28)	融共通의關係를有흔英國及歐洲大陸의財界에 重大흔影響을
在庫(1905.7.15)	第十三條常用物品은在庫의數와所要의度를量 ᄒ야
裁斷(1909.12.28)	를擅离홈으로政府法令의布施가溢滯ᄒ며人民

訴愿의裁斷이

材料(1905.5.29) 第六百四十八條工匠을役使ᄒ야木石材料等物
을采取ᄒ를時

財務(1900.12.29) 長閔康鎬技師金完植正三品鄭龍瑍度支部財務
官李濬相營繕

裁縫(1895.8.15) 裁縫은眼과手를鍊習ᄒ야通常衣服의縫法과裁
法을熟習에홈을

裁縫機(1909.10.4) 發電機、電動機、變壓器、織機、紡績機、裁
縫機、

財源(1908.7.29) 臨時財源調查局技手有馬愛之介

財政(1905.12.31) 第五條歲入歲出의總豫算은前年度帝室財政會
議開議時

財政學(1906.4.4) 行政學國際法經濟學財政學外國語

在職(1905.11.17) 檢事로繼續在職이滿三個年以上者로每試驗時
에

裁判(1908.7.17) 第八十二條裁判所ᄂ他訴訟의結果가裁判에影
響을及ᄒ를者

裁判官(1898.1.19) 第四條裁判官及檢事ᄂ時時로裁判所에屬ᄒ監
獄을巡視ᄒ를事

裁判所(1908.7.17) 第八十二條裁判所ᄂ他訴訟의結果가裁判에影
響을及ᄒ를者

爭議(1905.3.1) 七各部間主管限의爭議에關ᄒ를事項

抵當(1905.12.8) 公債證書有價證券을抵當, (典執)ᄒ고六個月
以內의

低利(1908.5.15)　　十借換ᄒ기爲ᄒ야低利의債券을發行코져ᄒᆯ時에ᄂᆫ借換

著作權(1908.9.28)　特許、意匠、商標、商號及著作權法令上仝上仝

抵抗(1905.4.22)　　四職務로뻐與人抵抗ᄒᆯ時에兵力이아니면制勝ᄒ기難ᄒᆫ

~的(1905.5.3)　　　民無指的向證處故呼出各洞執綱使坐場中首出演說云與韓

積立(1906.3.24)　　疆土的並政略的變化가되리라

赤十字(1909.7.24)　大韓國赤十字社官制及規則廢止件

摘要(1905.6.30)　　摘要

適用(1905.5.29)　　適用上에疑意가生ᄒᆯ時ᄂᆫ各該件一切文案을添付ᄒ야法部

赤字(1901.1.2)　　　表章中赤絲의赤字ᄂᆫ銀字로付標ᄒᆷ이라

摘取(1898.2.2)　　　檢朴東煥이가內局朝房柱隅에셔摘取匿名書一度를北署權任

全權(1904.9.27)　　詔曰命學部大臣李載克兼任特命全權公使辦理公使閔衡植爲

電機(1899.10.9)　　니上官의指揮監督을受ᄒ야電機에所關ᄒᆫ技術에從事ᄒᆷ三十

電燈(1905.3.8)　　　電話電燈에關ᄒᆫ事를掌ᄒᆷ이라

電鈴(1908.9.28)　　設電鈴)를左記處所에變更　(移轉)코즈ᄒ오니(別紙承諾書를

專賣(1894.8.19)　　法部第十四號紅蔘專賣法第四千百三

專門家(1908.9.28)　은專門家의豫히想像ᄒᄂᆫ바인듸農商工部에셔

經營ᄒᄂ蔬

專門學校(1895.4.17) 四外國語學校專門學校技藝學校에關ᄒᄂ事項

電報(1905.8.25) 同電報總司換錢,郵便貯金,電信,電話

電線(1905.2.10) 自安州至義州間電線을更爲修復ᄒ고本月二日
붓터

電信往(1905.5.3) 一電信往復簿

傳染病(1906.1.13) 六傳染病地方病의預防과種痘其他一切公衆衛
生에關ᄒ

專制(1902.12.31) 批旨省疏具悉專制一路藉卿雅量必勿煩辞即還
視務益勉觀察

專制政治(1898.11.26) 礎不能鞏固專制政治有所墮捐決非爾等忠愛之
素志王章

電車(1907.3.19) 毀撤俾爲電車出入之線路元定門路一任人民來
往恐無紛挐雜

典型(1906.8.17) 肅川郡守俞致秉诖礼自是典型이오文辞发为政
令이라是以

電話(1900.10.7) 尜奉沈起燮第三室執尊通信司電話課奏事金準
植第四室

電話機(1896.3.18) 年間에電話機로傳話ᄒ度數ᄂ五千七百万度라
郵遞電信及電

絶對的(1909.10.4) 開閉홈을不得홈其他給水用具ᄂ絶對的此에觸
홈을不得홈

切符(1907.7.19) 验官吏之證供与其检案一切符合施刑勒招之说
自归诬罔则此

切上(1894.8.22) 　入札保証金은各其見積價格百分의五以上, (圖 未滿切上)

切手(1908.6.11) 　切手及手形

折衝(1894.8.7) 　記荏子島僉使林奉雲作窠代折衝金東肅差下單 望後

切取(1902.4.21) 　切取供然自臣院素無照律之職權則上項諸犯幷 移送平理院伏

~店(1905.5.3) 　外上買得洞內空家使之覓接犯者則留連于該洞 高召史酒店

店頭(1909.8.27) 　店頭에揭示ᄒ고其以後의請入을謝絶ᄒᆯ者로홈

占有(1894.8.19) 　四占有에엇ᄒᆫ訴訟

粘土(1906.5.14) 　粘土와耐火練化石의耐火度와吸水量과收縮度 의檢定

摺附木(1909.11.20) 　第五十四類摺附木

定價(1905.9.12) 　定價表ᄅᆯ如左改定ᄒ야玆에廣告事

情景(1905.6.27) 　致砲殺其所情景極爲慘惻云査照後移照軍部派 兵剿滅爲望等

定款(1906.3.24) 　第十七條農工銀行은定款에定ᄒᄂ바에隨ᄒ야 農工債務을

証券(1902.12.31) 　五諸任金을会計ᄒ며貨幣及諸証券類任実ᄅᆯ保 護도ᄒᆯ事

政權(1909.12.28) 　議政府贊政權在衡等改名疏

停年(1904.9.27) 　親臨ᄒᄂ例가됨으로實役停年

丁寧(1895.4.5) 　其品質品種等이丁寧히合規ᄒᄂ가否ᄒᆯ精査

	ᄒ야失誤가無ᄒ믈認ᄒᄂ後에곳領收ᄒ미可홈
正當防衛(1909.2.9)	ᄒ며ᄯ正當防衛ᄂ何等境遇에何如히使用ᄒᄂ지右諸問을咳
整列(1896.1.27)	分ᄒᄂ部隊가整列ᄒ압희셔諸官이會同ᄒ며下士가監視ᄒ
情報(1895.6.5)	臺灣情報
政府(1905.12.16)	韓國政府ᄂ今後에日本國政府의
整備(1905.4.26)	整備ᄒ야日本國通信機關과
整數(1909.7.9)	筭術은整數、分數、小數、比例、步合筭을敎授홈이可ᄒ고
頂上(1905.7.27)	高至頂上五寸各線間隙隨官均圍
情狀(1894.8.19)	더러旋覚其非ᄒ고归家安业ᄒ情狀을酌量ᄒ야本律에一等을
定性(1906.5.14)	一一成分의定性分析은金壹圓으로定ᄒ되一定性을增ᄒ
精神(1905.5.29)	四藥으로人의精神을昏迷케ᄒ者
精神病(1895.8.8)	五精神이完全ᄒ者ᄂ卽精神病神經病憂癲狂及無踏及
定員(1895.5.26)	一同職員定員表中經理局欄內에〔監督長或〕의下에〔一
庭園(1905.3.8)	第四十三條營繕司에左갓치職員을實ᄒ야宮殿離宮庭園
釘隱(1909.11.20)	障子、襖扉、欄間、欄干、引手、釘隱、柵等
定義(1900.7.10)	定義君明孝

情操(1909.7.3)　　　　一修身은道德上의思想及情操를養成ᄒ며着實
　　　　　　　　　　　　穩健ᄒ야

停止(1900.8.7)　　　　奏下矣日昨需澤庶可周洽蔚滿三農民事萬幸雰
　　　　　　　　　　　　祭仍爲停止

停職(1904.9.27)　　　　第五條休職及停職의年月은實役停年에算入지
　　　　　　　　　　　　아니홈이라

停車場(1896.8.6)　　　置ᄒ時ᄂ停車場과載水所의附近區域內에ᄂ該
　　　　　　　　　　　　會社執務人

政治(1895.2.2)　　　　國家의政治制度를修述홀히亦惟臣民이니

政治學(1905.4.26)　　　第六條會考科目은左開와如홈이라

停學(1909.7.9)　　　　懲戒ᄂ戒飭、謹愼、停學으로홈

帝國(1905.9.12)　　　大韓帝國外部大臣李夏榮及日本帝國特命全權
　　　　　　　　　　　　公使林權助

題目(1905.3.4)　　　　革命血約書爲題目該約書中道者上項五條件次
　　　　　　　　　　　　書權浩善及矣

堤防(1895.6.25)　　　ᄒ야家屋樹林을傾倒ᄒ며人畜道路를傷害ᄒ며
　　　　　　　　　　　　堤防의決潰

制服(1895.4.29)　　　第一條將校ᄂ身을終토록其官을保有ᄒ고制服
　　　　　　　　　　　　을着ᄒ야

製本(1905.7.25)　　　製本費圖書,帳簿裝績之類

第三者(1908.3.31)　　　三、第三者의權理有無

製紙場(1895.10.7)　　이四十이오製紙場이九이오織絹場이六이오製
　　　　　　　　　　　　氷場이三十이

制限(1905.6.31)　　　第十一條前條收入官吏의領收ᄒ現金은左의制

限에從ㅎ야

~組(1894.7.11)   一捲脚絆五百九拾組

條件(1905.9.6)   第十九條政府는會社에對ㅎ야相當ㅎ條件으로
補助金을交

助敎(1904.9.13)   助敎四十人正副校

早起(1898.1.10)   第二條在監囚人은每朝早起ㅎ야各監房을淨潔
히掃除ㅎ後

曹達水(1909.11.20)   曹達水、密柑水、「라무네」、「사이다ㅣ」等

調度(1895.5.1)   二需用物品의調度及土地建物에關ㅎ는事項

操練(1906.7.13)   二操練

条例(1902.12.31)   営業上에条例와定款과内規의違치못ㅎ게홀事

条理(1894.11.26)   塚郡守尹永稷慣知土俗治有条理

組立(1909.10.21)   一浮標는鋼鐵製橢圓形이니其上에櫓形을組立
ㅎ고頭部에燈

組物(1909.11.20)   他類에不屬ㅎ織物、編物、組物及其製品

調査(1905.9.12)   은事實을調査ㅎ야其情이重ㅎ者에對ㅎ야准單
을還納케ㅎ

組成(1896.3.14)   亦黑人으로組成ㅎ더라大統領은陸軍大元帥요
州兵을召集ㅎ

助手(1905.10.31)   五藥局助手三人

助字(1908.1.11)   에佐字는助字로正誤ㅎ고第十一行住野佳吉에
佳字는嘉字로

調整(1901.1.2)   姓名等을帳簿에登記ㅎ고審判의預備를調整홀
事

組織(1905.9.6)   第三條會社ᄂ株式會社의組織으로홈이라

措置(1905.5.29)   第六百二十八條官物을輸運ᄒ時에領押ᄒᄂ人員이措置를

造幣局(1896.6.24)   ᄒ민造幣局開設의事ᄂ一時中止ᄒ貌樣이더니近來에直隷總

組合(1906.4.4)   第五條組合의費用은土地의面積及等級에應ᄒ야組合員이

組合員(1905.10.3)   組合員의加名除名其他商務以外의事項은總히

組合長(1905.10.3)   第八條組合長及評議員은組合中의選擧를依ᄒ야

照會(1904.8.3)   右ᄂ法部照會를据ᄒ즉該員이槐山郡獄事査檢時에

足袋(1909.11.20)   足袋、「한까지ㅣ후」、手拭、「다오루」、袂紗、風呂敷等

尊攘(1907.9.21)   崔益鉉에게尊攘討復이란旗号를得ᄒ고先锋之命을受ᄒ야団

存在(1907.9.21)   存在ᄒ構筑物과其他의物件이有ᄒ时ᄂ所有者ᄂ农商工部

尊皇(1898.10.14)   詔曰九重深嚴出入有常者所以尊皇居而杜

卒業(1897.7.10)   內部衛生局允許種痘醫養成所醫生卒業試驗榜

宗教(1894.8.19)   宗教出版户籍移民及救恤에尖ᄒ事务를管理ᄒ며警視总

種痘(1895.4.17)   一傳染病地方病의豫防及種痘其他一切公衆衛生에關ᄒᄂ事項

從来(1909.12.28) 　　　從来慣用를因ᄒ야限十个年間并用ᄒ기為ᄒ야
　　　　　　　　　　种類形状物質

綜理(1898.7.28) 　　　高陽郡守成奭永은隨事綜理ᄒ니可見古家之遺
　　　　　　　　　　範이오盡心恤

左右(1907.3.19) 　　　抵觸其于交通運輸不容不另究便宜之方門樓左
　　　　　　　　　　右城堞各八間

左翼(1894.8.22) 　　　錫文은左翼将郑士弘은右翼将郑千妝ᄂ召募将
　　　　　　　　　　李汉圭ᄂ中军

座蒲團(1909.11.20) 　　枕、蚊帳、座蒲團、屏風、額、卓被、窓掛、
　　　　　　　　　　敷物等

罪囚(1905.3.31) 　　　右ᄂ該員이罪囚에大ᄒ야語言過中ᄒ고

株(1900.9.2) 　　　　亦只是復申前說而其云株守鐵限益不覺愕

株券(1906.5.7) 　　　中아니ᄒᆯ時ᄂ從前에, (에)字ᄂ, (의)字로第二十
　　　　　　　　　　條第二項株券

主務者(1907.3.12) 　　第二十條公文書類ᄂ主務者가調查ᄒᄂ時外에
　　　　　　　　　　ᄂ一定ᄒ處

注文(1906.1.18) 　　　用홈이라故도需用原簿又注文原簿에記載ᄒ기
　　　　　　　　　　可ᄒ性質의物은

週番(1898.10.4) 　　　右ᄂ本人이週番職務에審愼치못홈은軍規에有
　　　　　　　　　　違ᄒ미라是以

週報(1896.7.2) 　　　(四月二十三日澳國商業週報)

注射(1909.8.16) 　　　請을注射ᄒ者幷炭疽에罹ᄒ疑가有ᄒ者及流行
　　　　　　　　　　性鵝口

住所(1905.9.12) 　　　國領事官을經ᄒ야船舶所有者의氏名及住所船

舶의名稱種

株式(1905.9.6)   第三條會社는株式會社의組織으로홈이라

株式会社(1907.7.19)   株式会社第一銀行

主眼(1909.7.3)   就執홀業務의實際에施措홈을主眼ᄒ는者인즉 學校에셔

主語(1905.4.11)   以兩金所犯言之其爲東徒之接主語涉不道之情 節非徒該尉官

注意(1909.9.15)   以로古人의修鍊上用工과現世의衛生上注意홈 이果非徒然者

主義(1905.12.16)   兩帝國을結合ᄒ는利害共通의主義를鞏固케홈 을欲ᄒ야

主人(1908.9.28)   第三十條支配人은主人을代ᄒ야其營業에關호 一切裁判上

主任(1904.9.27)   第二條局長課長은主任百務에就ᄒ야各其職權 에屬호事項

走者(1896.12.19)   法部走者金義濟

主張(1908.7.28)   四申請者는該土地或家屋의所有者됨을主張ᄒ 니異議가

株主(1905.9.6)   第六條社長理事及監事는株主中으로度支部大 臣이此를命

準備(1895.4.19)   其準備를ᄒ기에被告曹龍承과

中間(1897.4.27)   其事를看護助誦홈이亦出常情이라ᄒ나中間紹 介호效勞로

仲介(1905.12.16)   仲介에由치아니ᄒ고國際的性質을有ᄒ는

重工業(1909.2.9)   同上重工業傳習所長의項의次에左의一項을加 ㅎ고藥劑官의

中宮(1905.8.21)   批旨省疏具悉所辭中宮內署理之任依施事

中隊(1895.4.1)   一中隊以上의演習

重量(1905.3.29)   及重量의檢查

重複(1909.4.3)   우잇구죠-에로푸멘도會社所屬鑛區와全部重複 이기許可치

中心(1894.8.22)   其幅은圓形右中心으로브터左右各二寸이오小 线间隙은各一分

重役(1909.8.27)   本銀行의重役及使用人은法定代理人될境遇外 如何ㅎ境遇

衆議院(1896.4.1)   英國外部次官「가순」氏는衆議院에서

重任(1896.9.21)   私之時何可以无妄遽解重任乎卿其調理視務

中佐(1909.7.14)   副長仝中佐渡邊仁太郞

中學校(1895.4.17)   三中學校에關ㅎ는事項

增加(1902.12.31)   中央銀行은前項外에市場景況을由ㅎ야流通貨 幣를增加ㅎ

證券(1895.5.2)   未償還年賦額證券을賣買와讓與와典當과抵當 을任意로ㅎ기를

蒸氣機械(1895.10.7)   印度는工業國이라不謂ㅎ미라蒸氣機械의輸入 以前은只是一

証書(1905.6.30)   指定ㅎ金庫又는收入官吏에게納付ㅎ고領收証 書를受ㅎ미可

証人訊問(1895.4.5)   檢事는犯罪에關ㅎ는証據를集收ㅎ야証人訊問

ᄒ믈得홈

至急(1905.12.21)   平時라도至急히軍隊를派送홀時에는當該官廳
의命을從ᄒ

支那(1908.9.28)   시니去今僅히二十餘年前에彼地에在留ᄒ는支
那人의發見홈

指導(1898.7.22)   홀ᄆᆫ호崔時亨捕獲홀時에指導ᄒ效勞가不無ᄒ
즉宋一會와

支度(1908.9.28)   滊車及車馬費日給宿泊料支度料食卓料

持論(1894.10.23)   恩事○錦伯書目兵使李長會持論岐貳軍行透迤
爲先

地味(1909.8.16)   며且土地를整理홈으로以ᄒ야地味가尙今未熟
ᄒ고生育이

地盤(1909.10.4)   四繫溜所及內臟取扱室의地盤은屠室을準홀事

支配(1908.12.9)   茲에一言ᄒ노니人蔘에關ᄒ야如斯히嚴密ᄒ法
律의支配를受

地方(1900.10.1)   第二百十九條司令官이所管地方이나隣近地方
에警報를接

脂肪(1906.5.14)   七脂肪과油類의比重과粘度와凝点과融点과沸
点과

地方官(1905.9.12)   方官或地方官이委任ᄒ洞長或村長의要求가有
ᄒ는時에는

支配人(1905.6.26)   第三條京城支店支配人으로써金庫出納役이라
ᄒ고

支部(1900.8.7)   署理議政府贊政度支部大臣趙秉式自劾疏

持分(1909.10.4) 　其持分의定홈이有홀時ᄂᆞ申請書에其持分을記載홈이可홈

支拂(1895.8.9) 　가支拂ᄒᆞᄂᆞ者라홈法國公使새라알씨ᄂᆞ淸法新條約의訂結ᄅᆞᆯ

支線(1896.11.6) 　西伯利鐵道總長은二個支線을合ᄒᆞ야二万里가되니法都巴里

持入(1902.12.31) 　及辦備紅毯之不爲持入參究事勢无怪其然前武官学校及南新

支障(1909.12.28) 　ᄂᆞ此ᄅᆞᆯ忌避ᄒᆞ거나又此에支障을加ᄒᆞ时ᄂᆞ三圜以上三十圜

支店(1905.6.31) 　第二條第一銀行京城支店으로中央金庫로ᄒᆞ고其他의支店

地主(1902.11.26) 　난境遇에ᄂᆞ每把에銅貨十錢式資主가地主의게交付홀事

地震(1895.8.27) 　中央亞米利加의大地震이라

持參(1909.10.4) 　第七條正貨及日本銀行兌換券을持參ᄒᆞ야銀行券과相換홈

持出(1908.9.28) 　爲ᄒᆞᆫ境遇ᄅᆞᆯ除ᄒᆞᆫ外에登記所外에持出홈을不得홈但第

支出(1905.6.29) 　四支出簿

地層(1905.4.15) 　六地質幷地層構造의調査及鑛床의驗定에關ᄒᆞᆫ事項

紙幣(1905.5.29) 　第三百九十三條紙幣나金銀銅貨ᄅᆞᆯ僞造ᄒᆞᆫ者ᄂᆞ幷히絞에處

指揮(1900.7.3)	第二條種痘司는內部大臣의管轄로셔衛生局의 命令指揮를
直角(1908.9.7)	印板은一箇의直角四邊形의版面에彫刻ᄒ야製 作홈이可홈
職工(1905.12.22)	第三職工人夫에게給ᄒ는諸費
直觀(1896.11.26)	고久留無事之兼邑ᄒ야一直觀望ᄒ기屢促ᄒ여 도不還ᄒ야
職權(1895.4.21)	警務使는部內警察事務에對ᄒ야其職權若特別 委任에由ᄒ야
直나오시(1909.11.20)	濁酒、龜歲、直나오시等
直立(1900.8.8)	蚤夜靡懈ᄒ고民訟自無滯案ᄒ니曲直立判홈
直面(1894.8.19)	京北壯洞東谷洞三十九統一戶慶北安東郡一直 面回岩洞
直線(1909.3.19)	影島陸楊地에建設ᄒ二箇의陸標로써指示ᄒ直 線의左右
職業(1898.8.1)	第九條所掌區域內에情形地理와住民의種類職 業及官衙學
職員(1895.5.19)	第一條漢城府에左開ᄒ는職員을置홈
職員錄(1907.1.11)	一官報職員錄法規類編及諸般圖書出版에關ᄒ 事項
直接(1908.9.28)	電信電話線路의土地使用料、受託의維持上에 直接의原
織造(1904.9.27)	第十五條織造所는軍用의需要ᄒ絨屬織造와被 服을制造ᄒ

直行(1902.4.28)　　　가過흔境遇에는電話所官吏가該機具를直行撤
還홈이라

進級(1895.5.2)　　　第三條進級年限은左와如홈

診斷(1895.6.2)　　　第一章檢疫及診斷

進步(1896.2.12)　　　之ㅎ야, (1894.六月以後로는國家가文明進步ㅎ
는名만

震災(1906.6.25)　　　駐在桑港日本領事의罹災調査書를据흔즉曩者
震災에韓國民

振替(1909.10.4)　　　行에在ㅎ야는其銀行의當座勘定口에其貯金의
振替을請求

振替貯金(1909.10.4)　第五十七條加入者及領受人은左의境遇에는振
替貯金拂出

振出(1906.2.28)　　　保證人이被保證人의姓名을記載아니흘時는其
保證은振出人을

進退(1895.5.21)　　　奏ㅎ고判任官의進退와奏任官以下의俸給을定
限

質量(1905.3.29)　　　第三條衡의原器는白金製의分銅이니其質量四
百分의十五

質問(1902.12.31)　　　会与証参人金在錫等一切質問則深知内坪大禍
将至之説初焉

秩序(1905.5.3)　　　安寧秩序를保護ㅎ고摠巡以下所屬員의

窒素(1908.9.28)　　　인者ㅣ有흠은考ㅎ건딕窒素肥料, (圻肥、廐肥
의類)가多

執達吏(1909.11.1)　　第三條執達吏에屬ㅎ는職務는統監府裁判所書

記가此를行

執務(1905.6.26) 執務者의印을捺ㅎ야此를納人에게交付

集中(1900.10.1) 第二條豫備後備의軍人이召集中에在ㅎ야는一
應犯罪를本

集合(1900.10.1) 二兵卒의潰走或逃亡홈을誘導ㅎ거나集合홈을
妨害케홈

執行(1895.7.17) 第一條裁判所에셔執行命令書를出給ㅎ는際에
義務者負債홈

徵兵(1902.12.31) 之備有年矣而各国徵兵之規頗合于古其詳密乃
有加焉陸海軍

徵收(1905.7.15) 代金徵收後에支出命令을發홈이可홈이라

懲役(1901.1.2) 文明秀竊盜罪懲役一年減一等十个月

[차]

差等(1905.7.25) 上聲去聲은右加一點我東俗音에上去聲離別노
差等이無함이라

借方(1906.12.29) 朝仰借方寸之地冀蒙曲遂之恩而迓臣

差別(1901.1.2) 穆淸殿上梁文制述官書寫官憲板書寫官實預差
別單入之意

借入(1894.8.22) 第二款借入金金五百二十五万九千五百八十圜

差入(1908.6.16) 但差入의分

次長(1905.12.12) 第四條次長은長官의指揮를承ㅎ야局內一切事
務를

次第(1895.5.21)　　　科表를據ᄒ야其上位붓터次第로任命홈

差出(1900.9.31)　　　官員中差出何如謹上

차클렛(1908.9.19)　　第四十類茶、珈琲及「차클렛」類

借換(1908.9.28)　　　第七十條本會社ᄂ社債를借換ᄒ기爲ᄒ야一時
　　　　　　　　　　第六十五條

着手(1900.10.22)　　也以卿醫國之術庶期其着手成春而豈可以不着
　　　　　　　　　　爲高哉然而愼

搾取(1909.10.4)　　　禽商、牛乳搾取所、理髮店其他此에類似ᄒᄂ者
　　　　　　　　　　但多量의

贊成(1896.2.16)　　　의業을贊成ᄒ라前日에不日還御홀意를宣示ᄒ

贊助(1905.11.11)　　訴訟當事者雙方의協議를受ᄒ야此를贊助ᄒ거
　　　　　　　　　　나

参考(1902.12.31)　　天永命令掌礼院参考已例磨練儀節饌品務

參事(1908.3.31)　　　警察及庶務에關ᄒ事項을參事ᄒ며二人은巡視
　　　　　　　　　　에關ᄒ事項

參與(1905.12.31)　　에派送됨을得홈이라但此境遇에도審查會議議
　　　　　　　　　　決에ᄂ參與

参政(1894.11.26)　　赠从一品崇政大夫议政府参政兼弘文馆大学士

參照(1905.5.29)　　　例에參照ᄒ야左開와如홈이라

唱歌(1906.8.17)　　　时宜에依ᄒ야唱歌와手工과农业과商业中에一
　　　　　　　　　　科目或几科

窓掛(1909.11.20)　　枕、蚊帳、座蒲團、屏風、額、卓被、窓掛、
　　　　　　　　　　敷物等

創立(1906.4.26)　　　第十條創立總會에셔ᄂ理事及監事를選任홈을

要홈이라

採光(1908.8.27)　흔室內에多數흔學童을雜居케ᄒ야採光換氣와
其他衛生

債券(1906.3.24)　第十三條銀行이債券을發行ᄒ고져홀時에ᄂ度
支部大臣의

債務(1896.1.21)　元外에舊來債務ᄂ只是三項뿐餘存홈

彩色(1906.8.17)　ᄒ고時或自家의意匠으로써书케ᄒ고便宜로彩
色

責任(1905.12.31)　은其現金或物品에對ᄒ야一切責任을負ᄒ고帝
室會計審

處分(1900.10.1)　官員懲戒處分內規ᄂ左갓티定홈

處置(1905.6.30)　로處置ᄒ기를要홈

呎(1905.12.21)　第七條　軌道幅員은特許를得ᄒ外에ᄂ總히四呎
八吋半으로

拓殖(1909.7.5)　東洋拓殖株式會社登記事項中左와如히變更홈

天文學(1905.3.1)　技師四人奏任天文學命課學地理學

天然痘(1898.4.21)　第一條小兒天然痘의夭禍를預防ᄒ기爲ᄒ야種
痘所를臨時

天才(1904.11.11)　諸節易天才受損此時節宣保嗇宜倍平日伏愿丞
許前請以副

天皇(1909.6.23)　ᄒ엿스나貴統監이朕의敬愛ᄒᄂ貴天皇陛下의
大命을奉承

鉄道(1894.7.11)　詔曰命陸軍副将李道宰為鉄道院摠裁元帥府会
計局摠長閔丙

綴法(1909.7.9)　　　日語五會話、口語文의讀法、書法、五同上綴法

凸凹(1906.2.28)　　　兩條凸凹紋이오奏任官은單條凸凹紋이니

綴字(1909.12.28)　　　一編輯局掌國文綴字各國文繙繹及敎課書編緝
　　　　　　　　　　　等事

添附(1900.10.1)　　　에疑議가生ᄒ時ᄂ各該件의一切文案을添附ᄒ
　　　　　　　　　　　야元帥府

請求(1904.9.27)　　　大臣의게請求ᄒ야此를開ᄒ고且必要를從ᄒ

靑年(1894.8.19)　　　皇太子殿下게읍셔靑年会館에臨御ᄒ읍실

請負(1894.8.19)　　　右를入札ᄒ음請負希望者ᄂ本所에來ᄒ야入札心
　　　　　　　　　　　得書契約書案

廳舍(1909.7.1)　　　平壤控訴院廳舍其他新築工事

請願(1905.10.2)　　　該員이規避公事ᄒ야肆然請願ᄒ음은事體乖當이
　　　　　　　　　　　기

聽取(1907.3.12)　　　此를聽取ᄒ야親히記錄ᄒ거나或屬員으로ᄒ야
　　　　　　　　　　　곰記錄케홈

體制(1896.8.21)　　　ᄒᄂ體制에關ᄒᄂ件을裁可ᄒ야頒布케ᄒ노라

軆操(1909.7.1)　　　軆操橫地高等學校敎授

體質(1907.9.21)　　　一體質이善良ᄒ고身長이五尺以上되며姿勢容
　　　　　　　　　　　貌가醜惡

逮捕(1900.10.1)　　　二發覺ᄒ고逮捕ᄒ기前에官에自首ᄒ者ᄂ本律
　　　　　　　　　　　에二等을

체면도(1909.11.20)　　漆喰、「체면도」、石膏、士瀝靑、土砂、火山
　　　　　　　　　　　灰等

-秒(1908.9.28)　　　北緯三八度四五分四九秒

草履(1909.11.20)　　木履、草履、靴、添附品等

草刈(1909.7.30)　　前一司七宮草坪右本年度生草刈取權을公賣에附ᄒᆞᆫ바

招人鐘(1905.7.25)　　招人鐘,砥石,遮日件,燭臺,洋燈,鍵,其他金物之類

硝子(1908.9.28)　　一硝子瓶貳合入, (標本入)七千個

囑託(1905.5.29)　　屬을爲ᄒᆞ야囑託ᄒᆞᆫ者ᄂᆞᆫ官吏의罪에三等을減ᄒᆞ고己事

吋(1905.12.21)　　第七條軌道幅員은特許ᄅᆞᆯ得ᄒᆞᆫ外에ᄂᆞᆫ總히四呎八吋半으로

總督(1895.8.15)　　今番규바獨立黨의總督에被撰ᄒᆞᄂᆞᆫ도스에숫드라리발먀氏ᄂᆞᆫ

總理大臣(1896.9.25)　　內閣總理大臣尹容善

總長(1900.10.1)　　軍務局總長에게具報ᄒᆞ야指令을待ᄒᆞ야處決ᄒᆞᆷ이라

總裁(1900.11.29)　　量地衙門總裁官沈相薰言事疏

總取締(1895.5.30)　　總取締收朴眞

銃炮(1904.9.19)　　銃炮制造所

銃砲火藥(1895.5.1)　　九銃砲火藥刀劍等의管査에關ᄒᆞᄂᆞᆫ事項

撮影(1908.9.28)　　六出版、印刷又ᄂᆞᆫ撮影에關ᄒᆞᆫ行爲

催告(1909.10.4)　　法의規定을從ᄒᆞ야公示催告의提申을ᄒᆞᆷ을得ᄒᆞᆷ

追加(1909.7.12)　　稅關管轄區域中追加件

追及(1898.10.12)　　行駕已遠不可追及朕心悵缺倘復如何其在禮遇不宜靳持所辭

枢密院(1906.8.17)　礼次郎特叙勋一等内阁书记官南弘枢密院书记官河村

追放(1895.8.10)　構成案兵備의減縮에關ᄒᄂᆫ建議와外國人의保護及追放權과

推尋(1897.9.7)　費를推尋ᄒ올意로牟鳳柱로더부터每相言論ᄒ옵다가及其牟

追越(1909.10.3)　第十條他船에追越코ᄌᄒᄂᆫ船舶은他船에向ᄒ야船尾로붓

推察(1909.9.8)　良ᄒ며目下의狀況으로推察ᄒ면平年作以上의秋收를見홈

出庫(1905.9.6)　出庫를請求홈을得치못홈이라

出口(1901.1.2)　領事接文之日起笄一个月之后始行禁令矣第伏念禁糧出口是

出頭(1894.8.22)　十二時ᄭ지軍部經理局에出頭ᄒ야入札心得書와契約書

出来(1909.12.28)　朴容圭出来傳言曰已闭之宫门不可擅开君段归家则吾当无

出力(1895.5.28)　第十三條響居官員及士民이或自願出力ᄒ야本家

出産(1895.8.26)　世界諸國에셔小麥出産見積高多ᄒ미라

出生(1909.2.27)　一出生,死亡,戶主變更,分家,一家創立,廢家,廢絶家

出席(1905.12.31)　第九條帝室財政會議의議案은出席議員의過半數로써決호

出訴(1909.10.31)	法律第三十六號帝室債務出訴件廢第四千五百
出迎(1896.10.23)	이該地에出迎ᄒ얏다홈
出願(1905.12.8)	觀察府에出願ᄒ야其免許를受ᄒ미可ᄒ미라
出張(1894.8.19)	日本國內閣及所屬官廳事務를視察ᄒ기爲ᄒ야
	出張을命
出張所(1905.8.25)	江界出張所郵便貯金
出廷(1901.1.2)	引狀을發ᄒ되招引狀을受ᄒ者가出廷치안ᄂ時
	ᄂ拿引狀을
出超(1908.9.28)	畜産物의輸出超過額
出版(1894.8.19)	图书出版亚细亚文化社
出版物(1895.4.27)	三政事及風俗에關ᄒᄂ出版物並集會結社에關
	ᄒᄂ事項
出荷(1901.1.2)	出荷恩ᄒ니治宜報答홈
取扱(1907.9.21)	务分署에셔取扱ᄒ收入金은总히本书相当欄內
	에揭记
取扱所(1894.8.22)	一平安北道宣川郵便電信取扱所의出納區域中
	郭山을削去
取得(1907.3.9)	交換에ᄂ所有權을取得ᄒ者의
趣味(1909.7.3)	方法을會得케ᄒ고兼ᄒ야工作의趣味를滋長ᄒ
	며勤勞
取消(1901.1.2)	第六十一條上訴가有理홈으로決ᄒᄂ時ᄂ原判
	決을取消ᄒ
趣意(1908.7.17)	前項의期間內에趣意書의提出이無ᄒ時ᄂ上告
	ᄂ此을取下

取引(1909.7.27) 平常取引ᄒᄂᆫ諸會社銀行又ᄂᆫ商人을爲ᄒ야手
形金의收捧

就任(1894.8.19) 第五條學務委員의任期ᄂᆫ二個年으로ᄒ되但補
缺就任者의

取入(1901.1.2) 第九條下에(種痘事務가擴張되ᄂᆫ境遇에ᄂᆫ藥价
取入金을外

取調(1905.3.29) 第三十一條度量衡器의修理者及使用者ᄂᆫ取調
ᄒ기爲ᄒ야

趣旨(1906.8.17) 五教授ᄂᆫ教員된者에适当ᄒ고普通学校의趣旨
에符合케

取締(1907.2.7) 衡의制造輸入販賣修覆檢定及取締에關ᄒ事務
ᄅᆯ掌홈이라

取締役(1906.3.24) 務ᄅᆯ執行홀社員取締役에게셔十圜以上五百圜
以下의

取下(1906.8.17) 고同第十一号符号中采取下에「请」一字ᄅᆯ添入
ᄒ고同第十二

就學(1905.9.26) 産就學專精淸望夙著中司馬歷試顯宰官

測量(1906.4.13) 一土地測量에關ᄒ事項

齒科(1909.11.30) 小兒科、皮膚科、齒科、藥劑科、庶務課ᄅᆯ置
홈

治療(1905.10.31) 第一條陸軍衛生院은陸軍軍人의疾病治療와軍
隊의衛生事

置時計(1909.11.20) 袂時計、置時計、掛時計、鎖、附添品等

治安(1898.10.21) 會彼護若有不依規矩如前恣橫隨衆逐隊妨害治

安者嚴行禁戢

襯衣(1907.9.21)	夏袴、下襟、手套、冬襯衣、冬袴下、夏襯衣、夏袴下
親展(1905.4.14)	第二十條大臣의게達ᄒ 親展文書ᄂ 封皮上에記號를付ᄒ야
親切(1905.5.3)	與死者大福菴住持僧奉典親切也而死者以該菴住持傳掌於
親族(1908.1.11)	官恩賜金을請求ᄒᄂ 境遇에ᄂ 前條書類外에死者의親族關
枕(1909.11.20)	寢臺、蒲團、枕、蚊帳、座蒲團、屛風、額、卓被、窓掛、
寢具(1896.1.27)	에게科ᄒᄂ 者니營倉에禁錮ᄒ야寢具와副食品을每週間에
寢臺(1909.10.4)	椅子、卓子、寢臺、額、屛風、衝立、暖爐、火爐、花
枕木(1908.4.28)	個所의産物, (枕木)搬出에就ᄒ야ᄂ 更히一條의車馬車道
沈默(1895.4.2)	同意를表ᄒ거나沈默에付ᄒ다가後日에至ᄒ야日是日非ᄒ든가

[카]

카라(1909.11.20)	衣服、冠、帽子、「카라」、「카후수」、領飾、襟、
카후수(1909.11.20)	衣服、冠、帽子、「카라」、「카후수」、領飾、襟、
카뿌(1908.9.19)	衣服、冠、帽子「칼나」「카뿌」襟飾、襯衣、

	袴、掌甲、襪
칼나(1908.9.19)	衣服、冠、帽子「칼나」「카쭈」襟飾、襯衣、袴、掌甲、襪
袂時計(1909.10.4)	袂時計、置時計、掛時計、鎖、附添品等

[타]

妥當(1906.7.2)	拘拿懲辦ᄒᆞ오미妥當ᄒᆞᆸ기免本官
打算(1894.11.26)	以歇价打算仮如物价无过几千兩以几万兩悬价低昂幻弄不一
炭酸(1895.6.10)	되게稀硫酸과或强石炭酸水, (幷藥名)를關ᄒᆞ야一定ᄒᆞᆫ器
炭素(1909.10.4)	被覆電線、電氣絶綠用碍子、電氣器械器具用炭素等
誕育(1900.8.6)	元宗大王均無誕育之恩而
彈劾(1899.1.6)	一勅任以下官員及士庶人如欲彈劾必須證據確鑿然後具案
彈丸(1904.9.19)	彈丸制造所
脫落(1904.8.5)	六品二字가脫落ᄒᆞᆷ이라
態度(1896.1.27)	三十軍人의態度를失ᄒᆞᆫ者
土管(1909.4.3)	一醫學校排水土管及溜排其他新築幷模樣替工事
討論(1905.12.31)	三審查會議時問答討論筆記에關ᄒᆞᆫ事項
噸(1895.6.2)	南京總督張之洞이八千噸의載鬪艦二隻과五千

	噸三千噸의
統計(1898.8.1)	第十五條統計人民保護ᄒᄂ事項은行政司法警察과衛生事
通信(1905.10.3)	韓國通信事務引繼委員
通信員(1900.10.3)	通信員技師金澈榮
通譯(1905.10.31)	九通譯二人
通義(1900.10.1)	第七十四條國家의常典이나人民의通義ᄅ違背ᄒ야公益私
通牒(1909.6.28)	○自動電話開始統監府通信管理局으로붓터來ᄒ通牒을據
退役(1895.4.27)	第七條　退役은後備滿期에至ᄒ者와又傷痍疾病으로
退院(1899.9.16)	患者ᄂ醫士가退院을許ᄒ기前에ᄂ病院退去ᄒᆷ을不得ᄒᆯ事
頹廢(1898.8.2)	長髻郡守李敦行褊局頹廢ᄅ隨手塡補ᄒᆷ嘉惠實績을聽民
投機(1908.9.28)	니人蔘耕作은決코投機的인者ㅣ아니라所謂人蔘은農業의一
投票(1898.11.4)	律學識에通達ᄒ者로投票選擧ᄒᆯ事
特權(1900.10.1)	同等이라도第二十四條에揭載ᄒ바特權이有ᄒ者ᄂ
特命全權公使(1904.10.13)	特命全權公使八元
特別(1905.12.18)	四本社業務에셔生ᄒᄂ特別收入金
特使(1907.1.29)	日本國特使隨員侍從武官海軍大佐大城源三郎

特種(1908.8.27)　　　一私立學校令은私立學校에對흔一般法이되는
　　　　　　　　　　故로特種의

特許(1909.10.4)　　　흔特許權者又는特許에關흔權利를有흔者의權
　　　　　　　　　　利義務는其

[파]

破産(1909.4.3)　　　第十條郵票額及收入印紙는破産又는家資分散
　　　　　　　　　　의宣告를受

派出所(1908.1.11)　　派出所를設置흐고稅關의收入及一般歲出金을
　　　　　　　　　　取扱케홈

判決(1900.10.1)　　　第五條本法律은頒布以前에係흔罪犯으로셔判
　　　　　　　　　　決을已經흔

判官(1895.1.29)　　　奏開城府經歷을判官으로改稱흐온지라

版權(1908.9.7)　　　明治二十六年法律第十六號版權法明治二十年
　　　　　　　　　　勅令第七十

板金細工(1909.7.9)　　鑄工、鍜工、板金細工、竹細工、工業經濟及
　　　　　　　　　　其他事項에셔

販賣(1905.12.12)　　三壹個年의販賣豫想額

判事(1895.4.1)　　　第九條檢事는判事에對흐야被告事件의先査를
　　　　　　　　　　請求흐믈得홈

判然(1905.12.8)　　　의彩紋에連涉흐야其作成者의印章或은署名으
　　　　　　　　　　로判然히此

判定(1894.8.19)　　　判定흔时는本属長官에対흐야処分要求书를发

홈이可홈

片仮名(1907.4.24)	(帝国臣民은片仮名으로써、韓国臣民은片仮名 이나
便利(1896.9.15)	은萬國의通行ᄒᄂ規例를依ᄒ야一切人民의通 信을便利케홈
編物(1909.10.21)	手藝 (五)紙細工、編物、造花 (五)同上
蝙蝠傘(1909.10.4)	傘、蝙蝠傘、杖、靴、下駄、草履、雪駄、 鼻緒、瓜掛等
編成(1905.4.22)	第一條鎭衛步兵大隊ᄂ四個中隊로編成ᄒ고隊 號와位置와
便乘(1905.12.21)	케ᄒ되其官吏에게ᄂ便乘或常乘車券을交付ᄒ 事
便宜(1900.9.4)	識無減於前時便宜調養之中亦可以應接事
編制(1901.1.2)	勅令第二十六號鎭衛聯隊編制件第一位置表中 鎭
編集(1896.9.4)	編集ᄒ야上奏케홈
編輯局(1895.4.19)	第六條編輯局에셔ᄂ左開ᄒᄂ事務를掌홈
編號(1909.12.28)	一主稅局掌國稅賦課關稅徵收田籍編號叅議一 員主
評價(1905.12.22)	依ᄒ야二人以上의評價人을定ᄒ야其評定價格 에依ᄒ
平等(1906.3.24)	通ᄒ야一定平等의償還額을定ᄒ미可홈이라
平面(1906.8.17)	五校舍의平面圖但各敎室의面積及厠舍의位置 等을明

平面圖 (1909.7.3)	五校地、校舍의平面圖
平民 (1895.11.15)	從可推得이며被告혼全佑基와盧興奎는楊州平民으로服藥借
平方 (1905.3.29)	平大二分平方大四分平方
平行 (1900.12.21)	長官에게는平行移照ᄒ고各地方官에게는訓令指令을發홀
平和 (1900.9.4)	餌遄臻平和克期上來以竣終事事遣秘書郎傳諭
閉鎖 (1896.2.6)	第十四條人家에셔夜間에或門戶를閉鎖치아니ᄒ는者가有
廢止 (1905.2.28)	勅令第三號法官養成所規程中改正件은廢止홈
蒲團 (1909.11.20)	寢臺、蒲團、枕、蚊帳、座蒲團、屛風、額、卓被、
葡萄酒 (1895.8.24)	이頗劣惡에陷홈이요但近頃大流行혼人工葡萄酒는論外에置
砲兵 (1909.7.14)	野砲兵第六聯隊大隊長陸軍砲兵少佐
包裝 (1905.9.6)	一物品의種類品質數量及其包裝의種類個數幷記號
庖丁 (1909.11.20)	斧、鉞、小刀、剃刀、庖丁、鉋、鑢、針、釘、鳶嘴
捕捉 (1900.10.1)	一犯罪의所在혼處를的知홀時는捕捉期限은途里遠近을
暴動 (1896.2.12)	還御코져홈이러니夫何犯人就縛홀時에愚民이暴動ᄒ야殺害
標本 (1908.9.28)	야標本幷契約書案等을熟覽혼後同十九日下午

	一時에入札ᄒ
表情(1905.9.5)	獻誠故以三百元若干表情于該課長主事及權任書記等以下各
表紙(1907.1.26)	編纂ᄒ證憑書類에ᄂ各自마다張數及金額等을記載ᄒ表紙
表現(1908.8.27)	規程等도實로此趣旨ᄅ表現ᄒ者에不外홈이라
푸리다냐메쓸(1908.9.19)	金「닛계루」銀及「푸리다냐메쓸」도此에屬홈
品名(1905.7.15)	納書에品名及數量을詳記ᄒ야物品出納命令官의게送付홈
品詞(1909.10.21)	作文、文典三品詞篇四全上及書翰文
品性(1906.8.17)	一修身诚实温粹ᄒ品性을养홈을期ᄒ고躬行实践을为
品質(1902.12.31)	奏陸軍将領尉官服装品質之黑絨必従外国貿用者只取一時権
風呂敷(1909.11.20)	足袋、「한싸지ㅣ후」、手拭、「다오루」、袱紗、
風化(1896.10.16)	乖常과風化有關홈
被告(1895.5.1)	被告ᄂ原告訴求에應ᄒ야債錢을辦償ᄒ미可홈原告訴求에
被告人(1905.11.11)	辯護士ᄂ民事當事者나刑事被告人의委任을依ᄒ야
彼女(1901.1.2)	韓女以理責之犯者曰呼此女彼女語漸悖戾死者憤其姊之見
被服(1900.10.1)	第二百八十條軍人이軍器彈藥被服을棄毀ᄒ者

눈一件에答

被害者(1895.5.2) 　上訴눈檢事와被告와又被害者로셔此를行ᄒᄂᆫ
　　　　　　　事得를홈

핀지(1909.1.28) 　燈火ᄂᆫ「핀지」式瓦斯紅色明暗燈「無等」이니全
　　　　　　　度를照輝ᄒ

筆算(1895.8.15) 　高等科에ᄂᆫ筆算珠算을倂用호珠算은加減乘除
　　　　　　　를練習ᄒ

必要(1899.9.6) 　야左의預防法을守ᄒ기를必要홀지니但衛生組
　　　　　　　合이設홈이

[하]

河口(1895.9.11) 　부루]河黑海에流出ᄒ河口로通ᄒ을有ᄒ니其工
　　　　　　　事가甚難홀

下襟(1906.5.25) 　第四十四條下襟은如何ᄒ服裝에在ᄒ든지白襟
　　　　　　　布를衣襟幅

下痢(1909.8.27) 　警視廳令第三號吐瀉病及下痢患者號外

下命(1895.9.1) 　戰鬪의一方面에셔反徒軍佐官一人을虜ᄒ董提
　　　　　　　督이下命ᄒ

荷物(1906.4.14) 　頭以上의牛馬를使用ᄒ야荷物을運搬코ᄌ홀時
　　　　　　　ᄂᆫ其事由及

下士(1895.5.2) 　第十三條下士의進級候補ᄂᆫ軍部協辦經理局長
　　　　　　　醫務局長及

下手(1900.10.1) 　手의輕重을認定치못홀境遇에ᄂᆫ先下手者를首

犯으로論홈

下宿(1894.12.5)   置之○昨日總理大臣軍務大臣奏各營使今旣减下宿

荷車(1907.1.1)   荷車稅

下請(1908.9.7)   敎科書賣下請求書

下駄(1909.10.4)   傘、蝙蝠傘、杖、靴、下駄、草履、雪駄、鼻緒、瓜掛等

下品(1894.7.21)   下品秩照舊辨理倘遇乏人各衙門大臣以下無碍塡差

~学(1894.8.19)   四医学研究와幷伤病兵에对홈官立病院과連緊事项

學校(1898.8.4)   軍部大臣沈相薰別請議各學校學徒及外國遊學生中卒業人需

學校長(1895.4.15)   學校長一人奏任

学期(1906.8.17)   第十条学年을分ᄒ야左의三学期로定홈이라

學年(1905.3.1)   을承ᄒ야醫學年業人으로臨時委員을派遣홈이라

學齡(1895.7.4)   第十六條兒童의滿七歲로滿十五歲지八個年으로學齡을定홈

学部(1906.8.17)   第十条学校长은学員教授上事势에依ᄒ야는学部大臣의认

學士(1900.10.7)   胃榮農商工部大臣閔丙奭幷加資金冊文製述官弘文館學士徐

学会(1894.8.19)   学会评议員名色이有ᄒ오나乃是教育社会则与

営业会社와政

限界(1902.9.11)　　　　路爲界東則平野潤遠初無限界而今此金用建父
塚已掘處在

漢字(1909.7.3)　　　　書法에用ㅎ는漢字의書體는楷書、行書의一種
又는二

한싸지ㅣ후(1909.11.20)足袋、「한싸지ㅣ후」、手拭、「다오루」、袂
紗、

-割(1905.5.3)　　　　　亂斫官檻割肉而投之刺血而濺之以至官避內堂
吏校奴令亦

割當(1895.2.17)　　　　此를人口에割當ㅎ면一万人에對ㅎ야六基羅米
突半에不過요

割引(1896.1.21)　　　　一圖書購買費以下各費目에若干割引을加홈

割印(1905.3.29)　　　　割印證書

割烹(1908.4.10)　　　　裁縫外에手藝는刺繡、編物、組絲、囊物、造
花、割烹等

艦隊司令官(1895.6.1)　德國領事에請ㅎ야德國艦隊司令官에게保護를

合金(1905.3.23)　　　　起十二月至月俸每朔三十元式合金三百三十元
을豫備金中支

抗抵(1895.9.2)　　　　第一條宮城을對ㅎ야暴行或不敬을行ㅎ거나或
衛兵을抗抵

航海(1899.9.16)　　　　혼者로交通치아니홈과航海中眞的ㅎ虎列剌病
과疑似證이

解決(1899.1.23)　　　　挽卿亦云屢矣而一直求解決非所期也所愼

解雇(1896.12.9)　　　　三厘와前內閣雇員一人解雇後俸給額六十元을

　　　　　　　　　豫備金中支出

海關稅(1905.12.22)　　第六運賃保險料及海關稅

海軍(1909.7.14)　　千歲艦長海軍大佐高島万太郎

解禁(1909.8.16)　　港으로輸出ᄒᄂ者에限ᄒ야本日붓터解禁喜

海難(1909.7.3)　　第十二條第十條의船舶이海難에依ᄒ境遇外에
　　　　　　　　　他海港에寄

解答(1908.9.7)　　第三十二條練習用을爲ᄒ야著作ᄒ問題의解答
　　　　　　　　　書를發行ᄒ

海里(1895.10.24)　　數가百噸乃至三百噸이오速力은十二海里乃至
　　　　　　　　　十三海里

海面(1895.6.26)　　此日天氣가晴朗ᄒ고海面이平穩ᄒ더라德國과
　　　　　　　　　外國皇族의乘

解放(1905.5.29)　　但故意로遷延ᄒ고解放치아니ᄒ者ᄂ禁獄十個
　　　　　　　　　月에處喜이

解剖(1908.7.17)　　不得已ᄒ境遇에限ᄒ야死體의解剖나墳墓의發
　　　　　　　　　掘을命喜을

海事(1909.12.28)　　一通商局掌通商航海事務僉議一員主事二員

解散(1905.5.3)　　橋則時已過午會民魚喝蟻屯欲以冊室傳托之說
　　　　　　　　　聲佈解散而亂

海外(1906.2.19)　　二海外旅券에關ᄒ事項

海員(1902.11.1)　　第一條通信院에셔ᄂ郵遞電信電話船舶海員等
　　　　　　　　　에關ᄒ一切

解任(1904.9.27)　　四滿期解任

解體(1909.10.4)　　四屠殺解體料

行商(1898.8.19)	聚黨行賊殺害行商奪取財物罪横城郡強盗罪人李今石李乭
行先(1894.8.22)	为吉云以此日时举行先告事由祭同日晓头设行告
行爲(1900.10.1)	一民事는其行爲가國家의常典이나人民의通義룰幾分間
行政(1900.10.1)	第二百三十條兵卒이公事룰因ㅎ드릭도各官司의行政公堂
行政法(1906.2.5)	商法行政法國際公法國際私法
向後(1898.1.6)	向後及
憲法(1906.4.4)	刑法大全明律無冤錄法學通論憲法
憲兵(1900.10.1)	나憲兵哨兵이나警察官吏가隨現隨捉ㅎ야軍人은憲兵에게
憲兵隊(1905.4.21)	第一條憲兵司令官은全國憲兵隊룰統轄ㅎ야
革命(1904.3.16)	革命血約書其中條件一廢
革新(1908.9.1)	之行이로되適會革新之際ㅎ야執迷誤解者ㅣ不無投合而糾結
玄關(1909.12.27)	處所는仁政殿玄關
現金(1895.4.1)	第十三條現金先授의出給命令은左開ㅎ는區分에從ㅎ야
現代(1909.7.3)	國語는現代文章을講讀케ㅎ고又實用簡易흔文을作케
顯微鏡(1909.10.4)	度量衡器、感光膜、製圖器、體操用器具、望遠鏡、顯微鏡、

現像(1895.8.15)	것과物理化學의現像과兒童의目擊ᄒᄂ器械의構造作用等
現實(1909.10.4)	且同盟國中의一國版圖內에住所又ᄂ現實ᄒ고眞誠ᄒ
現役(1895.4.21)	第三條將校의位置를分ᄒᄂ事ᄂ左와如홈一現役
現在(1908.9.28)	所名現在位置改正位置
現存(1905.12.16)	日本國政府ᄂ韓國과他國間에現存ᄒᄂ條約의
現職(1895.4.11)	週番及衛戍巡察은現職에在홀時外에ᄂ懸章을佩用치아니홈도
現行(1905.4.26)	現行法制抽籤面講
現行犯(1901.1.2)	軍裁判官에게告發ᄒ며現行犯은逮捕ᄒ야陸軍檢察官이나
血液(1899.9.2)	同ᄒ니流行홀時에瀉下物中血液이混치아니ᄒ患者라도本病
協議(1905.9.12)	라도協議後更히約定홈이有홀事
協定(1905.9.12)	으로定ᄒ디期限滿了後에ᄂ商議協定홈을得홀事
協贊(1909.12.28)	批旨省疏具悉協賛寄重何可遞解所辞中署
協和(1894.12.12)	命으로ᄒ야곰其蘇케ᄒ노니上下가協和ᄒ야厥言을行
協会(1909.12.28)	前元興寺社員四五十名聚会演説其中多有協会余党云故矣身
-型(1906.8.17)	実地观察에基因ᄒ거ᄂ或标木模型图书等을示

ㅎ며又

刑律(1905.5.3)　　　一等文刑律名例第四條處笞一百懲役十五年之
意로法部大臣

刑法(1900.12.18)　　之藏炳萬古而儀刑法度咸韺韶削之音調八風而
桼贊化育者攷

刑事(1895.5.21)　　　三民事刑事를間치勿ㅎ고法律法例適用上에因
ㅎ야疑議가生ㅎ時

刑事事件(1895.5.19)　一其審理ㅎ刑事事件에셔其所犯情狀이酌量減
輕ㅎ思想이

胡麻(1895.10.6)　　　ᄂ油를製造ㅎᄂ菜種胡麻芝麻及簞麻의種類라
其耕作은連年

護謨(1908.9.7)　　　**酸類、鹽類、亞爾加里、漂白粉、護謨、膠**
燐、酒精、倔里設

虎列剌(1895.6.26)　　南門內檢疫部所報에眞性虎列剌에羅ㅎ人이總
計三百五十一

号外(1909.12.28)　　本月十二日号外官報太医院承

豪雨(1909.9.8)　　　水할ᄲ아니라本期에入ㅎ야도豪雨尙未歇息ㅎ
야浸水被害

呼出(1905.5.3)　　　民無指的向證處故呼出各洞執綱使坐場中首出
演說云與韓

混凝土(1909.10.4)　　一燈塔은混凝土造入角形이니脚部에煉瓦造看
守室을備ㅎ

紅茶(1908.9.7)　　　杯臺、紅茶具、珈琲具、匙、箸、箸箱、重箱

靴(1906.5.25)　　　第四十六條大禮裝

火器(1909.12.28)　　　火器暖爐火爐火箸三足铁等의类数盘

火輪船(1895.9.4)　　　火輪船할돔號가履門에着ㅎ고在開報告을傳ㅎ
　　　　　　　　　　　니라

化石(1895.6.10)　　　化石炭을埋케홈

花稅(1907.1.1)　　　　花稅

華氏(1909.9.15)　　　平日에比ㅎ면高ㅎ야華氏八十五度에達ㅎ야極
　　　　　　　　　　　히靜穩흔바

火屋(1909.10.4)　　　燈臺、手燭、燈籠、洋燈、瓦斯燈、電燈、燭
　　　　　　　　　　　籠、燈蓋、火屋等

化粧(1909.10.4)　　　香水、香油、白粉、髮膏、香袋、線香、炷
　　　　　　　　　　　香、化粧下等

化粧品(1909.10.4)　　第三類香料、燻料及他類에不屬흔化粧品

貨幣(1896.1.18)　　　以後는一切該貨幣의流通흠을禁ㅎ야又三個月
　　　　　　　　　　　을經ㅎ고政府

化學(1907.3.8)　　　　第二條傳習所에染織、陶器、金工、木工、應
　　　　　　　　　　　用化學、土木의六

化合(1895.7.24)　　　化學普通化學上의現象緊要흔元素及無機化合
　　　　　　　　　　　物의性質

確立(1895.8.15)　　　獨立를確立흘事에爲ㅎ야全力를可注ㅎ니이라
　　　　　　　　　　　予는此戰에占

確保(1895.7.23)　　　을確保ㅎ야淸國政府로ㅎ야곰容易히其發行흘
　　　　　　　　　　　節次를結了

擴張(1905.4.26)　　　第三條韓國에通信機關擴張을爲ㅎ야日本國政
　　　　　　　　　　　府에서

確定(1905.12.31)   他保管物品에關ㅎ計算을審査確定ㅎ며會計를
                   監督홈이라

-丸(1895.9.12)   同日午後四點에同地을發ㅎ豊橋丸船長의話에
                   依ㅎ면第

丸太(1909.5.21)   杉丸太購買公告

活字(1907.3.19)   四活字及铅版铸造에솟ㅎ事项

活版(1909.10.4)   第十六條商標의印版은本版、細綱版及其他活
                   版印刷에適

荒涼(1902.12.31)   卿之此擧誠爲過矣江郊荒涼冰雪纏綿寒候

會計(1905.10.31)   六會計一人

會計法(1895.4.1)   各部大臣이會計法第二十條後叚의規程에依ㅎ
                   야他官吏에게

會計年度(1895.4.1) 本令第五條에揭ㅎ는會計年度初一個月은

會社(1895.4.15)   대져會社라ㅎ는거슨衆力을合ㅎ며資本을鳩ㅎ
                   야商貨를販ㅎ고

會議(1895.3.29)   第十一條事項簿에는會議期日의次序로左開事
                   項을登載ㅎ미可홈

懷中電燈(1909.11.20) 「瓦斯만쪼루」、弧光燈用炭棒、懷中電燈、燭心

會話(1897.7.16)   讀書飜譯書取會話体操總点平均点等級姓名年
                   齡入學年月

獲得(1894.10.4)   獲得銃丸旗等物及牛馬三十四隊官李敏宏率一
                   隊

効果(1909.7.3)   를深識體認ㅎ야實業敎育의施設奬勵에致力ㅎ
                   야法令의効果

後見人(1908.9.28)   四後見人登記簿

喉頭(1899.9.2)   其病毒ᄂ은咽頭喉頭에含ᄒ야患者의痰唾鼻汁과
患者의使用衣

후루쓰(1908.9.15)   후루쓰   七月五日   本   尺

候補(1904.9.27)   第十四條決定候補名簿ᄂ其調制日로붓터次年
決定候補

후이식기(1908.9.19)   葡萄酒、麥酒「쌱란데」「벨못도」「후이식기」「리귤」

厚紙(1909.10.4)   (厚紙)何財務署財務

訓練(1904.8.18)   三敎育訓練演習檢閱禮式服制에關ᄒ事項

訓令(1905.4.22)   隊長以下及各署警務官과各地方官에게ᄂ訓令
홈이라

訓育(1898.5.18)   第八條敎官ᄋ은敎頭의命을受ᄒ야訓育及學術科
의敎授ᄅ을擔

喧嘩(1907.9.21)   右ᄂ該員等이官廳에在ᄒ야相詰喧嘩홈ᄋ은損失
體面이기로譴

休憩所(1902.2.17)   支部調査所經費四千四百十元과休憩所陽室及
木柵新建費六

休職(1904.9.27)   第五條休職及停職의年月ᄋ은實役停年에算入지
아니홈이라

休學(1904.8.3)   第三款入學休學

希望(1894.8.19)   右ᄅ을卖却ᄒ니入札ᄒ기希望ᄒᄂ者ᄂ本日노붓
터十七日以內

히-누스(1909.3.16)   水原林業事務所ᄂ京畿道水原郡에在ᄒ야農林
學校

[기타]

쎄돌洋襪,(1908.6.20)　　　給與品은現品을給與홈但短靴、底革足袋、쎄
　　　　　　　　　　　　돌洋襪

싸이나마이도(1909.11.20)　獵銃、短銃、火藥、綿火藥、「싸이나마이도」

쌔다(1908.11.7)　　　　　豚肉쌔다鷄卵

쌔-나-(1909.11.20)　　　「쌔ㅣ나ㅣ」、「瓦斯만쪼루」、弧光燈用炭棒、

쌔우싸아(1909.11.20)　　　「이ㅣ스도、쌔우싸아」、麥粉、葛粉、麵類、
　　　　　　　　　　　　湯葉

쌔이쑠(1909.11.20)　　　煙管、煙袋、煙管筒、簿荷「쌔이쑠」、懷中物
　　　　　　　　　　　　等

쎈(1909.11.20)　　　　　「쎈」軸、硯、「인쓰」壺、文鎭、筆筒、筆架、
　　　　　　　　　　　　石盤、

쏜푸라(1909.3.16)　　　水原林業事務所ᄂ京畿道水原郡에在ᄒ야農林
　　　　　　　　　　　　學校

쑤란데/쑤란쎄(1908.9.19)麥酒「쑤란데」、「벨못도」、「후이식기」、「리귤」

쌧쑤(1909.11.20)　　　第六十六類圖畵、寫眞「쌧쑤」、書籍、新聞
　　　　　　　　　　　　紙、雜誌類

쎠거레도(1909.11.20)　茶、珈琲、「쎠거레도」珈琲入角砂糖類

T幾劑(1908.9.19)　　　規那鹽、莫兒比涅、T幾劑、舍利別、煎劑、
　　　　　　　　　　　　水劑、浸劑

일뉴미늄(1908.9.19)　第八類貴金屬、其摸造物及其製品幷彫鏤品,
　　　　　　　　　　　　(일뉴미늄」

흔나(1908.9.15)　　　二、春蒔大麥

쎙(1909.11.20)　　　被服、手巾、釦鈕及裝身用「쎙」類

부록4
- 한·중·일 근대어 단어 일람

일본						한국	중국		
影響	興論	式	美人	地学	暴利屋	覺書	相手方	焦点	免疫
衛生	ラーメン	色	美人分	地球	ボルト	頭取	一分判決	衝動	免許
栄養	靴	志士	ビスケット	知覚神経	翻刻	賣渡	亜鉛	消毒	免除
演繹法	苦痛	時刻	ヒステリー	知覚	理想	買主	憧憬	承認	毛細管
鉛筆	訓示・訓辞	子午線	ピストル	逐次刊行物	利息制限	買入	味之素	蒸発	申込
科学	屈講	時期・時機	短銃強盗	地券	陸軍	毛織	圧延機	小反法	申立
革命	屈託	仕儀	ピストン	知事	~律	氷水	悪感	消費	盲従
機器	達者	時宜	微生物	知識	立憲	書取	亜鈴	常備兵	妄想
帰納法	功徳	敷金	非戦	蓄音機	流行歌	小賣	暗示	消費力	盲点
義務	工夫	色素	非戦論	地図	ポンチ	小包	安打	商品	黙劇
教授	倶楽部	色代	左	知性	ポンチ絵	色狂	安質母尼	商法	黙示
共和	クラブ	試験	匹	馳走	本当	心得書	案内	消防	目的
共和政治	予備	色盲	筆記体	秩序	本能	葉書	意	情報	目的物
近代	余分	死球	筆工・筆耕・筆功	窒素	ポンプ	爲替	胃炎	静脈	目標
経済	予防	子宮衝逆	筆算	地盤	本文	長靴	胃潰瘍	乗務員	物語
経済	余裕	資金	美的生活	窒扶斯	翻訳	切手	医学	剰余価値	問答式
形而上学	より	死刑	必定	地平線	凡庸	株	異化作用	使用率	~問題

芸術	欲求	刺激・刺観	必要	畜産公害	マーガリン	接木	胃癌	蒸溜	碼
決心	クリスマス	事件	必要条件	膣	マイナス	支拂	意義	浄瑠璃	冶金学
現象	苦労	仕事	否定	地方	巻揚幾	蟲齒	意志	序曲	訳者
権利	黒幕	仔細	批判	地方官	理不尽	取扱	意識	職員	野兎病
交通	軍歌	自在	批評	地方分権	理篇	取締	意識刑態	触媒	唯一
思想	軍楽	自殺	ビフテキ	緻密		關係	意思表示	食品	唯我論
社会	軍楽隊	持参金	微分	茶		間接	意匠	処刑	唯心論
社会主義	軍艦	次元	備忘録	ちゃう		開化	一元化	助産師	唯神論
自由	軍国主義	事故	秘密	着		格物學	一元論	叙事詩	唯心
修辞	君主	自己	秘密結社	着手		經驗	市場	抒情詩	唯一神
常識	群集・群衆	事故	微妙	頂上		經濟	一覧払	処女作	唯物史観
小説	群衆心理	志向	未忘人	着想		空氣	一覧表	処女地	唯物
植民地	君主政治	自主	美妙学	中		公使	一般化	燭光	唯物論
心理学	君主専治	自首	ビヤーホール	注意		公使館	遺伝	所得税	唯理論
推論	君主専制	思考	百分比	中学		工業	意図	序幕	優越感
世紀	君主独裁	施行	百科事典	中学生		科學	異物	初歩	有価証券
政治学	勲章	指向・志向	独案内	中学校		交番所	意味	処方	夕方
先天	軍神	志向	避妊	中空		教頭	意訳	初夜権	有機
相対	軍刀	時効	百科全書	中元		交通	入口	所有権	有機性体
組織	軍票	施設	百貨店	中産階級		權利	彙類	私立	有給職
体育	君民共治	視線	ピヤノ	注射		規則	隠花植物	自立	遊撃
哲学	君民同治	視線	比喩	超人		技士	印鑑	資料	遊撃戦
電話	訓練	自然	秒	注射器		汽船	隠居	資料	遊撃隊
発立明	経営	始終	病院	仲秋・中秋		汽船	陰極	襯衣	有産階級
範疇	敬遠	自主自由	評価	抽象		内閣	印刷物	真一	優生学
美学	警官	字書	表記・標記	聴診器		内閣會議	印刷品	人為的	優勢

物理	景気・経記	辞書	表決・評決	中心		断定	印紙	進化	優点
文化	軽気球	自叙伝	表顕	中年		對照	因子	侵害	郵便
文学	景曲	自身	表現	中和		大學校	时	人格	唯物論
文法	経験	地震	標語	懲役		讀本	風琴	新型	遊弋
文明	経験論	地震学	標高	聴診		力學	浮世絵	進化論	遊離
法学	稽古	速記術	氷山	鳥瞰図		麥酒	複式	真空管	誘惑性
封建	傾向	視神経	拍子	聴診法		文明	請負	神経	輸出
保険	傾向小説	尋常	表示・標示	調整		文法	打消	神経過敏	譲渡
母校	掲載	只是	美容術	聴神経		文學	宇宙観	神経衰弱	油槽船
漫画	経済	辞世	標準語	朝鮮		文化	右翼	人権	輸入
民主	計算	私生児	表象	朝鮮語		物理	裏題	信号	輸尿管
民族	計算機	自然科学	表情	調帯		博物館	運転手	人口問題	陽極
唯心論	啓示	自然現象	表像	頂戴		法律	運動	人事	揚棄
倫理学	形而上学	自然主義	病的	提燈		番號	運動場	新式	陽極
歴史	芸術	自然淘汰	氷点	調度		病院	影響	侵蝕	要衝
論理学	芸術学	下着	平等	提灯行列		婦人	衛生	人身攻撃	沃素
アーク灯	珪素	思想	表皮	徴発		分析	衛生学	申請	要素
愛	軽重	士族	標本	調伏		飛行器	影像	人生観	溶体
愛敬	経度	次第	評論家	徴兵		思想	栄養	新世界	要点
愛国	競馬	時代錯誤	びら	長編小説		寫眞	液体	新石器時代	沃度
挨拶	経済学	湿気	避雷針	調法		社會	疫痢	人選	溶媒
挨拶	警察	実業	避雷柱	長方形		相對	海老	心臓内膜炎	翌日
愛国	軽文学	実業家	比率	張力		想像	~炎	親属	予後
愛着・愛著	警保	失禁	ビリヤード	調和		常識	演繹	信託	予算
愛人	刑法	支度	美麗	チョーク		石鹼	演繹法	真鍮	予備役
アイスクリーム	刑務所	師団	疲労	直接		石油	演技	進展	予備役
愛想	経営	自治	瓶	直接税		選舉	園芸	進度	読物
愛欲	激	質屋	ピン	直線		先天	園芸学	深度	予約

アイロン	劇	実験	貧院	直面		星學	演習	人道	落選
亜鉛	契約	市長	敏感	直訳		世界	演出	人道主義	裸体画
亜鉛華	形容詞	失火	品詞	直立		世紀	演説	心配	楽観
青写真	経理・計理	悉皆	品質	チョコレート		世態學	演奏	侵犯	力学
赤字	経理	実学	便乗	著作権		生理學	遠足	審判	理事
アカシア	系列	実感	品性	直角		生産	演題	審美	理性
アカデミズム	景色	執行	分泌	直覚		小學校	鉛筆	新聞	理説
赤葡萄酒	ゲームセット	実在	貧乏・貧報	直感		消化	燕尾服	新聞記者	理想
赤帽	劇的	失策	貧民窟	勅勘		手巾	大型	新聞界	理想化
アキレス腱	激動	失錯	紊乱	直行		巡査	大熊座	人文主義	理智
悪	華厳	実情・実状	不～	地方色		時間	覚書	進歩	～率
握手	気色	実践的・実戦的	不	地理		時計	各各	人本主義	立案
悪女	景色	失墜	部	治療		新聞	音楽	審問	理念
悪知識	劇場	失念	不安	賃金・賃銀		實業	温室	訊問	理法、法
悪毒	劇団	質朴	風	賃		實験	温床	信用	流感
悪徳新聞	激痛	疾風	風潮	帝王		株式會社	温情主義	陣容	流行
悪魔	化粧	質問	封印	提供		蒸氣船	温帯	心理	流行性感冒
亜国	決意	実用新案	風化	帝王切開		蒸氣車	音程	真理	流行病
アジト	血液	質量	風琴	定款		尋常小學校	温度	心理学	流線型
圧縮	血圧計	失礼	諷刺画	定義		語學	～化	神理学	流体
圧政	結界	事典	風情	沈静・鎮静		演説	～界	人力車	流通資本
圧制	結核	字典	風船	鎮台		鉛筆	概括	心理作用	流動式
斡旋	血球	辞典	フートボール	沈黙		領事	概括力	心理分解	倭麻質斯

圧力	結婚	自転車	夫婦	追究・追求・追及		領事館	概観	侵略	領域
アパート	結局	児童	春色	追及		牛乳	階級	図案	了解
油絵	月桂冠	自動車	準備	追従		左翼	-階級	図案画	領海
亜非利加・亜弗利加	結構	自動的	純文学	追伸・適中		郵便局	外勤	随員	領会
アルバイト	結婚式	自動電話	順法・遵法	追放		郵便船	会計	水彩画	領空
アベック	結晶	自動販売機	暑	通義		運動	解決	水酸基	量子
アヘン	結合	シネマ	初	痛苦		運動會	戒厳令	水準	領土
亜米利加	血税	支配	所	通達		運命	開港場	推進器	~力
アリバイ	決着	支那	暑	通事		運轉	外在	瑞西	緑化
亜硫酸	決定	自分	所謂	通信網		原則	解散	水成岩	旅行券
アルカリ	欠点・欠典	芝居	唱歌	通信員		衛生	概算	水素	利率
アルコール	欠点	支配人	省	通信社		曜日	海事	膵臓	理論
亜鈴	決闘	始発	場	定刻		理髪	会社	水族館	臨床
案外	結膜	自発	上	抵抗		人格	回収	水平運動	淋巴
アンゲリア	月曜日	支払延期	証印税	低級		人力車	改善	水密	淋巴腺
アンコール	血涙	師範学校	上演	庭球		印刷	改造	推論	倫理学
暗殺	懸念	師範教育	消音機	提琴		隣村	会談	数学	倫理学
接司	気配	紙幣	消化	通俗		意匠	改訂	数量	類
暗示	下品	慈悲	小学生	通牒		銀行	外廷	~性	類型
暗室	下痢	紙幣	小学校	通路		自動車	介入	成員	累減
暗唱・略説	~権	紙幣寮	消化	積木		資本金	概念	晴雨計	累進
安心	権	字母	障害	定員		自然	開発	性格	例会
安息日	件	司法	生害	亭主		自由	海抜	星学、天文学	例外
安全	権威	脂肪	生涯	定食		雑誌	外分泌	性感	礼儀之学

安全第一	検印	司法省	集会条例	定性		裁判所	改編	請願	冷戦
安全地帯	原因	資本	召喚状	丁寧		電報	解放	世紀	冷蔵
安全剃刀	巻雲・綿雲	資本主義	蒸気[ストーム](stoom)	帝国		電信	解剖	請求	冷蔵庫
安息	喧嘩・蓋講・講評	詩魔	蒸気機	帝国議会		電車	解剖学	清教徒	歴史
アンチ	原価	市民	蒸気機関	帝国主義		電話	潰瘍	制御器	歴史学
行燈	見解	時鳴鐘・自鳴鐘	蒸気機関車	停止		政堂	概略	制限	歴史的
案内	限界	～者	蒸気車・汽車(stoomwagen)	提示・呈示		靜脈	改良	制裁	瀝青
按排・塩梅	幻覚	者	蒸気船	停車場		精神	概論	政策	列車
あんパン	玄関	社員	状況・情況	定年		組織	会話	清算	劣勢
胃	権義	社会	消極	堤防		職員	化学	生産	連歌
医院	元気・減気・換気	社会党	消極的	～的		進歩	科学	生産関係	連環体
胃液	減気・験気・元気	社会主義	上下	敵		参観	雅楽	生産手段	連係
医科	研究	社交	承継	的		撮影	画学	生産率	連想
医学	元金	社会学	憧憬	適応性		鐵道	科学化	生産力	聯想
胃カメラ	現金	紙幣	情景	適者生存		哲學	科学観	政治	聯隊
イギリス	言語	写実	条件	哲学		鐵筆	科学的	政治季節	連絡
育児	原語	写実主義	証拠	敵弾		總理	河川工学	政治経済学	老極
育児院	健康	写象	情交	的中・適中		體育	～学	政治之学	労作
以言伝心	元号	車掌	昇降機	鉄路		出版	学位	精神	老約
異国	現行犯	写真機	称賛・賞賛	的屋		統計	拡散	精神作用	労働
意思	現行犯	写真	硝酸	適用		特權	学士	生態学	労働組合
意識	言語学	写真鏡	硝酸加里	手車		特許	学術界	静態	労働者
意匠	原語学	写真結婚	硝酸銀	鉄路		判事	確定	生体学	労働力

衣裳	検査	写真帖	硝酸曹達	鉄道馬車
維新	原告	写生	硝酸銅	哲学者
異人	堅固	写生文	笑止	哲学的
椅子	言語文化	社説	床子	鉄橋
イズム	険些	写像	勝事	徹底
異性	減殺	シャツ	少時	鉄道
依然	現在	若干	情事	手荷物
位相	健児	弱冠・若冠	正直	デパート
一円	現象	シャベル	情識	デモ
委託・依託	検事	シャボン	常識	テレビ
イタリア	原子	洒落	情実	得津風
位置	現出	ジャム	商社	徳津風
依然	原書	舎利	自用車	テニス
位相	言辞学	洒落	盛者必衰	天
一応・一往	厳重	シャン	招集・召集	転化・転嫁
委託・依託	現実	主	情緒	天学
イタリア	元首	主意	少々	癲癇
一概	現職	趣意	情状	天気
一個人	原人	自由	招請	天気予報
一刻	元素	重学	小説	典型
一向	元素	周関	情操	電気
一時	幻想	衆議院	招待・請待	電機
一日千秋	幻想	宗教	冗談	天国
一定	原則・元則	終局・終極	鏡舌・冗舌	天才
一揆	建築	秀句	小説家	天使
一段	検定	修辞	商船学校	電車

編制	学府	贅沢品	浪人
評価	革命	政党	労農政府
平面	学齢	正当	肋膜炎
標本	学歴	青銅器時代	浪漫
諷刺	歌劇	性能	浪漫主義
必要	掛図	製版	~論
學徒	可決	成品	論戦
學士	可考	政府	論壇
海關	仮死	生物学	論壇
憲兵	仮死	成分	論文
革命	貸方	生命線	論理学
現象	菓子葉	制約	和声学
化學	瓦斯	西洋化	話題
活動寫眞	火成岩	西洋式	和服
力	化石	生理	和文
上	仮説	生理学	割合
的	仮設	性理学	割引配当金
中	河川工学	静力	
主義	仮想	世界観	
時代	仮想敵	紫外線	
俱楽部	加速度	赤化	
德國	~型	石油	
佛蘭西	片艶	説教	
桑港	片艶	積極	
英國	片方	積極的	
英吉利	加答児	接近	

一段落	拳闘	宗旨	情緒	電子		瓦斯	加鍛鋳鉄	摂護腺
一同	幻燈	修辞	象徴	天主		瓦斯燈	学会	絶対
一番	幻燈	十字架	詔勅	天主教		曹達	学期	絶対的
胃腸	見政	修辞学	焦点	天職		巴里	勝手	設備
一騎当千	顕微鏡	終日	譲渡	伝信		合羽	活動	接吻
一切	言文一致	充実	衝動	電信		和蘭國	活動写真	説明
一般	憲兵	習得・修得	所得・抄得	伝信機		形録	活躍	節約
一昨日	憲法	自由主義	消毒薬	電信機		倶樂部	仮定	小夜曲
一種	健忘症	従順・柔順	商人	天地		德國	課程	錢
一緒	原本	十字路	上演	電池		佛蘭西	過渡	腺
一所	兼用	修身学	情熱	電灯		桑港	寡頭政治	~線
一所懸命・一生懸命	権利	修正	少年	顛倒		英國	金巾	繊維
一新	原理	柔道	小脳	天道		英吉利	金系雀	前衛
一石二鳥	元老院	終戦	勝敗	電燈		瓦斯	化膿	選挙
命は短く芸術は長し	言論の自由	状態・情態	蒸発	伝統		瓦斯燈	可能性	選挙法
一銭蒸気	古	重訂	消費組合	天然色映画		曹達	化膿砲	全唱
一篇	語彙	衆道	消費者主権	天皇		巴里	歌舞伎	全称
一方	恋	拾得	商標	天王星		合羽	株式	全称之極
イデオロギー	公演	十二指腸	上品	天然		和蘭國	株式会社	宣誓
遺伝	公園	自由貿易	上腹部	顛覆		形録	株主	宣戦
緯度	語彙	終末	常篇	天賦人権		歌姫	仮分数	戦線
移動	恋人	自由民権運動	商法	天麩羅		假刷	可変資本	前線
委任	孝	重役	消防	電話		假綴	画報	選択学
委任状	公安	重任	椒房	天文学		建物	仮名	尖端
意味	工学	周波	状報	電力		見習	科目	糎

因果	行為	自由廃業	抄本	電報		係	借方	前提
移民	好意・厚意	周波数	静脈	電鈴		君	仮釈	銑鉄
慰問袋	行為	終発	常務	伝話		机	画廊	先天
意訳	幸運・好運	重版	焼亡	電話機		段取	~観	宣伝
違和感・異和感	交易	重複	消耗	塔		踏切	~感	専売
因縁	公会	十分・充分	消耗品	道		大賣出	癌	旋盤
入口	口蓋	週報	松容	~等		大投賣	簡易式	尖兵
イルミネーション	号外	重要	抄物	~党		落書	感覚	専名
インキ	高価	従来	醤油	働		買上	感覚学	旋律
インク	航海	縦覧	剰余	動員		目藥	関干	総計
因循	交関	修理	状報	投影・投映		苗木	感官	倉庫
隠語	交換	重力	抄本	灯火・灯下		間室	環境	総合
淫行	強姦	主我	静脈	同化		味元	玩具	綜合法
印刷	合眼	主観	常務	利便		敷金	関係	創作
印象	交感神経	主眼	焼亡	動学		仕入	間歇泉	相殺
印章	工業	朱器	消耗	等閑		仕上	間歇熱	双子葉
印紙	合金	~主義	消耗品	道義		箱入	還元	蒼鉛
印循姑息	光景	主義	抄物	登記		色男	看護婦	想像
飲食	後見	修業	醤油	投機		書留	幹事	創造性
インスタント	康健	授業	剰余	動機・働機		船酔	看守	想像力
印税	康健	宿世	松容	動議		小使	感受性	相続分
引率	貢献	熟年	常用	東京		小聲	観照	相対
因縁	口語	祝福	条理	道義学		素人	感性	総体
インプレ	広告	祝砲	蒸留水	統計学		消印	管制	曹達
飲料	向後	宿命	商量	道具		小切手	間接	相対的
引力	合期	主権	条例	統計		速히	関節炎	総動員

宇宙	孝行	受験生	情話	鉄路		手續	幹線	想念
鬱憂	高校生	主語	ショール	鉄道馬車		申請	歓送	相場
饂飩	考古学	趣旨	女学生	同権		闇	観測	贈品
乳母	強情・強盛・剛情	主食	女学校	同行		役割	寒帯	双務
乳母車	興信所	主人	女給	瞳孔		永年	簡単	総理
海綿	構図	主人公	～色	動作		押入	寒暖計	総領事
有無	厚生	入水	書記官	東西		額縁	鑑定	挿話
右翼	校正	手段	色	動産		五分刈	寒天	組閣
胡乱	拘置	主張	職員録	同士		宛先	観点	属位
裏書	黄昏	～術	職員録	同志		裏書	観念	促進
運営	交際	述語	職業	当時		人夫	観念学	促成
運河	公債	出産	職業紹介所	投手		小屋	観念伴性	速成式
運転手	虹彩	出生	嘱託	銅像		人質	観念伴性之理論	速度
運行	工作	出世	食卓	燈心		引換	官能	訴権
運上所(税関)	公私	出張	嘱託	同心		入口	関白	素材
運勢	講師	出版	食店	同人雑誌		入場	看板	組織
運送	勘事	出版条例	食品	当然		組	幹部	素質
運転	公式	出来	植物園	燈台		朝飯	管理	組成
運動	公衆	出力	殖民	灯台		粗品	寒流	速記
運動会	講習	首都	焼酎	到着		組合	議案	即決
運動場	公衆	種痘	緒言	撞着		際	議員	素描
運搬	向上	主任	女権	到底		芝居	議院	損害賠償
運命	工場	襦袢	女工	当頭		振替	記憶	存在
運命論者	交接	首尾	女工場	到頭		質屋	記憶力	台
運輸	光線	主筆	如才・如在	投票		質物	機械	体育
映画	構想	主婦	女子	道徳		採入	機会	体育界
運用	交通	趣味	女史	道徳学		締切	議会	第一印象
永遠	紅茶	需要	助字	頭取		吹込	機械化	退役

英学	肯定	手話	叙事詩	銅版		寝床	機械工学	対応
英気・鋭気	抗抵	手腕	所所・諸所	踏舞会		吐気	機械工作法	体温計
営業	皇帝	順延	抒情・叙情	動物園		編物	機械動学	退化
英語	工程	純潔	叙情・抒情	当分		必히	幾何学	代科
英国	肯定	竣功・竣工	抒情詩	答弁		荷造	偽学派	代価
栄光	鋼鉄	巡査	処女幕	同篇		下請	飢餓線	対干
衛生	交点	春色	処女膜	動物学		割引	機関	大気
衛生学	後天	準備	所心	動脈		花火	気管炎	代議士
衛生隊	後天的	純文学	叙事詩	東洋		花形	機関銃	退却
映像	喉頭	順法・遵法	女性	透明		頃	危機感	大局
英文	公道	暑	諸生	同盟罷工		側	企業	大工
英雄	公道	初	書生	童話		割	喜劇	待遇転換
栄養	高等学校	所	書籍	倒惑・当惑		我	既決	待遇法
駅	高等商業学校	暑	書籍館	独案内		側	議決	体系
液体	高等中学	所謂	所詮	独裁		割	記号	体験
演繹	高踏派	省	且千	独裁政治		我	騎士	代言人
駅長	購読	場	所帯	動揺		看板	技師	第三者
駅伝	鉱毒事件	上	所帯職	胴欲		感心	基質	対質
駅伝競技	光熱	証印税	諸大夫	道理		改札口	気質	台車
駅弁	購買組合	上演	処置・所置	燈籠		觀點	汽車	大衆化
エゴ	広範・広汎	消音機	助長	登録		境内	旗手	大衆的
X線	降伏・降服	消化	職工	討論		國民服	基準	大祝日
会得	幸福	唱歌	自動車	特使		軍縮	擬人法	隊商
絵葉書	広報・公報	消化	消毒薬	瀆職		階段	汽船	対象

エピソード	後方	障害	女優	独創		給使	規則	対照
エプロン	合法化	生害	女郎	特種		寄附	気体	対称
エロ	功名・高名	生涯	処分	特長		氣分	偽題	大正琴
エレベーター	口論	集会条例	ショベル	特別		勞動運動	基地	大審院
宛	合名会社	小学生	処方	読方		到底히	吉地	代数
縁	公明正大	小学校	消防	読本		面會謝絶	基調	体制
演繹法	蝙蝠傘	召喚状	庶民	独立		馬鹿	切手	体積
円貨	高揚	蒸気[ストーム](stoom)	初夜	独立独行		文化住宅	切符	体操
円滑	後覧	蒸気機	資料	時計		本	規那	大統領
塩基	公理	蒸気機関	司令	土圭・時計		別로	規尼涅	対比
演技	功利	自発	辞令	時計塔		私小説	記念品	代表
演劇	合理	支払延期	寺領	図書		社宅	帰納	大分
園芸	功利主義	師範学校	司令官	図書館		選擧運動	帰納法	大本営
演芸	丸	師範教育	素人	土人		扇風機	揮発	代用
演劇学	功利説	紙幣	持論	土人		掃除	規範	代用学校
縁座	合理的	慈悲	～心	徒然		水道	気笛	太陽燈
冤罪	万一	自分	申	トタン		神經衰弱	気分	代理
遠征	交流	紙幣	信	突貫		神社	希望	対立
塩酸	荒涼	紙幣寮	神	特許		信用經濟	機密	沢山
遠心力	効力	字母	仁	独特・独得		安樂椅子	義務	多元化
塩酸加里	紅涙・黄涙	司法	仁愛	特権		曖昧	客体	惰性
演習	加排・加非・滑比・滑喜・骨非・寄書	脂肪	進化	突拍子		挨拶	脚本	立場
演出	コーヒー	司法省	神学	登坂		額	客観	脱党

厭世観	氷水	資本	人格	土木工学		外出	客観	魂、心、心霊	魂、心、心霊
演説	誤解	資本主義	進化論	トマト		料理人	脚光	他律	
演舌・演説	号外	詩魔	心肝	塗料		完固	義勇艦隊	単位	
園長	小型版	市民	心気	努力		牛車	急行券	探海灯	
鉛筆	五感・五官	時鳴鐘・自鳴鐘	辛気	弗		運	旧式	単転法	
演説会	故郷(古京)	~者	尽期	弗箱・弗匣		原稿用紙	旧石器時代	探検	
塩酢	国	者	心境	突然		有價證券	休戦	単元	
遠足	極	社員	神経	奴隷		人氣	弓道	断交	
演題	国王	社会	神経系	度禄布(ドロップ)		人夫	教育	単行本	
円高	工学	終日	神経衰弱	午砲		一見	教育界	炭酸瓦斯	
園遊会	国語	魔法瓶	神経痛	とんカツ		一層	教育学	炭酸加里	
遠慮	国号	充実	新劇	頓着		一品料理	教育問題	単純	
温泉	国語学	自由主義	人権	豚肉		入院	強化	単純致知	
応為	国債	従順・柔順	人工衛星	トンネル		立候補	協会	但書	
謳歌	国字	十字路	申告	貪欲		臨時休業	教科書	探照灯	
横隔膜	国際	修身学	真言	内		左翼	競技	弾性	
横行	国際法	修正	新婚旅行	内縁		場面	協議	断定	
黄金時代	国事犯	終戦	震災	内閣		場所	狭義	短波	
欧州	黒死病	終末	人際	内証・内緒		壮者	供給	蛋白質	
応答	黒人	状態・情態	紳士	内相		障子	教訓	談判	
横文	国粋	重訂	人事	内情		下駄	狂言	単利	
応報	国葬	衆道	真実	内閣制度		貯金通帳	協賛	暖流	
横暴・押妨	国体	柔道	人事不省	内閣総理大臣		調子	共産主義	智	
応用	国定教科書	習得・修得	心中	内向・内攻		注文	共産主義社会	治外法権	

横領	告白	自由民権運動	人生	内在		書堂	教授	知覚	
オーケー	国文学	拾得	新宿	乃至		職業婦人	強制	地下水	
オーストリア	告別式	十二指腸	心情	内耳		天井	強制執行	蓄電池	
オープン	国防	重役	尋常	ナイター		派閥	行政	知識	
オールドミス	国民	重任	心身・身心	内地		評価	協定	地質	
汚職	国民性	周波	人身窮理	内地雑居		肺病	強度	地質学	
オゾン	国立銀行	自由廃業	人身攻撃	内服		下宿	共同	地上水	
越度・落度	後家	周波数	人身攻撃	内務省		化粧	業務	致知学、思慮之法之学	致知学、思慮之法之学
オランダ	こころ	終発	人身売買	内容		-観	共鳴	膣	
オルガン	語根	重版	人生観	なかなか		-感	教養	窒素	
恩	孤児院	重複	人生不可解	納豆		-界	共和	窒素	
音楽	呼称・呼唱	十分・充分	親戚	納得		-枚	極	地主階級	
恩給	故障	週報	親切	ナトリウム		-味	局限	窒扶斯	
音訳	胡床・呉床	自由貿易	心臓	生意気		-視	曲線	注意点	
温室	個人	縦覧	新造語	成行		-式	曲線美	着眼点	
音信	胡椒	修理	親族	南極		-性	極端	中型	
音声	御真影	重力	進退	南極探検		-率	巨匠	中極	
温帯	個人主義	重要	身体	軟骨		-点	巨星	仲裁	
温度計	個性	従来	身代	汝		-疊	虚体学	仲裁人	
～界	悟性	主我	新体詩	軟派		-割	巨頭	中産階級	
女	古生代	主観	信託	日記		-下	虚無主義	注射	
家	戸籍簿	主眼	進駐軍	肉		-化	距離	抽象	
～化	固体	朱器	伸張	肉感		-階級	基督	抽象的	
～家	胡蝶	～主義	進捗	二元論		-本位	基督教	中将	
化	国家	主義	新陳代謝	肉体的		-自體	記録	注文	

カーキー色	国会	修業	進展	肉弾		無-	尨	中和
彼女(zij,she)	国旗	授業	心電図	二重人格		反-	籵	町
加農	洋盃	宿世	人道	二重体		不-	金額	調印
加農砲	固定	熟年	人道主義	日用		非-	金庫	腸炎
鞄	コップ	祝福	心配	日曜日		超-	銀行	長期化
快	鼓動	祝砲	審判	日本		處女-	金鋼石	彫刻術
雅意	誤読	宿命	審美	二度		人氣-	金婚式	超人
改悪	子供	主権	神秘	日本語		一大-	銀婚式	
会員	胡馬	マッチ	審美学	日本文学		米國	緊縮	調製
外延	誤謬	受験生	神秘的	荷物		開發途上國	金石併用時代	調整
懐疑	胡粉	主語	信憑性	入院		經濟水域	緊張	調節
開化	午砲	趣旨	人物	乳酸		高度成長	緊張感	超短波
会議	胡麻	主食	新聞	乳酸		公開録音	金牌	提灯会
回帰線	鼓膜	主人	震災	乳糖		公害	銀幕	長波
外郭	鼓膜	主人公	人文科学	入力		公害病	勤務	超理学
概括	胡麻味噌	入水	新聞紙	女院		公害産業	金融	張力
海関	護謨	手段	進歩	女御		高嶺化社會	金融界	直接
~階級	ゴム	巻尺	辛抱・辛棒	尿酸		高姿勢	銀翼	直線
階級	ゴム風船	主張	神妙	人気		過保護	空間	直面
戒厳令	御名算・御明算	~術	臣民	女房		國民總生産	空間	直流
快挙	御覧	述語	訊問	女人		近未來	偶客	著者
回教	コロッケ	燐寸	信用	二律背反		冷戰	偶主	貯蔵
海峡	コルク(kurk,cork)	出産	信頼	人形		勞使	空襲警報	貯蓄
懐疑論	ゴルフ	出生	人民	人間		勞組	偶然	直覚
解禁	コレラ	出世	人力車	人称		勞賃	偶然性	直感
会計	金剛石	麻酔	親類	人情		勞總	偶然的	直観
会稽	権妻	出張	辛労	人間性		脳死	愚全	直径

解決	差異・差違	摩擦	真理	人間味	單純肉體勞動者	空想	丁機
壞血病	財界	枕木	心理学	認識	動力爐	具体	通理
解雇	才覚・才学	出版	森羅万象	認知	微視的	具体的	通貨収縮
開港	今夜	出版条例	心理	任地	民主化	駆逐艦	通貨膨張
会社	根性	出来	親和力	認知	反體制	組合1	通信員
外国	昏睡	出力	図案	淋巴	發癌物質	組合2	通信社
開国	今朝	首都	粋	任命	排他的經濟水域	倶楽部	通信網
外国人	今度	種痘	水泳	ヌード	複合汚染	瓦	通名
海菜	困難	マッチ	水彩画	ネクタイ	不快指數	訓育	漬物
外債	コンパス	燐寸	水産学	寝台	事件記者	軍国主義	坪
外資	昆布	主任	随所・随処	熱	産婦人科	軍事	積木
解散	金平糖	褌袢	推進器	熱狂	聖火	軍需品	積立金
改進	在京	流行	水道	熱情	水爆	軍籍	手当
開陣	細菌	首尾	彗星	熱心	心身症	軍部	低圧
海水浴	細君・妻君	主筆	水仙	熱性	水平思考	訓令	提案
海水浴場	債權	主婦	推薦・推選	熱線	壓力團體	訓話	低温
回数券	債権	趣味	水素	熱帯	液晶	警戒線	定額
解析	再現	需要	水素	熱望	養老院	計画	定義
カイゼルひげ	財源	手話	随想	熱量計	原子力時代	計劃	提供
蓋然	在郷	手腕	垂直	粘液質	日照權	警官	抵抗
蓋然性	彩色	順延	水素瓦斯	年画	自家用車	景気	定刻
海里	祭政	純潔	水族館	年賀状	殘業	契機	帝国主義
海流	財政	立義・堅義	随分	年鑑	低姿勢	経験	偵察
海藻	財政学	竣功・竣工	衰亡	年金	情報	経験型	停止
改造	裁断・細断	巡査	酔飽	年号	情報戰争	傾向	低周波

海賊	再発	春色	推理	燃焼	情報處理	軽工業	定説	
解体	再発	準備	推論	粘性	歯科	経済	停戦	
怪談	財閥	漫画	随筆	年輩・年配	英吉利	経済学	低調	
改訂	裁判	饅頭	～数	粘膜	亞米利加	経済恐慌	低能	
外電	裁判官	漫談	数	粘膜	獨逸	警察	低能児	
解答	裁判所	純文学	数学	ノイローゼ	佛蘭西	形而上学	手形	
海道・街道	細胞	順法・遵法	水平線	農学	伊太利	刑実観	手紙	
街頭	裁縫機	暑	崇拝	納言	希臘	芸術	~的	
海綿	裁縫ミシン	初	枢密院	農作物	和蘭	芸術界	敵視	
概念	催眠術	所	数理学	脳死	歐羅巴	芸術品	出口	
改良	材木	暑	水道	臘腸	雅片	継承	手数料	
街路樹	在留	所謂	図画	脳裏	阿片	係数	哲学	
会話	再進	理由	頭蓋骨	脳裏・脳裡	自主	系統	鉄器時代	
開発	左右	省	スキー	能率	男爵	経費	鉄血	
海抜	詐欺・詐偽	場	宿世	能力	委任	刑法	手続	
改変・改編	作業	上	スケート	罰	監督	約契	鉄道	
解剖	作成・作製	証印税	スケッチ	発意	數學	経由？	~点	
介抱	作為	上演	杜撰	発音	内閣	経理	展開	
科学	索引	消音機	種姓	罰金	批評	刑律	転換法	
化学	さしみ	消化	素性	バック	傳染	系列	電気化	
解剖学	搾取	資本	スタイル	発見	階級	劇場	電気通信学	電気通信学
開明	昨朝	唱歌	ステーション	発見	聖歌	下戸	電業	
海面	昨日	消化	ステッキ	初恋	委員	下女	典型	
外憂	昨夜	障害	素敵・素的	発向	偶像	化粧	本来反対	
傀儡	雑魚	生害	スリ	発車	合衆國	化粧品	転語	

快楽主義	鎖国	生涯	スリッパー	発信機		理論	下水工学	換語
科学技術	鎖骨	集会条例	ストーブ	パッス		立法	下水道	電子
火器	査証	小学生	～性	発想		電氣	下駄	電視
確	左側通行	小学校	ストライキ	発達		國旗	血圧計	電車
格	査証	社員	頭脳	発電機		編物	決、断言	天主
～学	作為・作意	召喚状	スポイト(spuit)	発動機		入口	結核	電信
学位	雑役	蒸気(ストーム)(stoom)	スポイド	発動		石女	血吸虫	伝染病
架空	雑貨	司法省	ズボン	白雲		氣合	決算	電池
覚悟	雑誌	蒸気機	生活難	旗日		差押	血色素	伝統
学際	撮影	蒸気機関	生活力	馬喰・伯楽・博労		立場	結晶	伝統性
学士	撮影術	自発	世紀	馬糞氏		取消	血栓	伝導体
学匠	沙汰	支払延期	制圧・征圧	八頭身・八等身		花代	缺点	電波
革新	雑事	師範学校	誠意	発熱		呼名	結論	伝播
角膜	雑草	師範教育	生育・成育	発憤・発奮		出家	権威	伝票
革命	殺人	紙幣	声音学	発明		色紙	原意	展望
学制	刷新	慈悲	成果	発露		背書	牽引車	電報
学生運動	雑炊	自分	成果	パトロン		組立	権益	展覧会
楽隊	査証	資本主義	性格	花		押木	現役	電流
拡張	左側通行	詩魔	制御	パナマ帽		立替	幻覚	電力
確定	作為・作意	市民	星学	パノラマ		出口	顕花植物	転炉
角度	撮影	社会	生活	バラック		場面	現金	電話
客土	撮影術	時鳴鐘・自鳴鐘	聖	パラフィン		落書	権限	独逸
獲得	雑事	～者	性	バリカン		市長	言語学	同一
学年	雑草	者	聖教	馬力		浮橋	現行犯	動員

～学派	雑役	紙幣	生業	パレット		賣上	原罪	動員令
学部	雑貨	紙幣寮	整形	反一」		凍死	原作	投影
各別・格別	雑誌	字母	生計	反～		支拂	検事	同化
確保	寒帯	司法	整形外科	汎～		建坪	堅持	等外
学文・学問	器械	脂肪	政権	番		荷物	原子	燈火管制
確立	汽車	社会学	精巧・精工	パン		見習	元帥	同化作用
過激	汽船	社会主義	整合	汎意		割引	原始社会	導火線
過激党	共和国	写実	精彩・生彩	範囲		入會	原始共産社会	投機
過激派	経済	写実主義	生産・製産	反映		内譯	原始時代	登記
加減	写真	写象	青酸	挽回		貸切	現実	動機
過去	漫筆	車掌	生産	ハンカチ		先拂	現実主義	動議
雅語	万葉	社交	政治	反感		品切	現実性	銅器時代
化合	未～	社会党	青春	判官		手續	現象	同業組合
菓子	未	写真		反逆		葉書	現像	道具
過失	マント	ジャム	聖書	反響		役割	幻想	統計
合衆国	万年筆	舎利	青女	半開		芭蕉實	幻想曲	動向
華氏	合衆国	洒落		万愚節		造果茶	元素	同行
過所	殺人	写真機	精神	半靴		牛乳油	原素	登載
過食	刷新	写真鏡		半径		牛酪	原則	動産
佳人	雑炊	写真結婚	聖人	ハンケチ		乾酪	原則性	投資
瓦斯	早速	写真帖	精神科学	判決		麥粥	現代	当事者
瓦斯燈	雑談	写生	精神錯乱	版権		叉子	現代化	謄写版
瓦斯灯	仔細	写生文	精神病	万歳		周衣	健質亜那	同情
ガス燈	自在	社説	生性発蘊	万国公法		項廻	建築	導水線
果然	民法	シャベル	正則	犯罪		帷帳	建築学	闘争
家族	雑報	シャボン	生存競争	版権免許		高足床	検討	動態
華族	雑用	写像		反故		店傭	幻燈	導体
下垂体	茶道	シャツ	政体	番号		氷鞋	原動力	導電体

カステラ	作法	若干	生態	ノート		炭氣	検波器	投票
苛性曹達	マラリア	弱冠・若冠	世代	ノーノー		油彩	憲兵	動物学
化石	サボル	シャン	声帯模写	乗合馬車		油灰,油炭	憲法	動脈
雅俗	座薬	主	成長・生長	徘徊		駢趾	研磨機	動脈硬化
加速度	坐薬	主意	青天白日	呑気		家口	権利	同盟
～型	左右	趣意	生徒	バー		家政	原理	同盟罷工
課題	作用	自由	聖徒	ハイカラ		干渉	権力	動力
加担	左翼	自由意志	政党	ハーモニカ		感動	故意	動力学
価値	サラダ	重学	制動機	バイオリン		改造	雇員	登録
学会	サラリーマン	周関	正当防衛	背教者		儉素	考、思慮	徳育
活火山	懺悔	衆議院	政道	拝金		結婚	高圧	読後感
活計	茶話	宗教	制服	拝啓		孤獨	公安	独裁
学校	三角関係	終局・終極	成分	背景		故郷	公印	読者
格好	三角形	秀句	性法	排水・廃水		機會	公営	特殊
恰好	三角州	修辞	青年	背景		難處	交易	特殊化
活字	酸化炭素	宗旨	生命	排撃		努力	講演	特称
活字体	酸化鉄	修辞	清明	賠償		農事	公園	特称之極
合衆共治	参観	十字架	西洋	陪審		端正	高温	得数
合衆国	参議	修辞学	成年	排水量		徳望	効果	独占
家庭	産業	自由意志	成敗	媒体		屠殺	古柯	特待生
合衆政治	残念	重学	整髪	配達		獨立	硬化	特長
活人画	産婆	周関	性病	配電盤		動作	公開	特徴
勝手	斬髪	味覚	政府	配当		明白	公開的	特別
活動写真	散髪	微塵	性欲	梅毒		美徳	号外	読本
活版	賛美歌	未成年者	生理	売人		排列	公開的	特務
活用	惨劇	味噌	製紙場	背嚢		保護	交換	特約

仮定	三戸	右	生理学	売買・買売		本心	好感	時計	
カテーテル(katheter/catheter)	参考	ミシン	聖書	バイブル		分明	交換価値	図書館	
過渡	三献	未知数	世界	敗亡・廃忘		不安	交感神経	土地問題	
稼動・稼働	三三九度	蜜月	省略	葉書		貧弱	抗議	特許	
過渡期	参事	蜜月旅行	清涼剤	俳優		死亡	広義	突撃隊	
カトリック	産児制限	密接	勢力	媒酌・媒的		使用	講義	特権	
可能	参照	密度	聖霊	馬鹿		相對	工業	土木工学	
可能性	参政	密林	整列	パーキンソン病		成功	工業化	土木工程	
カフェ	酸性	未踏・未到	井楼	博愛主義		誠實	交響楽	富籤	
カフェー	賛成	身分	世界観	博物学		所願	航空母艦	取扱	
歌舞伎・仮婦戯	三段論法	リヤカー	赤化	博言学		順序	工芸美術学	取消	
下腹部	思考	未亡人	赤外線	拍車		是非	後見人	取締	
株式	施行	見本	赤度	博士号		施行	光合作用	取締役	
花粉(stuif meel)	指向・志向	未明	責任	白砂青松		握手	口語学	取立	
貨幣	志向	明星	責任	麦酒		安定	口語化	取次	
壁新聞	時効	魅力	石版	白書		餘裕	広告	取引	
果報	至極	未練	石筆	白色人種		勇敢	講座	塗料	
画報	眉毛	自由	積分	白人		應募	公債	奴隷社会	
カボチャ	時刻	生存競争	石油	爆弾		離婚	交際	噸	
我慢	子午線	大統領	世間	白地		入力	合資会社	問屋	
神	仕事	温帯	世襲	白波		自立	公式化	内閣	
カメ	散文	硫酸鉄	世情	博物館		作亂	高射砲	内勤	
カメラ	散歩	硫酸銅	世辞	博物誌		將來	講習	内在	
貨物車	散漫	粒子	世帯	白墨		絶交	高周波	内耳	

貨物列車	試合	流体	~説	舶来		精誠	攻守同盟	内服
火薬庫	三位一体	流通	赤化	博覧会		正直	公証	内分泌
歌謡曲	参与	両	石灰石	白露		種類	講師	内分泌腺
ガラス	詩	料	説教	バケツ		質問	交渉	内包
硝子	私	療治	積極的	破産		参酌	工匠術	内幕
加里	組織	領事館	節句・節供	馬車		天性	甲状腺	内容
過料	詩歌	民会	設計	幕僚		出入	公証人	内用
火力	自意識	民権	石鹸	爆裂弾		沈黙	工人階級	仲買人
火輪車	自愛	民主	綴字	馬車鉄道		誕辰	興信所	仲立
火輪船	思惟	民主国	摂政	派出所		通達	光線	並製
カルシウム	示威運動	民主主義	折衝	バス		破滅	交戦団体	波等
カルタ	私学	民事訴訟法	絶対	派生		漂流	公訴	軟化
カルテ	視学	民族	設定	風流		閑暇	酵素	軟骨
彼	自覚	民法	説得	不可抗力		合勢	構思	肉感
カレー	視覚	民本主義	接吻	不可思議論		混雑	構図	肉弾
カレーライス	子音	民謡	設備	不覚		去来	構想	二重奏
カレライス	自意識	無~	摂理	美学		經費	構造	二重体
カレンダー	市営住宅	無	是非	不可知		拷問	講壇	日程
為替	市価	料理	世話	不可能		告訴	構築	日当
雁	司会	旅館	腺	福音		拘留	膠着語	日本式
~感	歯科医	~力	背広	不快指数		教育	高潮	荷物
~観	司会	力作	セメンエン	副業		内政	高潮	入場券
官	視界	緑豆	セメント	復元・復原		論理	交通	入超
癌	紫外線	旅券	繊維素	複写		当選	交通線	入夫
癌(kanker)	司会者	旅行	戦艦	複写紙		賣買	肯定	二律背反
官員	時間表	理論的	会議	複製		貿易	後天	認可

簡閲点呼	士官	林檎	詮議	副読本		輔佐	広度	認識学
漢音	~式	燐酸	選挙	副本		俸給	恒等式	認識論
感化	指揮	リンパ	宣誓	物体		生産	光年	人文主義
潅漑	士気・志気	人中	善悪	腹立		歳入	公判	任命
感慨	時間	倫理	宣教使	不孝		損益	珈琲	人力車
感覚	色	類化	選挙区	無骨		失業	公報	熱帯
管轄	式	類型	宣告	不治		外交	公僕	念
緩急	事件	無意味	洗剤	不思議		言語	坑木	年鑑
環境	仕儀	無我	潜在意識	物質的		援助	公民	年度
環境学	時期・時機	無関心	先生	復興		隠語	高利貸	脳炎
玩具	試験	無残・無惨・無漸	先日	覆刻・復刻・復刻		入學	功利主義	能楽
関係	時宜	無意識	全集	不自由		定價	公立	能勤
官権	敷金	無術	全称	不十分		政治	効率	農作物
還元	色素	矛盾	鮮人	部署		地圖	拘留	能率
看護	色代	無悪	泉水	不請・不承		販賣	交流	能動
漢語	次元	無常	潜水夫	物理		憲章	綱領	農民
頑固	色盲	無尽	宣誓	物理学		合格	高炉	農民階級
刊行	死球	無神経	専制	腐食		學問	古加乙捏	能率
勧工場	子宮衛逆	夢精	先生方	普請		威嚴	小型	能力
監獄	資金	無政府	専制政治	普請		交戰	小切手	場合
看護婦	死刑	無政府主義	戦線	婦人		兵力	国際	肺炎
観察	刺激・刺観	無政府党	全然	沸点		守備	国際公法	排外主義
漢字	事故	無駄	全体	婦人問題		官僚	国際関係	配給
幹事	自己	無念	選択	布施		演繹	国際社会	俳句
官舎	事故	無能力者	洗濯	敷設・布設		歸納	国際問題	配偶無二
看守	志向	無理	全知	扶桑		絶對	国事犯	背景

慣習	自殺	無量大数	善知識	譜第・譜代		先天	黒死病	媒質	
感受性	持参金	無論	先帝	付託・負託		範疇	国粋	陪審	
甘藷	志士	明確	前提	普段・不断		現象	国税	陪審員	
干渉・関渉	自主	迷宮	先天	舞踏会		主観	国体	排水量	
観照	自首	名月	先天的	武断		客観	克服	配電盤	
環状	始終	名詞	仙洞	武断政治		観念	国防	配当	
浣腸	自主自由	名刺	専売	普通		論理学	小熊座	廃品	
勘定	字書	命名	専売特許	物色		理論学	国立	馬鹿	
頑丈	辞書	名誉	旋盤	物騒		形而上学	互恵	博士	
感傷的	自叙伝	名士	前半	普通学		哲学	語源学	迫害	
感触	自身	名所	旋風	普通選挙		心理学	孤光	迫撃砲	
感心	地震	瞑想	扇風機	物貨		美学	心得	白熱	
肝心	地震学	命題	洗礼	復活		工学	故障	博物	
関数	速記術	迷惑	全方位	富貴		美術	個人	舶来品	
函数・関数	視神経	理論	専門家	物議		汽車	個性	博覧会	
感性	尋常	類型	占有	物件		板権	梧生	覇権	
簡単	只是	累進制	染料	物質		討論	固体	派遣	
関税	辞世	涙腺	千里眼	物質主義		郵便	国教	破産	
感想	私生児	倫理学	前立腺	不動産		為替	国庫	派出所	
寒帯	施設	累犯	旋律	葡萄酒		一週間	固定	場所	
寒帯	視線	留守	～素	文豪		日曜日	固定資本	場所	
間接	視線	零	双～	聞香		病院	言葉	波長	
間接税	自然	令状	相違・相異	舞踏病		視力	小供	白旗	
感染	広報・公報	例外	宋音	不能		強心剤	個別	白金	
験温子（カンダンケイ）	後方	霊感	増加	腐敗		発汗剤	虎列刺	発電機	
カンテラ	合法化	冷却	相関的	不便		胃液	後和	発動機	

観念	功名・高名	冷血動物	争議	文庫版		尿道	混凝土	発明
堪忍・勘忍	功利主義	免疫	増気	文庫本		腹膜	渾体	馬糞紙
カンニング	合名会社	面倒	雑巾	分斉・分際		脂肪	昆布	場面
官庁	公明正大	眼鏡	象牙塔	分散		神経	根本的	破門
缶詰	蝙蝠傘	メス	象牙塔	分子		蒸氣	才	馬鈴薯
寒暖計	高揚	米利堅	造形芸術	不服		分子	最恵国	反影
官能	後覧	免疫	造形美術	普遍的		分母	債権	反映
甲板	公理	盲唖人	壮士	フライ		元素	再現	反応
観兵	功利	蒙古斑	草原	ブラシ		酸素	採光	版画
観兵式	合理	毛細管	条件	フラットホーム		水素	最後通牒	反革命
看品	功利説	毛細管現象	奏功・奏効	プラン		細胞	財政	反感
官報	合理的	夢精	霜降	不良少女		宇宙	財政学	反旗
官民	交流	妄走	総合	不良少年		物質	財団	反径
肝油	荒涼	妄想	操作	ブレーキ		引力	財団法人	判決
含有	効力	領事	造作(雑作)	プロ文芸		文學	財閥	版権
慣用	紅涙・黄涙	良識(com on sence)	総裁	分		文體	細胞	反言対
議員	口論	領袖	創作	文化		裁判所	催眠	番号
議院	加排・加非・滑比・滑喜・骨非・寄書	良心	創造	雰囲気		法則	催眠術	判事
奇異	コーヒー	盲点	想像	分解		契約	債務	反射
起因・基因	氷水	網膜	想像力	分解		自由	財務	汎称
元来	誤解	木材	相続	文学		議論	材料	汎神論
歓楽	号外	黙示	曹達	分業		相談	催涙弾	汎心論
官吏	小型版	木炭	相対	文学士		融通	差客	半成品

管理	五感·五官	目的	床子	文化住宅		滿開	索引	反対	
慣例	故郷(古京)	盲腸	雑色	文芸学		年末	作者	判断	
機	国	目標	相称	文献		不自由	作戦	番地	
管理人	極	模型	装飾	文芸		始終	策動	番地	
簡略	国王	文字	総選挙	分限		親切	作品	範疇	
寒流	工学	物怪	造船所	文庫		左側	作物	配電艦	
気	磨滅·摩滅	勿体	想像	文章		往復	差押	反動	
官僚	国語	モデル	造幣寮	文人		雨天	差主	判任	
機関	国語	モボ·モガ	雑役	噴水		役割	座談	反応	
気圧	国号	モルモット	雑用	分析		案内状	撮影	万有皆神学	万有皆神学
機運	国語学	問答	総理	文理		頭巾	錯覚	呪	
義捐金	国債	文部省	相談	文明		毛布	雑誌	美化	
幾何	巻煙草	文盲	雑談	文体		外出	差等	控所	
貴下	国際	夜学	装置	文典		大豆	茶道	比較	
帰化	国際法	野球	総長	憤怒		大荳	座薬	美学	
戯画	国葬	夜会	想定	分配		風習	作用	日傘	
器械	国体	冷蔵庫	装釘	文明開化		汽船)	~作用	悲観	
機械·器械	国字	的	壮丁	分泌		災難	左翼	美感	
奇怪	国防	礼拝堂	装釘	文物		場所	猿楽	微観	
機会	国民	レイフ	増訂	分娩		修繕	三角(法)	引揚	
議会	国事犯	歴史	相当	文法		費用	参観	引渡	
機械学	黒死病	歴々	挿入	文脈		寝臺	惨劇	非金属	
機械的	国家	列	聡明	分裂		美人	参護	悲劇	
幾何学	黒人	烈	造物主	弊害		案内	参考書	否決	
機関	国粋	訳	造兵	併記·並記		旅費	算術	比重	
期間	国定教科書	役員	造幣局	平気		處方箋	参照	美術	

気管	告白	厄害	総理大臣	閉口
気球	国文学	訳書	争論	文集
企業	告別式	約束手形	蘇音器	平坦
危険	国民性	約定	疎開	平凡
戯曲	国立銀行	役不足	疎外	平民
喜劇	後家	涙管	～族	平行
機嫌・故嫌・気嫌	こころ	野生的	属性	米国
紀元	語根	夜前	束髪	平面
危険人物	孤児院	野蛮	灰聞・側聞	平面図
記号	胡椒	夜盲	測量	平和
気孔	個人	夜盲症	素材	閉鎖
貴公	個性	列国	組織	平成
機構	呼称・呼唱	列車	訴訟	兵隊
記号	故障	レッテル	俗	ベースボール
疑獄	胡床・呉床	恋愛	俗語	ペケ
貴様	御真影	黒死病	訴状	頁
記事	個人主義	時期	組成	ベスト
技師	悟性	自転	措置	別状・別条
基軸・故軸	古生代	唯理論	卒	別段
気質	戸籍簿	有～	疎通	ペンキ
議事堂	固体	有機体	卒園式	勉強
汽車	胡蝶	遊園	速記	別品
記者	国会	憂鬱	速記法	ベニヤ板
義塾	国旗	遊園地	卒業	ベル
技術	固定	誘拐	卒業式	変
貴女	コップ	夕方	速記録	ペン

木炭	散体	微積分	
流産	残念	必然	
却下	散文	必然性	
小作	散漫	必然的	
傳令	三輪車	必要	
歩哨	詩歌	必要性	
辨明	紫外線	否定	
發議	司会	被動	
賠償	死角	否認	
荒蕪地	士官	批判	
輸入	時間	美反法	
近日	時間表	批評	
失言	～式	備品	
飽食	色盲	皮膚炎	
沒収	指教	備忘録	
放免	軸接手	秘密的	
多忙	紙型	美妙学	
保證人	刺激	百日咳	
保釋	試験	百夜	
船着場	施工	百科全書	
領収	施行	百貨店	
徴税	時効	表演	
人夫	自己証明	評価	
弊害	資産階級	評決	
後見	視察	表決	
借用	支持	表現	

気象	洋盃	夕刊	卒倒	変圧器	寫本	時事	表現法
徽章	ゴルフ	自鳴鐘	粗略・疎略	変化	地震	榻榻米	表現力
気象	コレラ	写真	存在	便宜	處分	誌術	標語
気象台	鼓動	寫眞機	大	来年	禮服	市場	標高
気象台	誤読	遅刻	代	楽園	豫算	指数	標準型
儀仗兵	子供	定刻	大尉	落書	保管	支線	表象
気色	胡馬	美學	体育	落伍者	死亡	自然科学	表情
期成	誤謬	望遠鏡	存知	落胆	上陸	自然主義	表題
擬制	胡粉	法學	尊王攘夷	落着	品行	自然的	病虫害
汽船	午砲	香港	損耗	楽天主義	賞與	自然淘汰	標本
寄贈	胡麻	熱帯	多～	ロマンチック	見本	自然理法	病理学
規則	鼓膜	美	代	勉強	他郷	思想	日和
義足	鼓膜	病院	第一印象	弁護士	救濟	思想界	平仮名
希代	胡麻味噌	化学	退院	返事・返辞	清酒	士族	美理哲学
気体	護謨	化石	退役	弁士	支配人	事態	天鵞絨
寄託	ゴム	遺言	対応	編集	廢止	～時代	広場
貴重	婚姻	唯心論	大王	偏執狂	會員	自治	品位
喫煙	ゴム風船	有機体	体温計	弁証法	出産	七面鳥	敏感
喫茶店	御名算・御明算	幽玄	退化	変革	代理	市長	貧民窟
キッス	御覧	優勝劣敗	大学	偏頭痛・片頭痛	唯一	思潮	頻率
切手	コロッケ	遊説	大学教授	編成	目録	思潮	呪
機転・気転	コルク (kurk,cork)	優生学	大学生	編制	取下	自治領	風位
貴殿	金剛石	有徳	対角線	変遷	滿期	実感	風雲児
亀頭	権妻	郵便	大学校	変則	兵士	実業	封鎖
機動	根性	遊歩場	題目	変態	俳優(	実権	諷刺

				便当・使道・弁当・弁道				
軌道	昏睡	遊覧	代議士			血盟	失効	不可考
機動演習	今朝	融和	代議政体	扁桃腺		見聞	執行	復員
奇特	今度	愉快	大器晩成	保育		變死	実績	副作用
キナ	困難	稜多	退屈	便利		因縁	失踪	輻射
キニーネ	コンパス	輸入	大権	保安		化粧	湿帯	複写
キネマ	昆布	郵便	体験	保安警察		結婚	実体学	副手
記念・紀念	金平糖	努力	大元帥	保安条例		約束	執達吏	復習
記念碑	今夜	由来	代言人	貿易風		堂直	七宝焼	服従
帰納	差異・差違	洋	体系	望遠鏡		宿直	質量	副食
揮発	財界	洋~	対決	冒険		布告	実量観	復水器
機能	才覚・才学	煉瓦	体験	方言		告示	失恋	複製
帰納	在京	連係・連携	対称	保育園・保育所		銀河	支店	服務
帰納法	細菌	練習	大黒様	ボイコット		取調	使徒	服用
揮発油	細君・妻君	連署	対策	~法		堤防	指導	不景気
義務	債権	連想	第三者	法案		堰	自動化	分限
規範	債権	連発	胎児	法学		家族	支那	武士道
忌避	再現	恋慕	体質	法医学		兄弟	地主	不定転換
機微	財源	容易	対質	貿易		夫婦	地土階級	舞台
ギブス	在郷	用意	貸借	~論		學者	支配	附着
気分	彩色	養育院	大衆	論議		外出	芝居	不都合
規模	祭政	幼院	代数	論証		引継	支配力	副官
希望	財政	要因	大数	論争		融通	自白	復古主義
機密	財政学	洋学	体制	論題		自白	自発的	物質
気持	裁断・細断	洋楽	大切	論理		企圖	支払	物質学

義訳	再発	洋画	対象	論理学
客車	再発	洋学者	大丈夫	歪曲
脚色	財閥	洋傘	大地震	ワイシャツ
逆説	裁判	羊羹	大豆	ラケット
逆転	裁判官	様器	対数	裸体画
逆徒	裁判所	要脚	体操	落花生
脚本	細胞	洋琴	対照	ラブ
客観	裁縫機	洋行	大層	ラムネ
~級	裁縫ミシン	要塞	体操	洋燈
旧	催眠術	幼児	代替	乱暴
希有	材木	様式	泰斗	利益
御	在留	容赦・用捨	態度	理科
窮理学	再進	労苦	大都	蘭学
窮屈	左右	労作	大刀・太刀	ランプ
教会	詐欺・詐偽	老残	大統領	封建制度
協会	作業	蝋燭	大略	邦語
教授	作成・作製	労働・労動	体質	防止
救助	作為	労働者	多許	帽子
求心力	索引	鹿鳴館	対立	抱合
教育	さしみ	路地・露地	体得	傍若無人
救世軍	搾取	露西亜	台所	放射能
教育勅語	昨朝	ロマン	大日	奉仕
牛鍋	昨日	用	頽廃	芳醇・芳潤
牛乳	昨夜	妖精	台盤	報償・報奨

胃痛	指標	沸点	
變死	支部	物理	
全滅	事変	物理学	
食前	事変	舞踊	
食慾	私法	不同一	
民間	司法界	不動産	
請負	死亡線	不変資本	
便所	資本	雰囲気	
慶賀	資本家	文化	
香典	資本主義	分解	
出産	資本主義社会	分解法	
交際	地味	文学	
訪問	市民	文学界	
通知	事務室	文庫	
約束	社会	分子	
延期	~社会	分析	
職業	社会学	分析法	
仲買	社会主義	分配	
料理師	社会主義社会	分泌	
現金	社会問題	文法	
利息	弱化	文明	
旅費	社交	分類表、範疇	分類表、範疇
元金	社交的	併発症	
惡魔	車掌	平面	

饗応	雑魚	要素	待避·退避	方針	失敗	写真	弁
教科	鎖国	羊蹄	大夫	法人	確實	社団	変圧器
吸盤	鎖骨	要点	台風	方向	途中	社団法人	偏見
義勇兵	雑役	用度	大便秘結	包帯	研究	三味線	弁護士
旧里·旧離·久離	雑貨	揺動	逮捕	砲台	海陸軍	種	偏執狂
窮理	雑誌	曜日	大望	傍題·放題	海軍	主位	便所
窮理学	査証	洋酒	大本営	逢着	陸軍	自由	弁証之考
教科書	左側通行	養病院	太陽	法廷果実	歩兵	習慣性	弁証法
狂気	沙汰	養生所	太陽界	方程式	騎兵	週期	編制
供給	作為·作意	洋服	体欲	暴動	砲兵	周期性	変態
境遇	至極	幼稚園	大陸棚	望遠鏡	工兵	宗教	扁桃
驚慌·恐慌	撮影	要約	大理石	朋輩	常備軍	宗教界	~法
共産·共進会	撮影術	要領·優勝劣敗	沢山·タクシー	リボン·暴風	豫備軍·後備軍	集結·集合	方案·法医学
共産主義	雑草	抑制	託児院	捧腹絶倒·抱腹絶倒	砲臺	重工業	法科
共産党·共産論	殺人·刷新	翌年·余計	託児所·妥結	抛物線·方便	砲術·觀兵式	重婚罪·宗旨	法学·防空練習
教師	雑炊	預言	打算	方法論	軍樂隊	柔術	封建
教授	早速	予算	他山の石	亡命者	士官生徒學校	住所	封建社会
狭心症	雑談	有機	多情	利学	懲役	重曹	封建主義
恐水病	雑報	余処·他所	多神教	理学	書記官	集団	報告
行政	雑用	与奪	惰性	拉致	局長	集中	捕佐人
軽桟·軽浅	茶道	時計	蛇足	力学	裁判所	終点	方式
競争	作法	万歳三唱	堕胎	陸軍士官学校	法律	重点	法式

虚無主義	サボル	煩雑・繁雑	駄賃	陸地		刑法	柔道	放射
虚無党	座薬	判事	卓見・達見	利口		警察所	就任	放射性
虚無論	坐薬	範疇	脱線	履行		會計	周波	放射線
義理	左右	反射	屈伏・屈服	料		證券	主観	傍証
共存	作用	蛮族	短停場・立場	和解		紙幣	手簡紙	方針
兄弟	左翼	晩酌	妥当	和学		造幣局	主義	法人
共同便所	サラダ	凡神教・汎神教	玉突	和漢混清文		紡績所	~主義	冒進
競売	サラリーマン	汎神論	玉葱	和議		鑛山	宿舎	包摂
強迫観念	茶話	判然	民	和光		國立銀行	宿命論	放送
胸膜	三角関係	伴奏	駄目	和魂洋才		測量	主権	妄想
共鳴	三角形	絆創膏	単~	方面		工作機械	手工業	放送局
教諭	三角州	判定	誕育	法律		第一國立銀行	主食	法則
教養	酸化炭素	半島	単簡	方量		三井銀行	主人公	方程式
孝養	酸化鉄	反動	談義	ボウリング		賣上品	自由主義	法廷
狂乱	参観	反動作用	断行	ボーイ		競賣	主席	方程式
共和	参議	反動力	探検	ボール		人力車	主体	抛物線
極端	産業	ハンドル	単元	ボールがみ		停車所	手段	方法
虚言	懺悔	半長靴	断言	ボールド		鐵道	出荷	方法論
去日	惨劇	煩悩	単語	簿記		蒸氣機關	出席	方面
虚弱	三戸	反応	団子	簿記学		汽船	出訴	法律
拒否	参考	万能	談合	簿記法		汽笛	出超	飽和
協和	三献	万福	単行本	僕		燈臺	出張	簿記学
共和国	三三九度	反面	単語篇	牧師		郵便	出張所	保険
共和政治・共和政事	参事	費	短冊	和談		郵便局	出廷	保健

魚介類	産児制限	非	炭酸	話法
曲線美	参照	非~	短銃	彎曲
基督	参政	美	短縮	経済学
規律	酸性	徴	単純	開化
器量・容貌	賛成	半面	端緒	良識
綺麗・奇麗	三段論法	万有引力	ダンス	旅客
疑惑	残念	火	炭酸瓦斯	利己主義
近因	産婆	晶屓	炭酸曹達	離婚
禁煙	斬髪	美意識	端正	理財学
銀行	散髪	ビーフステーキ	男性	理事
緊急	賛美歌	麦酒	弾性	理性
近況	散文	ビール	炭素	保健
金庫	散歩	麦酒	堪能	保険
禁錮	散漫	被害妄想	団体	保護
金庫	自愛	比較	断定	保健
金婚式	三位一体	美学	探偵小説	黙示
銀婚式	参与	比較的	耽溺	牧場
琴詩酒	詩	日傘	檀那	法学
緊縮	私	比較	旦那	菩薩
金属	組織	皮下注射	丹念	保持
近代	試合	美感	蛋白質	母校
緊張	詩歌	飛脚船	断髪	保守
銀時計	自意識	非拠	断髪	保守主義
金融	思惟	卑怯	談判	補償
気性	示威運動	秘計	短編小説	ポスト
空間	視界	卑怯	担保	保全
空気	紫外線	比興	探訪	ボタン
偶然	司会者	罷業		ぽち
偶然	視覚	非金属	暖流	発意

羽片船	出発点	母校
印紙	出版	保釈
電信	出版界	保障
電氣線	出版物	保証
海關	主動	母体
脱税	受難	本質
關税	主任	本能
盥洗局	主筆	哩
輸入品	主筆	米
輸出品	手榴弾	巻揚機
碼	巡洋艦	憐寸
學校	印象	満員
小學校	情	漫画
中學校	少尉	漫談
公立	消音器	漫筆
私立	昇華	万年筆
師範學校	消化	未知数
女學校	浄化	蜜月
物理	消化	密度
實驗	消火栓	見習
化學	消火器	美濃紙
理學	消化全	美濃紙
外國語學	使用価値	身分
教師	情感	見本
圖書館	蒸気	脈動
法學部	乗客	粍
醫學部	商業	民主
理學部	消極	民族
文學部	消極的	民族化

空想	子音	悲劇		発起	體操傳習所	少極	民族学
空想	自意識	飛行	弾力	発作	洋室	上掲	民族的
空中楼閣	市営住宅	尾行	鍛練・鍛鍊	没収	洋畵	証券	民族問題
クーデター	市価	飛行機	鍛錬	発足	博覽會	条件	民法
空論	司会	飛行船	地	発端	盲啞院	上戸	無機
公界	歯科医	被告	地平線	ホテル	傳語官	上行	麦酒
公界	司会	比重	治安	立憲政治	開化	猩紅熱	無機性体
公験	私学	美術	知恵	立憲政体	開化人	常識	無産階級
苦笑	視学	美術家	治外法権	立食	新聞	情緒	無産者
苦情	自覚	批准	中宮	立腹	瓦斯局	少将	無神論
具申	士官	秘書	中間	立方根	博物會	症状	目
具体	時間表	美女	中東	リトマス(lakmoes,litmus)試験紙	日曜日	上手	明確
具体的	時間	非常	地下鉄	理髪	病院	上水道	明細票
愚痴	~式	非常線	痴漢	鋪道	半曜日	情操	名所
くちつけ	指揮	秘書官	地下運動	歩道	大統領	試用致知	命題
世論	士気・志気	非職	知覚	火屋	買上品	象徴	命令

日本語抄錄

日本語抄録

- 大韓帝國『官報』に受容された日本語語彙について

　この研究は近代の韓国語に受容された日本語語彙の研究の一つとして、大韓帝國『官報』に受容された日本語語彙について考察したのである。韓国で『官報』が発行されたのは、1984年6月からであるが、発行された時期と主体により、三つに分けて考えられる。日本に国権を奪われるまで、(1894年6月から1910年)旧韓国政府が発行した大韓帝國『官報』と、もう一つは日本の植民地であった36年間、朝鮮總督府が発行した朝鮮總督府「官報」がある。そして、日本の植民地から解放された、1948年9月1日から大韓民国政府が発行した「官報」があるが、本稿で扱っているのは大韓帝國の時期に発刊された『官報』である。

　大韓帝國『官報』を研究する目的は、『官報』の資料性のためである。「官報」は国家の各種の法令、または予算、新しい政府の装置の

発表、官吏の叙任及び辞令、外国との条約事項、各種官庁の措置を告示する。「官報」には当時、中央の官庁が下の官庁と一般の人たちへ告示する際に使われた語彙がすべて網羅されている。実際に大韓帝國の時期に発行された『官報』には、甲午改革以降から韓国が日本の植民地になるまで、16年二ヶ月間に渡っての韓国の近代の法令類が載っている。当時の常況を理解するためには『官報』は重要な記録であり、当時の朝鮮の政治、行政、人事、軍事、外交、学事、司法、警察、産業、財政、交通、衛生、気象、外国の記事など、各分野がすべて載っているので、公文書での多様な語彙の出現と受容の課程を考察するには、重要な資料であると思われる。公文書である「官報」に告示された語彙は中央の政府はもちろん、地方の官庁まで伝われるので、その波及効果は相当なものである。また、「官報」に告示された内容は法律的な効力を持つ。もう一つ、注目すべきところは大韓帝國『官報』が最初は純漢文体であったが、漸次的に漢文混淆文(国語漢文混用文)で発行されたことである。大韓帝國『官報』を研究する二つ目の目的は近代の韓国語に入った日本語の流入ルートを明らかにすることである。近代の韓国語には多数の日本語の語彙が受容されているが、その主な流入ルートは、李漢燮(2003)によると、外交使節の記録、日本に亡命した人たちの記録、新聞(官報)、雑誌、日本の留学生、旧韓国政府に雇聘された日本人の顧問官、韓国に居住している日本人である。その中でも『官報』は重要な流入ルートであると思われる。大韓帝國『官報』に受容された日本語語彙数を調査した結果、大韓帝國『官報』には1,967個の単語が使用された。この結果からみると、大韓帝國『官報』は近代の韓国語に日本語

の語彙を受け入れた主な流入ルートであったことが確認できた。大韓帝國『官報』に受容された日本語語彙の語種には漢字語が圧倒的に多かった。その次が固有日本語、外来語、混種語の順である。また、大韓帝國『官報』に受容された日本語語彙は一部の西洋外来語を除いては、大体漢字表記語である。このように漢字は日本語語彙を韓国に導入するにおいて、重要な役割をしたのである。大韓帝國『官報』に受容された単語の中で漢字で表記されたのは、語種に関係なく、全部韓国の漢字音で読まれた可能性が高い。近代の韓国語の語彙の成立には様々な要素が複雑に絡まっている。最初は中国の影響を受けたが、1890年代以降には、日本語の影響が大きかった。この意味で大韓帝國『官報』は、韓国の近代語彙の成立問題の研究に重要な価値があると思われる。大韓帝國『官報』の作成に参加した韓国人の性格と日本人の役割を究明することができると、『官報』に受容された日本語語彙の流入ルートを正確に把握することができると思われる。今後、今回の論文が残した課題を補いながら『官報』についての研究を続けて、大韓帝國『官報』が近代の韓国語の語彙の成立に及ぼした影響を明らかにしたい。

김지연

고려대학교 일어일문학과 졸업
한국외국어대학교 대학원 일본어과 문학석사
고려대학교 대학원 일어일문학과 문학박사
현재 한국방송통신대학교 전임대우강의교수
전공-일본어학 근대어휘

논문

「매스컴에 나타나는 경어표현의 일고찰」
「대한제국 官報에 나타나는 일본한자어에 대하여」 등

신일본어학총서 82

大韓帝國官報의 日本語語彙 受容研究

초판인쇄 2012년 04월 23일
초판발행 2012년 05월 04일

저　　자 김지연
발 행 인 윤석현
발 행 처 제이앤씨
등　　록 제7-220호

우편주소 (132-702) 서울시 도봉구 창동 624-1 북한산현대홈시티 102-1206
대표전화 (02)992-3253
전　　송 (02)991-1285
전자우편 jncbook@hanmail.net
홈페이지 URL://http://www.jncbms.co.kr
책임편집 이신

ISBN 978-89-5668-851-0 94730　　　정가 29,000원